EM 高等院校经济、管理类专业
"十二五"规划教材

湖南省普通高等院校省级精品课程教材

U0642454

Economics

西方经济学 （第4版）

（微观部分）

主　编　刘天祥

副主编　汤腊梅

中南大学出版社
www.csupress.com.cn

图书在版编目（CIP）数据

西方经济学.微观部分／刘天祥主编.—4版
—长沙：中南大学出版社，2014.2（2021.1重印）
ISBN 978 - 7 - 5487 - 1044 - 8

Ⅰ.西…　Ⅱ.刘…　Ⅲ.①西方经济学－高等学校－教材
②微观经济学－高等学校－教材　Ⅳ.①F091.3②F016

中国版本图书馆 CIP 数据核字（2014）第 025528 号

西方经济学（微观部分）

刘天祥　主编

□**责任编辑**　陈雪萍
□**责任印制**　易红卫
□**出版发行**　中南大学出版社
　　　　　　社址：长沙市麓山南路　　　　邮编：410083
　　　　　　发行科电话：0731 - 88876770　　传真：0731 - 88710482
□**印　　装**　长沙印通印刷有限公司

□**开　　本**　787 mm × 960 mm　1/16　□**印张** 24.5　□**字数** 505 千字
□**版　　次**　2014 年 2 月第 4 版　□2021 年 1 月第 3 次印刷
□**书　　号**　ISBN 978 - 7 - 5487 - 1044 - 8
□**定　　价**　49.00 元

图书出现印装问题，请与经销商调换

高等院校经济、管理类专业"十二五"规划教材编委会

目　录

第一章　绪　论

本章导读

　　现代西方经济学是研究既定制度下稀缺资源的配置和利用问题的学科。西方经济学本质上是一门历史的科学。现代西方经济学主要包括两大组成部分或两大分支学科：微观经济学和宏观经济学。微观经济学研究个体经济单位基于约束条件下利益最大化追求的行为选择及其后果，说明市场机制对于稀缺资源的配置机理，研究如何增进社会福利；宏观经济学研究社会总体的经济行为及其后果——国民收入的决定，说明稀缺资源的充分利用机理，研究提升国民收入的途径。本章将从资源稀缺性、研究对象和研究方法三个方面介绍西方经济学中一些最基本的概念与框架，进而形成对微观经济学的整体认识。

基本概念

经济资源　稀缺性　经济学　资源配置　规范分析　实证分析

本章重点及难点

1. 西方经济学的研究对象与研究的基本问题；
2. 微观经济学的基本假设；
3. 微观经济学的基本研究方法；
4. 微观经济学的基本框架。

第一节　什么是西方经济学

一、西方经济学的产生

　　一般意义上，经济是指人类社会的生产与再生产活动，经济学则是对于这种经济活动规律的系统总结。经济学最初是古希腊人的用语，研究的是齐家之道，之后逐步向企业经济、行业经济、一般经济几个层面拓展研究，并分化为若干研究学科。19世纪后，经济学大致定位于一般经济层面的研究，并逐步沿着两个方向发展：一个方向是把现存的制度当作外在的、既定的社会秩序来研究人类理性经济行为的选择机理,以及这些选择如何决定社会稀缺资源的最优配置与充分利用;另一个方向是对既定的社会制度本身进行研究,将社会制度的一般形式——生产关系——作为主要的内生变量,研究它们的变化规律及其对经济社会发展的影响。第一个方向演绎的结果就是今天人们讨论的西方经济学。

西方经济学只是一个约定俗成的名词。西方人研究经济问题都是在市场经济制度背景下进行的。20世纪30年代以后,通过对经济活动的深入研究,人们逐渐一致认识到人类社会的经济活动实质上是一个既定社会经济制度下关于稀缺资源的合理配置与有效利用的问题。经济学产生于客观存在的资源稀缺性、人类欲望无穷性以及由此引起的行为最优选择的必要。人类的欲望是通过物品(实物与服务)来满足的,物品是稀缺的,人类欲望是无限的,为了解决这个有限物品与无限欲望之间的矛盾,就需要研究既定社会经济制度下稀缺资源的最优配置与利用机理,这样就产生了经济学。1776年,英国经济学家亚当·斯密所著的《国民财富的性质和原因的研究》发表,标志着经济学真正成为一门独立的学科;1936年,莱昂内尔·罗宾斯对经济学首先给出了上述定义。

二、资源配置与利用

(一)经济资源的认识

资源是指能直接或间接地满足人类需要的物质与非物质的要素。在一般意义上除了时间与信息这两种重要资源外,经济学讨论的资源基本上分为三种:人力资源、自然资源与资本资源。经济资源是指那些具备有用性和稀缺性,在经济活动中必须投入、能够产生效益、只有花费一定的代价才能得到的物质或非物质要素。当经济资源被投入生产过程用以生产出满足人们欲望的最终产品与劳务时,经济资源被称为生产要素(或投入品)。生产要素有广义和狭义之分。从狭义看,英国经济学家阿尔弗雷德·马歇尔认为,人类在经济物品的生产过程中,需要投入的原始经济资源主要包括土地、资本、劳动和企业家才能四类。

土地是指大自然赋予人类进行生产活动的自然条件,包括土地以及土地上的各种自然资源,如矿藏、森林、陆地、海洋和河流等,它可以给生产过程提供场所、原料和动力。但被改造过的沙漠和荒山不属于经济学中所说的土地范畴,因为投入的劳动和资本已经改变了它的自然条件。

资本这里是指由经济制度本身生产出来并被用作投入要素以便进一步生产更多商品和劳务的物品,是一种人造资源,如厂房和机器设备等。在市场经济中,资本及其投资收益主要归私人所有。人们一般通过储蓄,通过节制眼前消费准备未来消费而将资源用于新的资本形成。资本不简单地等于货币。货币如不用于增值,则只是一种流通的媒介。

劳动是指人类在生产过程中所提供的劳务,是人力资源中人的体力的一个典型代表,包括脑力劳动和体力劳动,表现为时间与精力的支出。劳动的质量受到劳动者的劳动技能、受教育程度和经验积累程度等的影响，而劳动的数量受劳动时间长短和劳动效率高低等的影响。劳动是创造价值的手段之一，每个人都希望用自己的尽可能少的劳动换取别人的尽可能多的劳动。在市场经济中，劳动本身不是商品。劳动者用自己的劳动换取一定的货币报酬，是市场对劳动的一种定价。

企业家才能是企业家特有的个人素质，是人力资源中人的智力的一个典型代表，包括企业家经营企业的组织能力、管理能力和创新能力，其作用主要表现为：组织协调其他要素进行生产，寻求和发现新的商业机会，引进新的生产技术或发明，以及引导和带动企业进行技术、市场和制度等各种创新。在土地、资本、劳动、企业家才能这四种生产要素中，企业家才能最为活跃，它将其他生产要素黏合在一起，形成生产力。

（二）资源配置与利用的认识

资源与要素都被掌握在各类微观主体手中。资源配置是指经济社会由某种力量（行政的力量、市场的力量、道德的力量等）对经济活动中的诸微观主体掌握的各种资源与要素按内在比例与规律的要求在各部门、各地区和各企业的不同使用方向之间的分配，以生产出合乎比例要求的产品，满足人们各种不同的需要。在其他条件不变时，产出量越大，配置效率越高。资源利用是指经济社会提高资源配置效率的经济活动，以节约资源，做到人尽其才、物尽其用、地尽其力。在其他条件不变时，投入量越小，利用率越高。那么人们为什么要研究资源的最优配置与利用？

首先，人类的欲望是无穷的。人总想在自己的有生之年生活得越来越幸福，欲望的满足是人类行为最内在与最基本的根据与必要条件，因此总会有无穷无尽的、节节攀升的欲望。人类的消费需要往往具有无限性和层次性。无限性是指人们对产品和劳务的需要是无限多样且永远得不到满足的；层次性是指在无限的需要中，有多种物质的与精神的需要，这些需要是分层次的。1943 年，美国心理学家亚伯林罕·马斯洛提出了著名的需求层次论，认为人类的需求可以分为五个层次：第一层次是生理需求。人一出生，就本能地会产生吃、穿、用的需求。这是最基本的需求。如果这一层次的需求没有得到满足，人们不会产生其他层次的需求。第二层次是安全需求。当生理需求得到满足后，人会产生安全需求，即想使自己的生命得到保障，使自己的财产不受到意外的侵害，于是，他就会需要住房、治安、保险等安全性保障。第三层次是社交需求。经济社会中人都需要与别人交往，在交往中认识自我，在交往中获得快乐。第四层次是尊重需求。在社会交往中人会产生尊重的需求，尊重别人，也希望得到别人的尊重。第五层次是自我实现需求。人的一生是短暂的，人都想在自己的一生中干出一番事业，实现个人价值。上述需求是有层次性的。马斯洛认为，人们一般是在较低层次需求得到满足的情况下，不断提出更高层次的需求。人类至今没有摆脱稀缺的困扰。

其次，资源是稀缺的，难以充分满足人类的所有需要。稀缺是经济学中的一个重要概念。一方面，稀缺性是相对的，它不是指经济物品和经济资源的绝对量的多少，而是相对于人类的无穷欲望而言，再多的资源和物品也是不足的。另一方面，稀缺性又是绝对的，因为物品和资源的稀缺性在一切时代、一切社会、一切国家和地区都是存在的；即便是极富有的人，时间也是一种稀缺资源。稀缺性存在于一切时间和空间。

满足人类欲望的物品可以分为两类：自由物品和经济物品。自由物品是指自然界存在的、人类可以不付任何代价就能自由取用的物品，比如空气、阳光等。自由物品都是自然赋予人类生存和发展的基本条件，其基本特点是对人类有用而且消费者在使用自由物品时不用花费任何代价。例如，在日常生活中，没有人愿意为正常呼吸的空气付给其他人报酬。经济物品也叫稀缺物品，是人类要使用和消耗各种经济资源才能生产出来的，如房子、汽车和食品等。经济物品通常具有满足人类的某一欲望的特点，通常必须耗费一定的资源、借助生产工具、通过人类劳动加工生产出来，获取时要花费一定的代价。在进行市场交易时，通常是买方向卖方支付代价，不存在免费相送。随着人类社会的发展，自由物品也正在向经济物品加速转化。但在科技进步既定时，相对于人类的无限欲望来说，经济物品一定是稀缺的，这和我们日常生活中的感受是一致的。即使是一个非常富有的人，他可以获得一切他想获得的经济物品，但是他的生命是有限的，他的时间是稀缺的，他也要决定他的时间如何分配。所以，资源的相对稀缺是每一个人在生活中要面对的现实。

再次，用有限的资源满足无穷的欲望需要选择与配置。人类的欲望是无限的，同时又有层次、有轻重缓急之分，人们总是通过各种办法试图满足这些无限增长的消费需要，常有超越客观条件的许可甚至无视制度法规的约束，尽力去满足自己的需要、去实现自己的希望。经济物品是有限的，同时又有多种用途，可以用来满足不同的欲望。如何用有限的但有多种用途的经济物品去满足无限的但有层次之分的人类的欲望呢？要解决这个问题，人类就必须对欲望的满足秩序进行选择。选择一样东西就意味着要放弃其他的东西，就必须对物品赖以生成的资源的使用去向进行优化配置，就必须进行有效的利用，以满足人类的欲望与需要。当一种物品的产量只有靠减少另一种物品的产量才能增加时，生产就是有效率的。经济社会的资源越是稀缺，优化配置越是重要。因此，选择的实质就是对稀缺资源的优化配置。经济学的实质就是关于"选择"的科学，它主要研究人类和社会如何在约束条件下做出最优选择，以谋求利益最大化和损失最小化。

三、资源配置与利用涉及的基本经济问题

（一）资源的有效配置涉及的基本问题

资源的优化配置是通过微观主体在经济行为中进行最优选择来达成的。做出的选择不仅是针对个人的，而且是针对整个经济的。这些选择共同决定着这种经济的有限资源包括土地、劳动、机器和其他自然资源是如何被使用的，成千上万个消费者、生产者和政府官

员的决定是如何交织在一起决定着社会稀缺资源的使用的，因此，研究资源配置，本质上就是研究人的行为选择。经济学家把这些选择问题归结为四个问题。

1. 生产什么，生产多少

面对稀缺性的经济资源，人类会面临这样的选择：到底生产什么类型的产品。因为某种资源生产了这种产品，就不能生产那种产品；或者一种产品生产多了，另一种产品就必须少生产。有限的资源，是用来生产设备，还是用来生产粮食？不同的社会中的不同决策者，在不同的条件下会做出不同的选择。

生产什么和生产多少主要决定于厂商和消费者之间的相互作用，当然政府也起一定的作用。市场价格是决定厂商生产什么产品的关键因素：某些产品的价格上升会诱使厂商增加生产以增加利润，某些产品的价格下降会使某些厂商自动减少生产甚至放弃生产。

2. 如何生产

决定了"生产什么，生产多少"的问题以后，随之而来的重要问题就是如何生产。事实上这是生产要素在厂商内部的配置问题。在具体的资源配置过程中，厂商如何组织资本、土地和劳动等经济资源来生产出既定的产品种类和数量？如何用最小的成本、最少的资源生产出既定的产品数量？在某种程度上，技术水平和产品或劳务的性质决定了上述问题如何解决。实际上，如何生产的问题，意味着各种经济资源之间具有一定的可替代性，即生产一定量的某种产品的各种经济资源，可以按照一定比例相互替代，或者多用一些劳动，或者多用一些资本。

产品的生产方式由厂商决定，但同样也有政府的参与。政府制定管理条文规范，执行法规，涉及的范围无所不包，从厂商的组织形式到厂商与雇员和消费者的相互作用方式都包括在内。

3. 为谁生产

产品和劳务生产出来以后，就出现了分配问题。在资源有限的情况下，社会生产到底是为谁生产？谁来享用经济社会所生产的产品和劳务？社会产品和劳务按什么原则、什么方式在不同的居民之间进行分配？收入和财富的分配是合理的吗？这些与生产什么的问题是密切联系的，为谁生产的问题就是生产成果如何分配的问题。生产成果的分配又主要取决于生产要素市场的供给与需求，生产成果分配决定了消费的分配。从一个社会是生产大量的自行车还是生产大量的家用小轿车中，可以大致判断出是为谁生产。

(二)资源的充分利用涉及的相关问题

微观层次上对有限资源进行合理配置不等于宏观层次上进行了充分利用。对有限的资源进行充分的利用，还涉及以下几个相关的问题：一是产出是如何核算、如何决定的；均衡产出条件下的要素约束问题。二是为什么有时资源得不到充分利用，如何保证全社会的稀缺资源得到充分利用，以增大国民收入、改善人类福利的问题。三是如何用既定的资源实现生产能力的长期可持续增长问题。四是如何实现通货的稳定,如何实现开放经济下充分就业的国民收入持续增长问题等。

在上述诸问题中,大致上说,针对资源有效率配置的问题是微观经济学讨论的问题,针对资源充分使用的问题是宏观经济学讨论的问题。西方经济学就是研究稀缺资源的最优配置与利用问题。

四、资源配置的层次与方式

（一）资源配置的层次

大致上说,现代经济资源配置可以分为宏观配置与微观配置两个层次。宏观资源配置是指全社会的各种资源与要素在不同部门、不同地区的分配和使用;微观资源配置是指有限的各种资源与要素在厂商内部的分配与组合使用。整个社会资源配置效率的提高,是宏观资源配置效率与微观资源配置效率提高的总和。

（二）资源配置的方式

人类社会对于有限的资源与要素如何最优配置和利用进行了长时间的实践探讨,迄今的实践大致形成了计划配置方式、市场配置方式以及混合配置方式三种不同的配置方式(配置方式有时也称为配置制度)。计划配置方式是指计划机制的力量(政府系统的行政力量、厂商内部的行政力量及消费者的自我力量等)对资源配置起决定性作用。市场配置方式是指市场机制的力量(价格、供求、竞争等机制)对资源配置起决定性作用。混合配置方式是以市场机制的力量作为资源配置基础,以政府对资源配置的适当干预为辅助。通过计划机制方式建立起来的资源配置制度是计划经济制度;通过市场机制方式建立起来的资源配置制度是市场经济制度;通过混合机制建立起来的配置制度是混合经济制度。各种资源配置方式各有其适用的条件与范围。

计划经济制度通常是通过政府自上而下的计划指令方式进行资源配置。中央政府计划部门把经济资源分配到地方政府计划部门,地方政府计划部门再分配到各企业,各企业组织生产,生产出来的产品再统一由计划当局层层分配给消费者,并由地方政府指定的流通部门负责落实。计划配置资源方式的功效:一是资源配置速度非常快,能迅速集中资源解决重大问题,在非常时期能起到非常作用。非常时期主要是两个时期:自然灾害时期和战争时期,政府借助于计划机制,能将重大问题迅速地加以解决,资源配置速度非常快。二是如果决策科学,则宏观经济效益明显,可以减少不协调的经济活动和不合需要的商品的生产,还能解决失业和闲置生产能力问题;也有利于实现社会的相对公平,使得社会更加和谐地发展。因为政府以推进社会公平为己任,有稳定经济、稳定社会的责任和义务。但是如果条件不具备,则导致计划和实际需要可能会产生偏差,微观主体的个体利益与社会整体经济利益发生矛盾,资源配置的效率比较低下。条件是什么呢? 那就是产权公有、信息充分、决策科学。

市场经济制度通常通过自下而上的利益驱动方式进行资源配置。它以各微观主体的自主决策为前提。不同的产品或要素有不同的市场需求。厂商作为自主决策的微观主体，总是基于利润最大化的原则生产与出售那些产品和劳务。消费者同样作为自主决策的微观主体，总是基于效用最大化原则购买与消费那些产品与劳务。消费者与厂商通过货币支付自愿地交换物品与劳务，决策由微观主体自己作出。它的极端情况称为自由放任经济，即政府不对经济施加任何影响。市场配置资源方式的优点：一是资源配置效率较高。厂商是自负盈亏的微观主体，在利益机制的驱动下，厂商会努力使自己的每一份资源配置都发挥出最佳效益，决策效率高；资源与要素所有者也是在利益机制的驱动下自主自愿流动，交易费用最低，配置效率最高。二是有利于实现经济公平。经济公平一般是指机会均等和规则公正。机会均等有三层意思：一是参与均等；二是起点均等；三是标准均等。但机会均等不等于结果均等。在市场配置资源的条件下，每一个人的机会都是均等的。如果条件不具备，则在资源配置的过程中往往容易牺牲公平。条件是什么呢？那就是生产社会化水平极大地发展，社会保障制度很好地建立，产权私有、信息充分、无交易费用、决策科学。

混合经济制度通常实行分散决策和集中决策相结合来进行资源配置。当今世界上没有任何一个经济真正完全属于上述两种极端情况之一。通过市场机制的自发作用，经济社会解决生产什么、生产多少、如何生产和为谁生产的基本问题；在市场机制出现失灵时，则通过政府干预以促进资源使用的效率、增进社会平等和维持经济稳定和增长。但在集中与分散点的选择把握上常常难以处理得很好。

资源配置的层次与方式常常结合在一起起作用。在市场经济制度社会，宏观层次的资源配置主要是通过市场机制来进行的，资源的利用也主要是通过市场机制来进行的。微观层次的资源配置则是通过厂商组织内部与消费者个人的计划机制进行的。世界各国的资源禀赋不同，生产技术与经济发展水平也不同，因而并没有十全十美的资源配置制度。目前世界上绝大多数国家都是实行在市场经济制度基础上不断演进的混合型经济制度，西方经济学主要从宏观层次研究以市场机制为基础实现资源的有效配置与利用以创造更多财富的问题。

五、西方经济学的研究对象与学习层次

西方经济学作为一门学科，学科范围是在随着历史时代的更迭而不断变化的，而学者们关于西方经济学的研究对象也一直存在争议，文字表述有多种①。1970 年诺贝尔经济学奖获得者、美国经济学家保罗·A·萨缪尔森在其所著《经济学》中定义：西方经济学是研

---

① 参阅西方经济学说史教材的相关介绍。

究人和社会如何进行选择，来使用可以有其他用途的稀缺的资源以便生产各种商品，并在现在或将来把商品分配给社会的各个成员或集团以供消费之用，它分析改进资源配置形式可能付出的代价和可能产生的收益。当然，这些研究都是在以私人产权制度为基础的市场经济社会进行。

根据研究问题分析的深入程度及数学等分析方法的运用程度，目前高校使用的各种西方经济学教材又大致分为初级、中级、高级三个学习层次，分别满足本科、硕士、博士学习的需要；本科阶段的学习主要集中于经济现象的描述、概念与原理的解释，本教材用于满足本科教学需要的初级学习层次。

第二节　西方经济学发展的主要历程

西方经济学作为人类思想体系之一，本质上是一门历史性科学。西方经济学的理论体系，不是某一个人的独创；虽然萌芽于公元前 4 世纪，但主要却是在近几百年中，随着西方经济社会实践的不断发展、经济理论的不断积累以及其他社会科学与自然科学的不断发展而不断丰富和完善起来的，并将不断地向前发展。西方经济学的发展大致经历了以下几个重要的阶段。

一、重商主义：西方经济学的萌芽时期

经济学作为一门学科的形成缓慢而流长。中世纪之前，经济学没有自己的独立位置，而是归属于神学，是道德神学或伦理学的组成部分。进入 16 世纪，经济学归入经院法学体系。远在经济思想形成以前，宗教认为物品价值源自于神定，财富来自于上帝赐予。伴随着文明的发源，在古希腊与古罗马已开始对经济实践进行思辨。古希腊最早研究经济的是色诺芬、柏拉图、亚里士多德等一批哲人。他们根据日常生活实践，提出一些关于经济的朴素推理和简单概念。如色诺芬在他的著作《经济论》中主张从使用价值的角度认识财富，维护自然经济，高度重视农业；柏拉图在其著作《理想国》中分析了分工、等级、公有财产等概念；亚里士多德对经济的研究则已深入到简单的判断和推理，并第一次认识到货物有两种用途：一种是本身固有的，一种是交换产生的。欧洲中世纪的哲人，力图维护封建土地私有制度，力求对逐渐出现的商品关系加以规范。始于 16 世纪、从西班牙征服者开始的血腥的海外扩展，使欧洲成为庞大的世界贸易体系的中心，封建制度开始解体，资本主义生产方式开始产生。正是这个时期，形成了重商主义经济思潮。

重商主义产生于 15 世纪，终止于 17 世纪中期。其产生的背景是：资本主义生产方式开始产生。资本主义生产方式的前提是原始资本的积累。伴随着海外扩张，对外贸易为国家带来巨额财富，使欧洲成为庞大的世界贸易体系的中心。适应这一时期商业资本的利

益,开始出现作为封建国家经济政策基础的重商主义思想。重商主义的主要代表人物有英国经济学家约翰·海尔斯、托马斯·孟,法国经济学家让·巴蒂斯特·柯尔培尔、安·德·蒙克莱田等,其代表作是托马斯·孟著的《英国得自对外贸易的财富》。

重商主义的经济思想主要体现在:①特别强调一国财富的重要性,并把货币财富作为财富的唯一形态。②认为对外贸易是一国财富的唯一来源;物品价值不是源自于神定,而是源自于交换;只有通过贸易特别是对外贸易吸收他国财富(金银)才能增加本国财富。③民穷国富论。认为大河有水小河满,私人财富的增加,会导致国家财富的减少。基于以上理论,重商主义者主张国家对国内外经济生活严格地实行全面干预。④主张实行贸易保护主义以谋求贸易顺差,主张实行重出口产业的产业政策和低工资的消费政策,限制国内非生产部门的发展和工人生活水平的提高,增加国家和商业资本的财富积累。

重商主义者只是对贸易过程进行了研究,只是对财富的起源做了一些粗浅解释,其经济思想是典型的原始国家干预主义,它代表着商业资本的利益与要求,反映了资本原始积累时期商业资本的意识形态。重商主义是在封建生产方式"最早的变革时期"[1]出现的一种经济学说,是对"近代生产方式的最早的理论研究"[2]。但重商主义仅限于对流通领域的研究,并没有形成完整的经济学体系,只能说是经济学的萌芽,真正的经济科学只有其研究从流通领域转到生产领域时才会出现。

二、古典经济学:西方经济学的产生时期

按当今西方经济学广泛接受的观点,古典经济学是指从亚当·斯密的《国富论》出版到阿尔佛里德·马歇尔的《经济学原理》出版前这段时期的理论,其产生的背景是:中世纪末期,欧洲各国先后走上资本主义道路,英、法资产阶级革命为资本主义生产方式的发展开辟了广阔前景;技术进步引发了工业革命,资本主义经济进入自由竞争的繁荣昌盛时期;企业制度确立引发劳动生产组织效率的提高;海外新大陆的发现激发了原料搜寻与市场拓展等无限商机。随着资本主义生产方式的发展,制造业日趋重要,重商主义思想变得陈旧,在英、法等国逐渐形成了一股反对重商主义的社会经济思潮,强调从生产领域来研究财富增长,主张自由放任,这就是西方经济学说史上的第一次重大变革。这次变革,西方人把它称为"古典革命"。通过这场革命,建立了第一个西方经济学的理论体系,即古典经济学。推动着经济学向前发展。其创始人是英国经济学家亚当·斯密,主要代表人物先后有威廉·配第、大卫·李嘉图、西斯蒙第、约翰·穆勒、萨伊等。主要代表作有亚当·斯密的《国民财富的性质和原因的研究》、约翰·穆勒的《政治经济学原理》及李嘉图的《政治

---

① 马克思,恩格斯.马克思恩格斯全集[M].北京:人民出版社,1972

② 马克思.资本论[M].北京:人民出版社,1966。

经济学及赋税原理》等。

古典经济学的最主要成就是提出了以劳动价值论为主要理论的一整套经济理论体系。这包括：①第一次系统地提出了劳动价值论，提出了比较系统的分工理论，提出了比较优势理论等理论，提出了"理性人"假设，提出了"看不见的手"原理，认为均衡的国民收入主要是由经济中的总供给水平决定，国民财富增长的主要途径是发展生产。②社会生产和整个社会的经济运动"受一只看不见的手的指导"。这只"看不见的手"，把无数个人的盲目的、相互矛盾的经济行为纳入整个经济有秩序的运动中。③主张自由放任、自由竞争，反对国家对经济生活的干预。斯密所论述的"看不见的手"实际上就是市场机制或价格机制思想的最早表述，从而奠定了微观经济学的理论基础。

古典经济学重视从供给方面研究经济问题，反映了当时生产力水平相对低下，反映了自由竞争时期资本主义经济发展的要求。但是，古典经济学对于经济的需求方面研究没有加以充分重视，在分析方法上也显得不够精细。此外，劳动价值论往往容易为工人的利益服务而对资本家不利。这些都引起了其他一些经济学家的注意，引起了他们发展某些新理论的研究。

三、新古典经济学：现代西方经济学理论基础的奠定

古典经济学产生以后不断发展。1830年以后，英、法、美、德、俄等西方资本主义国家出现了第二次工业革命，新技术导致新产品的不断出现，新老产品品牌差异导致产品的价值差异日益明显和经济效率的进一步提高，以及需求和产量的增加，引发工业领域的重大重组。同时，经济领域的竞争开始国际化，生产和资本的高度集中开始产生垄断，出现频繁的经济危机，失业、通货膨胀使社会冲突的焦点从资本家和地主的对抗，转向工人和资本家的对立，这些都对古典经济学形成了冲击。特别是品牌差异下的产品价值差异的问题，亟须新的理论来进行解释。古典经济学逐渐分化为两大支干：一个支干是以卡尔·亨利希·马克思、弗里德里希·冯·恩格斯为主要代表，继续沿着劳动价值论这条线索，着力于经济的制度分析，揭露资本主义经济制度的剥削性质，建立了马克思主义政治经济学；另一支干是以阿尔弗雷德·马歇尔、昂·瓦尔拉斯等为主要代表，他们把完全竞争与生产要素充分就业假设为既存的条件，将需求因素引入经济学分析框架，从供给与需求角度着力于经济的行为分析，通过对需求和效用的认识，抛弃劳动价值理论，认为物品价值源自于物品的效用；认为国民收入是各种生产要素共同创造的，各个生产要素在国民收入中所占份额的大小取决于它们各自的供求状况所决定的均衡价格；认为对劳动、资本、土地的需求取决于各自的边际生产力；劳动的供给取决于劳动的"负效用"；资本的供给取决于资本家对未来享受的"期待"，并建立了以"边际效用论"和"均衡价格论"为基础的新古

典经济学①。1890 年出版的阿尔弗雷德·马歇尔的代表作《经济学原理》，在融合了供求理论、生产费用理论、边际效用理论、边际生产力理论等的基础上，建立了以均衡价格论为核心的完整的经济学体系，标志着西方新古典经济学理论体系的形成。

新古典经济学在经济学的基本原理上完全接受了古典经济学的观点，仍然坚持在长期内供给对均衡国民收入的决定作用。与古典和新古典经济学的区别主要表现在：第一，价值理论不同。古典经济学的核心是劳动价值理论，从斯密到李嘉图再到马克思无不以劳动价值理论作为自己理论的核心。而新古典经济学则以边际效用论来说明需求，以生产费用论来说明供给，由此形成均衡价格理论：认为商品的价值不是取决于商品中所包含的人类一般劳动的凝结，而是首先取决于作为人们对商品效用的主观评价，商品的价格随着购买量的增加、边际效用的递减而下降；其次取决于商品的供给，决定商品供给背后的原因是商品生产成本的考量；当需求与供给两种力量均等时，产生均衡价格。他们将主观的、心理的边际效用价值理论与客观的劳动价值论综合为一体作为自己的理论核心，以此形成对古典劳动价值论的革命。第二，对生产与流通的关系的认识不同。古典经济学重视从劳动分工角度研究生产的效率问题，认为流通处于一种被生产所决定的从属地位，不重视对流通的研究。新古典经济学认为流通包含生产从而又突出了流通的地位，但是新古典经济学关于生产者与消费者直接见面的假设条件，使得它只看到了建立在分工基础上的"简单商品交换"，而将以商人为媒介的发达商品流通从其理论体系中抽象掉了，流通也就从新古典经济学的研究视野中消失了。但现实经济生活中流通却是大量存在的，并对生产和消费及其再生产过程产生重大影响。回避流通问题，不将以商人为媒介的发达商品流通纳入其理论体系之中，而是以生产为主线来建立逻辑分析结构，这不能不说是新古典经济学的一种缺憾。第三，分析方法的不同。古典经济学受数学方法所限，主要采用总量分析；而新古典经济学时期，数学有了巨大的进步，分析方法也从古典经济学时期的总量分析过渡到新古典经济学时期的边际分析，并由强调供给和生产转变为强调需求和消费。新古典经济学的基本理论主要包括边际效用分析和边际效用价值论、边际生产力分析和边际生产力分配、一般均衡理论三部分。20 世纪 30 年代，诸多学者对新古典经济学的理论进行了不断完善。其中美国的张伯伦和英国的琼·罗宾逊同时提出内容基本相同的"垄断竞争理论"，论述了不同市场类型下产量与价格的决定及资源优化配置问题；希克斯提出了序数效用理论，弥补了马歇尔基数效用理论中关于效用衡量、货币效用递减给新古典理论对资产阶级带来的不利。

---

① 由于马歇尔和他忠实门生庇古、罗伯逊等长期在英国剑桥大学任教，所以又称剑桥学派。又因为新古典主义抛弃了劳动价值理论，所以被马克思称之为"庸俗经济学"（vulgar economics）。

四、"凯恩斯革命"：宏观经济学的建立和发展

在 20 世纪 30 年代前,根据经典学派(古典与新古典经济学)的逻辑推导,资本主义的经济社会一般不会发生任何生产过剩的危机,更不可能出现就业不足。"经济一旦遭受冲击,市场力量可以迅速而有效地恢复充分就业的均衡"。但是,20 世纪后,世界上大多数国家都形成了混合经济,尤其是 30 年代的资本主义世界大危机打破了这种神话,供给并不自动创造需求,市场力量并不能自动调节经济,经典学派的理论与经济现实发生了尖锐的冲突,经济学面临着它的又一次大危机。1936 年英国经济学家凯恩斯发表了他的划时代的著作——《就业、利息和货币通论》。在这本著作中,凯恩斯将视角放回宏观领域,认为"经典学派之前提,只适用于一种特例,而不适用于通常的情形。通常的情形不是供求相等,而是有效需求不足"。所谓有效需求是指预期可以给资本家带来最大利润量的社会总需求,它由消费需求和投资需求两个部分组成。凯恩斯认为需求能创造供给,认为总供给不总是等于总需求;认为市场机制的自发作用并不能保证生产要素的使用达到充分就业的水平;认为在通常情况下,总供给与总需求的均衡是小于充分就业的均衡,导致非自愿失业和小于充分就业均衡的根源在于有效需求不足,而有效需求不足的原因又在于"消费倾向、灵活偏好和对资本未来收益的预期这三个基本心理因素";认为有效需求不足不可能通过市场机制的自动调节而恢复均衡,只有通过国家干预,实行"需求管理",才能有效地克服经济萧条和通货膨胀,实现经济稳定。形成"凯恩斯革命",对西方经济学界与西方国家政府经济政策均产生了重大影响,反映了凯恩斯时代经济发展水平对古典经济学时代的超越。其从理论、方法、政策三个方面提出的不同于传统的观点、主张和分析结论与新古典体系也判若云泥,而凯恩斯则成为现代西方宏观经济学的开山鼻祖。

五、二次大战以后

二次大战后,西方经济学在继续不断发展。

(一)西方微观经济学的发展

西方微观经济学在以下几个方面继续得到发展:一是阐明了个人与厂商的假设。萨缪尔逊在《经济学基础》一书中提出了许多行为最优化模型,将行为模型建立在精确定义的数学条件上,使得数学成为现代经济学中的一个重要部分;二是发展了一般均衡模型。杰拉德·德布鲁等学者运用现代集合论的思想讨论一般均衡问题,用一种紧凑简易的方法找到了市场出清价格,使同时考察多个市场的行为成为可能;三是在经济模型中引入了不确定性和不完全信息,引入了博弈论;博弈论和信息经济学将信息约束和策略行为引入主流经济学,使经济学得以开始严谨地讨论人与人之间的现实互动问题。这引发了信息经济学等分支学科的形成与发展;四是计算机分析经济数据的大量运用,使得对于理论模型的验证

能力大大提高。

(二)西方经济学宏观方面的发展

西方宏观经济学则在两个方面继续得到发展：

一是对凯恩斯宏观经济理论的补充和发展。20 世纪 40 年代后，凯恩斯的追随者在对凯恩斯理论补充和发展的基础上，陆续形成了一些新发展并形成新的流派：一个是以美国经济学家保罗·萨缪尔逊、詹姆士·托宾和罗伯特·索洛等人为代表的新古典综合派；一个是以英国经济学家琼·罗宾逊、庇罗·斯拉法和尼科拉·卡尔多等人为代表的新剑桥学派，第三个是新凯恩斯主义。新古典综合派在"凯恩斯革命"的基础上，注意到新古典经济学以个体分析为主、认为市场机制万能、主张自由竞争的特点，注意到凯恩斯主义以总体分析为主、认为市场机制非万能、主张国家干预的特点，将新古典经济学的微观经济理论与分析方法同凯恩斯的宏观经济理论及分析方法综合在一起，在对二者不断完善的基础上建立了新古典综合派理论体系；认为如果没有实现充分就业就应该使用凯恩斯理论，实现了充分就业就应该用新古典经济学的理论来研究问题，在形式上将凯恩斯理论命名为宏观经济学、新古典经济学命名为微观经济学而进行综合，被大多数经济学家所认同，其理论和思想也成为各国政府决策的重要依据。萨缪尔逊在 1961 年出版的《经济学》教材第五版中，将上述综合思想作了集中体现，他把自己的理论体系命名为"新古典综合"。在 1970 年出版的该教科书第八版中，将新古典综合派改称为主流经济学，在二次大战后的西方经济学界一直居于正统的地位。新剑桥学派则反对以新古典经济学作为宏观经济学的微观基础，他们认为，宏观经济分析应该以老的古典经济学，特别是李嘉图的经济理论作为其微观基础。在分析方法上，他们坚持凯恩斯主义的历史观，反对新古典综合派的均衡观。新古典综合派和新剑桥学派虽然都从凯恩斯的《就业、利息和货币通论》出发，以解释和发展凯恩斯经济学说为目的，但从一开始他们就朝着相反的方向发展，他们在分析方法、理论观点和体系上存在着原则性的分歧。新凯恩斯主义是 20 世纪 80 年代发展起来的，它沿袭凯恩斯主义的传统，同时又弥补了凯恩斯主义理论的不足，认为短期工资和价格并不能调整到使市场出清，经济可以处于非充分就业均衡；货币工资具有黏性；总需求的变动会出现非自愿失业，从而出现经济周期；短期政府应当采取需求管理政策。

二是各种非凯恩斯宏观经济学说的发展和复兴。进入 20 世纪 60 年代以后，西方各国经济出现了停滞和通货膨胀同时并存的"滞胀"局面，新古典综合派理论提出的"经济活动大于生产要素充分就业才出现通货膨胀"的理论无法解释这一现象，政策主张失灵，引发了凯恩斯主义的危机，各种非凯恩斯主义宏观经济理论迅速产生和发展，动摇了新古典综合派的宏观经济理论基础。具有重要影响的学派主要有：以弗里德曼为主要代表的货币主义学派；以卢卡斯和萨金特为代表的理性预期学派；以蒙德尔、费尔德斯坦、拉弗等为代表的供给学派；以哈耶克为主要代表的新自由主义理论体系(伦敦学派)；以德国经济学家欧根、罗勃凯、艾哈德等人为代表的弗莱堡学派；以美国经济学家布坎南和塔洛克为代表的公共选择学派；以美国经济学科斯、威廉姆森和诺斯等人为主要代表的新制度经济学派。这些学派都把凯恩斯主义的国家干预作为经济滞胀的根源。他们论述了市场机制的完善性，说明了国家干预经济政策的局限性，主张减少国家干预，实行自由放任。20 世纪 70 年代以后，西方各国采用了这些主张，逐步实行了经济自由化的政策，这便是现代西方经济学史上的"自由放任"复兴时期。自由放任经济学流派的理论在现代宏观经济理论中占有非常重要的地位，成为现代宏观经济学的一个重要组成部分。

（三）非主流经济学派、西方经济学与其他学科综合与方法论的继续发展

产生于 20 世纪二三十年代的一些独树一帜的非主流经济学派，比如瑞典学派、熊彼特的经济理论、罗斯托的经济理论体系等，既不能简单地归属于凯恩斯主义的营垒，也不能把它简单地归属于非凯恩斯主义的营垒，"二战"后提出的许多理论和政策主张受到西方国家的政府和经济学界的日益重视；在西方经济学与其他学科的综合中，学者们运用多学科成果提出人文经济学、深化经济学、国际政治经济学等分支学科；运用计算机模拟进行了实验经济学探索。虽然展现出发展的活力，由于尚未取得重大成果，它们对主流经济学的影响力还是有限。

当然，在上述各理论学派当中，无论哪一派都还未能得到普遍的接受，也没有遭到普遍的拒绝，各派都在应对其他学派的批评中一直向前发展，它们共同构成了西方经济学的百花园。

第三节　微观经济学的研究对象

一、基本研究对象

按照通常的分类，现代西方经济学主要包括微观经济学和宏观经济学两大分支。微观经济学主要研究市场经济制度下稀缺资源的最优配置问题。稀缺资源的最优配置是通过微观主体的行为选择来达成的。因此，微观经济学研究在市场经济制度下，在假设资源与要素得到充分利用的条件下，作为微观主体的单个经济单位——居民户（消费者）与厂商（生产者）如何作出基于自身利益最大化的最优经济行为选择、他们之间如何相互作用以及最优经济行为选择会受到哪些因素的影响。通过对单个经济单位的最优经济行为以及相应的经济变量的单项数值如何决定的研究，说明市场经济社会市场机制自动实现稀缺资源优化配置的原理和作用，以及改善这种运行的途径。市场经济制度的基础是私人产权制度，微观主体——单个的厂商与消费者的市场最优行为及其相互作用的过程就是在价格杠杆的作用下组织资源从事社会经济活动的过程，个人利益加总就构成了社会的共同利益，价格杠

杆引导微观主体从事社会经济活动的过程就是市场机制对资源与要素配置的过程,市场均衡的过程就是市场机制对资源与要素优化配置的过程。通过对微观主体的最优行为以及相应的经济变量的单项数值如何决定的研究,能够说明市场机制对资源与要素配置的原理和作用。随着经济学研究的不断深入,微观经济学的研究对象也在不断拓展。

二、微观经济学研究的基本假设

在新古典经济学框架下,微观经济学提出了基本研究假设,以此作为微观主体行为分析的基础,并使得经济学能够运用数学方法加以研究,这就是"理性人"假设①。"理性人"假设是指经济生活中的每一个人,其行为均是利己的,他总是知道什么能满足他们的需要;在做出一项经济行为选择时,总是能深思熟虑地通过成本—收益分析或趋利避害原则来对其所面临的各种可能的机会、目标以及实现目标的手段进行比较,选择他们能够支付得起的最佳生产消费与生活消费方式,都力图以自己最小的经济代价去追求自身福利的最大化。对于消费者而言,"理性人"假设意味着做出选择与决定是为了个人效用最大化,而并不考虑个人效用偏好的差异;对于厂商而言,"理性人"假设意味着做出选择与决定是为了厂商利润最大化,而并不考虑投资者与经理人目标追求的差异。具体地说,消费者追求效用最大化,厂商追求利润最大化,要素所有者追求要素收入最大化,政府追求经济总产出的最大化和公共福利最大化。在没有外力的干预下,在所有的微观主体既定约束条件下最优行为的选择中,市场机制的自身力量能够实现资源与要素的优化配置,能够使得社会总福利最大化。而利己的行为动机与私人产权制度的结合产生了理性人的行为刺激。

以"理性人"假设为基础,还引出其他一些假设,运用在相关问题的讨论中:

"完全竞争"假设。即假定市场是完全竞争的,基于简单商品交换的流通是顺畅的,商品能够顺利地从生产领域转移到消费领域,也不存在交易费用;在价格可以自由变动的情况下,市场上一定会实现充分就业的供求均衡状态:物品价格的调节会使商品市场供求均衡,利率(资本价格)的调节会使金融市场供求均衡,工资(劳动价格)的调节会使劳动市场供求均衡。这种均衡的状态下,资源可以得到充分利用,不存在资源闲置或浪费问题。与竞争相联系的是资源的稀缺性。

"完全信息"假设。这一假设是指市场上每一个从事经济活动的个体(即买者和卖者)对有关的经济变量具有完全的信息,都具有明确的偏好,是"理性人"假设所必需的条件。例如,每一个消费者都充分地了解每一种商品的性能和特点,准确地判断一定商品量给自

---

① "理性人"的假设是约翰·穆勒提炼、由帕累托最先引进经济学的,此后便不断受到各种各样的挑战。其中最主要的挑战来自五个方面:马斯洛的需求层次说、西蒙的有限理性说、威廉姆森的机会主义说、莱宾斯坦的 X 低效率说、诺斯的意识形态说。

己带来的消费满足程度,掌握商品价格在不同时期的变化等,从而能够确定最优的商品购买量。

"资源稀缺"假设。这一假设是指经济运行中的资源是相对稀缺的。因为资源的相对稀缺,人们才会花费代价和精力去追求,才会在追求的过程中进行最优行为选择。资源稀缺既是经济社会的普遍现象,也是经济学研究的前提假设。

应当说,"理性人"基本假设及其引申与运用存在着一些争议。但是,运用假设条件建立经济模型分析经济问题只是省去枝叶、抓住主干的一种分析方法,假设与模型并不是经济活动全真式写照。作为研究经济问题的起点与建立经济模型的基础,上述假设还是被广泛接受。

第四节　微观经济学的研究方法

微观经济学作为现代西方经济学的一个重要分支,在其演进与发展中,研究方法也日趋丰富、具体和完善,同时,也日益发挥着解释经济现象、预测经济形势和为微观经济主体科学决策提供理论支持等多种作用。在现代微观经济学诸多具体的研究方法中,主要是以实证分析方法为主。

一、实证经济学与规范经济学

微观经济学所要研究的问题包括实证问题和规范问题。相应地,经济学便有实证经济学和规范经济学之分。实证经济学是指描述、解释、预测经济行为的经济理论部分,研究经济体系中稀缺资源与要素实际是怎样配置的,所研究的是"是什么"的问题,或者说是人类所面临的实际经济问题"是如何解决"的问题。例如,假设政府提高个人收入所得税的起征点,实证经济学就要研究与预测这将对市场消费产生多大利好影响。这就是实证分析。然而,有时候人们并不满足于分析与预测,还会提出别的问题:为什么要提高个人收入所得税的起征点?这就涉及规范分析。规范经济学所研究的是经济体系中稀缺资源与要素应当是怎样配置的,人类所面临的实际经济问题"应该如何解决"的问题。规范分析涉及已有的事物现象,对事物运行状态做出是非曲直的主观价值判断,力求回答"事物的本质应该是什么"。实证经济学是微观经济学的中心问题。它与规范经济学的区别:首先,表现在怎样对待"价值判断"上。所谓价值判断是指对经济事物社会价值的判断,即对某一经济事物是好还是坏的判断。实证经济学企图超脱和排斥一切价值判断,只研究经济本身的内在规律,并根据这些规律分析和预测人们经济行为的效果。规范经济学则以一定的价值判断为基础,以某些标准来分析处理经济问题,树立经济理论的前提,作为制定经济政策的依据,并研究如何才能符合这些标准。其次,表现在实证经济学所要回答的是"是什么"的问题,或者是"对经济问题如何解决"的问题;规范经济学则力求说明的是"应该是什么"的问题,或者是"对经济问题应该如何解决"的问题。它要确认经济现象的社会意义。第三,表现在实证经济学研究问题的结论具有比较强的客观性;规范经济学研究问题的结论则具有比较强的主观性,往往体现阶级利益。实证经济学所得的结论可以根据事实来进行检验;规范经济学所得的结论要受到分析者自身提出的不同价值观的影响,不同的人往往从自身代表的阶级利益出发,提出不同的概念与不同价值判断标准,对同一事物的好坏会作出截然不同的评价,谁是谁非并没有绝对统一的标准,从而也就无法进行检验。

相应地,从经济分析方法的角度,微观经济学便有实证分析和规范分析两种分析方法。实证分析法侧重研究经济体系如何运行,分析经济活动的过程、后果及向什么方向发展,而不考虑运行的结果是否符合社会的主流价值判断。实证分析法在一定的假定及考虑有关经济变量之间因果关系或相关关系的前提下,用公理化的方法研究人的经济行为,描述、解释或说明已观察到的事实,对有关现象将会出现的情况做出预测。客观事实是检验由实证分析法得出结论的标准。而规范分析法是研究经济运行"应该是什么"的研究方法,这种方法主要依据一定的价值判断和社会阶级的利益目标,来探讨达到这种价值判断和社会阶级的利益目标的步骤。比如,政府对农业实行补贴,实证分析重点分析的问题包括:实行补贴会对农业产生什么影响;政府财政能否负担得起这样的农业补贴;如果实行全国范围内的农业补贴,补贴资金来自哪些途径等。而规范分析重点分析的问题包括:是否应该对农业实行补贴;农业补贴资金用在其他方面是否会更好;如果实行全国范围内的农业补贴,补贴资金应该来自于哪些途径;等等。规范分析与实证分析这两种方法必须结合起来,因为微观主体最优经济行为的选择涉及的不仅仅是经济利益问题,而且涉及社会公平问题。

实证经济学与规范经济学之间尽管存在着差异,但二者之间不是绝对地相互排斥的。规范经济学研究要以实证经济学为基础,而实证经济学研究也离不开规范经济学的指导。一般说来,越是微观具体的问题,实证分析的成分越多;而越是宏观决策性的问题,则越具有规范性。在对经济现象进行分析的过程中这两种分析方法需要结合起来运用。因为经济学的研究是由人来进行的,不同的人由于对经济现象和问题分析的价值观念不同,即使都是采用同一实证分析方法,对分析过程中概念的界定、方法的选择以及分析的结果也会有很大的差异,往往会打上阶级的烙印。[①] 西方经济学只是简约化的分析工具,如果要将其应用于经济社会发展现实,就需要考虑特定的政治立场、意识形态等问题,这就进入了政治经济学的研究范畴。就是超脱一切价值判断,就客观问题本身去分析其规律性,也不可能把个人本身的主观因素完全排除在外。另外,在进行规范分析的过程中,如果完全脱

---

① R. M. Solow. Science and Ideology in Economics. The Public Interest, 1970, Fall, 21, pp. 94–107.

离客观现实去进行价值分析和判断，也只能是使问题的分析过程步入主观臆想的死胡同。

二、实证分析方法：理论形成过程

实证分析是一种根据事实加以验证的陈述，是一种定量分析；理论分析则是一种定性分析。实证分析与理论分析的共同作用，才能推动科学理论的形成与发展。运用实证分析法研究经济问题，就是要提出用于解释事实（即经济现象）的理论，并以此为根据作出预测，这也就是形成经济理论的过程。

（一）理论的组成

经济理论是对经济实践的高度概括。一个完整的经济理论由定义、假设、假说和预测等几个部分组成。

定义是对经济学研究的各种变量所规定的明确的含义。变量是一些可以取不同数值的量，变量之间可能存在相关关系、因果关系①两种关系。基于不同的考虑，可将变量分为若干类型。从变量的性质看，可分为内生变量与外生变量。内生变量是一种理论模型内所要解释的变量。外生变量是一种理论模型内影响其他变量但本身由该理论模型外的因素所决定的变量，它是理论模型以外的因素决定的给定的常数，是理论模型据以建立的外部条件。一般来说，自变量是外生变量，因变量是内生变量。参数是可变的常数，由于参数是已知的或可知的，通常是由理论模型以外的因素决定的，因此也往往被看成外生变量。假设有消费者需求函数：$Q_1^d = a + bP_1 + cI + dT + eP_2 + fE$，表示消费者对一种商品需求量 Q^d 与商品自身价格 P_1、消费者收入 I、消费者偏好 T、其他商品价格 P_2、消费者预期 E 等影响因素的关系。则 a、b、c、d、e、f 都是参数，都是该模型的外生变量；Q^d、P_1、I、T、P_2、E 是该模型要讨论的变量，其中 Q^d 是该模型的内生变量，P_1、I、T、P_2、E 是该模型的外生变量；a 是自发量，b、c、d、e、f 各项是在其他变量不变的条件下，各自对应的 P_1、I、T、P_2、E 变量的单位变动对 Q^d 的影响参数。从变量的形态看，可分为存量与流量。存量是指一定时点上所测度的量，其数值大小与时间维度无关。流量是指一定时期内所测度的量，其数值大小与时间维度相关。从变量的因果关系看，可分为被解释变量与解释变量。解释变量是变动的原因，被解释变量是变动的结果。

假设是某一理论所适用的条件。因为任何理论的形成都是有条件的，所以在一个理论的形成中假设其他条件不变非常重要。离开了一定的假设条件，理论的分析与结论就是毫

---

① 所谓相关关系，就是若变量 A 的变化总是伴随变量 B 的变化，则说 A 和 B 是相关的，或者说 A 和 B 具有不确定性的统计关系；如果变量 A 的变化总是引起变量 B 的变化，则 A 与 B 不仅是相关关系，而且还存在一种因果关系，或者说具有确定性的函数关系。因果关系必然是相关关系，相关关系未必是因果关系。本教材仅讨论变量间为因果关系下的情形。

无意义的。例如需求定理是在假设消费者的收入、偏好、人口量、社会风尚等既定的前提下来分析需求量与价格之间的关系。消费者收入、偏好、人口量、社会风尚等不变就是需求定理的假设。离开这些假设，比如需求定理所说明的需求量与价格反方向变动的真理就没有意义。在形成理论时，所假设的某些条件可能与现实有一定的差距，但没有这些假设就很难得出一般性的结论。在分析一个变量对于经济体系的影响时，通常假设其他条件不变。

假说是对两个或更多的经济变量之间关系的阐述，是未经证明的理论。在理论形成中提出假说是非常重要的，这种假说往往是对某些现象的经验性概括或总结。但这种假说要经过验证才能说明它是否能成为具有普遍意义的理论。因此，假说并不是凭空产生的，它仍然来源于实际，只是未经验证而已。

预测是根据假说对未来进行预期。科学的预测是一种有条件性的说明，其形式一般是"如果……就会……"。预测是对假说的验证。正确的假说的作用就在于它能正确地预测未来。

（二）理论的形成

可以用图1-1来说明一种经济理论的形成过程。

一种理论在形成时，首先要对所研究的经济变量确定定义，并提出一些假设条件。然后，根据这些定义与假设提出一种假说。根据这种假说可以提出对未来的预测。最后，用事实来验证所作的预测是否正确，或者对作为理论基础的假设条件进行检验。如果预测是正确的，基本假设能够成立，这一假说就是正确的理论；如果预测是不正确的，基本假设不能成立，这一假说就是错误的，或者要被放弃，或者要进行修改。

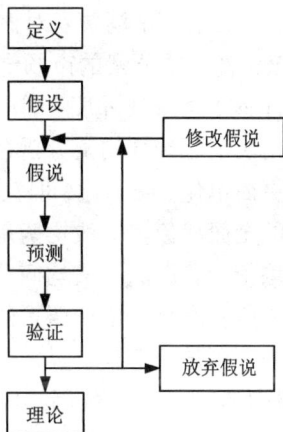

图 1-1 理论的形成过程

三、实证分析方法的分析工具

实证分析要运用一系列的分析工具，诸如均衡分析与非均衡分析、边际分析、静态分析与动态分析、经济模型，等等。这里着重介绍在经济学中应用最多的几种分析工具。

（一）均衡分析与非均衡分析

均衡是马歇尔从物理学中引进的概念。在物理学中，均衡是表示，同一物体同时受到几个方向不同的外力作用而合力为零时，该物体所处的静止或匀速运动的状态。

经济中均衡是指在其他条件不变时，经济事物中有关变量在各自最大利益的追求中处于一种相对静止、不再变动的境界。比如说投入与产出、供给与需求会形成均衡关系。英国经济学家马歇尔 1890 年在他的《经济学原理》中首次将均衡运用到经济学中，使之成为一个重要的经济学概念。马歇尔引入这一概念主要是用市场供求两种力量的平衡来说明市场体系的均衡。均衡分析能够看出经济运行的若干特征。

均衡又分为特短期、短期与长期均衡、局部均衡与一般均衡。一般意义上，特短期内所有解释变量都不能改变，短期则至少有一种解释变量是不能改变的，长期内所有的解释变量都可以改变。本教材对短期概念不作细分。短期均衡是指流量稳定，存量只有相对微小的变动而可以忽略不计的平衡，长期均衡是指所有的存量与流量都保持稳定，即新增流量等于零时的平衡。经济学中，均衡分析是假定均衡点是微观主体最优行为选择点，经济变量的运动总是趋向于均衡状态，据此研究经济现象如何达到均衡。局部均衡是指不考虑所分析的商品(要素)市场或经济体系内某一局部以外因素的影响时，单个市场或部分市场的供求所达到均衡的状态。局部均衡分析是把整体市场简化为仅有一种商品或一种要素的市场，且假定一个消费者对该商品的消费或一个厂商对要素的购买仅占其总预算的一小部分，该种商品或要素的市场供求变化几乎不影响其他所有商品或要素的价格。即假定在其他条件不变时来分析某一时间、某一市场的某种商品(或生产要素)供给与需求达到均衡时的价格决定。局部均衡分析在一定的合理假设下，不但可以达到说明问题的目的，也能使问题更简单化、明了化，但获得的结论却有假定条件下的片面现象，而非反映各市场互动关系的全面现象。一般均衡是指在一个经济体系中，所有商品和要素市场供给和需求同时达到均衡的状态。一般均衡分析则在各种商品和生产要素的供给、需求、价格相互影响时来分析所有商品和生产要素的供给和需求同时达到均衡时所有商品的价格如何被决定。一般均衡分析是关于整个经济体系的价格和产量结构的一种研究方法，是一种全面的分析方法，对影响经济现象的因素以及这些因素如何影响经济现象能有更深刻的理解。但由于一般均衡分析涉及市场或经济活动的方方面面，而这些又是错综复杂和瞬息万变的，实际上使得这种分析非常复杂和耗费时间。所以在西方经济学中，大多采用局部均衡分析。

非均衡是指各个市场的供给与需求并不都相等的状态。非均衡分析则认为经济现象及其变化的原因是多方面的，复杂的，不能单纯用有关变量之间的均衡与不均衡来加以解释，而主张通过对历史、制度、社会等因素的分析作为基本方法；即使是个量分析，非均衡分析也不强调各种力量相等时的均衡状态，而是强调各种力量不相等时的非均衡状态。目前西方经济学中占主导地位的是均衡分析工具。如微观部分的均衡价格理论、消费者均衡、厂商均衡，宏观部分的国民收入均衡，都贯穿了均衡分析思路。作为一个系统，社会经济内部诸因素之间客观上存在一定的比例关系，因此均衡分析作为一种基本的经济学方法得到普遍应用，是很自然的。但另一方面，社会经济系统内部结构是相当松散的，并且经常处于变动中，包括各因素之间的数量比例关系，也都在不停地变化，因而非均衡分析工具也很值得引起重视。

（二）边际分析

边际分析是把经济变量之间的关系看作一种函数关系，研究在假定其他条件不变时，存在极值的函数关系中"一个自变量的增量"所引起的"函数的增量"的变化，其目的是要确定一个最佳的自变量值和函数值。边际分析方法是贯穿整个西方经济学理论的一个基本分析方法。微观经济学中的边际效用、边际产量、边际成本、边际收益等概念，以及与其相联系的一系列"边际"原理，都体现了边际分析方法。

（三）静态分析、比较静态分析和动态分析

静态分析就是在外生变量不变条件下，分析经济现象的均衡状态以及有关的经济变量达到均衡状态所需要具备的条件，它完全抽掉了时间因素和具体变动的过程，是一种静止地孤立地考察某些经济现象的方法。

比较静态分析就是分析在外生变量条件发生变化以后内生变量均衡状态的相应变化，即对经济现象有关经济变量一次变动（而不是连续变动）的前后进行比较。也就是比较一个经济变动过程的起点和终点，而不涉及转变期间和具体变动过程本身的情况，实际上只是对两种既定的自变量和它们各自相应的因变量的均衡值加以比较。

动态分析则对经济变动的实际演化过程放在时间维度中进行分析，是在假定生产技术、要素禀赋、消费者偏好等因素随时间发生变化的情况下，考察经济活动从一种均衡到另一种均衡的发展变化过程。其中包括分析有关变量在一定时间过程中的变动、这些经济总量在变动过程中的相互影响和彼此制约的关系，以及它们在每一时点上变动的速率等等。这种分析考察时间因素的影响，并把经济现象的变化当作一个连续的演化的过程来看待，认为理性的微观主体追求利益最大化的假设并不是深思熟虑后做出的决策，而是市场选择的结果。其典型例子有微观经济学中的蛛网理论分析和宏观经济学中的经济增长与经济理论分析。

在新古典经济理论的微观经济学框架中，无论是个别市场的供求均衡分析，还是个别厂商的价格、产量均衡分析，都主要采用静态和比较静态分析方法，只在蛛网理论分析这类研究中，在局部均衡的基础上采用了动态分析方法。

（四）经济模型

经济模型是经济理论的简明表述，是对经济现象或过程的数学模拟。经济现象是纷繁复杂的，要描述经济中成千上万厂商、消费者最优行为选择所有细节的特征是不可能的，经济学家常常是运用统计学与计量经济学的技术工具，通过对各种社会经济现象进行抽象，建立能抓住其本质的简单模型，来表明主要经济因素之间的关系，并用适当的数学关系式近似地、简化地表现出来，以对经济理论进行简明表述。因而，经济模型是用来描述特定经济现象中相关经济变量之间依存关系的理论结构，是对经济规律的高度概括和总结。它帮助我们省却了无关的细节，集中注意于诸重要变量的关联，并展现外生变量的变化如何影响内生变量的变化。衡量经济模型优劣的一个标准是：如果一个经济模型能够很好地解释经济现实，模型就是成功的。如果模型过于复杂，模型的使用也是一件困难的事情。如果一个经济理论或者经济模型很简洁，但是它的预言能被验证，那么说明这个理论能用较少的投入来解释大量的经济现象，这恰恰是理论"经济性"的表现。

经济模型从分析手段的角度，可以分为概念模型、几何模型和数学模型三类。概念模型是通过文字的方式对经济理论进行描述、分析和研究；几何模型是通过几何图形的形式对经济理论进行描述、分析和研究；数学模型是通过一个或多个数学方程的形式对经济理论进行描述、分析和研究。上述三种模型在对经济理论进行描述、分析和研究时各有特色。建立经济理论的（数学）模型的一般过程大致包括这样几个步骤：对经济现实进行归纳，形成抽象的概念；概括和总结概念间的相互联系和基本规律；进一步把概念符号化；建立模型；估计参数；对模型所得结论进行检验；对模型进行解释与运用。过程中要注意的是"其他条件不变"的假设、"经济决策者寻求最优化"的假设以及实证性与规范性的区分。

第五节　西方经济学的学习意义和本书章节安排

一、微观经济学的学习意义

西方经济学是既具有一定科学因素，又具有特定阶级属性的学科。它的核心价值判断是否定剩余价值的来源、否定收入分配中剥削的存在的，但它的分析方法又是具有诸多科学合理的成分。但这不妨碍西方经济学理论学习的意义，因为不同的人看问题的角度不同，往往存在不同的价值判断，对于同一问题的研究，条件假设与研究方法不同，人们之间常常有不同的分歧，现阶段也没有任何一种经济学理论是完全正确、成为宇宙真理的。而且人们之间的共识还是大大多于分歧。新古典经济学建立在很多暗含假设上，比如充分竞争、信息完整等，这些条件在不同的经济社会并不完全一致，用同一理论分析不同条件下微观主体的经济行为是否合适，需要重新思考。概括地说，在联系资本主义发展历史的基础上，学习西方经济学具有三个方面的意义：一是有助于认清人类经济行为的本质，更好地转变消费观念，提高生活消费质量。微观经济学对于理性人的理解、对于偏好最优化的行为选择条件等知识点的学习，有助于消费者转变观念，为进一步提高生活质量进行理论指导。二是有助于科学认识与做好微观主体乃至政府的经济预测与决策。对于微观主体乃至政府最优经济行为选择及其相互影响的深入研究，对于消费者商品需求及其弹性理论的分析，我们能够找到消费者追求效用最大化行为的选择依据；对于厂商产品市场与生产要素市场行为选择的系统分析，我们能够找到厂商追求利润最大化、政府追求公共工程行为最优化的决策依据；对于消费者与厂商市场行为的综合分析，我们能够找到价格决策的量化依据；对于总需求、总供给及其诸影响因素的分析，能够找到政府干预经济的政策依据，从而更好地制定微观主体的经营预测，并减少宏微观决策的盲目性。三是有助于科学认识与制定公共福利政策。系统学习西方经济学后会清楚地看到，完全竞争条件下经济社会中市场机制常常会出现失灵现象，微观主体的经济交往中事实上存在交易费用，经济增长存在周期波动，遵循帕累托最优原则是推进公共福利最大化的政策方向。因此，多留意身边的经济生活小事，多运用学习到的经济学理论去加以解释，有助于感受并加深对于西方经济学的理解。

二、微观经济学的基本框架

从1776年现代西方经济学的鼻祖亚当·斯密发表《国富论》开始，现代西方经济学经历了200多年的发展历史，已经逐渐形成了比较完备的理论体系。在西方经济学的两大主干分支中，微观经济学的理论体系可以说相对更为完善。概括来说，微观经济学对于微观主体最优经济行为选择及其相互影响的研究，是以马歇尔的《经济学原理》表现出的新古典微观经济学体系为基本框架的，经过20世纪多位经济学家的完善，逐渐成为现今的体系，这一体系在市场经济国家中一直居于正统和主流地位。它是先从产品市场开始，再分析生产要素市场，再分析一般市场；是在三个逐步深入的层次上进行的。第一个层次是研究单个消费者和单个厂商基于自身利益最大化的最优经济行为选择问题。第二个层次是以第一个层次为基础，研究单个市场的均衡价格决定条件及其微观主体最优经济行为选择原理及实现问题。第三个层次是在第二个层次的基础上，研究一个经济社会中所有单个市场的均衡价格的同时决定条件及其资源配置效率的影响问题。本教材的内容就是按照以上的研究体系展开的。利用图1-2，对本书所涉及的内容作一梳理，读者能够借此大致了解新古典微观经济学理论的基本框架。

图1-2的左、右两边分别表示产品市场和生产要素市场，上方、下方分别表示消费者和生产者（厂商），每一个消费者和每一个生产者都具有双重身份：消费者既是产品市场的需求者又是生产要素市场的供给者，厂商既是产品市场的供给者又是生产要素市场的需求者。消费者和厂商都是"经济人"，每一类市场主体的经济活动通过这两个市场的供求关系的相互作用而联系起来。

从图的上半部分消费者的角度来看，消费者的行为首先表现在生产要素市场上提供生产要素（劳动、土地等），获得一定的要素收入，这形成生产要素的供给理论；然后，用收入在产品市场上购买所需要的各种商品，这形成产品的需求理论。消费者不管是在哪一类市场中，其行为目标都是总效用最大化。对消费者行为选择的分析，实际就是效用最大化分析。从图的下半部分生产者的角度来看，以厂商为代表的生产者行为首先表现在生产要

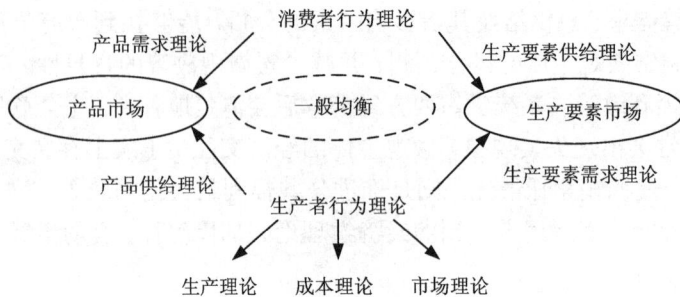

图1-2 微观经济学基本框架

素市场上购买各种生产要素(劳动、资本等),这形成生产要素的需求理论;然后,在产品市场上出售所生产的产品,这形成产品的供给理论。厂商不管是在哪一类市场中,其行为目标都是利润最大化。通过对厂商的"投入与产出"相互关系的层层递进分析,得到在完全竞争市场以及非完全竞争市场中的厂商行为选择模式。

从图的左半部分产品市场来看,消费者对某种产品的市场需求和厂商对产品的市场供给共同决定了某种产品的市场均衡价格和均衡数量。从图的右半部分生产要素市场来看,消费者对某种生产要素的市场供给和厂商对生产要素的市场需求共同决定了某种生产要素的市场均衡价格和均衡数量。

在完全竞争的市场条件下,无论是在产品市场还是在生产要素市场,单个消费者和单个厂商首先都追求自身福利的最大化。正是在这种追求过程中,在其他条件不变时,每个市场都可以实现基于自身利益最大化的供求相等的均衡状态,并形成微观经济学中的一般均衡理论。福利经济学以一般均衡理论为基础,论述了完全竞争市场下的一般均衡状态符合"帕累托最优状态",并最终形成社会总福利的最大化。当然,现实经济的运行与完全竞争经济并不完全一致,某些场合存在市场机制失灵打破以上的均衡循环链,从而必须依靠非市场的力量加以纠正。

三、微观经济理论的主要内容及章节安排

基于"通过研究微观主体利益最大化追求的经济行为的最优选择来说明市场机制配置资源的机理"这样一个认识,微观经济理论形成了以下主要研究内容:

(一)均衡价格理论(第二章)

价格分析是微观经济学分析的核心,因此微观经济学也被称作价格理论。本章从价格理论的两个方面——需求和供给开始,以完全竞争市场为研究假设,分析需求与供给两个

方面的性质、特点，它们的矛盾运动如何共同决定一种产品市场的均衡状态及其变化，在此基础上引出弹性的基本理论及其基本运用。

（二）消费者行为理论（第三章）

供给与需求曲线变化的背后是厂商与消费者的行为选择。本章将深入消费者基于效用最大化追求行为选择的背后，提出衡量消费者最优行为选择的标准，即消费商品所得到的效用；讨论消费者在基数效用与序数效用条件下、在有限的收入约束下消费者实现效用的最大化的最优行为选择；分析消费者均衡，从中推导出需求曲线，并对均衡变化作比较静态分析。

（三）厂商行为理论

结合消费者效用最大化追求的行为选择分析，讨论在理性人假定下、在不同的市场结构下，厂商追求利润最大化的行为中一种产品最优产量点的选择原理及实现，并说明其市场价格的决定过程。厂商行为选择的背后涉及几个重要理论的分析，这些分析分别构成了本教材的相关章节：

（1）投入—产出理论（第四章）。这是厂商行为理论的第一个部分，主要从物质技术效率的角度出发，讨论厂商在短期和长期的不同生产条件下，当生产技术等条件既定时，厂商在利润最大化目标下如何达到生产要素投入与产出之间的最优选择。

（2）成本—收益理论（第五章）。这是厂商行为理论的第二个部分，主要从经济效率的角度出发，讨论厂商在短期和长期的不同生产条件下，当生产技术等条件既定时，如何达到成本与收益之间的最优选择。引出了厂商在成本约束条件下实现利润最大化必须满足的条件。

（3）市场实现理论。这是厂商行为理论的第三个部分，结合消费者效用最大化追求的行为选择分析，分析不同市场结构中厂商利润最大化的最优产量与价格的市场实现问题，并印证厂商最优行为选择的基本原则——边际收益等于边际成本。

①完全竞争市场（第六章）。讨论完全竞争市场中的厂商最优行为选择，介绍完全竞争市场中厂商的特点，结合这些特点，分析完全竞争市场条件下厂商追求利润最大化的产量决定与市场价格的形成——短期与长期均衡条件的实现问题，最后推导出完全竞争市场行业的长期供给曲线。

②不完全竞争市场（第七章）。讨论不完全竞争产品市场的三种类型：完全垄断市场、寡头垄断市场和垄断竞争市场，分别说明这三种不完全竞争市场下厂商追求利润最大化的产量与价格的决定——短期与长期均衡条件的实现问题，并将对包括完全竞争市场在内的不同市场结构的资源配置效率进行比较。

（四）生产要素市场理论

这一部分以产品市场部分讨论形成的一些观点为基础，讨论生产要素市场买卖双方各自基于利益最大化下数量与价格的最优选择。这些分析分别构成了本教材的相关章节：

（1）生产要素的需求理论（第八章）。讨论不完全竞争市场的基本界定，从一种生产要素市场的需求开始，先引出问题，分析生产要素市场需求的特点；根据厂商对生产要素的需求原则，分完全竞争与非完全竞争两种情况，分别讨论厂商的最优要素需求曲线及市场的最优要素需求曲线。

（2）生产要素的供给理论（第九章）。从一种生产要素的市场供给讨论开始，在给出生产要素供给的一般原则与供给曲线之后，分完全竞争与非完全竞争两种情况分析不同的生产要素的供给数量与均衡价格的决定问题，并以劳动、资本、土地诸要素供给的不同特点以及对其均衡价格的决定为背景，分析要素的收入分配问题，提出收入分配不公平的检测指标。

（五）一般均衡论和福利经济学（第十章）

前面讨论分析的都是基于单一微观主体最优行为选择下的局部均衡问题。这一部分以完全竞争为背景，将前面单一微观主体关于单个产品市场或要素市场的局部均衡分析上升到一般均衡分析，讨论基于所有微观主体最优行为选择下的整个经济福利最大化的存在性，论证完全竞争市场的一般均衡最具资源配置效率的特性；提出完全竞争下资源配置效率的最大化只是社会福利最大化的必要条件，不等于社会福利最大化的充分条件。

（六）市场失灵和微观经济政策（第十一章）

这一部分基于经济现实在某些方面与完全竞争经济的资源配置最优状态是有所偏离的，现实经济中存在着市场失灵的情况，并从这一前提出发，讨论不完全竞争、公共物品、外部性和不完全信息的概念、表现、成因以及它们的存在对市场资源配置效率的影响，总结出消除市场失灵、增进社会总福利的微观经济政策。

【本章小结】

1. 西方经济学是研究一个经济社会在既定市场经济制度下、在相关约束条件下如何对稀缺资源与要素进行最优配置和充分利用，以更好满足人们需要的学科。正是资源的稀缺性和人类需要的无限性之间的矛盾，引出了微观主体最优经济行为选择及其相互影响过程，就构成了微观经济学的研究对象。

2. 稀缺资源与要素的配置过程是通过人类社会微观主体对于自身利益追求的最优经济行为选择来进行的。对稀缺资源配置的方式主要有计划和市场两种方式，当然，两种方式常常混合使用，社会习俗等也发挥着资源配置的作用。

3. 西方经济学的研究方法主要包括：规范分析和实证分析、均衡与非均衡分析、边际分析、静态分析、比较静态分析和动态分析等。西方经济学的研究大量运用统计学与计量经济学的技术工具，通过对各种社会经济现象建立模型来帮助人们理解稀缺资源的配置过程。

4. 微观经济学发展到今天已经拥有比较完备的理论体系。概括来说，微观经济学的研究主要分为三个层次：第一个层次是研究市场经济制度下，单个消费者和单个厂商的最优行为选择问题；第二个层次是研究单个市场的价格决定问题；第三个层次是研究市场经济制度下，所有消费者和厂商的最优行为选择与实现问题，即一个经济社会中所有单个市场的价格的同时决定问题。

5. 微观经济学所要论证的核心思想就是"看不见的手"的原理：在完全竞争的经济社会，以价格为核心的市场机制会引导微观主体基于自身利益最大化追求的最优行为选择，会自行调整市场供求直到实现均衡；市场的一般均衡会导致资源配置的效率最优；市场机制失灵可以通过非市场的力量加以纠正。可以说，20 世纪西方微观经济学的整个发展过程就是对该原理进行论证和充实的过程。近几十年来，现代微观经济学在运用多学科理论与实验方法等方面的拓展研究取得了长足的进展，进一步提升了人们对于市场经济社会经济运行的解释能力与指导能力。

习 题

一、名词解释

西方经济学　资源配置　实证分析　规范分析　边际分析

二、选择题

1. 经济学可定义为（　　）。

A. 政府对市场制度的干预

B. 企业取得利润的活动

C. 研究如何最合理地配置稀缺资源于诸多用途

D. 人们靠收入生活

2. 下列哪项问题不是西方经济学研究涉及的问题？（　　）

A. 在稀缺资源约束条件下，实现资源有效配置的方法

B. 如何实现中国人均收入水平翻两番

C. 中国传统文化的现代化问题

D. 充分就业和物价水平的稳定

3. 下列哪项是属于规范经济学研究的范畴？（　　）

A. 电冰箱在夏季热销的原因分析

B. 政府如何改变收入分配不均的现象

C. 对中国经济实现经济增长率超过8%的研究

D. 失业人员的再就业问题研究

4. 下列命题中哪一个不是实证经济学命题? (　　)

A. 一年存款利息率将下降至3.35%

B. 2007年美国失业率超过4%

C. 联邦所得税对中等收入家庭是不公平的

D. 社会保险税的课税依据现已超过30000美元

5. 关于经济如何运作的基本经济问题(　　)。

A. 只有在市场经济国家中才存在

B. 只有在计划经济国家中才存在

C. 只有在混合经济国家中才存在

D. 无论是哪种类型的经济,都存在

三、判断题

1. 西方经济学是研究人类关于选择行为的科学。

2. 资源的稀缺性是由于人们欲望的无限性特征决定的。

3. "一家制药厂研发新药并上市销售"这一事件属于宏观经济学讨论的问题;"本年度失业人数下降"这一事件属于微观经济学讨论的问题。

4. 在市场经济体制条件下,经济体系中的决策完全是由非政府组织做出的。

5. 经济理论揭示了经济现象之间的因果关系。

6. 实证研究所得到的结论,是人们进行规范研究的基础。

7. 凯恩斯主义与古典经济学争论的核心是经济是否有强大的自我矫正机制,即能否通过富有弹性的价格与工资来维持充分就业水平。

四、简答题

1. 请简单介绍微观经济学的基本研究内容。

2. 西方经济学中的实证分析和规范分析有什么区别?请举例说明。

第二章　需求与供给的基本理论

本章导读

在市场经济社会里，微观主体基于利益最大化追求下的最优经济行为的选择是通过市场的需求与供给表现出来的，不同的产品在不同条件下的需求与供给情形又是不同的，其背后的资源流动是在供求等市场机制杠杆的引导下进行的。假设没有外力干预，作为微观主体的供求双方，其最优经济行为选择的结果会自动达成价格与数量的动态均衡；其供给曲线与需求曲线也都是最优经济行为选择点的集合。本章从介绍需求和供给开始，分析需求与供给两个方面的性质、特点，它们的矛盾运动如何共同决定单个市场的均衡价格及其变化，在此基础上引出弹性理论及其基本运用。本章的研究假设是完全竞争市场。

基本概念

需求　供给　均衡价格　需求价格弹性　需求收入弹性　需求交叉弹性　供给弹性

本章重点及难点

1. 需求函数、需求曲线与需求规律，需求量变动与需求变动的区别；
2. 供给函数、供给曲线与供给规律，供给量变动与供给变动的区别；
3. 市场均衡状态的决定以及变动；
4. 弹性的含义、种类与计算方式，弹性与收益之间的关系；
5. 利用弹性理论解释经济现象。

第一节　需　求

一、需求函数(demand function)

(一)个人需求的含义

一种商品①的个人需求是指消费者在一定时期内当其他条件不变时，在该商品各种可

---

① 这里说的"一种商品"，也可以理解为"一组商品"。

能的价格水平下,愿意支付的而且能够购买到的商品的数量。

对消费者而言,需求是由欲望产生的。没有欲望就没有需求,但是仅有欲望也产生不了现实的需求,还必须具备既定价格下的购买能力。所以,这里的需求是指有效需求,是指既定价格下既有购买欲望又有购买能力的需求,是既定价格与收入约束下一种商品最优需求数量的选择。欲望与购买能力统一于需求之中。

(二)影响需求数量变动的因素

能够影响消费者对一种商品需求数量变动的因素有很多,主要有以下几个:

(1)商品的本身价格。这是决定商品需求数量最主要的因素。在价格变化的范围内,消费者对正常商品的价格水平与该商品的需求量呈反方向变化,$\Delta X_i/\Delta P_i \leqslant 0$。一种商品的价格越高,则消费者对该种商品的需求数量就会越少;相反,一种商品的价格越低,消费者对其需求数量反而越多。一种商品的价格与其需求量呈反方向变化。

(2)消费者的收入水平。一般可分两种情况讨论。第一种情况是,当消费者的收入增加时,对商品的需求数量就会增加;当消费者的收入减少时,对商品的需求数量就会减少。在收入变化的范围内,消费者的收入水平与商品的需求量呈同方向变化,$\Delta X_i/\Delta I \geqslant 0$,提高消费者的收入水平可以提高消费者的需求。第二种情况是,当消费者的收入增加时,对商品的需求数量就会减少;当消费者的收入减少时,对商品的需求数量就会增加。在收入变化的范围内,消费者的收入水平与商品的需求量呈反方向变化,$\Delta X_i/\Delta I < 0$,提高消费者的收入水平反而降低消费者的需求。经济学中把第一种随着收入水平提高需求数量相应增加的商品称为正常品;把第二种随着收入增加需求数量反而减少的商品称为低档品。以后如不作特别说明,本教材描述的商品都是指正常品。

(3)相关商品的价格。商品与商品之间有三种关系:第一种是不相关关系,即两种商品是相互独立的,没有任何关系,如香蕉和彩电;第二种是互补关系,是指两种商品同时使用才能满足消费者某一种需要,如汽车与汽油;第三种是替代关系,是指两种商品可以彼此替代来满足同一种需要,如石油与煤炭。这里的相关商品指的就是具有互补关系、替代关系的商品。

对于呈互补关系的两种商品,当一种商品(例如汽车)价格上升时,对另一种商品(例如汽油)的需求数量就减少。反之,当一种商品的价格下降时,对另一种商品的需求数量就增加。互补商品之间一种商品价格变化引起另一种商品需求数量反方向变动。

对于呈替代关系的两种商品,当一种商品(例如石油)价格上升时,对另一种商品(例如煤炭)的需求数量就增加。石油价格上升,人们少用石油,会多用煤炭来代替石油。反之,当一种商品价格下降时,另一种商品的需求数量就减少。替代商品价格变化引起该商品需求数量同方向变动。

(4)消费者的偏好。所谓偏好是指不同消费者的消费爱好各有各的不同,或者同一消费者不同时期对同一商品的需求欲望不同。当消费者对某种商品的偏好程度增强时，该商品的需求量就会增加；相反，偏好程度减弱，需求数量就会减少。消费者的偏好是消费者对商品的一种主观心理评价，容易因外界环境变化的影响而变化，例如当时当地的社会风俗习惯、消费文化、示范效应、广告宣传等因素的影响，都有可能使偏好发生变化，所以偏好具有较强的不确定性。

（5）消费者对未来的预期。这里的未来预期主要指两种：一种是消费者对商品价格的预期，是指消费者凭借自己过去的经验，根据当时的市场信息，对商品未来价格的一种推断。当消费者预期某种商品的价格未来某一时期会上升时，当前的需求数量就会增加；当消费者预期某种商品的价格未来某一时期会下降时，当前的需求数量就会减少。例如，当消费者预期汽车的价格将来会下降时，当前的需求数量就会减少，消费者会持币待购。另一种是消费者对自己将来收入的预期。当消费者预期自己的收入未来某一时期会增加，将来购买能力会提高时，会增加商品的需求数量，反之会减少商品的需求数量。

（6）其他影响因素。消费者年龄结构的变化、政府消费政策的变化、消费文化观念的变化、气候条件的变化等其他因素也会对需求数量产生重要的影响。

上述诸因素中，有些主要影响消费者的需求欲望（如消费者偏好与消费者对未来的预期），有些主要影响消费者的需求能力（如消费者收入水平）。这些因素的共同作用决定了消费者对一种商品的需求。

（三）需求函数

根据上述分析可以知道，如果把消费者对一种商品的最优需求数量和影响该商品需求数量的各种因素之间的确定性对应关系看做一种函数关系，那么影响消费者对一种商品需求数量的各个因素是自变量，需求数量则是因变量，在其他条件不变时，需求函数就可以表示为：

$$Q_1^d = f(P_1, I, T, P_2, E, \cdots) \tag{2.1}$$

式中：Q_1^d 为消费者对某种商品的最优需求数量；P_1 表示该种商品的价格；I 表示消费者的收入；T 为消费者的偏好；P_2 表示相关商品的价格；E 表示消费者的预期。[①]

一种商品的最优需求数量是所有这些影响因素的函数，但是，如果我们对所有这些因素同时进行分析，这就会使分析变得极为复杂。初级经济学在处理这种复杂的多变量问题时，通常将问题简化，假设其他自变量保持不变，只分析一种与因变量关系最密切的自变量的变化对因变量的影响。在这里，由于我们认为价格是影响需求数量最重要的因素，所

① 严格意义上，需求函数还需要满足两个条件：一是预算约束条件，$P_1Q_1 + P_2Q_2 + \cdots + P_nQ_n = I$；二是效用最大化条件：$O_i$ 为拉格朗日函数 $L(Q_1, Q_2, \cdots, Q_n, \lambda) = U(Q_1, Q_2, \cdots, Q_n, \lambda) + \lambda(1 - \sum_{i=1}^{n} Q_iP_i)$ 一阶偏零的求解值。

以，我们假定其他影响因素保持不变，仅仅分析起核心作用的那种因素——商品的价格对该种商品需求数量的影响，把一种商品的需求量仅仅看成该种商品价格的函数，于是，消费者对一种商品的需求函数就可以简化为一元函数：

$$Q^d = f(P) \tag{2.2}$$

式中：P 为某种商品的价格；Q^d 为消费者对该种商品的需求量；它可以是线性形式，也可以是非线性形式。[①]

二、需求表与个人需求曲线

商品价格不同，需求数量也会不同。一种商品的价格与消费者对该商品的需求数量之间的关系除了用函数形式表达外，还可以用需求表和需求曲线来表示。

表 2-1 描述的就是消费者 A 对某商品的需求情况，假设在其他条件保持不变。在每一价格水平下，都能够确定消费者所购买的数量：当商品的价格是 1 元时，消费者购买的数量为 70 单位；当商品的价格提高到 3 元时，消费者购买的数量为 50 单位；当商品的价格进一步提高时，消费者会进一步减少购买数量。从表 2-1 中可以看出，如果其他条件不变，一种商品的价格越高，消费者 A 对该商品的需求数量就越小。

表 2-1　某商品的需求表

价格（元）	1	2	3	4	5	6	7
需求量（单位）	70	60	50	40	30	20	10
价格—数量组合点	A	B	C	D	E	F	G

在经济学的分析中，与数学上的作图习惯相反，常常以横轴表示作为因变量的商品的需求数量 Q，以纵轴表示作为自变量的商品的价格 P。这样，在坐标系中标出表 2-1 中价格与需求数量之间一一对应的 A、B、C、D、E、F、G，连接这些点，形成一条光滑的曲线，这条曲线就是消费者 A 对该商品的需求曲线，如图 2-1 所示。

个人需求曲线就是用来表示在其他条件不变时，一种商品价格和消费者需求数量之间一一对应的函数关系的几何图形。它是一条向右下方倾斜的曲线，斜率为负值。它表示在其他条件不变的情况下，消费者对于每一单位商品必须支付的不同价格愿意购买的商品数量。它是消费者在偏好既定与预算约束不变条件下最优行为选择的结果。该商品的需求数

[①]　更深入的讨论也可以用假设其他影响变量为常数的多元函数来表示，并用偏导数来分析最优点的选择。另外，需求曲线中 P 与 Q 的因与果关系是假设"P 为因 Q 为果"时的一种现象。现实世界中，需求曲线的两个变量可能是互为因果关系，这在数学中也就有了反函数之说，即"Q 为因 P 为果"。

量与商品自身价格之间呈反方向变动的关系，是一种短期意义的讨论。

当需求函数为线性函数时，相应的需求曲线形状为一条直线；当需求函数为非线性函数时，相应的需求曲线形状为一条曲线。为了简化分析，本教材在不影响结论的前提下，除非特别说明，一般只使用线性需求函数与线性图形，通常的图形如图 2-1，代数式为：

$$Q^d = \alpha - \beta \cdot P \quad (\alpha, \beta > 0)$$

式中：P 为商品价格；Q^d 为商品需求量；α 和 β 均为大于 0 的常数，它们的大小由该需求函数的外部因素决定，即由影响需求数量的其他因素来决定，当其他影响因素变化时，α 和 β 均会变化。

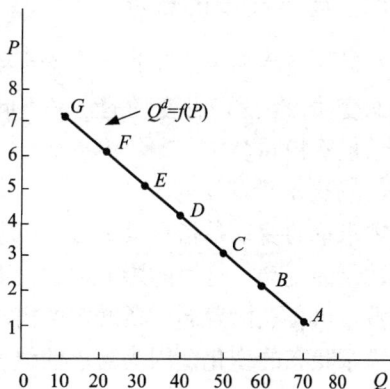

图 2-1　消费者 A 的商品需求曲线

三、需求规律

大量的经验材料检验和证明：在其他条件不变的情况下，消费者对一种正常商品的需求量与其价格呈反方向变动，即商品的需求量随本身价格的上升而减少，随其价格的下降而增加。我们把这一规律称之为需求规律。它在坐标图形上呈向右下方倾斜的曲线。

以下三种情况在需求规律的讨论中是特例，涉及的多是非正常商品。虽然这些情形在现实生活中近乎于极端现象，但理论分析中却是值得讨论的。

第一，需求曲线是一条垂直线。此时，无论商品的价格如何涨跌，消费者对该商品的需求均保持不变。

第二，需求曲线是一条水平线。此时，消费者对该商品的需求极其敏感。只要商品的价格稍有上涨，需求量就会下降为零。

第三，需求曲线向右上方倾斜。一种情况是某些炫耀性商品，如珠宝、文物、名画、名车等，价格越高，越显示拥有者的地位，需求量也越大；反之，当价格越低，不能再显示拥有者的地位时，需求量反而下降。另一种情况是某些劣等商品，在特定条件下，当价格下跌时需求会减少，而价格上涨时需求反而增加。著名的例子是以英国经济学家吉芬命名的"吉芬商品"。吉芬发现，1845 年爱尔兰发生饥荒，当土豆的价格上涨时，贫困的人们为了维持生存，不得不增加对劣等品土豆的购买。

四、需求曲线的移动

在微观经济学中，需求量的变动和需求的变动是两个不同的概念。它们虽然都是需求数量的变动，但这两种变动的含义不同，引起这两种变动的影响因素不同，在几何图形中的表示也不相同。

（一）需求量的变动

需求量的变动是指在其他影响因素不变的条件下，由该商品自身的价格变动所引起的需求数量的变动。这里的影响因素是商品自身的价格，在几何图形中表现为商品的价格——需求数量组合点沿着同一条既定的需求曲线的运动。因此，这种需求数量的变化并不表示整个需求状态的变化。因为需求曲线的位置并没有变化。如图 2-1 中，A 点移动到 B 点。

（二）需求的变动

需求的变动是指在某商品价格不变的条件下，由于其他影响因素的变动而引起的该商品的需求数量的变动。其他影响因素包括消费者的收入水平、相关商品的价格、消费者的偏好和消费者的预期等因素，在几何图形中表现为需求曲线位置的移动。这种分析在方法论上就是比较静态分析。

可以收入水平的变化为例，结合图 2-2，说明需求曲线的移动。图中需求曲线的原有位置为曲线 D_1。在商品价格

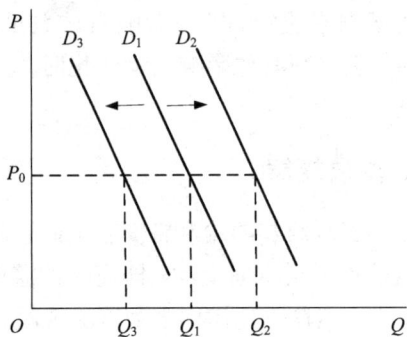

图 2-2　需求的变动和需求曲线的移动

不变的条件下，如果消费者的可支配收入增加，对应于同一价格水平，消费者需求的数量会增加，会使得需求增加，需求曲线会向右上方移动，如由图中的 D_1 曲线向右上方移到 D_2 曲线的位置。如果消费者的可支配收入减少，会使得需求减少，则需求曲线向左下方移动。由收入变动所引起的这种需求曲线位置的移动，表示在每一个既定的价格水平上，需求数量都相应增加或减少了。在既定的价格水平 P_0 上，原来的需求数量为 D_1 曲线上的 Q_1，消费者的可支配收入增加后需求数量增加到 D_2 曲线上的 Q_2，消费者的可支配收入减少后需求数量减少到 D_3 曲线上的 Q_3。而且，这种在原有价格水平上所发生的需求增加量 $Q_1 Q_2$ 和需求减少量 $Q_3 Q_1$ 都是由于消费者的收入水平变动所引起的。同样，当其他影响因素变动时该商品的需求也会相应变动，从而引起整条需求曲线位置向左或向右的移动，读者可以自己证明。

五、从单个消费者的需求曲线到市场需求曲线

本节前面讨论的都是一种商品的单个消费者的需求。一种商品的市场需求是指某一特定时期内各种不同的价格下所有消费者对某种商品的需求数量。因而，一种商品的市场需求不仅依赖于每一个消费者的需求函数，还依赖于该市场中所有消费者的数目。

假定在某一商品市场上有 n 个消费者，他们都具有不同的个人需求函数 $Q_i^d = f_i(P)$，$i = 1, 2, \cdots, n$，则该商品市场的需求函数为：

$$F(P) = \sum_{i=1}^{n} Q_i^d = \sum_{i=1}^{n} f_i(P) \tag{2.3}$$

因此，一种商品的市场需求量是每一个价格水平上的该商品的所有个人需求量的水平加总。由此可以推知，只要有了某商品的每个消费者的需求表或需求曲线，就可以通过水平加总的方法，得到该商品市场的需求表或需求曲线，如图 2-3 所示。图 2-3(a)、(b)表示个人需求曲线，图 2-3(c)则表示市场需求曲线，它是每个消费者的需求曲线的横向加总。

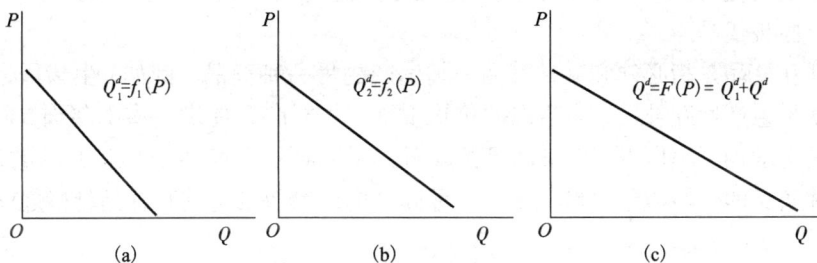

图 2-3　从单个消费者的需求曲线到市场需求曲线

第二节　供　给

一、供给函数(supply function)

(一)个人供给的含义

一种商品的个人供给是指厂商在一定时期内当其他条件不变时，在该商品各种可能的价格下愿意并且能够提供的该种商品的数量。

这里的供给是指既有供给欲望又具有供给能力的供给。欲望和能力二者缺一不可，缺

一就不能形成供给。

(二)影响供给数量变动的主要因素

能够影响厂商供给数量变动的因素有很多,其中主要有以下几个:

(1)商品的自身价格。这是决定商品供给数量最主要的因素。在其他条件不变时,一种商品的价格越高,厂商增加生产量越有利可图,则厂商对该种商品的供给数量就会越多;相反,价格越低,其供给数量也会越少。商品的价格与供给量呈同方向变化。

(2)商品的生产成本。生产成本实际上是指生产该商品的生产要素的价格。在其他条件不变时,生产要素的价格上升,厂商的生产成本会提高,相应地利润会减少,从而使得商品的供给数量减少。相反,生产要素的价格下降,生产成本下降,利润会增加,从而使得商品的供给数量增加。生产成本与供给数量呈反方向变化。

(3)商品的生产技术进步。包括生产技术的创新与生产组织的创新。在其他条件不变时,生产技术水平的提高可以提高生产要素的生产效率,使同样的经济资源带来更多的产量,从而降低单位产品的生产成本,增加厂商的利润,厂商会愿意提供更多的产品。

(4)相关商品的价格。在其他条件不变时,当一种商品的最优价格保持不变而相关商品的价格发生变化时,该种商品的供给数量也会发生变化。这里的相关商品是指生产性互补品和生产性替代品。

生产性互补品是指必须和某种商品一起生产的另一种商品,例如,生猪屠宰场中,猪肉和猪皮就是生产性互补品,当猪肉的价格上涨时,厂商会提供更多的猪肉,同时,猪皮的供给数量也增加了。所以,当某商品的互补品涨价时,厂商会增加互补品的供给数量,相应地该种商品的供给数量也增加了。一种商品的供给数量与其互补品价格之间呈同方向变化。

生产性替代品是指可以替代某种商品进行生产的另一种产品。例如,制鞋厂中,皮鞋和休闲鞋是生产性替代品,在厂商资源有限的情况下,就必须作出生产哪种鞋子的选择。当皮鞋价格上升时,厂商会增加皮鞋的供给数量,而减少休闲鞋的供给数量。所以,当某商品的替代品涨价时,该商品生产的厂商会转向替代品的生产,使该商品的供给数量减少。一种商品的供给数量与其替代品价格之间呈反方向变化。

(5)厂商对未来的预期。如果厂商预期商品的未来价格会上涨,他在制订生产计划时就会增加供给;如果厂商预期商品的未来价格会下降,他在制订生产计划时就会减少供给。

(6)政府的相关政策变化。如果政府对某种商品的生产实行减免税政策,甚至给予补贴等优惠政策,必将促进生产商增加该种商品的供给。相反,如果政府对某种商品的生产增加税收,或者取消补贴等优惠政策,则会打击生产商的生产积极性,使该种商品的供给数量减少。

（7）其他影响因素。如气候条件的变化、能源的稀缺程度、产品的生产周期、产品的市场生命周期等因素都会对相关产品的供给产生重要的影响。

（三）供给函数

根据上述分析，我们可以知道，如果把一种商品的最优供给数量和影响该商品供给数量的各种因素之间的确定性对应关系看做一种函数关系，那么影响供给数量的各个因素是自变量，供给数量则是因变量，供给函数就可以表示为：

$$Q_1^s = f(P_1, C, T, P_2, E, G_P, \cdots) \tag{2.4}$$

式中：Q_1^s 表示某种商品的最优供给数量；P_1 表示该种商品的价格；C 表示生产成本；T 表示生产技术；P_2 表示相关商品的价格；E 表示厂商的预期；G_p 表示政府的政策。

一种商品的供给数量是所有这些影响因素的函数，但是，如果我们对这些所有因素同时进行分析，就会使问题变得复杂起来。初级经济学在处理这种复杂的多变量问题时，通常将问题简化，假设其他自变量保持不变，只分析一种与其关系最密切的自变量的变化对因变量的影响。在这里，由于我们认为价格是影响供给数量最重要的因素，所以，我们假定其他影响因素保持不变，仅仅分析商品的价格对该种商品供给数量的影响，把一种商品的供给数量仅仅看成是该种商品价格的函数，于是，供给函数就可以简化为：

$$Q^s = f(P) \tag{2.5}$$

式中：P 为某种商品的价格；Q^s 为该种商品的最优供给量。它可以是线性形式，也可以是非线性形式。

二、供给表与厂商供给曲线

商品价格不同，供给数量也会不同。一种商品的价格与厂商对该商品的供给数量之间的关系，除了用函数形式来表达外，还可以用供给表和供给曲线来表示。

表 2-2 就是厂商 A 对某商品的供给表。假设其他条件保持不变，在每一价格水平下，都能够确定厂商所提供的数量。当商品的价格是 3 元时，厂商生产 20 单位；当商品的价格提高到 5 元时，厂商生产 60 单位；当它的价格进一步上涨时，厂商会进一步提高商品的供给数量。从表 2-2 中可以看出，如果其他条件不变，一种商品的价格越高，厂商对该商品的供给数量就越大。

将表 2-2 中的价格—数量组合点在坐标图中描绘出来，就可以得到供给曲线。以横轴表示商品的供给数量 Q，以纵轴表示商品的价格 P，在坐标系中标出表 2-2 中价格与供给量之间一一对应的 A、B、C、D、E，连接这些点，形成一条光滑的曲线，这条曲线就是厂商 A 对该商品的供给曲线，如图 2-4 所示。

表 2 - 2　某商品的供给表

价格(元)	2	3	4	5	6
供给量(单位)	0	20	40	60	80
价格—数量组合点	A	B	C	D	E

厂商供给曲线就是用来表示在其他条件不变时，一种商品价格和厂商最优供给量之间一一对应的函数关系的几何图形。它是一条向右上方倾斜的曲线，斜率为正值。它表示在其他条件不变的情况下，供应者对于在市场上面对的每一商品价格，他们愿意出售的数量。商品的供给数量与自身价格之间呈同方向变动的关系，是一种短期意义的讨论。

当供给函数为线性函数时，相应的供给曲线形状为一条直线；当供给函数为非线性函数时，相应的供给曲线形状为一条曲线。为了简化分析，在不影响结论的前提下，除非特别说明，一

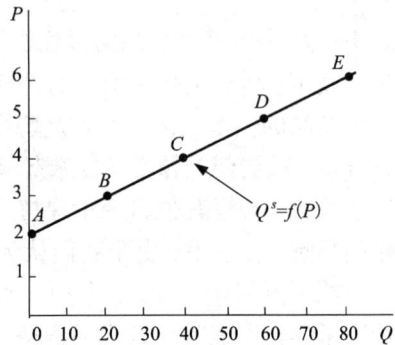

图 2 - 4　生产者 A 对某商品的供给曲线

般只使用线性供给函数与线性图形，通常的图形如图 2 - 4，代数式为：

$$Q^s = -\delta + \gamma P \quad (\delta 、 \gamma > 0) \tag{2.6}$$

式中：P 为商品价格；Q^s 为商品的最优供给量；δ 和 γ 均为大于 0 的常数，它们的大小由该供给函数的外部因素决定，即由影响供给数量的其他因素来决定。

三、供给规律

大量的经验材料检验和证明：在其他条件不变的情况下，厂商对一种正常商品（下同）的市场供给量与其价格呈同方向变动之势。即一种商品的市场供给量随其价格的上升而增加，随其价格的下降而减少。我们把这一规律称之为供给规律。

以下三种情况在供给规律的讨论中是特例。如同需求曲线的讨论，这些情形在理论分析时是值得讨论的。

第一，单个劳动者的劳动供给曲线向后弯曲。例如，当工资增加时，劳动力的供给会随着工资的增加而增长，但当工资增加到一定程度时，如果继续增加，劳动力的供给反而会减少。

第二，供给曲线是一条垂直线。例如土地、古董、文物等，其供给量是固定的，无论价

格如何上升,其供给也无法增加。

第三,供给曲线是一条水平线。此时,厂商对该商品的供给极其敏感。

四、供给曲线的移动

同样,在微观经济学中供给量的变动和供给的变动是两个不同的概念,它们虽然都是供给数量的变动,但这两种变动的含义不同,引起这两种变动的影响因素不同,在几何图形中的表示也不相同。

(一)供给量的变动

供给量的变动是指在其他影响供给的因素不变的条件下,由该商品自身的价格变动所引起的供给数量的变动。在几何图形中表现为商品的价格—供应数量组合点沿着同一条既定的供给曲线的运动。这种变动虽然表示供给数量的变化,但是并不表示整个供给状态的变化。因为,这些变动的点仍然还在原来的同一条供给曲线上,原来的供给曲线的位置没有变化。如图 2-4 中,A 点移动到 B 点。

(二)供给的变动

供给的变动是指在商品自身的价格不变的条件下,由于其他影响因素的变动而引起的该商品的供给数量的变动。其他影响因素包括生产投入品价格变动、生产技术水平变化、厂商数量的变动、厂商对未来的预期变化、政府的政策变化等因素。在几何图形中表现为供给曲线位置的移动。这种分析在方法论上同样也是比较静态分析。

以生产投入品价格为例,结合图 2-5,说明供给曲线的移动。在图中原来的供给曲线为 S_1。在商品自身的价格不变的前提

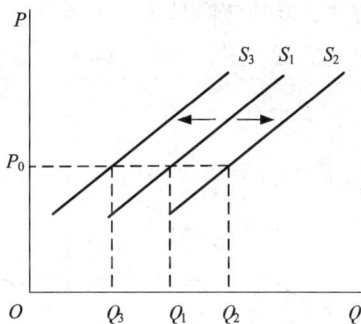

图 2-5 供给的变动和供给曲线的移动

下,如果生产投入品价格降低(比如原材料价格下降等),厂商会更有利可图,于是厂商会扩大生产,会使得供给增加,则供给曲线向右下方移动,比如说供给曲线由 S_1 曲线向右下方移到 S_2 曲线的位置;如果生产投入品价格增加(比如原材料价格上升等),厂商会更无利可图,于是厂商会压缩生产,会使得供给减少,供给曲线向左上方移动,比如说由 S_1 曲线向左上方移到 S_3 曲线的位置。由生产投入品价格的变化所引起的供给曲线位置的移动,表示在每一个既定的价格水平下供给数量都相应增加或减少了。在既定的价格水平 P_0,生产成本降低,供给增加,使供给数量由 S_1 曲线上的 Q_1 上升到 S_2 曲线上的 Q_2;相反,厂商的生产成本增加,供给减少,使供给数量由 S_1 曲线上的 Q_1 下降到 S_3 曲线上的 Q_3。而且,这种

在原有价格水平上所发生的供给增加量 Q_1Q_2 和减少量 Q_3Q_1，都是由厂商投入品价格的变动所引起的。同样，当其他影响因素变动时该商品的供给也会相应变动，从而引起整条供给曲线位置向左或向右移动。

五、从单个厂商的供给曲线到市场供给曲线

本节前面讨论的都是一种商品的单个厂商的供给。一种商品的市场供给是指一定时期内，各种不同的价格下所有厂商对某种商品愿意且能够提供的供给数量。因而，一种商品的市场供给不仅依赖于每一个厂商的供给函数，还依赖于该市场中所有厂商的供给数目。

假定在某一商品市场上有 n 个厂商，他们都具有不同的供给函数 $Q_i^s = f_i(P)$，$i = 1, 2, \cdots, n$，则该商品市场的供给函数为：

$$F(P) = \sum_{i=1}^{n} Q_i^s = \sum_{i=1}^{n} f_i(P) \tag{2.7}$$

因此，一种商品的市场供给量是每一个价格水平上的该商品的所有厂商供给量的水平加总。由此可以推知，只要有了某商品的每个厂商的供给表或供给曲线，就可以通过水平加总的方法，得到该商品市场的供给表或供给曲线，如图 2-6 所示。图 2-6(a)、(b)表示厂商供给曲线，图 2-6(c)则表示市场供给曲线，它是每家厂商的供给曲线的横向加总。

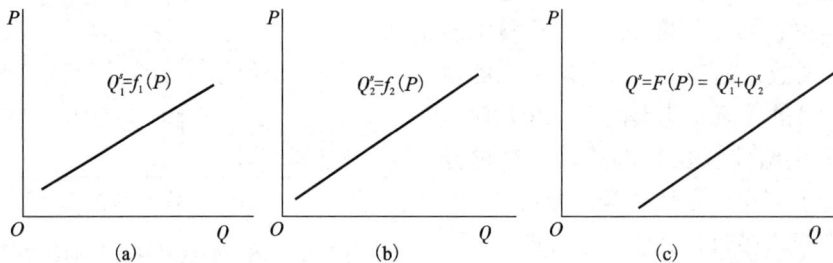

图 2-6　从厂商的供给曲线到市场供给曲线

第三节　市场均衡的决定与变动

前面两节的分析，说明从需求曲线可以得知单个消费者对某种商品在每一价格下的需求量是多少，从供给曲线可以得知单个厂商对某种商品在每一价格下的供给量是多少。在其他条件不变时，需求量和供给量都随商品价格的变化而变化。那么一种商品的价格又是怎么形成与变化的呢？现代微观经济学认为，在完全竞争的市场条件下，在其他条件不变

时，某种商品的市场需求与市场供给的矛盾运动，会共同形成商品的均衡价格与均衡数量；而一旦形成了某个均衡价格，每个消费者和每个厂商都必须接受这个价格；当市场需求或市场供给发生变化时，一种商品的均衡价格也会发生变化。下面将市场需求曲线和市场供给曲线结合在一起，分析市场均衡价格的形成以及变动。

一、市场均衡价格的引出

如上章所述，均衡是指经济事物中有关的变量在各自最大利益追求中所达到的一种相对静止的状态。[①] 一种商品或服务的价格是为了交换这种商品或服务所必须付出的代价，并用货币单位表示。一种商品的均衡价格是指该种商品市场供求力量相等时的价格，在均衡价格水平下相等的供求数量被称为均衡数量。供求关系决定的是实际价格而不是名义价格。在微观经济学关于局部均衡的几何分析中，一般情况下，均衡点处在该商品市场供求曲线的交点上，并且是唯一的，各种商品的供求和价格都是相互影响的，一个市场的局部均衡只有在其他所有市场都达到均衡的情况下才能实现。本章从简单入手，先进行局部均衡的分析，即在假定其他市场不变的情况下，分析单个市场的均衡状态。

二、市场均衡价格的决定

为什么是一种商品的市场需求量和市场供给量的均衡共同决定该商品的市场价格呢？马歇尔认为，在完全竞争市场上，单个的供给者和单个的需求者都不能影响商品市场价格，市场供给与市场需求也都不能单方面决定价格。只有当一种商品的市场需求量和该商品的市场供给量分别可以自由发挥作用、同时起作用并且相等时均衡价格才被决定，并且，一种商品的均衡价格衡量该商品的稀缺程度。

现在假设有 n 个消费者，并假设每个消费者对某商品的消费情况都相同，把这 n 个消费者的消费量加总，则形成对某商品的市场总需求，用 D 表示；同时假设有 m 个厂商，并假设每个厂商对某商品的生产都相同，形成对某商品的市场总供给，用 S 表示。现在用图 2 - 7 说明该商品的市场均衡价格和均衡数量的形成，图 2 - 7 中需求价格和需求数量的对应组合如需求表（表 2 - 3）所示：

---

① 这里的理论推导背后隐含着这样一种极端苛刻的逻辑假定：各个经济当事人的行为必须一致，他们之间可以不需要任何成本达成价格一致的契约。对于这一问题的研究涉及交易费用理论。

表 2 - 3   某商品的需求表

价格	7	6	5	4	3	2	1
需求数量	100	200	300	400	500	600	700

图 2 - 5 中供给价格和供给数量的对应组合如表 2 - 4 所示:

表 2 - 4   某商品的供给表

价格	2	2.5	3	3.5	4	4.5	5	5.5	6
供给数量	0	100	200	300	400	500	600	700	800

横轴 OQ 表示某商品的总需求数量和总供给数量,纵轴 OP 表示该商品的价格。在价格为 4 的时候,总供给和总需求都是 400,总供给和总需求此时达到均衡(称市场出清),总需求曲线 D 与总供给曲线 S 相交于均衡点 E,此时均衡价格为 4,均衡数量为 400。那么,一种商品的均衡点及均衡价格到底是如何形成的呢? 在完全竞争条件下,它是该商品市场上自身价格以外的其他因素变动引发需求和供给这两种相反的力量共同作用的结果。因为当市场价格偏离均衡价格时,市场上会出现需求量和供给量不相等的非均衡状态。在完全竞争

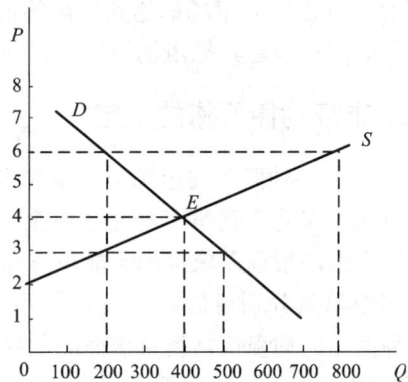

图 2 - 7   市场均衡价格的决定

条件下,在外生变量的作用下,这种供求不相等的非均衡状态会逐步消失,实际的市场价格会自动地回复到均衡价格水平。当市场价格高于均衡价格时,厂商会设法增加供给,消费者会立即降低消费需求,结果供大于求。此时,在外生变量的作用下,一方面,会迫使供给者降低价格以出售尽可能多的商品,另一方面,又会迫使供给者减少商品的供给量。这样,该商品的价格与供给量就必然会下降,一直下降到均衡点的水平。在这一过程中,需求的力量一般作为主导力量推动均衡价格的变化。当市场价格低于均衡价格时,厂商会率先减少供给,消费者会逐步增加消费需求,结果供不应求。此时,在外生变量的作用下,一方面,会迫使需求者提高价格来竞购他所需要购买的商品量,另一方面,又会迫使供给者增加商品的供给量。这样,该商品的价格与供给量必然上升,一直上涨到均衡点的水

平。在这一过程中，供给的力量一般作为主导力量推动均衡价格的变化。由此可见，当实际价格偏离均衡价格时，外生变量的作用下，某商品的供求最终还是会达自动到市场的均衡点，即达到按均衡价格出产的产品全部出售，产品的非自愿库存为零。

三、市场均衡价格的变动

从上述分析可知，一种商品的均衡价格是由外生变量变化引起的该商品的需求与供给双方的力量共同决定的，从坐标图形上看，则是由该商品市场的需求曲线和供给曲线的均衡点所决定的；市场均衡实现的前提条件是没有来自于市场力量以外的干预。引入比较静态分析，一种商品的需求曲线移动、供给曲线移动或者两条曲线同时移动，都会使该商品的均衡价格与均衡数量发生变动。

（一）需求变动对均衡价格的影响

在供给不变和商品价格不变的情况下，如果其他因素的变化使得需求增加，则需求增加会使该商品的需求曲线向右移，从而使得市场均衡价格和均衡数量都增加；如果其他因素的变化使得需求减少，则需求减少会使该商品的需求曲线左移，从而使得该商品的市场均衡价格和均衡数量都减少。如图 2 - 8 所示。

（二）供给变动对均衡价格的影响

在需求不变的情况下，如果在除商品价格以外的其他因素变动的影响下，供给增加，将会使该商品的供给曲线向右移，从而使得该商品的市场均衡价格下降，均衡数量增加；如果在除商品价格以外的其他因素变动的影响下，供给减少，将会使该商品的供给曲线向左移，从而使得该商品的市场均衡价格上升，均衡数量减少。如图 2 - 9 所示。

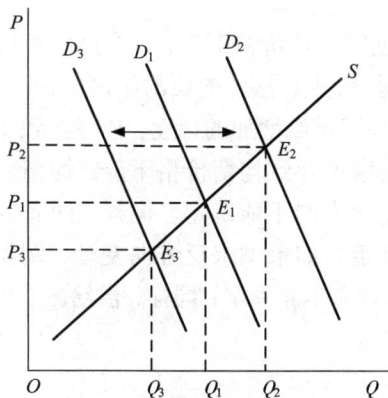

图 2 - 8　需求的变动和均衡价格的变动　　　图 2 - 9　供给的变动和均衡价格的变动

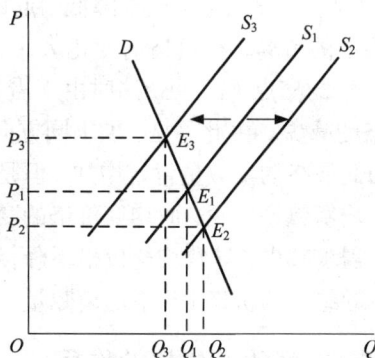

（三）供给与需求同时变动对均衡价格的影响

如果需求上升、供给下降、两者的变化量相等时，市场均衡价格上升、均衡数量不变；如果需求上升的幅度大于供给下降，则市场均衡价格与均衡数量同时上升；如果需求上升的幅度小于供给下降，则市场均衡价格上升，均衡市场数量下降。同理可以从图2-8中推导出需求下降和供给上升时的情况。

（四）供求定理

由上述分析可以归纳出如下供求定理：在其他条件不变的情况下，一种商品的需求变动引起该商品的市场均衡价格和均衡数量的同方向的变动；其供给变动引起该商品的均衡价格的反方向的变动和均衡数量的同方向的变动。

供求定理实际上包含了上述三种情况：第一，在供给不变的情况下，需求变动；第二，在需求不变的情况下，供给变动。第三，需求和供给同时发生变动。仍以图2-10为例进行分析。假定消费者消费预期改变引起某商品的需求增加，使得市场需求曲线向右平移到D_2曲线；同时，厂商的生产成本降低引起其供给增加，使得供给曲线向右平移到S_2曲线。从S_1曲线分别与D_1曲线和D_2曲线的交点E_1和E_2可见，消费者消费预期改变引起的需求增加，使得市场均衡价格上升。再比较D_1曲线分别与S_1曲线和S_2曲线的交点E_1

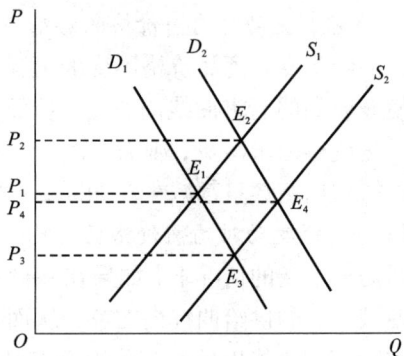

图2-10　需求和供给的同时变动

和E_3可见，厂商的生产成本降低引起的供给增加又使得均衡价格下降，综合这两种因素同时作用下的市场均衡价格的变化大小，则取决于需求和供给各自增长的幅度。由D_2曲线和S_2曲线的交点E_4可见，这时由于需求增长的幅度小于供给增加的幅度，最终导致市场均衡价格的减少。由此可见，供求同方向变动时，供给增加导致均衡价格下降，均衡数量增加，因此最终均衡数量肯定增加，但是均衡价格的变化方向不能确定。同样，两者同时减少时，均衡数量减少，而均衡价格的变化方向不能确定。如果供求反方向变动，例如供给增加、需求减少，导致均衡价格下降，均衡数量变动方向不能确定；同样，供给减少、需求增加，导致均衡价格上升，均衡数量变动方向不能确定。

四、市场均衡价格的作用

任何一种商品，其市场均衡代表了所有不同的买者与卖者之间的一种平衡。一是均衡价格决定了生产什么与生产多少，市场均衡价格决定了消费者与厂商愿意购买与出售的数量。在某一均衡价格水平上，买者所愿意购买的数量正好等于卖者所愿意出售的数量。均衡价格的变化，会影响供给与需求的变化，调节生产与消费的平衡。二是均衡价格决定了为谁生产。要素市场的均衡决定了收入分配，钱包的力量决定了收入和消费的分配。三是均衡价格决定了如何生产。当均衡价格较低时，生产者使用较昂贵的设备会无利可图；反之则会加大昂贵设备的使用。

第四节　弹性理论

前面关于局部均衡价格理论中，着重讨论了当其他条件不变时，单个商品供给量、需求量的变化取决于该商品价格的变化。这只是介绍了需求量与供给量变化的方向，但是并没有精确地说明不同的商品其需求量和供给量的变动对于该商品价格变动的敏感程度。人们在对现实的观察与分析中还会发现：对于不同性质的商品，其需求量与供给量对于价格变动的敏感程度并不相同；即使同一商品，在不同的价格水平下需求或供给对于价格变动的敏感程度也不相同。具体地说，有的商品其价格变动的幅度小，引发需求量或供给量变动的幅度大；有的商品其价格变动的幅度大，引发需求量或供给量变动的幅度小。以大米、电视机、珠宝这三类商品为例，做问卷调查或分别作供求曲线图形观察均可以发现：当他们的价格变化同为 10% 时，消费者对于这三种商品的需求变化率并不相同，厂商对这三种商品的供给变化率也不相同。所以，需要选择一种较好的方法比较一种商品需求量、商品供给量对于自身价格变动的反映敏感性，并进行定量分析。弹性理论就是解释这一问题的理论。为了简化讨论，本章只考虑消费者或者厂商在两种商品间作选择的短期情形。

一、弹性的一般含义

弹性原本是物理学中的一个概念，表示弹簧、拉力器等物体在外力作用下发生形变的变化程度。经济学上的弹性概念是由阿尔弗莱德·马歇尔提出的，是指在其他条件不变时，作为因变量的相对变动对于作为自变量的相对变动的敏感程度[1]。或者说，是因变量变动的百分比和自变量变动的百分比之比。[2] 弹性的概念可以应用在所有具有因果关系的变量之间。一般表示为：

$$弹性系数 = \frac{因变量的变动百分比}{自变量的变动百分比}$$

---

[1]　对于敏感程度的测量还有其他的方法。比如需求曲线的斜率定义就可以测量需求对于价格变动的敏感度。但斜率测量方法受需求与价格的计量单位约束。用弹性来测量，则不受指定计量单位的约束。

[2]　弹性有三个定义：函数不可求导下的弹性定义；弹性的对数定义。见朱善利教授主编的《微观经济学》，北京大学出版社 2007 年第三版，第 30 页。

在理解弹性的含义时要注意以下几点：

(1)弹性是相对数之间的相互关系。它的具体含义是：自变量每变动 1 个百分点，因变量要变动几个百分点。

(2)弹性是因变量变化率与自变量变化率之间的依存关系。对于任何存在函数关系的经济变量之间，都可以建立二者之间的弹性关系或进行弹性分析。例如，能源供给价格变化与人均 GDP 增长存在依存关系、猪肉价格变化与牛肉消费增长存在依存关系、大米价格变化与消费者需求量变化存在依存关系等。弹性分析是数量分析，对于难以数量化的因素便无法进行计算和精确考察。

(3)弹性公式会有弧弹性与点弹性的变化。

(4)弹性问题是供求原理的深化。我们在讨论供求原理时只知道供给、需求、收入、价格等问题是互相影响的，但具体到某一商品而言，它的影响是一个什么情况没有分析。对它的分析需要借助弹性理论。

(5)弹性分析是一种实证分析方法。学习这一分析方法，我们可以拓宽自己的视野，增强对于经济与社会问题的量化分析能力。

经济学中对于弹性的讨论，可以有短期与长期两个讨论视角，可以分为很多类型。从因变量代表的具体含义来划分，可以分为需求弹性、供给弹性等；从自变量代表的具体含义来划分，可以分为需求价格弹性、需求收入弹性等；从函数的性质划分，可以分为基于一元函数的弹性与多元函数的偏弹性[①]等。我们的讨论限定于一元函数，先考察需求弹性。需求弹性又可再分为需求的价格弹性、需求的收入弹性、需求的交叉弹性。先考察需求的价格弹性。

二、需求弹性

(一)需求的价格弹性

1.定义

需求的价格弹性(通常简称为需求弹性)表示在一定时期内，在其他条件不变时，当某种商品价格上升或下降百分之一时，对该商品需求量增加或减少的百分比。即商品需求量变动率与价格变动率之比。为了方便讨论，我们让所有的弹性都表现为正值。于是，其弹性系数大小的公式为：

$$需求的价格弹性系数 = -\frac{需求量变动百分比}{价格变动百分比} \qquad (2.8)$$

---

① 多元函数的因变量的微小相对变化与某一自变量微小的相对变化的比值。若 $y = f(X_1, X_2, \cdots, X_n)$，则 y 对于任一自变量 $X_i = (i = 1, 2, \cdots, n)$ 的弹性可以定义为：$e = \frac{\partial f(X)}{\partial X_i} \cdot \frac{X_i}{f(X)}$

　　2. 需求价格弹性中的几个要点

　　第一，需求的价格弹性系数是需求量变动率与价格变动率之比。例如，若某商场自行车价格每辆上涨 50 元，销售量同比减少 500 辆；平板电视机每台价格上涨 200 元，销售量同比减少 200 台。这时若问自行车和电视机哪种商品需求价格弹性系数更大，则会没有结论，原因是条件还不充分，应该补充其他条件。将该条件完善为：每辆自行车价格由 100 元涨为 150 元，销售量同比由 2000 辆降为 1500 辆；每台电视机价格由 2000 元涨至 2200 元，销售量同比由 1000 台降为 800 台。这时，若问究竟那种商品更有需求弹性，则根据需求价格弹性系数大小的公式，可以算出自行车的弹性系数为 0.5，而电视机的需求弹性系数为 2，更富有弹性的是电视机而非自行车。

　　第二，可以将需求弹性分为需求价格弧弹性和需求价格点弹性。如果自变量在图形上表现为一段距离，则对应的因变量一般也呈一段距离，则表现为需求价格弧弹性，且从不同方向计算同一段弧的需求价格弹性值是不同的，因为起始点不同，初始状态不同。如果自变量的变化量趋向于零，则表现为需求价格点弹性，且在同一条需求曲线上位置高低不同的点的点弹性大小不同。

　　第三，需求价格弹性值可以是正，也可以是负。这取决于两个变量的变动方向。若同方向变动，为正值；若反方向变动，为负值。在通常情况下，由于商品的需求量和价格是反方向变动的，需求量相对变动对价格相对变动的比值为负值，而在经济问题讨论时并不一定要细致考虑其有理量，常常只取其绝对值，或在式(2.8)前面加一个负号，使结果为正值。

　　第四，对于许多商品而言，长期需求比短期需求富有价格弹性。长期是指影响需求的所有因素都可以调整，短期是指至少有某些因素是无法调整的。当时间比较长时，寻找替代品和进行其他调整总是比较容易的，因此，需求在短期中比在长期中缺乏弹性。比如茶叶消费，短期内价格上涨，消费者不可能改变饮茶习惯，长期则终可以改变，因而其短期与长期的需求价格弹性就完全不同。

　　(二) 需求的价格弧弹性

　　1. 含义

　　需求的价格弧弹性指在某商品需求曲线上，在其他条件不变时，需求曲线两点之间的需求量相对变动对价格相对变动的反应程度。在需求曲线几何图形上，它表示为需求曲线上两点之间的弧弹性。

　　2. 计算公式

　　假定需求函数为 $Q^d = f(P)$，以 e_d 表示需求的价格弹性系数，则需求的价格弧弹性计算公式为：

$$e_d = -\frac{\frac{\Delta Q}{Q}}{\frac{\Delta P}{P}} = -\frac{\Delta Q}{\Delta P} \cdot \frac{P}{Q} \qquad (2.9)$$

式中：需求量的变动量用 ΔQ 表示，价格
的变动量用 ΔP 表示，P 和 Q 分别表示价格和
需求量的原始值。

设某种商品的需求函数为 $Q^d = 24000 -
400P$，需求曲线如图 2-11 所示。

图中需求曲线上 a、b 两点的价格分别为
50 和 40，相应的需求量分别为 4000 和 8000。
当商品的价格由 50 下降为 40 时，或者当商品
的价格由 40 上升为 50 时，应该如何计算相应
的弧弹性值呢？根据式（2.8），相应的弧弹性
分别计算如下：

图 2-11 需求的价格弧弹性

由 a 点到 b 点（即降价时）：

$$e_d = -\frac{\Delta Q}{\Delta P} \cdot \frac{P}{Q} = -\frac{Q_b - Q_a}{P_b - P_a} \cdot \frac{P_a}{Q_a} = -\frac{8000 - 4000}{40 - 50} \times \frac{50}{4000} = 5$$

由 b 点到 a 点（即涨价时）：

$$e_d = -\frac{\Delta Q}{\Delta P} \cdot \frac{P}{Q} = -\frac{Q_a - Q_b}{P_a - P_b} \cdot \frac{P_b}{Q_b} = -\frac{4000 - 8000}{50 - 40} \times \frac{40}{8000} = 2$$

显然，由 a 点到 b 点和由 b 点到 a 点的弧弹性系数数值是不相同的。由 a 点到 b 点是
等于 5，由 b 点到点 a 是等于 2，其原因在于：P 和 Q 所取的原始数值不相同，所以，两种
计算结果便不相同。由此可见，即使在需求曲线的同一条弧上，由于涨价和降价产生的需
求的价格弹性系数并不相等。为了避免上述在需求曲线的同一条弧上两种不同算法带来的
结果不同，一般采用中点公式来计算。

3. 弧弹性中点公式

$$e_d = -\frac{\Delta Q}{\Delta P} \cdot \frac{\frac{P_1 + P_2}{2}}{\frac{Q_1 + Q_2}{2}} \qquad (2.10)$$

有时候我们只需要一般地计算需求曲线上某一段需求的价格弧弹性，而不是具体地强
调这种需求的价格弧弹性是作为涨价还是降价的结果。用中点公式来计算弧弹性大小，就
可避免两种不同算法带来不同的计算结果，一般取需求曲线上的同一条弧上两点价格的平

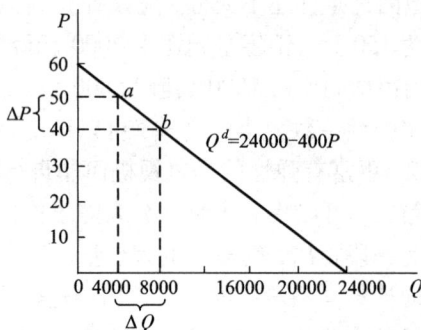

均值和两点需求量的平均值来分别代替式(2.9)中的 P 值和 Q 值。

　　4.需求的价格弧弹性五种分类

　　根据商品需求价格弧弹性系数的大小,可以把需求价格弧弹性归纳为五种类型,并分别作图,如图 2-12 所示。

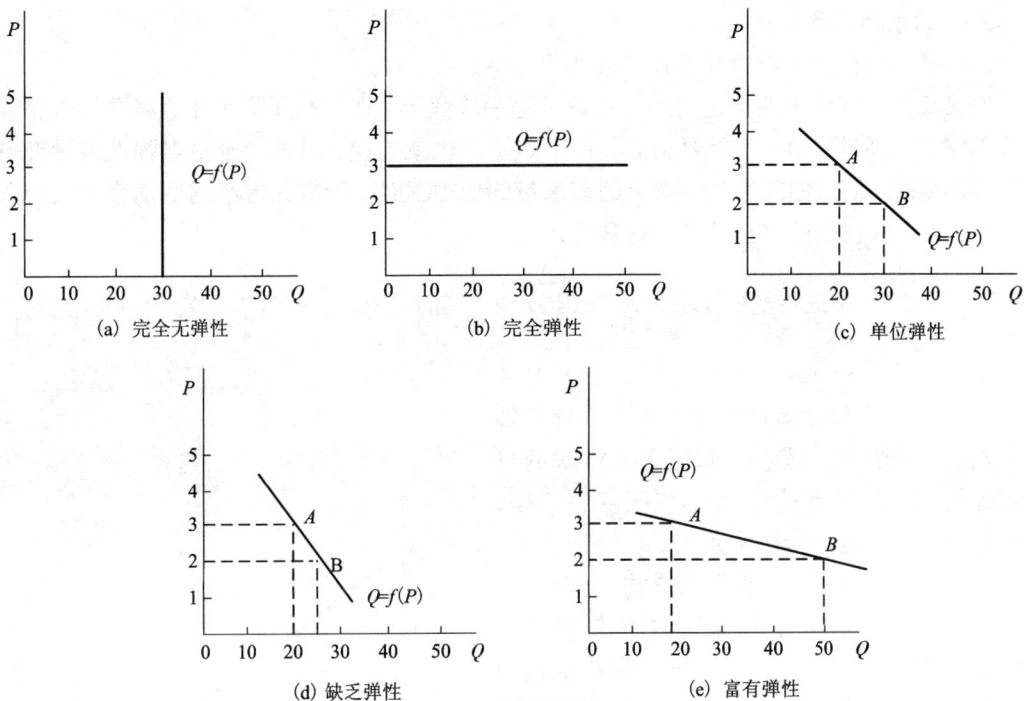

图 2-12　需求的价格弧弹性的五种类型

　　第一,完全无弹性,$e_d=0$。相对于价格的任何变动率,需求量的变动率为零。表明需求量对价格的任何变动都无反应,这是一种极端情况。在图形上,需求曲线表现为垂直于横轴的一条直线。

　　第二,完全弹性:$e_d=\infty$。相对于价格的无穷小变动率,需求量的变动率无穷大。这是另一种极端情况。在图形上表现为一条平行于横轴的直线。

　　第三,单位弹性:$e_d=1$。需求量的变动率等于价格的变动率,弹性的绝对值等于 1;或者说,价格变动后引起需求量相同幅度变动,这意味着当价格变动时,商品总支出保持不变。在图形上,表现为正双曲线。

　　第四,缺乏弹性:$0<e_d<1$。需求量的变动率小于价格的变动率,弹性的绝对值小于

1；或者说，价格发生一定程度的变化，引起需求量较小幅度的变动。在图形上表现为一条较为陡峭的需求曲线。

第五，富有弹性：$1 < e_d < \infty$。需求量的变动率大于价格的变动率，弹性的绝对值大于1；或者说，价格发生一定程度的变化，引起需求量较大幅度的变动。在图形上表现为一条较为平缓的需求曲线。

（三）需求的价格点弹性

1. 需求的价格点弹性含义及计算公式

如果某需求曲线上两点之间的变化量不是一段弧形，而是趋于无穷小，需求的价格弹性就不能用弧弹性来表示，而要用点弹性来表示。也就是说，需求的价格点弹性表示在其他条件不变时，需求曲线上某一点上的需求量的变动率对于价格无穷小的变动率的反应程度。其大小用求极值的方法计算。计算公式为：

$$e_d = \lim_{\Delta p \to o} -\left(\frac{\frac{\Delta Q}{Q}}{\frac{\Delta P}{P}} \right) = -\frac{dQ}{dP} \cdot \frac{P}{Q} \qquad (2.11)$$

这里 dQ/dP 就是需求曲线上相对于价格轴任一点切线的斜率。式(2.11)表明：需求的价格点弹性不仅取决于需求曲线在该点的斜率，而且还取决于该点的价格和数量。

2. 需求的价格点弹性的几何求法

如果是线性需求曲线，需求的价格点弹性通常由需求曲线上任一点向价格轴和数量轴引垂线的方法来求得。图 2 - 13 中，线性需求曲线分别与纵坐标和横坐标相交于 A、B 两点，令 C 点为该需求曲线上的任意一点。从几何意义看，根据点弹性的定义，C 点的需求价格弹性可以表示为：

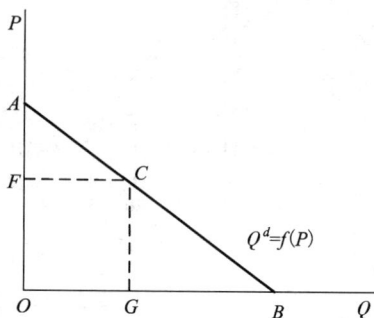

图 2 - 13   线性需求曲线的点弹性

$$e_d = -\frac{dQ}{dP} \cdot \frac{P}{Q} = \frac{GB}{CG} \cdot \frac{CG}{OG} = \frac{GB}{OG} = \frac{BC}{AC} = \frac{OF}{AF} \qquad (2.12)$$

根据式(2.11)，线性需求曲线上的任何一点的弹性，都可以通过该点出发向价格轴或数量轴引垂线的方法来求得，并且用几何方法计算出的弹性值与前面直接用点弹性定义公式计算出的弹性值是相同的。

从几何图形可以看出，线性需求曲线需求的点弹性有一个明显的特征：在线性需求曲线上，点的位置越高，相应的点弹性系数值就越大，反之就越小。

如果是非线性需求曲线，曲线上任何一点的弹性的几何求法，可以先过该点作需求曲线的切线，然后用与推导线性需求曲线的点弹性的几何意义相类似的方法来得到，如图 2 - 14 所示。

图中经过 C 点和 F 点作的曲线的切线，则把曲线上 C 点和 F 点的需求价格点弹性转化成如图 2 - 13 一样的线性需求曲线上的点弹性，可用几何方法求出。

3. 需求的价格点弹性的类型

在线性需求曲线上，根据需求的价格弹性系数的大小，可以把商品的需求价格点弹性归纳为五种类型，分别是：① $e_d > 1$，需求变动的比率大于价格变动的比率，富有弹性。② $0 < e_d < 1$，需求变动的比率小于价格变动的比率，缺乏弹性。③ $e_d = 1$，需求变动的比率等于价格变动的比率，称单位弹性。④ $e_d = \infty$，在这种情况下，当价格为既定时，需求量是无限的，称之完全弹性。⑤ $e_d = 0$，在这种情况下，无论价格如何变动，需求量都不会变动，称之完全无弹性。如图 2 - 15 所示，A 点弹性为 0，C 点弹性等于 1，位于 AC 两点之间的任意点 B 弹性小于 1 大于 0，E 点弹性为无穷大，位于 CE 两点之间的任意点 D 弹性大于 1，点的位置越高其弹性越大。

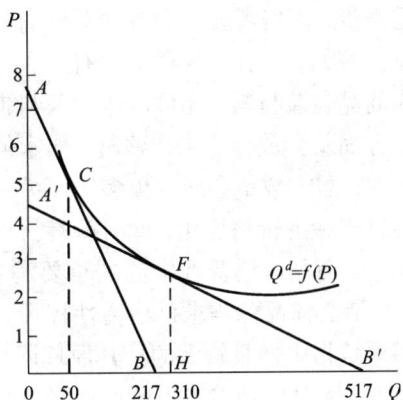

图 2 - 14　非线性需求曲线的点弹性

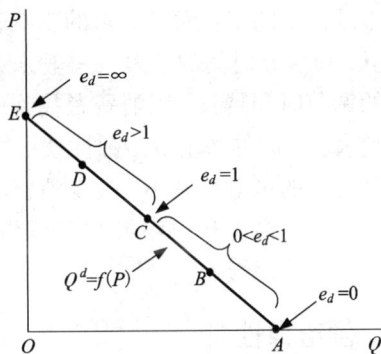

图 2 - 15　线性需求曲线点弹性的五种类型

（四）影响需求价格弹性的主要因素

影响需求的价格弹性的因素有很多，根据经验总结，主要的有以下几个：

第一，商品的可替代程度。一般来说，一种商品的可替代程度越高，那么随着该商品价格的提高，消费者就越容易转向其他替代商品，则该商品的需求的价格弹性也就比较大；相反，如果商品的可替代程度低，那么随着该商品价格的提高，消费者就越不容易转向其他替代商品，则该商品的需求价格弹性就较小。

第二，商品用途的范围大小。一般来说，一种商品用途的范围越大，它的需求的价格弹性就可能越大;相反,用途的范围越是狭窄,它的需求的价格弹性就可能越小。因为商品越是涨价,消费者就越会减少对该商品的购买,并且只考虑该商品的最重要的用途;反之亦反。例如,铝合金这种材料有多种用途,可以作为建筑材料,可以作为家俱材料,可以作为商品包装材料,还可以作为飞机制造材料等。当铝合金这种材料价格上升很多时,人们一方面就会放弃它来作建材、作家俱、作包装材料等次要用途,会寻找相应的替代品来替代它,需求数量会减少很多。而另一方面,当主要用途必须要满足时,人们就会购买,而不会过于考虑价格变化,此时就有需求价格弹性较小出现。

第三,商品对消费者生活的重要程度。一般来说,生活必需品的需求的价格弹性较小,非生活必需品的需求价格弹性较大。例如,粮食的需求价格弹性是较小的,高级小轿车的需求价格弹性是较大的。其原理同上。

第四,商品的消费支出所占消费者收入的比重。消费者在某种商品上的消费支出占收入的比重越大,该商品的需求价格弹性可能越大;反之,消费者在那些商品上的支出占收入比重越小,则需求的价格弹性就越小。例如,商品房消费与报纸消费占消费者收入的比重显然不在一个层次,商品房价格的变化对其需求的影响较大,则该商品的需求价格弹性较大。报纸价格的变化对其需求的影响较小,则该商品的需求价格弹性较小。

第五,所考察时间的长短。一般来说,消费者需要较长的时间来改变他的消费习惯。所考察的调节时间越长,则消费者找到商品的可替代品的可能性越高,改变消费习惯的可能性就越大,商品的需求价格弹性就可能越大;所考察的调节时间越短,则消费者找到商品的可替代品的可能性越小,改变消费习惯的可能性就越小,商品的需求价格弹性就可能越小。如汽油价格上升,短期内不会影响其需求量,但长期内人们可能寻找替代品,从而对需求量产生重大影响。

三、供给弹性

(一)供给的价格弹性定义及计算公式

供给的价格弹性(通常简称为供给弹性)表示在一定时期内,在其他条件不变时,当某种商品价格上升或下降百分之一时,对该商品供给量增加或减少的百分比。即商品供给量变动率与价格变动率之比。其弧弹性弹性系数大小的计算公式为:

$$e_s = \frac{\frac{\Delta Q}{Q}}{\frac{\Delta P}{P}} = \frac{\Delta Q}{\Delta P} \cdot \frac{P}{Q} \qquad (2.13)$$

也可以运用中点公式计算:

$$e_s = \frac{\Delta Q}{\Delta P} \cdot \frac{\dfrac{P_1 + P_2}{2}}{\dfrac{Q_1 + Q_2}{2}} \tag{2.14}$$

供给的价格弹性点弹性计算公式：

$$e_s = \frac{\mathrm{d}Q/Q}{\mathrm{d}P/P} = \frac{\mathrm{d}Q}{\mathrm{d}P} \cdot \frac{P}{Q} \tag{2.15}$$

这里 $\mathrm{d}Q/\mathrm{d}P$ 就是供给曲线上相对于价格轴任一点切线的斜率。在要素投入品价格与生产技术保持不变的条件下，式(2.15)表明：供给的价格点弹性不仅取决于供给曲线在该点的斜率，而且还取决于价格和数量。

对于绝大多数的商品而言，供给的价格弹性表现为长期大于短期；而对于具有耐用性质的商品来说，供给的价格弹性表现为短期大于长期。

供给价格弹性也分线性与非线性两种情况。为了简化，主要讨论点弹性的线性情况。

在通常情况下，商品的供给量和商品的价格是成同方向变动的，供给的变动量和价格的变动量的符号是相同的，所以，供给弹性一般为正值。这反映了要想吸引供应商提供更大的销售量就要出更高的价格。如果供给量变化的百分比大于价格变化的百分比，供给就是相对有弹性的；如果供给量变化的百分比小于价格变化的百分比，供给就是相对缺乏弹性的。

（二）供给的价格点弹性几何方法计算

供给的价格点弹性也可以用几何方法来求得（见图 2 – 16），可以以线性供给函数为例加以说明。

在图 2 – 16 中，A 点的点弹性用几何方法求得的大小为：

$$e_s = \frac{\mathrm{d}Q}{\mathrm{d}P} \cdot \frac{P}{Q} = \frac{CB}{AB} \cdot \frac{AB}{OB} = \frac{CB}{OB} \tag{2.16}$$

（三）供给的价格弹性的分类

从线性供给曲线的点弹性的几何意义出发，可以进一步找出线性供给曲线点弹性的有关规律。根据几何方法来求得供给的价格点弹性大小的方法和图 2 – 16 可知，若线性供给曲线的延长线与坐标横轴相交点位于坐标原点的左边，则该供给曲线上所有的点弹性系数是大于 1；若交点位于坐标原点的右边，则该供给曲线上所有的点弹性系数是小于 1；若交点恰好就是坐标

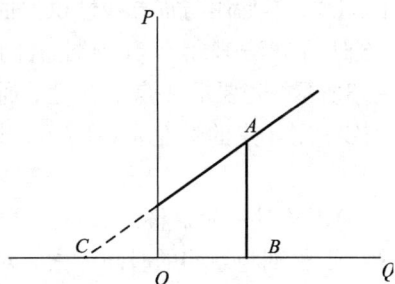

图 2 – 16　线性供给曲线的点弹性

原点,则该供给曲线上所有的点弹性系数都为 1。根据供给的价格弹性值的大小,也可以把供给的价格弹性分为五个类:$e_s > 1$ 表示富有弹性;$e_s < 1$ 表示缺乏弹性;$e_s = 1$ 表示单一弹性或单位弹性;$e_s = \infty$ 表示完全弹性;$e_s = 0$ 表示完全无弹性。后两种是两种极端情况。分别如图 2-17 所示。

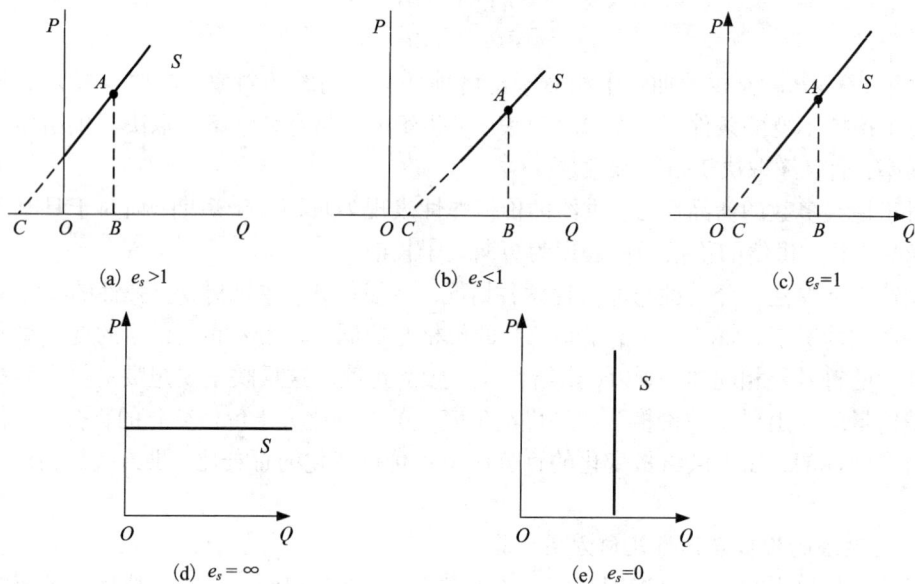

| (a) $e_s > 1$ | (b) $e_s < 1$ | (c) $e_s = 1$ |

| (d) $e_s = \infty$ | (e) $e_s = 0$ |

图 2-17　线性供给曲线的点弹性

如果不是直线型的而是曲线型的供给曲线,供给曲线的点弹性值的求法是:先过该点作供给曲线的切线,然后用与推导线性供给曲线的点弹性相类似的方法来得到其弹性值的大小。如图 2-18 所示,若要求 A 点的弹性,通过 A 点作一条切线,则 A 点的弹性为 CB/OB,供给弹性小于 1。

(四)影响供给的价格弹性的主要因素

第一,长期与短期的时间因素。对于大多数商品来说,长期供给的价格弹性远远大于短期供给的价格弹性。因为短期内厂商常常面临生产

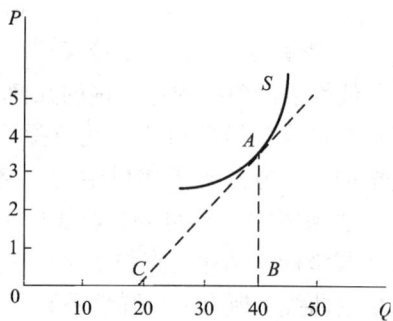

图 2-18　曲线型供给曲线的点弹性

能力调整的制约。当商品的价格提高时，一般情况下作为理性经济人的厂商会增加产量，但如果时间很短，即使厂商调整全部生产规模，在短期内厂商也难以增加产量；相应地，供给弹性是比较小的，极个别产品极短期的供给(例如冰灾期间的蔬菜供给)甚至完全无弹性。但是，如果长期中，却能调整全部生产规模，厂商的供给量可以对价格变动作出较充分的反应，供给的价格弹性也就比较大了。

第二，生产成本。生产成本增加对供给的影响分三种情况：其一，如果随着产量的增加，导致生产要素变得稀缺，则生产要素的价格会上升，生产成本会增加，必然导致厂商供给的减少，这时，供给的价格弹性可能是比较小的。其二，就生产成本来说，如果产量增加而生产要素的价格上升的幅度不大，或由于生产要素充裕其价格根本没有变化，或只引起边际成本的轻微的提高，则意味着供给的价格弹性可能是较大的，这时厂商的供给曲线较平坦。其三，如果产量增加，引起生产要素的规模化生产，导致生产要素的价格反而降低，引起边际成本的较大的降低，则意味着厂商的供给曲线比较平坦，供给的价格弹性可能是比较大的。

第三，产品的生产周期。生产周期较短的产品，增产相对容易，其市场的供需情况变化也快，厂商可以根据市场价格的变化较及时地调整产量，供给的价格弹性相应就比较大。相反，生产周期较长的产品，增产相对不易，其市场的供给情况变化较慢，供给的价格弹性就往往较小。

四、其他弹性

(一)需求的收入弹性

需求的收入弹性表示在一定时期内，在其他条件不变时，消费者对某种商品需求量的相对变动对于该消费者收入量相对变动的敏感程度。它是商品的需求量的变动率和消费者的收入量的变动率的比值。

假定商品 X 的需求量 Q 是消费者收入量 I 的函数，则商品 X 的需求的收入弹性公式一般表达式为：

$$需求的收入弹性 = \frac{需求量变动的百分比}{收入量变动的百分比} \tag{2.17}$$

需求的收入弹性公式可分为需求的收入弧弹性公式(2.18)和点弹性公式(2.19)：

$$e_I = \frac{\dfrac{\Delta Q}{Q}}{\dfrac{\Delta I}{I}} = \frac{\Delta Q}{\Delta I} \cdot \frac{I}{Q} \tag{2.18}$$

和

$$e_I = \lim_{\Delta I \to 0} \frac{\Delta Q}{\Delta I} \frac{I}{Q} = \frac{\mathrm{d}Q}{\mathrm{d}I} \frac{I}{Q} \qquad (2.19)$$

对于绝大多数商品与劳务而言，需求的收入弹性表现为长期大于短期；而对于具有耐用性质的商品来说，需求的收入弹性表现为短期大于长期。

根据式(2.18)和式(2.19)，可以计算出商品的需求收入弹性系数值，并可根据商品的需求收入弹性系数值大小，将所有商品分为正常品和低档品两类。由于正常品其需求数量的变动总是与收入变动方向保持一致，有$\frac{\Delta Q}{\Delta I} > 0$，$e_I > 0$；由于低档品其需求数量的变动总是与收入变动方向反向变化，有$\frac{\Delta Q}{\Delta I} < 0$，$e_I < 0$。在正常品中，如果$e_I < 1$，我们就说这种商品为生活必需品，其收入弹性系数将会在0和1之间变动。当消费者的收入增加时，生活必需品消费必然会有增加，但其增加的百分比一般应小于收入增加的百分比；如果$e_I > 1$，我们就说这种商品为奢侈品。当消费者的收入水平提高时，对奢侈品的需求量的增加量是较多的。

当然，根据商品的需求收入弹性将商品划分为奢侈品、正常品、低档品三档次，并非指商品质量差异，而是以既定时间、既定消费者群、既定收入水平、既定主流价值观为前提的。随着时间的推移、消费者群的变化、收入水平的增加，主流价值观会发生变化，对奢侈品、正常品、低档品的价值判断也会发生变化。

(二)需求的交叉价格弹性

前面讨论一种商品的价格变化是如何影响该商品的需求时，均以所有其他商品的价格不变为条件。显然，其他商品的价格肯定是会发生变化的，而且任何一种商品价格的变化都会影响到所讨论的商品需求变化，这就引出需求的交叉价格弹性。需求的交叉价格弹性也简称需求交叉弹性。它表示在一定时期内，在其他条件不变时，一种商品的需求量的相对变动对于它的关联商品的价格相对变动的敏感程度。它是该商品的需求量的变动率同关联商品价格的变动率的比值。

我们仍然从两种商品的情形讨论起。假定商品X的需求量Q是它的关联商品Y的价格P的函数，则商品X的需求的交叉价格弹性公式一般表达式为：

$$商品X的需求交叉价格弹性 = \frac{商品X的需求量Q的变动百分比}{商品Y的价格P的变动百分比}$$

商品X的需求的交叉价格弧弹性和点弹性公式一般表达式为：

$$e_{XY}^d = \frac{\frac{\Delta Q_X^d}{Q_X}}{\frac{\Delta P_Y}{P_Y}} = \frac{\Delta Q_X^d}{\Delta P_Y} \cdot \frac{P_Y}{Q_X^d} \qquad (2.20)$$

和

$$e_{XY}^d = \lim_{\Delta p_Y \to 0} \frac{\dfrac{\Delta Q_X^d}{Q_X^d}}{\dfrac{\Delta P_Y}{P_Y}} = \frac{\dfrac{dQ_X^d}{Q_X^d}}{\dfrac{dP_Y}{P_Y}} = \frac{dQ_X^d}{dP_Y} \cdot \frac{P_Y}{Q_X^d} \tag{2.21}$$

需求交叉弹性的大小分三种情况：

$e_{XY}^d > 0$，则 X 与 Y 是替代关系，即表示 X 商品的需求量与 Y 的价格是同方向变动；

$e_{XY}^d < 0$，则 X 与 Y 是互补关系，即表示 X 商品的需求量与 Y 的价格是反方向变动；

$e_{XY}^d = 0$，则 X 与 Y 无相关关系。交叉弹性绝对值越大，表明两种商品相关性越高。

（三）供给的成本弹性

供给的成本弹性表示在一定时期内，在其他条件不变时，一种商品供给量的相对变动比该种商品成本的相对变动。它用来测度供给量的变动对于成本变动反应的敏感程度。

假定商品 X 的供给量 Q 是厂商成本 C 的函数，则商品 X 的供给的成本弹性公式一般表达式为：

$$供给的成本弹性 = \frac{供给量变动的百分比}{成本量变动的百分比} \tag{2.22}$$

供给的成本弹性公式可分为供给的成本弧弹性公式(2.23)和点弹性公式(2.24)：

$$e_s = \frac{\dfrac{\Delta Q_s}{Q}}{\dfrac{\Delta C}{C}} = \frac{\Delta Q_s}{\Delta C} \cdot \frac{C}{Q} \tag{2.23}$$

和

$$e_i = \lim_{\Delta c \to 0} \frac{\Delta Q_s}{\Delta C} \cdot \frac{C}{Q} = \frac{dQ_s}{dC} \cdot \frac{C}{Q} \tag{2.24}$$

（四）供给的交叉弹性

它表示在一定时期内，在其他条件不变时，一种商品的供给量的相对变动对于它的关联商品的价格相对变动的敏感程度。它是该商品的供给量的变动率同关联商品价格的变动率的比值。

假定商品 X 的供给量 Q^s 是它的关联商品 Y 的价格 P 的函数，则商品 X 的供给的交叉价格弹性公式一般表达式为：

$$商品 X 的供给交叉价格弹性 = \frac{商品 X 的供给量 Q 的变动百分比}{商品 Y 的价格 P 的变动百分比}$$

商品 X 的供给的交叉价格弧弹性和点弹性公式一般表达式为：

$$e^s_{XY} = \frac{\dfrac{\Delta Q^s_X}{Q^s_X}}{\dfrac{\Delta P_Y}{P_Y}} = \frac{\Delta Q^s_X}{\Delta P_Y} \cdot \frac{P_Y}{Q^s_X} \qquad (2.25)$$

和

$$e^s_{XY} = \lim_{\Delta P_y \to 0} \frac{\dfrac{\Delta Q^s_X}{Q^s_X}}{\dfrac{\Delta P_Y}{P_Y}} = \frac{\dfrac{dQ^s_X}{Q^s_X}}{\dfrac{dP_Y}{P_Y}} = \frac{dQ^s_X}{dP_Y} \cdot \frac{P_Y}{Q^s_X} \qquad (2.26)$$

其他弹性及其变化也受诸多因素影响,限于篇幅,这里就不一一叙述。

第五节　均衡价格理论、弹性理论的运用

供求均衡理论、弹性理论描述了商品的供求数量和价格之间的关系。在实际经济生活中,可以运用这些分析来解释许多经济现象,或者有利于政府据此采取相应的干预政策来改变供给或需求的运行条件,使经济朝着既定的目标运行。

一、政府价格管制:最高限价

当今世界绝大多数工业化国家,市场运行都会受到政府不同程度的干预。因为市场机制配置资源有时会出现失灵,实际经济运行也不完全如假设条件的设计。为了保障市场运行的基本秩序,根据市场供求态势,政府有时会采取价格管制进行干预。最高限价是政府所规定的某种产品的最高价格。比如说,政府常常对石油、天然气等资源类产品制定最高限价。最高价格一般低于市场的均衡价格。通常是由于产品供不应求,供求缺口太大,导致该商品的市场均衡价格过高,从而一方面形成供给方的暴利,另一方面使购买者的购买支出过多,产生不公平买卖。

图2-19表示政府对某种产品实行最高限价的情形。政府实行最高限价政策,规定该产品的市场最高价格为P_0,市场均衡价格为P_e,最高限价P_0小于均衡价格P_e。在最高限价格P_0的水平,市场需求量Q_2大于市场供给量Q_1,市场上出现供不应求的情况,即会出现供给缺口,其数量为Q_2-Q_1。

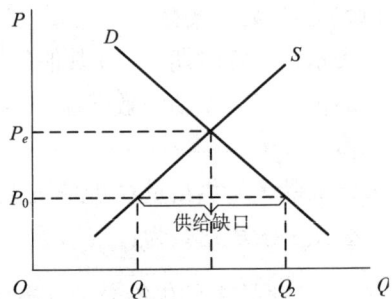

图2-19　最高限价

政府实行最高限价的目的往往是为了抑制某些产品的价格上涨，特别是为了对付通货膨胀。当然为了限制某些行业，如一些垄断性很强的公用事业部门产品的价格，政府也采取最高限价的做法。但是政府实行最高限价的做法往往导致市场上消费者排队抢购和黑市交易盛行。在这种情况下，政府往往又不得不采取配给的方法来分配产品。此外，厂商也可能粗制滥造，降低产品质量，形成变相涨价。

二、政府价格管制：最低限价

最低限价也称为支持价格。它是政府所规定的某种产品的最低价格。最低价格一般高于市场的均衡价格。通常表现在农产品价格的干预上。这是由于农产品供过于求，需求缺口太大，导致该商品的市场均衡价格过低，从而一方面供给方的利益容易受到损失，另一方面使购买者的购买支出过低，产生不公平买卖，而且容易使厂商的生产积极性受到伤害。例如，"谷贱伤农"，就是当稻谷大量丰收时，由于它是缺乏弹性的必需品，而稻谷的需求基本稳定不变，消费者对稻谷价格的变动反应迟钝。在其他条件不变时，稻谷丰收必然导致其市场均衡价格过低，使农民种稻谷的利益遭到损失，来年农民的生产积极性容易受到伤害。

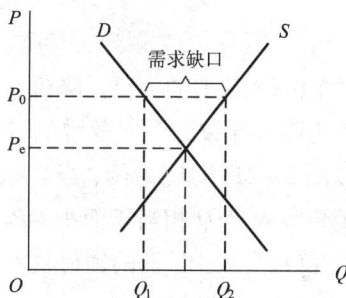

图 2-20　最低限价

图 2-20 表示政府对某种农产品实行最低限价的情形。政府实行最低限价所规定的市场价格为 P_0，最低限价 P_0 大于均衡价格 P_e。在最低限价 P_0 的水平，市场供给量 Q_2 大于市场需求量 Q_1，市场上出现产品过剩的情况，即会出现需求缺口，其数量为 $Q_2 - Q_1$。

三、需求的价格弹性和厂商销售收入

需求价格弹性可以说明价格变动对于总收入的影响。在实际经济活动中，卖方比买方会更重视需求的价格弹性。作为卖方的厂商应针对产品不同的需求价格弹性，采取不同的价格策略，以便获得最大化的销售收入。

（1）$e_d > 1$ 的商品，降价会增加厂商的销售收入，提价会减少厂商的销售收入。因为降价造成的销售收入的减少量小于需求量增加带来的销售收入的增加量。以图 2-21(a) 图为例，当 $e_d > 1$ 时，在 a 点的销售收入 $P \cdot Q$ 相当于面积 OP_1aQ_1，b 点的销售收入 $P \cdot Q$ 相当于面积 OP_2bQ_2。显然，面积 $OP_1aQ_1 <$ 面积 OP_2bQ_2。所以当 $e_d > 1$ 时，降价会增加厂商的销售收入，提价会减少厂商的销售收入，即商品的价格与厂商的销售收入成反方向变动。

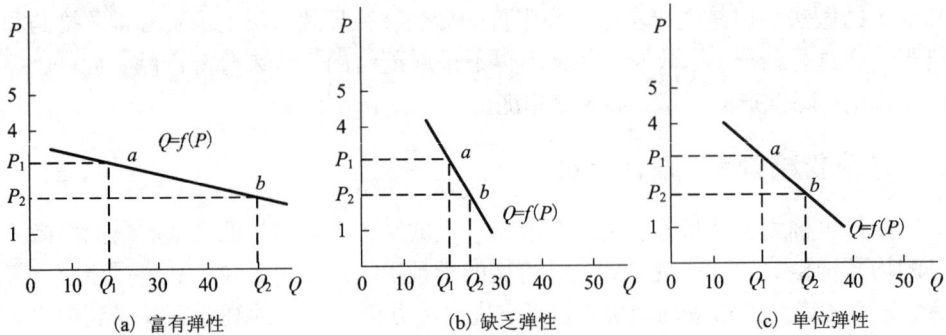

图 2 - 21   需求的价格弧弹性与厂商的销售收入

(2) $0 < e_d < 1$ 的商品,降价会使厂商的销售收入减少,提价会使厂商的销售收入增加。因为降价导致的需求量增加带来的销售收入增加量小于降价造成的销售收入的减少量。以图 2 - 21(b)图为例,当 $0 < e_d < 1$ 时,a 点的销售收入 $P \cdot Q$ 相当于面积 OP_1aQ_1,b 点的销售收入 $P \cdot Q$ 相当于面积 OP_2bQ_2。显然,面积 $OP_1aQ_1 >$ 面积 OP_2bQ_2。所以当 $0 < e_d < 1$ 时,降价会减少厂商的销售收入,提价会增加厂商的销售收入,即商品的价格与厂商的销售收入成正方向变动。

(3) $e_d = 1$ 的商品,降价或提价对厂商的销售收入都没有影响。因为价格变动造成的销售收入的增加量或减少量等于需求量变动带来的销售收入的减少量或增加量。如图 2 - 21(c)所示。

为便于比较,我们把价格变化、弹性大小与销售收入变化的关系归纳如下(见表 2 - 5):

表 2 - 5   需求弹性与厂商的销售收入

需求弹性的值	种　类	对销售收入的影响
$e_d > 1$	富有弹性	价格上升,销售收入减少;价格下降,销售收入增加
$e_d = 1$	单位弹性	价格上升,销售收入不变;价格下降,销售收入不变
$e_d < 1$	缺乏弹性	价格上升,销售收入增加;价格下降,销售收入减少

由上述分析可知,在需求弹性大时,厂商宜采用薄利多销的方式来增加销售收入;当需求弹性小时,则可考虑以提高价格的方式来达到增加销售收入的目的。

四、税收对均衡价格的影响及税负的分担

对于许多公共政策的制定来说，理解供求规律与价格弹性是很重要的。例如，当政府实施一项税收政策时，我们容易理解涉税产品的市场价格与数量会怎么变化。

设政府对某一产品从量征税。征税时，新的市场均衡的形成过程如图 2 – 22(a)所示。假设政府对某生产商的单位产品征税 t 元，要使厂商愿意供给任意给定的产量，则对应的价格必须增加 t 元，即供给曲线向上平移 t。所以原来的均衡价格 P_e 将提高到 $P_e + t$，但是 $P_e + t$ 能不能被消费者接受呢？税负 t 能不能全部转嫁给消费者呢？由图 2 – 22 可知，征税之后当价格上升为 $P_e + t$ 时，需求量由 Q_0 降为 Q_2，小于均衡的供给量 Q_0，即存在需求缺口 $Q_2 Q_0$，所以价格和供给量都将下降，直至最终达到新的均衡点 E' 为止。

如图 2 – 22(a)中，如果该商品(比如香烟)的需求价格弹性相对较小，供给价格弹性相对较大，则税收负担主要归于买方。这是因为当需求是相对缺乏弹性时，价格的提高不会使得需求数量极大减少，所以厂商能将大部分税收转嫁给消费者。如果政府征税，将导致消费者支付的价格从 P_e 提高到 P_d，所以消费者负担了大部分的税收 $P_e P_d$，而厂商仅负担了小部分 $P_s P_e$。因此，当需求相对缺乏弹性时，税收的大部分由消费者所负担，

(a)对香烟征税

(b)对巧克力征税

图 2 – 22　税收负担分担

而其中一小部分由厂商所负担。例如：香烟对吸烟者来说需求弹性很小，所以，当政府对香烟厂商从量征税时，香烟税大部分由吸烟者所负担，并且香烟税的征收并不能大幅度地减少香烟的需求数量。

如图 2 – 22(b)中，如果该商品(比如巧克力)的需求价格弹性相对较大，供给的价格弹性相对较小，则税收负担主要归于卖方。这是因为当需求是相对富有弹性的，价格的提高会引起需求数量的大量的减少，所以厂商不可能将大部分税收转嫁给消费者。当政府对该产品从量征税时，将导致消费者支付的价格从 P_e 提高到 P_d，所以消费者负担的税收仅为

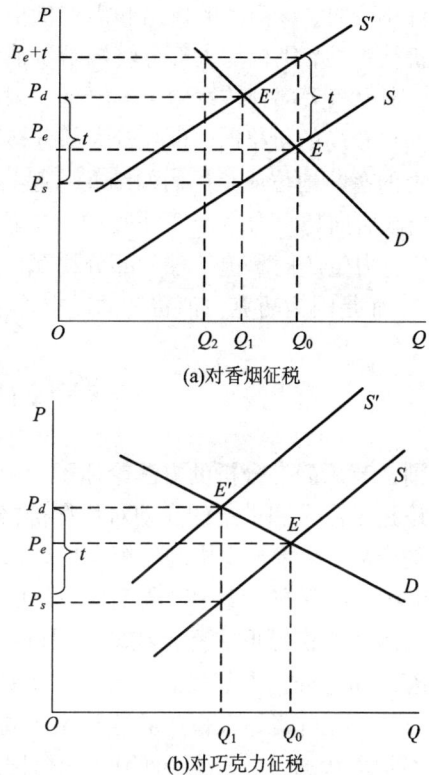

P_eP_d，而厂商则负担了大部分为 P_sP_e。因此，当需求相对富有弹性时，税收的一小部分由消费者所负担，而其中大部分由厂商所负担，并且会使生产产量急剧下降。例如：巧克力对消费者来说需求弹性很大，所以，当政府对生产厂商从量征税时，巧克力税大部分由厂商所负担，并且巧克力税的征收能大幅度地减少巧克力的需求数量。

从以上讨论可以看出，一种商品的税负 t 能否转嫁、以多大比例转嫁给消费者，在其他条件不变时，该商品的供给和需求价格弹性是关键影响因素。如果需求相对于供给明显缺乏价格弹性，则税赋大部分转嫁给了消费者；相反，如果供给相对于需求明显缺乏价格弹性，则税赋大部分转嫁给了供给者。因此，当政府向香烟生产商征收的一项税结果使消费者支付较高的价格时，税收较大部分转移给了消费者。这并不意味着香烟生产商是处于强有力的垄断地位或是厂商勾结在一起共同行动，而是因为香烟消费者的需求价格弹性较小；当政府向巧克力生产商征收的一项税结果使巧克力消费者支付的价格没有提高很多时，巧克力生产商承担了较大部分税赋，这种情况也并不意味着巧克力消费者处于"统治地位"，而是因为巧克力消费者的需求价格弹性较大。

第六节　蛛网模型

前几节用静态分析的方法论述了均衡价格形成所需要具备的条件，用比较静态分析的方法论述了需求和供给的变动对均衡价格变动的影响。但是，前面的分析都是生产周期比较短的产品，产量与价格的均衡点形成都是在短时间内一次性完成，不存在波动问题。但是，市场上还存在一类生产周期比较长的商品——比如说农畜产品，它的产量与价格偏离均衡点后的均衡点形成都是在较长时间内完成，价格传导具有滞后效应，完成的过程是一个动态波动过程。本节我们将引进时间变化的因素，借助于供求与弹性理论，运用动态分析的方法，分析诸如农畜产品这类生产周期较长的商品，当其产量和价格在受到外力的干扰偏离均衡状态以后，是否回到、如何回到均衡点的实际波动过程及其结果，或者说，考察属于不同时期的需求量、供给量和价格之间的相互作用，考察从一种均衡到另一种均衡的过程——即均衡的恢复与稳定条件问题。主要讨论动态分析中较为常见的蛛网模型。

一、基本假设

（1）某商品的本期产量（亦即是本期供给量）Q_t^s 决定于前一期的价格 P_{t-1}，即供给函数为 $Q_t^s = f(P_{t-1})$，表示一个时期的供给量是前一期价格的函数。

（2）商品本期的需求量 Q_t^d 决定于本期的价格 P_t，即需求函数为 $Q_t^d = f(P_t)$，表示一个时期的需求量是本期价格的函数。根据以上假设条件，蛛网模型可以用以下联立方程式来表示：

$$
\begin{cases}
Q_t^d = \alpha - \beta P_t & (2.27) \\
Q_t^s = -\delta + \gamma P_{t-1} & (2.28) \\
Q_t^d = Q_t^s & (2.29)
\end{cases}
$$

式中，α、β、δ 和 γ 均为大于零的常数。

由这三个方程构成的蛛网模型区别了经济变量的时间先后，因此，是一个动态模型。

二、价格与产量周期波动的几种情况分析

在上述函数关系假定下，当所讨论的商品的供给弹性、需求弹性不同时，其价格和产量的周期波动有三种情况：

（1）相对于数量轴的某一点 Q_i 而言，当供给曲线斜率的绝对值大于需求曲线斜率的绝对值时，有该商品的供给价格弹性小于需求价格弹性（$E_s < E_d$），[①]这意味着市场价格变动对供给量的影响小于对需求量的影响。在这种情况下，价格波动对于该商品的产量的影响越来越弱，价格与产量的波动幅度越来越小，最后自发地趋于均衡。反映在图形上，形成一个向内收缩、收敛于均衡点的蛛网，称为收敛型蛛网。

如图 2-23(a)所示。根据给定的条件，有供给曲线斜率的绝对值大于需求曲线斜率的绝对值。从图形上看起来，相对于数量轴而言，S 比 D 较为陡峭，或 D 较 S 较为平缓。在这种情况下，当市场由于受到干扰偏离原有的均衡状态以后，实际价格和实际产量会围绕均衡水平上下波动，但波动的幅度越来越小，最后会回复到原来的均衡点。

假定，厂商按假设的供给函数 $Q_t^s = f(P_{t-1})$ 确定计划产量 Q_e。在第一期由于诸如气候恶化等某种外在原因的干扰，实际产量由 Q_e 减少为 Q_1。由于 $Q_1 < Q_e$。根据假设的需求函数 $Q_t^d = f(P_t)$，消费者愿意支付 P_1 的价格购买全部的产量 Q_1，于是，实际价格上升为 P_1。

---

① 在线性需求曲线与供给曲线下，相对于数量轴，有 $e_d = -\dfrac{\mathrm{d}Q_d}{\mathrm{d}P_d} \cdot \dfrac{P_d}{Q_d}$，$k_d = \dfrac{\mathrm{d}P_d}{\mathrm{d}Q_d}$，$e_s = \dfrac{\mathrm{d}Q_s}{\mathrm{d}P_s} \cdot \dfrac{P_s}{Q_s}$，$k_s = \dfrac{\mathrm{d}P_s}{\mathrm{d}Q_s}$。由此我们可以看到供给曲线上各点的斜率是一样的，需求曲线上各点的斜率也是一样的，可是供给和需求弹性却会随着 P、Q 取值的不同而不同。但我们不可忽略的一点是：当一项交易完成时，供给者和需求者面对的价格 P 和数量 Q 肯定是一样的。所以，有

$$
\begin{cases}
e_d = -\dfrac{\mathrm{d}Q_d}{\mathrm{d}P_d} \cdot \dfrac{P}{Q}, \\
k_d = \dfrac{\mathrm{d}P_d}{\mathrm{d}Q_d}, \\
e_s = \dfrac{\mathrm{d}Q_s}{\mathrm{d}P_s} \cdot \dfrac{P}{Q}, k_s = \dfrac{\mathrm{d}P_s}{\mathrm{d}Q_s}
\end{cases}
\Rightarrow
\begin{cases}
e_d = \dfrac{1}{|k_d|} \cdot \dfrac{P}{Q} \\
e_s = \dfrac{1}{|k_s|} \cdot \dfrac{P}{Q}
\end{cases}
$$

由此可知：若供给曲线斜率的绝对值大于需求曲线斜率的绝对值，则此商品的供给价格弹性小于其需求价格弹性。

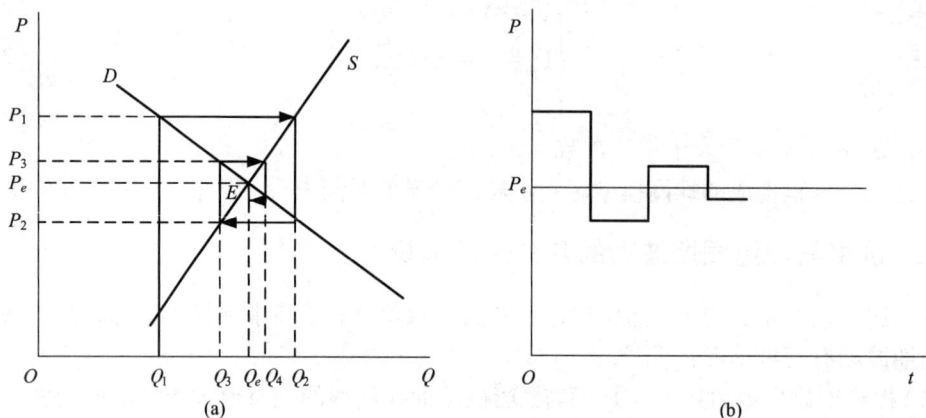

图 2 - 23   收敛型蛛网

根据第一期的较高的价格水平 P_1，按照供给曲线，厂商将第二期的产量增加为 Q_2。

在第二期，厂商为了出售全部的产量 Q_2，接受消费者所愿意支付的价格 P_2，于是，实际价格下降为 P_2。根据第二期的较低的价格水平 P_2，厂商将第三期的产量减少为 Q_3。

在第三期，消费者愿意支付 P_3 的价格购买全部的产量 Q_3，于是，实际价格又上升为 P_3。根据第三期的较高的价格水平 P_3，厂商又将第四期的产量增加为 Q_4。

如此循环下去，如图 2 - 23(b)所示，逐年的实际价格是环绕其均衡价格上下波动的，实际产量相应地交替出现偏离均衡值的超额供给或超额需求，但价格和产量波动的幅度越来越小，最后恢复到均衡点 E 所代表的水平。由此可见，图中的均衡点 E 所代表的均衡状态是稳定的。也就是说，由于外在的原因，当价格和产量偏离均衡数值(P_e 和 Q_e)后，经济体系中存在着自发的因素，能使价格和产量自动恢复到均衡状态。

从图 2 - 23 中可以看到，供给曲线比需求曲线较为陡峭时，才能得到蛛网稳定的结果，所以，供求曲线的上述关系是蛛网趋于稳定的条件，相应的蛛网被称为"收敛型蛛网"。

(2)相对于数量轴的某一点 Q_i 而言，当供给曲线斜率的绝对值小于需求曲线斜率的绝对值时，有该商品的供给价格弹性大于需求价格弹性($E_s > E_d$)，这意味着市场价格变动对供给量的影响要大于对需求量的影响。在这种情况下，价格波动对于该商品的产量的影响越来越强，价格与产量的波动幅度越来越大，偏离均衡点也越来越远。反映在图形上，形成一个向外扩散、远离于均衡点的蛛网，称为发散型蛛网。

如图 2 - 24(a)所示。根据给定的条件，有供给曲线斜率的绝对值小于需求曲线斜率的绝对值。这里，跟图 2 - 23 的情况恰好相反，由于供给曲线 S 斜率的绝对值大于需求曲线 D 斜率的绝对值，相对于数量轴而言，S 比 D 较为平缓。这时，当市场由于受到外力的干扰偏离原有的均衡状态以后，实际价格和实际产量上下波动的幅度会越来越大，偏离均衡点越来越远。

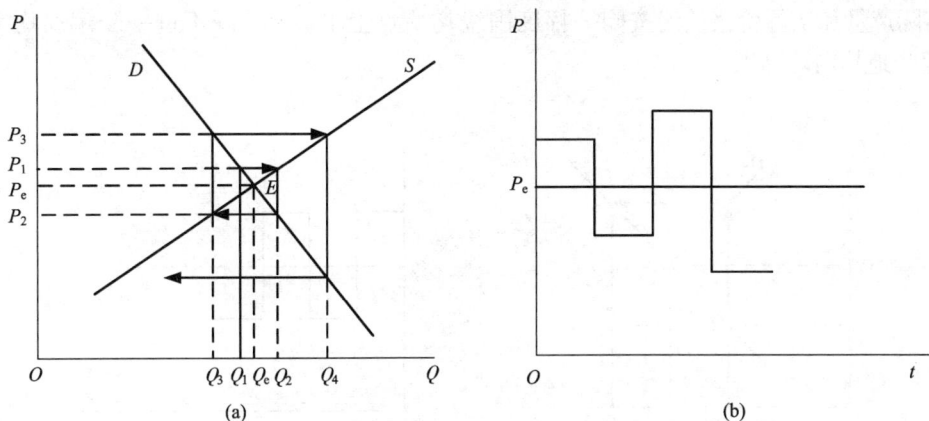

图 2-24 发散型蛛网

假定，在第一期厂商按假设的供给函数 $Q_t^s = f(P_{t-1})$ 确定计划产量 Q_e。由于诸如气候恶化等某种外在原因的干扰，实际产量由均衡水平 Q_e 减少为 Q_1。由于 $Q_1 < Q_e$，根据假设的需求函数 $Q_t^d = f(P_t)$，消费者为了购买全部的产量 Q_1，愿意支付较高的价格 P_1，于是，实际价格上升为 P_1。根据第一期的较高的价格水平 P_1，按照供给曲线，厂商将第二期的产量增加为 Q_2。

在第二期，厂商为了出售全部的产量 Q_2，接受消费者所愿意支付的价格 P_2，于是，实际价格下降为 P_2。根据第二期的较低的价格水平 P_2，厂商将第三期的产量减少为 Q_3。

在第三期，消费者为了购买全部的产量 Q_3，愿意支付的价格上升为 P_3，于是，实际价格又上升为 P_3。根据第三期的较高的价格水平 P_3，厂商又将第四期的产量增加为 Q_4。

如此循环下去，如图 2-24(b)所示，实际产量和实际价格波动的幅度越来越大，偏离均衡产量和均衡价格越来越远。图中的均衡点 E 所代表的均衡状态是不稳定的，被称为不稳定的均衡。因此，当供给曲线比需求曲线较为平缓时，得到蛛网模型不稳定的结果，相应的蛛网被称为"发散型蛛网"。

(3)相对于数量轴的某一点 Q_i 而言，当供给曲线斜率的绝对值等于需求曲线斜率的绝对值时，有该商品的供给价格弹性等于需求价格弹性（$E_s = E_d$），市场价格变动对该商品的供给量的影响等于对需求量的影响。在这种情况下，价格与产量的波动幅度相同，既不趋于均衡点，又不远离均衡点。价格与产量始终围绕均衡点持续波动，循环不已。反映在图形上,形成一个首尾相连的蛛网,称为封闭型蛛网。

如图 2 - 25(a)所示。根据给定的条件,有供给曲线斜率的绝对值等于需求曲线斜率的绝对值,这时,当市场由于受到外力的干扰偏离原有的均衡状态以后,如图 2 - 25(b)所示,实际产量和实际价格始终按同一幅度围绕均衡点上下波动,既不进一步偏离均衡点,也不逐步地趋向均衡点。

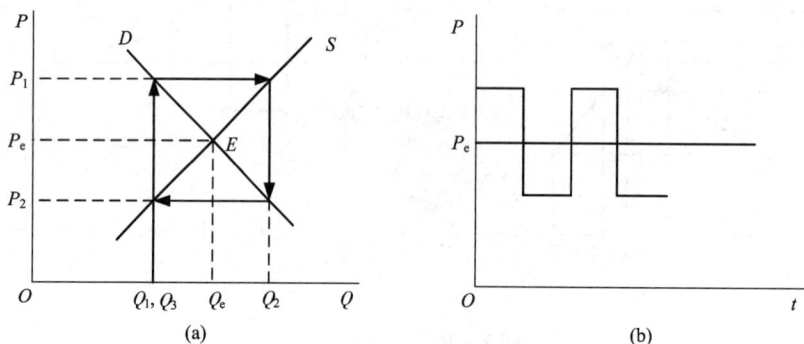

图 2 - 25　封闭型蛛网

对图 2 - 25 中的不同时点上的价格与供求量之间的相互作用的解释,与第一种情况对图 2 - 24 和第二种情况对图 2 - 25 的解释是类似的。相对于价格轴而言,供给曲线斜率的绝对值等于需求曲线斜率的绝对值,为蛛网以相同的幅度上下波动的条件,相应的蛛网被称为"封闭型蛛网"。

三、评论

(1)蛛网理论说明了在价格放开、价格机制自发调节时,农产品这一类生产周期比较长的商品其市场均衡时必然发生蛛网型周期波动,从而影响农业生产和农民收入的稳定这样一种现象。一般而言,当其他条件不变时,农产品的供给对价格的变动反应较大,但需求较为稳定,需求对价格变动的反应程度小,即农产品的供给弹性大于需求弹性,因此,市场多呈发散型蛛网波动,这正是农业生产不稳定的重要原因。也正因为如此,政府更有必要对其进行价格干预。

(2)分析生产周期长短不同的产品其市场均衡要注意的几个问题:一是要注意产品生产周期的差异性。因为生产周期的长短不同,其假设的需求函数与供给函数都会有所不同。二是注意市场均衡所耗费时间的差异性。因为时间不同,分析方法就有静态分析与动态分析的差异。三是要注意供求曲线斜率的差异性。因为供求曲线斜率的不同,长期均衡时的图形波动就呈现出了收敛型、发散型、封闭型三种情况。

　　（3）在现实经济运动中，蛛网理论的三种模型在一定时期内是相互交错出现的。在农产品市场上，则趋向于前两种模型的运行。

　　（4）对蛛网理论的理解不能绝对化，因为理论模型的假设条件并不完全成立。根据该模型，造成产量和价格波动的主要原因是：厂商总是根据上一期的价格来决定下一期的产量，这样，上一期的价格同时也就是厂商对下一期的预期价格。而事实上，在每一期，厂商只能按照本期的市场价格来出售由预期价格（即上一期价格）所决定的产量。这种实际价格和预期价格的不吻合，造成了产量和价格的波动。但是，这种解释是不全面的。因为厂商从自己的经验中，会逐步修正自己的预期价格，使预期价格接近实际价格，从而使实际产量接近市场的实际需求量。关于这一点，经济学家阿西玛咖普罗斯（A. Asimakopulos）举出了以下事例：

　　1972 年美国由于暴风雨和恶劣的气候，土豆产量大幅度下降，土豆价格上涨。随着土豆价格的上涨，农场主便扩大土豆的种植面积，使土豆产量在 1974 年达到历史最高水平。结果，导致土豆价格又急剧下降。以缅因州土豆为例，0. 4536 千克土豆的价格由 1974 年 5 月的 13 美分降为 1975 年 3 月的 2 美分，该价格比平均生产成本还低。这种现象显然可以用蛛网模型来解释。作为补充，阿西玛咖普罗斯又举了一个特殊的例子来说明蛛网模型的缺陷：当农场主们都因土豆价格下降而缩减土豆的种植面积时，惟有一个农场主不这么做。因为这个农场主根据长期的经营经验，相信土豆价格将上升，而眼下正是自己增加土豆生产的时候。可见，这个农场主的预期和行为与蛛网模型所分析的情况是不吻合的。

【本章小结】

　　1. 需求与供给的分析是微观经济学分析市场机制影响消费者行为、实现资源优化配置的基本工具。在完全竞争的市场中，在没有外力的干预下，价格是需求与供给分别可以自由发挥作用、同时起作用并且力量相等时的结果，它对于厂商与消费者的供求数量变化具有极其重要的影响。

　　2. 需求曲线就是用来表示在其他条件不变时，一种商品价格和需求数量之间一一对应的函数关系的几何图形；供给曲线就是用来表示在其他条件不变时，一种商品价格和供给量之间一一对应的函数关系的几何图形；一种商品的均衡价格是在商品的市场总需求和市场总供给这两种相反力量的相互作用下自动形成的，供求规律的调节是一种自发的调节。

　　3. 弹性是表示作为因变量的相对变动对于作为自变量的相对变动的敏感程度。弹性有很多类型。从因变量代表的具体含义来划分，可以分为需求弹性、供给弹性等；从自变量代表的具体含义来划分，可以分为需求价格弹性、需求收入弹性；从时间来区分，可分为长期弹性与短期弹性等。

4. 蛛网模型是运用弹性原理解释某些生产周期较长的商品在失去均衡时发生的不同波动情况的一种动态分析理论。

附：关于蛛网模型的数学证明

蛛网模型可以用以下三个方程式来表达：

$$Q_t^d = \alpha - \beta P_t \tag{1}$$

$$Q_t^s = -\delta + \gamma P_{t-1} \tag{2}$$

$$Q_t^d = Q_t^s \tag{3}$$

其中 α, β, γ, δ 均为大于零的常数。

联立以上三式得：

$$\alpha - \beta P_t = -\delta + \gamma P_{t-1}$$

即

$$P_t = \frac{\alpha + \delta - \gamma P_{t-1}}{\beta} = -\frac{\gamma}{\beta} P_{t-1} + \frac{\alpha + \delta}{\beta} \tag{4}$$

令 $t = t - 1$ 可得：

$$P_{t-1} = -\frac{\gamma}{\beta} P_{t-2} + \frac{\alpha + \delta}{\beta} \tag{5}$$

将式(5)代入式(4)可得：

$$P_t = \left(-\frac{\gamma}{\beta}\right)^2 P_{t-2} + \left(-\frac{\gamma}{\beta}\right)\frac{\alpha + \delta}{\beta} + \frac{\alpha + \delta}{\beta}$$

再将 P_{t-2} 以 P_{t-3} 的表达式代替，可得：

$$P_t = \left(-\frac{\gamma}{\beta}\right)^3 P_{t-3} + \left(-\frac{\gamma}{\beta}\right)^2 \frac{\alpha + \delta}{\beta} + \left(-\frac{\gamma}{\beta}\right)\frac{\alpha + \delta}{\beta} + \frac{\alpha + \delta}{\beta} \tag{6}$$

由迭代法或归纳推理可推出：

$$P_t = \left(-\frac{\gamma}{\beta}\right)^n P_{t-n} + \left(-\frac{\gamma}{\beta}\right)^{n-1}\frac{\alpha + \delta}{\beta} + \left(-\frac{\gamma}{\beta}\right)^{n-2}\frac{\alpha + \delta}{\beta} + \cdots + \frac{\alpha + \delta}{\beta} \tag{7}$$

式(7)由等比数列求和化简得：

$$P_t = \left(-\frac{\gamma}{\beta}\right)^n P_{t-n} + \frac{\alpha + \delta}{\beta}\left[\left(-\frac{\gamma}{\beta}\right)^{n-1} + \left(-\frac{\gamma}{\beta}\right)^{n-2} + \cdots + 1\right]$$

$$= \left(-\frac{\gamma}{\beta}\right)^n P_{t-n} + \frac{\alpha + \delta}{\beta}\left[\frac{1 - \left(-\frac{\gamma}{\beta}\right)^n}{1 + \frac{\gamma}{\beta}}\right]$$

$$= \left(-\frac{\gamma}{\beta}\right)^n P_{t-n} + \frac{\alpha + \delta}{\beta + \gamma}\left[1 - \left(-\frac{\gamma}{\beta}\right)^n\right] \tag{8}$$

当 $n = t$ 时，式（8）可写为：

$$P_t = \left(-\frac{\gamma}{\beta} \right)^t P_0 + \frac{\alpha + \delta}{\beta + \gamma} \left[1 - \left(-\frac{\gamma}{\beta} \right)^t \right] \tag{9}$$

而在市场均衡的条件下，均衡价格

$$P_e = P_t = P_{t-1}$$

由式（1）、式（2）、式（3）可得：

$$\alpha - \beta P_e = -\delta + \gamma P_e$$

即

$$P_e = \frac{\alpha + \delta}{\beta + \gamma} \tag{10}$$

联立式（9）、式（10）可得：

$$P_t = (P_0 - P_e) \left(-\frac{\gamma}{\beta} \right)^t + P_e$$

当 $t \to \infty$ 时，①若 $\frac{\gamma}{\beta} < 1 \Rightarrow \gamma < \beta \Rightarrow \frac{1}{\gamma} > \frac{1}{\beta}$，则商品供给曲线斜率的绝对值大于需求曲线斜率的绝对值，即商品的供给弹性小于需求弹性。由 $\frac{\gamma}{\beta} < 1$，有 $P_t \to P_e$，$P_t - P_e \to 0$，即实际价格以越来越小的幅度围绕均衡价格上下波动，最后恢复到均衡价格，相应的蛛网模型被称为收敛型蛛网。②若 $\frac{\gamma}{\beta} > 1 \Rightarrow \gamma > \beta \Rightarrow \frac{1}{\gamma} < \frac{1}{\beta}$，则商品供给曲线斜率的绝对值小于需求曲线斜率的绝对值，即商品的供给弹性大于需求弹性。由 $\frac{\gamma}{\beta} > 1$，有 $P_t \to \infty$，$|P_t - P_e| \to +\infty$，即实际价格以越来越大的幅度围绕均衡价格上下波动，最后偏离均衡价格越来越远，相应的蛛网模型被称为发散型蛛网。③若 $\frac{\gamma}{\beta} = 1 \Rightarrow \gamma = \beta$，则商品供给曲线斜率的绝对值等于需求曲线斜率的绝对值，即商品的供给弹性等于需求弹性。由 $\frac{\gamma}{\beta} = 1$，有 $P_t = P_0$ 或者 $P_t = 2P_e - P_0$，$|P_t - P_e|$ 为常数，亦即实际价格以一定的幅度围绕均衡价格上下波动，既不趋于，也不远离均衡价格，此类蛛网模型被称为封闭型蛛网。

补充：为什么价格围绕均衡价格上下波动？其实是因为在 $t \to \infty$ 的过程中，有奇偶之分，且 $-\frac{\gamma}{\beta}$ 为负数。

习 题

一、名词解释

需求 供给 需求的变动 需求量的变动 供给的变动 供给量的变动 均衡价格 需求价格弹性 需求收入弹性 需求交叉弹性 供给价格弹性 供给成本弹性 供给交叉弹性

二、选择题

1. 需求定律说明( )。

A. 药品的价格上涨会使药品的质量提高

B. 在其他条件不变时,计算机价格下降导致销售量增加

C. 丝绸价格提高,游览公园的人数增加

D. 汽油的价格提高,小汽车的销售量减少

2. 下列哪项因素的变动不会使需求曲线移动? ( )

A. 消费者收入变化　　　　　B. 消费者偏好变化

C. 其他有关商品价格变化　　D. 商品价格变化

3. 当其他条件不变时,汽车的价格上升,将导致( )。

A. 汽车需求量的增加　　　　B. 汽车供给量的增加

C. 汽车需求的增加　　　　　D. 汽车供给的减少

4. 在需求和供给同时减少的情况下( )。

A. 均衡价格和均衡交易量都将下降

B. 均衡价格将下降,均衡交易量的变化无法确定

C. 均衡价格的变化无法确定,均衡交易量将减少

D. 均衡价格将上升,均衡交易量将下降

5. 小麦歉收导致小麦价格上升。这个过程中的内在机理是( )。

A. 小麦供给的减少引起需求量下降

B. 小麦供给的减少引起需求下降

C. 小麦供给量的减少引起需求量下降

D. 小麦供给量的减少引起需求下降

6. 政府把价格限制在均衡水平以下可能导致( )。

A. 买者按低价买到了希望购买的商品数量

B. 商品大量积压

C. 黑市交易

D. A 和 C

7. 如果价格下降 10% 能使消费者的购买量增加 1%，则这种商品的需求量对价格（　　）。

A. 富有弹性　　　　B. 具有单位弹性　　C. 缺乏弹性　　　　D. 弹性不能确定

8. 如果商品 A 的价格上升 5%，引起了商品 B 的需求量增加 2%，则这两种商品是（　　）。

A. 互补品　　　　　B. 替代品　　　　　C. 独立商品　　　　D. 正常商品

9. 已知某商品的供给曲线与需求曲线具有正常的正斜率和负斜率，若政府对每单位商品征收 10 元的税收，则可以预料该商品的价格将上升（　　）。

A. 小于 10 元　　　B. 等于 10 元　　　C. 大于 10 元　　　D. 不可确定

10. 如果需求的收入弹性大于 0 但小于 1，（　　）。

A. 消费者在该商品上的花费的增长大于收入的增长

B. 这种商品叫低档商品

C. 消费者在该商品上的花费与收入等比例增长

D. 消费者在该商品上的花费的增长小于收入的增长

11. 低档商品的需求收入弹性是（　　）。

A. 小于 0　　　　　　　　　　　　　B. 0 和 1 之间

C. 等于 0　　　　　　　　　　　　　D. 1 和无穷大之间

12. 蛛网模型是以（　　）为前提条件的。

A. 需求量对价格缺乏弹性　　　　　　B. 供给量对价格缺乏弹性

C. 需求方改变对未来的价格预期　　　D. 厂商按本期的价格决定下期的产量

13. 按照蛛网模型，若供给曲线和需求曲线均为直线，则收敛型摆动的条件是（　　）。

A. 供给曲线的斜率大于需求曲线的斜率　　B. 供给曲线的斜率小于需求曲线的斜率

C. 供给曲线的斜率等于需求曲线的斜率　　D. 以上都不正确

14. 对一斜率为正，从上至下观察先与价格轴再与数量轴相交的直线形供给曲线，其供给弹性（　　）。

A. 等于 0　　　　　B. 等于 1　　　　　C. 大于 1　　　　　D. 小于 1

三、判断题

1. 需求就是消费者在一定时期内，在每一价格水平时愿意购买的商品量。

2. 生产技术提高所引起的某种商品产量的增加称为供给的增加。

3. 两种互补品之间，其中一种商品价格上升，会使另一种商品需求量增加。

4. 假设有两种正常商品，当其中一种商品的价格发生变动时，这两种商品的需求量都同时增加或减少，则这两种商品的需求交叉价格弹性为正值。

5. 支持价格是政府规定的某种产品的最高价格。

6. 商品越是缺乏弹性，政府从这些商品中征收的税就越多。

7. 直线型需求曲线的斜率不变，因此其价格弹性也不变。

四、计算题

1. 已知某一时期内某商品的需求函数为 $Q_d = 100 - 5P$，供给函数为 $Q_s = -50 + 5P$，求均衡价格 P_e 和均衡数量 Q_e。

2. 某商品的价格由 20 元上升到 30 元后，需求量相应减少 10%。问：该商品的需求弹性是多少？该商品价格变化对总收益有何影响？

3. 已知某产品的需求价格弹性值 $E_d = 0.5$，该产品原销售量为 $Q_d = 800$ 件，单位产品价格 $P = 10$ 元，若该产品价格上调 10%，该产品提价后销售收入变动多少元？

4. X 公司和 Y 公司是某商品的两个竞争者，这两家公司产品的需求曲线分别为 $P_X = 1000 - 5Q_X$，$P_Y = 1600 - 4Q_Y$，这两家公司现在的销售量分别为 100 单位 X 和 250 单位 Y，求：(1)X 和 Y 当前的价格点弹性？(2)假设 Y 的价格下降，导致 Y 的销售量增加到 300 单位，同时导致了 X 的销售量下降到 75 单位，求 X 产品的交叉价格弹性为多少？(3)如果 Y 公司的目标是销售收入的最大化，你认为它的降价合理吗？

5. 假设市场中有 100 个消费者，其中 80 个消费者购买该市场 2/3 的商品，且每个消费者的需求价格弹性均为 3；另外 20 个消费者购买该市场 1/3 的商品，且每个消费者的需求价格弹性均为 6，试问这 100 个消费者合计的需求价格弹性为多少？

6. 在商品 X 市场中，有 10000 个相同的消费者，每个人的需求函数均为 $Q_d = 12 - 2P$，有 1000 个相同的厂商，每个厂商的供给函数均为 $Q_s = 20P$。求：

(1)X 商品的市场需求函数和市场供给函数；

(2)求市场均衡的价格和数量；

(3)假设政府对每个厂商出售的每单位商品征收 2 元的销售税，对市场均衡有何影响？实际上谁支付了税款？政府征收的税收总额为多少？

五、简答题

1. 影响需求的因素有哪些？请举例说明。

2. 影响需求价格弹性的因素有哪些？请举例说明。

3. 说明"谷贱伤农"和"薄利多销"的经济学原理。

4. 请解释为什么当出现全国范围内的干旱时，农民通过出售粮食得到的总收益增加了，但如果只是湖南省出现干旱，湖南农民得到的总收益就会减少？

六、作图分析题

1. 利用图形阐述需求的价格弹性的大小与厂商的销售收入之间的关系，并举例加以说明。

2. 利用图形说明限制价格与支持价格带来的市场后果。

第三章　消费者行为理论

本章导读

　　上一章以完全竞争市场为背景，分析了单个消费者需求曲线与单个厂商供给曲线的基本特征，引出了局部均衡理论问题，但并没有说明形成需求曲线和供给曲线以及单个市场均衡的原因是什么。在微观经济学的分析中，需求曲线与供给曲线的基本特征的背后是消费者与厂商基于自身利益最大化追求的最优经济行为选择。本章作为上一章的深入，在完全竞争的同一背景下，分析需求曲线背后的消费者基于效用最大化追求的选择行为。在理性人等假定下，消费者基于效用最大化追求的选择行为有完全信息假定的支持，其选择过程会受到两种力量的促进和制约：一方面是消费者的偏好。为了自身偏好的满足，消费者都想尽可能地占有或消费商品。另一方面是消费者的预算约束。消费者的收入是有限的。消费者的最优行为选择就是在有限的收入限制条件下，合理地购买各种商品，以实现自身最大的满足。这一选择过程是根植于消费者的内心的，其动态平衡称之为消费者均衡。为此，本章的分析将从三个步骤递进展开：一是消费者的效用与偏好，二是消费者的预算约束，三是将消费者的效用与偏好与预算约束结合在一起，基于基数和序数效应，分析消费者效用最大化的最优行为选择，分析消费者均衡，从中推导出需求曲线[①]，并对均衡变化作比较静态分析。

基本概念

　　效用　基数效用论　序数效用论　边际效用　边际效用递减规律　消费者均衡　消费者剩余　无差异曲线　预算线　边际替代率　收入效应　替代效应

本章重点及难点

　　1.效用、总效用、边际效用的含义及总效用与边际效用的关系；

　　2.边际效用递减规律的含义及原因；

---

　　① 对于非理性人假定、非完全信息支持下消费者行为选择的讨论这里从略。读者可参阅罗伯特·S·平狄克，丹尼尔·L·鲁宾费尔德合著的《微观经济学》(第七版)第5章，中国人民大学出版社，2009版，第148—181页。

3. 无差异曲线的含义与特征；

4. 消费者均衡条件；

5. 消费者剩余的理解及计算；

6. 正常物品、低档物品和吉芬物品的替代效应与收入效应分析；

7. 需求曲线的推导。

第一节　基数效用论

在讨论基数效用之前，先要给出效用问题的两个基本讨论。

一、效用的概念

(一)欲望

消费者之所以要消费商品，是因为不同的商品能够满足他不同的欲望。因此，欲望是研究消费者行为的出发点。欲望是指一个人想要得到而没有得到某种东西的一种心理感觉。也就是说，欲望具备不足之感和求足之愿两个条件。

如第一章所述，人的欲望是无穷且多样的，一种欲望得到满足，新的欲望就会产生。因此，就人类的本能来说，人的欲望是无限的，但对特定的商品而言，人的欲望又是有限的。在其他条件不变时，随着个人不断地增加一种特定的商品消费，人们的不足之感和求足之愿的强度会越来越弱。

(二)效用

一般意义讨论，效用是指商品满足人的欲望的能力。或者说，效用是指消费者在其他影响因素不变时，消费商品时所感受到的主观上的享受或满足程度。这一概念由19世纪英国学者杰里米·边沁提出。从消费的主体来讲，效用是某人从自己的消费行为中得到的满足；从消费的客体来讲，效用是商品满足人的欲望或需要的能力。不管从主体还是从客体分析，效用均是一种心理感觉，不同于商品使用价值。一种商品或劳务给消费者带来的效用的大小，取决于消费者对这种商品和劳务欲望的强度，以及这种商品或劳务满足消费者欲望的能力。由于效用只是一种主观享受与满足，由于不同的人对同一种商品的偏好不同，由于同一种商品对不同的人的效用也不同，因此，不可将效用等同于可观测的或可衡量的心理功效或感觉；效用不能进行人际间的比较；同一个人在不同的时空条件下，消费同一物品也会产生不同的效用。另外，效用本身不涉及价值判断。例如，毒品具有满足人的欲望的能力，但这种满足与伦理道德无关。① 理性人假设要求消费者的行为目标是追求最大化效用。

二、效用衡量方法

既然效用是表示消费者消费商品或劳务时获得的满足程度，那么效用或者消费者满足程度怎样度量呢？对这个问题，西方经济学家先后提出了基数效用论（以马歇尔为代表）和序数效用论（以希克斯为代表）两种理论。

（一）基数效用表示法

基数效用论是主张用基数来表示和分析效用的一种消费者行为分析理论。它认为，消费者消费商品或劳务所获得的满足程度即效用可以用基数（1，2，3…）加以表示。正如长度可以用 m 作单位、重量可以用 kg 作为单位一样，消费者消费不同商品或者不同商品数量获得的效用也可以有一个共同的单位。由于不同消费者获得的效用具有共同的计量单位，因而，不同消费者的效用可以具体衡量出来，效用大小可以比较，效用也可以进行加总求和。比如，一个人吃一块巧克力的效用是 4 单位，听一支歌的效用是 8 单位，那么一支歌的效用为一块巧克力的效用的 2 倍。

基数效用论是人们早期研究消费者行为选择的一种理论，采用的是边际效用分析方法。

（二）序数效用表示法

序数效用论者是主张用序数来表示和分析效用的一种消费者行为分析理论。它认为，一种商品的效用是消费者对该商品满足其欲望的能力的一种心理评价，因而很难用具体的数值准确加以度量，更难以对不同消费者消费该商品的效用进行大小比较和加总求和，而只能排出偏好次序。效用之间的比较只能通过顺序或等级，即用序数（第一，第二，第三，……）来表示。如果消费者认为，听歌的效用高于吃巧克力的效用，那么，消费者会说听歌的效用第一，吃巧克力的效用第二。

本节讨论基数效用论与边际效用分析方法，下一节讨论序数效用论与无差异曲线分析法。

三、基数效用论与边际效用分析方法

（一）效用函数

效用函数是表述偏好的一种数学方法，它能更为方便地分析消费者对多种商品组合的

---

① 经济社会实践中，效用的讨论离不开价值判断。从这一点可以看出，完全脱离价值判断的实证分析具有唯心主义的色彩。

选择行为①。在基数效用论的分析中，有总效用函数与边际效用函数的讨论。

1. 总效用(Total utility)函数

总效用是指消费者在一定时间内从一定数量的商品消费中所得到的效用量的总和。若只消费一种商品，用 X 表示消费数量，用 TU 表示总效用，则总效用函数为：

$$TU = f(X) \tag{3.1}$$

若消费者同时消费 n 种商品，则总效用函数为：

$$TU = f(X_1, X_2, \cdots, X_n, 其他事物) \tag{3.2}$$

式(3.2)中，X 表示可选择商品的数量；"其他事物"表示消费者的总效用还可能来自的其他方面，比如消费口味、心理压力、人生阅历、消费环境等。为了从简单处入手并方便讨论，我们在分析中常常假定它们保持不变。我们不仅认为消费者的口味是不变的，而且认为在未来消费者消费的可量化的项目、工作的小时量(它决定了收入数量)及与储蓄起来的收入数量也一定是不变的。于是，式(3.2)就可写成：

$$TU = f(X_1, X_2, \cdots, X_n) \tag{3.3}$$

如果假定消费者只消费两种商品，用 X 和 Y 表示两种商品的消费数量，则总效用函数可写为：②

$$TU = U(X, Y) \tag{3.4}$$

显然，式(3.4)中除了效用函数所涉及的两种商品以外，所有分析框架以外的其他事物都假定不变。

2. 边际效用(Marginal Utility)函数

"边际量"一词，在经济分析中，通常是指某个经济变量在一定的影响因素下发生的"新增"或"额外"的变动量。抽象的边际量的定义公式为：

$$边际量 = \frac{因变量的变化量}{自变量的变化量}$$

边际效用是指消费者在某一时间内增加一个单位的商品消费所增加的满足，也就是增加一单位商品的消费所带来的总效用的增量。相应的边际效用函数为：

$$MU_X = \frac{\Delta TU}{\Delta X} \tag{3.5}$$

如果消费量可以无限分割，总效用函数为连续函数时，则可用微分方法求得总效用的精确变化量——产品 X 的边际效用，是 X 的总效用对 X 消费量的一阶导数：

---

① 这仅仅是因为在这种情况下，很难画出无差异曲线。

② 式(3.4)是总效用函数的一般表达方式，在特定的商品消费环境中，有不同的具体函数表达形式，如有科布－道格拉斯效用函数 $TU = AX^a Y^b$，式中 X、Y 的效用会互相影响。线性效用函数 $TU = a_0 X + a_1 Y$，式中 X、Y 的效用不会互相影响。带交互项的非线性效用函数 $TU = a_0 X + a_1 Y + a_2 XY$ 等。

$$MU_X = \lim_{\Delta x \to 0} \frac{\Delta TU}{\Delta X} = \frac{\mathrm{d}TU}{\mathrm{d}X} \tag{3.6}$$

如果总效用函数为多元函数，则 $TU = f(X, Y, Z, \cdots)$。我们往往假定其他产品的消费量不变，只考察其中某一种产品消费的微小变动所引起的总效用的变动，则边际效用是总效用对某一产品消费量的一阶偏导数。设多元函数为式(3.4)，则

$$MU_X = \frac{\partial TU}{\partial X} \tag{3.7}$$

$$MU_Y = \frac{\partial TU}{\partial Y} \tag{3.8}$$

西方经济学的边际效用学派认为，消费者对一种物品的边际评价决定了这种物品的市场价格和需求数量。

3. 总效用与边际效用曲线

表3-1给出了某消费者消费不同数量的某商品所获得的总效用和边际效用。

表3-1 某商品的效用表(货币的边际效用 λ = 2)

商品数量	总效用	边际效用	价格
0	0		
1	10	10	5
2	18	8	4
3	24	6	3
4	28	4	2
5	30	2	1
6	30	0	0
7	28	-2	

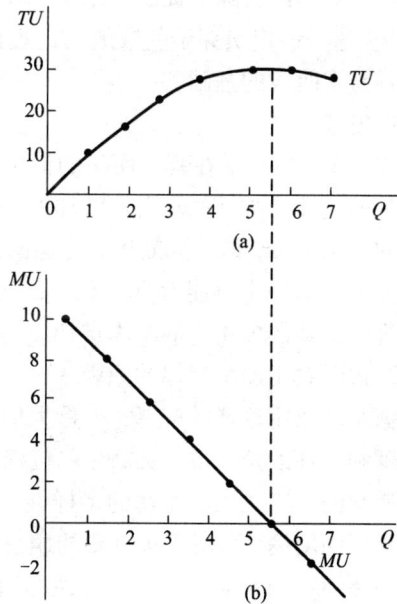

图3-1 某商品的效用曲线

根据表3-1所绘制的总效用和边际效用曲线如图3-1所示。

图中的横轴表示商品的数量，纵轴表示效用量，TU曲线和MU曲线分别为总效用曲线和边际效用曲线。由于边际效用被定义为消费品的一单位变化量所带来的总效用的变化量，又

由于图中的商品消费量是离散的，所以，*MU* 曲线上的每一个值都记在相应的两个消费数量的中点上。

在图中，*MU* 曲线呈向右下方倾斜状，相应地，*TU* 曲线则随着 *MU* 的变动而呈现先上升后下降的变动特点。总结 *MU* 与 *TU* 的关系：

当 $MU > 0$ 时，*TU* 处于递增的状态；

当 $MU < 0$ 时，*TU* 处于递减的状态；

当 $MU = 0$ 是。*TU* 达到最大值。

上述关系可以从图 3 – 1 中清楚地看出。从数学意义上讲，如果效用曲线是连续的，则每一消费量上的边际效用值就是总效用曲线上相应的点的切线上的斜率。而该消费量的总效用可用其边际效用曲线与两轴所包围的面积表示。边际效用为总效用函数的导数，而总效用为边际效用函数在相应区间的定积分。设消费量为 n，则有

$$TU_X = \int_0^n \frac{\mathrm{d}TU}{\mathrm{d}X}\mathrm{d}X = \int_0^n MU_X \mathrm{d}X$$

(二)边际效用递减规律

基数效用论者除了提出效用可以用基数衡量的假定外，还提出了边际效用递减规律的假定①。这一假定贯穿于基数效用论理论，是基数效用论者分析消费者行为并进一步推导消费者需求曲线的基础。

1. 内容

在一定时间内，在其他商品的消费数量保持不变的条件下，随着消费者对某种商品消费数量的连续增加，总效用是增加的，但是消费者从该商品连续增加的每一消费单位中所得到的效用增量，即边际效用，是递减的。例如，连续地品尝某一种水果，第一个的效用可能为 10，第二个可能就只有 8，第三个只有 5，如此递减下去甚至还会是负值，边际效用递减规律是基数效用论的基本定律。

2. 边际效用递减规律的原因

据基数效用论者的解释，一是生理或心理的原因。由于相同消费品的连续增加，从人的生理和心理的角度讲，从每一单位消费品中所感受到的满足程度和对重复刺激的反应程度是递减的。二是商品用途的多样性。在一种商品具有多种用途时，消费者总是先将其用于最重要的用途，再用于次重要的用途，最后才用于最不重要的用途。这样，消费品的边际效用便随着消费品的用途重要性的递减而递减。

3. 边际效用递减规律的特点

(1)边际效用的大小，与欲望的强弱成正比。当一个人非常饿的时候，食用第一个馒

---

① 边际效用递减规律并没有严格的证明支持。但它是从消费实践中总结出来的，应当视同为一条经济学的公理。

头的边际效用很大；当他不那么饿的时候，食用第一个馒头的边际效用很小，甚至为零。

（2）边际效用的大小，与消费数量的多少呈反向变动。由于欲望强度有限，并随满足的增加而递减，因此，消费数量越多，边际效用越小。

（3）边际效用是特定时间内的效用。由于欲望具有再生性、反复性，边际效用也具有时间性。中餐食用馒头的边际效用从 12 单位降到 0；到晚餐时，食用第一个馒头的边际效用又恢复到 12 单位。

4. 货币的边际效用

（1）货币也是商品，也服从边际效用递减规律。这就是说，随着某消费者货币收入的逐步增加，每增加单位货币给该消费者所带来的边际效用是越来越小的。

（2）在分析消费者行为时，基数效用论者又通常假定货币的边际效用是不变的。因为，在一般情况下消费者的货币收入是有限的，或者说，单位商品的价格只占消费者总货币收入量中的很小部分，所以，当消费者对某种商品的购买量发生很小的变化时，所支出的货币的边际效用的变化是非常小的。对于这种微小的货币的边际效用的变化，可以略去不计。这样，货币的边际效用便可看成是一个不变的常数。

四、基数效用论的消费者均衡

任何一个理性的消费者的消费选择行为都是在效用最大满足的驱使和收入约束两种相反力量的作用下进行的。在基数效用条件下，消费者个人如何进行购买数量的选择，才实现收入约束条件下的总效用最大化？基数效用论者进行了分析，提出了均衡条件。

（一）消费者均衡的含义

消费者为追求总效用的最大化，必定要对其消费行为进行选择。在偏好不变、商品价格和收入既定的条件下，消费者消费的商品数量组合实现了最大的效用满足并保持不变的状态，称为消费者均衡。

（二）消费者均衡的前提假设

（1）消费者的个人偏好均相同且保持不变。即消费者对各种商品的效用的评价是既定的，不会发生变动。

（2）消费者所消费的商品的价格是既定的，消费者都是现行价格的接受者。

（3）消费者的收入是既定的，每单位货币的边际效用对于每一个消费者都是相同的。

（三）消费者均衡的条件

消费者均衡就是要说明在上述假设条件下，消费者如何把有限的收入分配于各种商品的购买数量上，以获得总效用的最大化，是上述假设条件下既定收入与总效用水平的动态平衡。其中收入既定称之为消费者均衡的约束条件。[①]

收入约束条件：

$$P_1X_1 + P_2X_2 + \cdots + P_nX_n = I \tag{3.9}$$

式(3.9)表示消费者的消费在其收入范围之内，商品支出之和不能超过总收入 I。

消费者实现效用最大化的均衡条件是：

$$\frac{MU_1}{P_1} = \frac{MU_2}{P_2} = \cdots = \frac{MU_n}{P_n} = \lambda \tag{3.10}$$

式(3.10)表示消费者要实现总效用的最大化，就要在收入约束下，使购买各种商品最后一个单位获得的边际效用与价格之比应相等，且等于货币的边际效用 λ。也就是说消费者对于任何一种商品的最优购买量，应该是在每一种商品上支付的最后一元钱都能给自己带来相等的边际效用；最后一元钱购买任一商品所带来的边际效用与为购买该商品最后一个单位所支付一元钱的边际效用相等。式(3.10)是微观经济学中的一个重要表达式，在分析消费者行为与厂商行为时，它将会以不同的形式多处出现。为了方便二维图形进行解释，考虑 n 的取值为2。

(四)消费者均衡条件的证明

1. 代入法

设消费者只购买两种商品 Q_1 和 Q_2，约束条件为货币收入 I，可用代入法求解消费者效用最大化的均衡条件。

目标函数：

$$\max TU = f(Q_1, Q_2) \tag{3.11}$$

约束条件：

$$P_1Q_1 + P_2Q_2 = I \tag{3.12}$$

构造拉格朗日函数为：

$$L(Q_1, Q_2, \lambda) = f(Q_1, Q_2) + \lambda(I - P_1Q_1 - P_2Q_2) \tag{3.13}$$

就式(3.13)分别对 Q_1，Q_2 和 λ 求偏导并令偏导数值等于零，则有：

$$\frac{\partial L}{\partial Q_1} = \frac{\partial f}{\partial Q_1} - \lambda P_1 = 0 \tag{3.14}$$

$$\frac{\partial L}{\partial Q_2} = \frac{\partial f}{\partial Q_2} - \lambda P_2 = 0 \tag{3.15}$$

$$\frac{\partial L}{\partial \lambda} = I - P_1Q_1 - P_2Q_2 = 0 \tag{3.16}$$

---

① 当然，还可能有如时间约束等其他约束条件的存在。比如亿万富翁这类消费者面临的可能就不是收入约束而是时间约束。本教材从最简单入手，只讨论收入约束一种条件下的消费者均衡情况。

将式(3.14)和式(3.15)整理可得:

$$\frac{\partial f}{\partial Q_1} / P_1 = \frac{\partial f}{\partial Q_2} / P_2$$

又∵

$$MU_1 = \frac{\partial f}{\partial Q_1}, \quad MU_2 = \frac{\partial f}{\partial Q_2}$$

∴

$$\frac{MU_1}{P_1} = \frac{MU_2}{P_2}$$

在证明过程中所构造的拉格朗日乘数 λ 在这里可以被解释为货币的边际效用$\frac{\mathrm{d}TU}{\mathrm{d}I}$。

为证明此结论,可分别对式(3.11)和式(3.12)求微分。过程如下:

$$\mathrm{d}TU = \frac{\partial f}{\partial Q_1}\mathrm{d}Q_1 + \frac{\partial f}{\partial Q_2}\mathrm{d}Q_2$$

由式(3.14)和式(3.15)可知:

$$\frac{\partial f}{\partial Q_1} = \lambda P_1, \quad \frac{\partial f}{\partial Q_2} = \lambda P_2$$

∴

$$\mathrm{d}TU = \lambda P_1\mathrm{d}Q_1 + \lambda P_2\mathrm{d}Q_2 = \lambda(P_1\mathrm{d}Q_1 + P_2\mathrm{d}Q_2)$$

而

$$\mathrm{d}I = P_1\mathrm{d}Q_1 + P_2\mathrm{d}Q_2$$

∴

$$\frac{\mathrm{d}TU}{\mathrm{d}I} = \frac{\lambda(P_1\mathrm{d}Q_1 + P_2\mathrm{d}Q_2)}{P_1\mathrm{d}Q_1 + P_2\mathrm{d}Q_2} = \lambda \tag{3.17}$$

式(3.17)的经济含义是花在商品 Q_1 和 Q_2 上最后一元钱所取得的边际效用都等于一元货币的边际效用。如果后者大于前者,消费者将减少消费,宁愿多留一些货币;如果后者小于前者,消费者将增加消费,少留一些货币;最终,两者将趋于相等。

因此,在收入约束条件下购买两种商品时的消费者效用最大化的均衡条件为:

$$P_1X_1 + P_2X_2 = I \tag{3.18}$$

$$\frac{MU_1}{P_1} = \frac{MU_2}{P_2} = \lambda \tag{3.19}$$

2. 理论分析

(1)从$\frac{MU_1}{P_1} = \frac{MU_2}{P_2}$的关系分析。

当$\frac{MU_1}{P_1} < \frac{MU_2}{P_2}$时,这说明对于消费者来说,同样的最后一元钱购买商品 Q_1 所得到的边际效用小于购买商品 Q_2 所得到的边际效用。假设某消费者最后一元钱购买商品 Q_1,边际效用量为5;购买商品 Q_2,边际效用量为7。这时,在收入不变的约束条件下,理性的消费者就会调整这两种商品的购买数量:减少对商品 Q_1 的购买量,增加对商品 Q_2 的购买量。

在这样的调整过程中，一方面，在消费者用减少商品 Q_1 的购买量来相应地增加商品 Q_2 的购买量时，由此带来的商品 Q_1 的边际效用量上升的同时总效用量减少5，商品 Q_2 的边际效用量下降的同时总效用量增加7，7 − 5 = 2，这意味着消费者的总效用量是增加的。另一方面，在边际效用递减规律的作用下，商品 Q_1 的边际效用量会随其购买量的不断减少而递增，商品 Q_2 的边际效用量会随其购买量的不断增加而递减。当消费者一旦将其购买组合调整到最后一元钱购买这两种商品所得到的边际效用量相等时，即达到 $\dfrac{MU_1}{P_1} = \dfrac{MU_2}{P_2}$ 时，他便得到了由减少商品 Q_1 购买量和增加商品 Q_2 购买量所带来的总效用量增加的全部好处，即消费者此时获得了最大的效用。

相反，当 $\dfrac{MU_1}{P_1} > \dfrac{MU_2}{P_2}$ 时，这说明对于消费者来说，同样的最后一元钱购买商品 Q_1 所得到的边际效用量大于购买商品 Q_2 所得到的边际效用量。假设某消费者最后一元钱购买商品 Q_1，边际效用量为7；购买商品 Q_2，边际效用量为5。这样，在收入不变的约束条件下，理性消费者就会对这两种商品的购买数量作出调整：减少对商品 Q_2 的购买量，将节省的收入转向增加对商品 Q_1 的购买量。在这样的调整过程中，一方面，在消费者用减少商品 Q_2 的购买量来相应地增加商品 Q_1 的购买量时，由此带来的商品 Q_2 的边际效用量上升的同时总效用量减少5，商品 Q_1 的边际效用量下降的同时总效用量增加7，7 − 5 = 2，这意味着消费者的总效用量是增加的。另一方面，在边际效用递减规律的作用下，商品 Q_1 的边际效用量会随其购买量的不断递增而减少，商品 Q_2 的边际效用量会随其购买量的不断递减而增加。当消费者一旦将其购买组合调整到同样一元钱购买这两种商品所得到的边际效用量相等时，即达到 $\dfrac{MU_1}{P_1} = \dfrac{MU_2}{P_2}$ 时，他便得到了由增加商品 Q_1 购买量和减少商品 Q_2 购买量所带来的总效用量增加的全部好处，即消费者此时获得了最大的效用。

(2)从 $\dfrac{MU_i}{P_i} = \lambda$，$i = 1$，2 的关系分析。

当 $\dfrac{MU_i}{P_i} < \lambda$，$i = 1$，2 时，这说明消费者购买第 i 种商品的最后一单位货币所得到的边际效用量小于所付出的这一元钱的边际效用量。也可以理解为，消费者这时购买的第 i 种商品的数量太多了，事实上，消费者总可以把这一元钱用在至少能产生相等的边际效用的其他商品的购买上去。这样，理性的消费者就会减少对第 i 种商品的购买量，在边际效用递减规律的作用下，直至 $\dfrac{MU_i}{P_i} = \lambda$，$i = 1$，2 的条件实现为止。

相反，当 $\dfrac{MU_i}{P_i} > \lambda$ $i = 1$，2 时，这说明消费者购买第 i 种商品的最后一元钱所得到的边际效用量大于所付出的这一元钱的边际效用量。也可以理解为，消费者这时购买的第 i 种商品的消费量是不足的，消费者应该继续购买第 i 种商品，以获得更多的效用量。这样，理性的消费者就会增加对第 i 种商品的购买量。同样，在边际效用递减规律的作用下，直至 $\frac{MU_i}{P_i} = \lambda$，$i = 1, 2$ 的条件实现为止。

五、消费者需求曲线的推导

基数效用论者以边际效用递减规律和建立在该规律上的消费者效用最大化的均衡条件为基础推导出消费者的需求曲线。

(一)需求价格

消费者在一定时期内对一定量的某种商品所愿意支付的最高价格就是商品的需求价格。由上述消费者均衡条件 $\frac{MU_i}{P_i} = \lambda$ (λ 为常数)可知，在其他条件不变时，某种商品的需求价格取决于该商品的边际效用。即一单位的某种商品的边际效用越大，则消费者为购买这一单位的该种商品所愿意支付的价格就越高。反之，一单位某商品的边际效用越小，消费者所愿意支付的价格就越低。于是不难理解，消费者从水的消费所得的总效用远远大于从钻石的使用中所得的总效用，但钻石的市场价格比之水的价格远远昂贵的理由所在。

(二)需求曲线与边际效用曲线

如上所述，在其他条件不变时，由于一种商品的需求价格反映了消费者从额外一单位该商品购买中所获得的边际效用，可以用价格 P 来作为度量边际效用的简便方法。特别地，当 $\lambda = 1$ 时，有 $MU = P$，一种商品的边际效用曲线和该商品的需求曲线重合。因此，图 3 - 1(b)中的纵轴，也可以用 P 表示。

(三)消费者均衡条件推导需求曲线

从式(3.19)推出的消费者均衡条件 $\frac{MU_i}{P_i} = \lambda$ 可知，对于任何一种商品来说，如果价格 P 下降，为了保证消费者均衡条件的实现，在货币的边际效用量 λ 不变时，MU 必须同比例下降，而根据边际效用递减规律，只有需求量不断增加，商品的边际效用量才会不断递减，可见，商品价格 P 下降会引起商品需求量 Q^d 增加；反之亦然。由此，再结合表 3 - 1，可推导出如图 3 - 2 所示的消费者对一种商品的需求曲线：商品的需求量 Q^d 随商品价格 P 的上升而减少，随商品

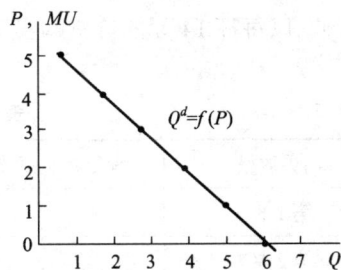

图 3 - 2　某个消费者的需求曲线

价格 P 的下降而增加,即商品的需求量与商品的价格成反方向变动。斜率为负,反映了边际原理,即当购买最大效用的数量增加时,人们愿意为最后购买的一单位商品付出的钱会越来越少。

基数效用论者运用边际效用递减规律的假定和消费者效用最大化的均衡条件,推导出了单个消费者的需求曲线。同时,解释了需求曲线向右下方倾斜的原因,而且需求曲线上的每一点都是满足消费者效用最大化均衡条件的商品的价格——需求量的组合点。

六、消费者剩余

对需求曲线变形可知,需求曲线可表示消费者在购买特定数量的商品时愿意支付的最高价格。但对消费者而言,市场价格是外生的,消费者只有在对一种商品的支付意愿高于外生的市场价格时才会购买这种商品。这样,消费者在支付意愿与实际支付值之间就形成一个差额。消费者剩余就是指一个消费者消费一定数量的某种商品所愿意支付的总价格与实际支付的总价格之间的差额。或者说,是该消费者消费某种一定量商品所获得的总效用量与为此花费的货币的总效用量的差额。消费者剩余的变化代表了一个消费者从消费某一特定商品中所得到的总效用的变化。由于商品的边际效用是递减的,随着某种商品的消费数量的增加,该消费者对该商品所愿意支付的最高价格也是递减的。而消费者在购买一定数量的商品时是按实际的市场价格支付的。于是,消费者在不同条件下所愿意支付的最高价格与市场实际销售价格之间便存在一个差额。消费者只有在对一种商品的支付意愿高于市场价格时,才会购买这种商品。这一概念是马歇尔在《经济学原理》一书中提出来的,是建立在边际效用分析法并假定货币的边际效用不变基础上的,用以度量消费者在市场上购买一种商品后福利的总体改善程度,以便评价公共政策的得失。现以单一消费者的消费情况为例进行讨论。

假设某消费者对咖啡的需求状况如表 3 – 2 所示,他愿意以每杯 15 元的价格购买第 1 杯咖啡,以每杯 14 元的价格购买第 2 杯咖啡,……以图形表示如图 3 – 2 所示。

表 3 – 2　消费者剩余状况例表

购买数量	消费者愿意支付的价格(元)	实际价格(元)	消费者剩余(元)
第 1 杯	15	13	2
第 2 杯	14	13	1
第 3 杯	13	13	0

表 3 – 2 可以理解为一个消费者连续消费一种商品时对该商品效用的评价。如略作修

饰，也可以理解为三个消费者同时消费一种商品时各自对该商品效用的评价。从表 3-2 可以得到图 3-3。如用纵轴表示边际支付意愿价格（或边际效用），用横轴表示商品的数量，并在该平面上绘出一条曲线 $P^d = f(Q)$，则图 3-3 中的阴影部分的面积便代表消费者剩余。按第一种理解，消费者从消费 3 杯咖啡中所获得的总效用量为 42 元（15 + 14 + 13 = 42 元）或 42 元所代表的效用单位。他实际支付的代价是 39 元或 39 元所代表的效用单位。其中的 3 元或 3 元所代表的效用单位差额便构成消费者剩余，为消费者享受。按第二种理解，三个消费者按照自己对该商品效用的评价，每一杯 A 愿意支付 15 元，B 愿意支付 14 元，C 愿意支付 13 元，总计愿意支付 42 元的货币来购买这 3 杯咖啡，但市场价格仅为 13 元一杯，三人实际上只支付了 39 元。消费者剩余可以用几何图形来表示。就消费者总体来看，消费者剩余可以用消费者需求曲线以下，市场价格线之上的面积来表示，如图 3-4 中的阴影部分面积所示。在图 3-4 中，需求曲线以反需求连续函数的形式 $P^d = f(Q)$ 给出①，它表示消费者对每一单位商品所愿意支付的价格。假定该商品的市场价格为 P_0，消费者的购买量为 Q_0。那么，根据消费者剩余的定义，我们可以推断，在 0 到 Q_0 区间需求曲线以下的面积表示消费者为购买 Q_0 数量的商品所愿意支付的总数量，即相当于图中的面积 $OABQ_0$；而实际支付的总数量等于市场价格 P_0 乘以购买量 Q_0，即相当于图中的矩形面积 OP_0BQ_0。这两块面积的差额即图中的阴影部分面积，就是消费者剩余。

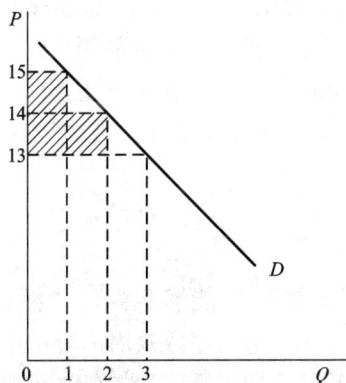

图 3-3　消费者剩余（一）

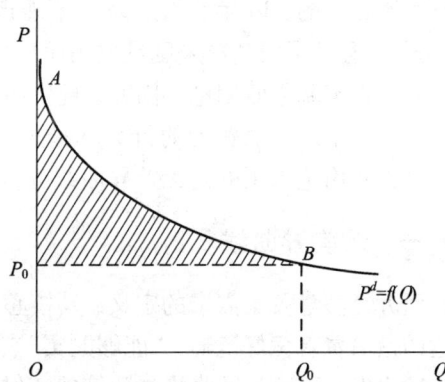

图 3-4　消费者剩余（二）

消费者剩余也可以用数学公式来表示。对于连续函数，令反需求函数为 $P^d = f(Q)$，该函数度量当消费者需求 Q 单位商品时，对该商品愿意支付的价格。则消费者剩余为：

① 图 3-3 表示的反需求曲线测度的是消费者为了得到稍多一些商品 Q 愿意放弃的货币数量。

$$CS = \int_0^{Q_0} f(Q)\,\mathrm{d}Q - P_0 Q_0 \qquad (3.20)$$

只要一个消费者对他所购买的所有商品支付固定价格，消费者剩余就总是存在的。而需求曲线向右下方倾斜的事实就意味着，消费者之前所购买的那些商品单位的边际价值更大，虽然他没有必要这么做。当然，消费者剩余并不是他的实际收入的增加，这只是一种心理感觉。一般来说，生活必需品的消费者剩余大。因为消费者对这类物品的效用评价高，愿意付出的价格也高。消费者剩余概念具有重要的理论意义，例如，可以利用它分析政府对农产品售卖实行最低保护价后的农户从市场交换中获得的损益状况，说明市场售价的政策调整对于消费者利益的重要影响。但是，消费者剩余的存在是以商品供给的丰富性为前提的。在上例中，如果市场可供销售的咖啡只有一杯，消费者剩余就不会存在或大为减少。由此，可得出结论，商品供给丰富的国家或地区比商品供给短缺的国家或地区，消费者享受的利益更大。

第二节　序数效用论

基数效用论讨论问题的前提是为每一个消费组合指派一个效用数值。但是，效用本身就是主观的心理概念；效用数值指派的依据常常难以令人信服，也不是描述消费者消费选择行为所必须的；边际效用递减也不能严格证明。序数效用论用"偏好"分析来取代"效用"分析，避免了用基数来度量效用而出现主观性的假定，对消费者行为限制更少，也没有从本质上否定基数效用论。因此，现代西方经济学一般都不接受基数效用概念，转而采用序数效用论来理解消费者的行为选择过程，并把序数效用论看成是几何方式表述的效用论。序数效用论采用的是无差异曲线分析方法。

一、无差异曲线

西方经济学关于需求的定义，其核心表述是"愿意购买"与"能够购买"。"愿意购买"表达的是消费者偏好范畴，"能够购买"表达的是预算约束范畴。序数效用论者从这两个核心表述出发，用无差异曲线与预算线相结合的分析法考察消费者行为，并在此基础上推导出消费者的需求曲线。

(一)消费者偏好假定

现实经济生活中，消费者日常消费的常常是一组商品(有形物品或服务)。偏好就是消费者在消费行为中对某一组商品的喜爱，偏好选择就是消费者在考虑了所有情况以后，根据自己的意愿,对可能消费的商品组合进行的排序。① 为简便起见,假设只有两种商品可供消费。当某消费者表示"A 和 B 中偏好 A"时,意味着在考虑了所有的情况后,他感觉在 A 的情况下比在 B 的情况下更好。或者说,人们越偏好的情况所提供的效用越大。常用如下几种符号表示偏好:＞表示强偏好,≳表示弱偏好,~表示无差异。消费者对 A、B 任意两组商品的偏好,具有如下性质:若 A＞B,则消费者对 A 商品组合的偏好比对 B 商品组合的偏好更强;若 A≳B,则消费者对 A 商品组合的偏好至少等于对 B 商品组合的偏好;若 A~B,则消费者对 A 商品组合的偏好和对 B 商品组合的偏好无差别。

　　偏好选择不取决于商品的价格,也不取决于收入,只取决于消费者对商品组合的喜爱程度。序数效用论者认为:对于各种不同的商品组合,消费者无法准确度量所得到的效用,但消费者可以对获得的满足程度的大小进行排序。所有商品组合给消费者带来的满足程度的顺序或者等级反映了消费者对商品(组合)偏好的差异和次序。正是这种偏好程度的差别,反映了消费者对这些不同的商品组合的效用水平的评价。关于消费者对商品组合的偏好,序数效用论者提出了三个基本的假定②。在这三个假定下,人们就有可能规范地表述他的偏好秩序,从最不合心意到最合心意,并构成了消费者行为分析的基础:

　　(1)偏好的完整性。消费者总是可以比较和排列所给出的不同商品组合的满足程度,这种满足程度在研究期间是不变的。对于任意两个商品组合 A 和 B,消费者总是可以作出,而且也只能作出以下三种判断中的任意一种:对 A 的偏好大于对 B 的偏好;对 B 的偏好大于对 A 的偏好;对 A 和 B 的偏好相同。偏好的完整性假定表明消费者可以完全理解,可以开动脑筋判断,总是可以把自己的偏好评价准确地表达出来,保证了消费者对偏好的表达的完整性。

　　(2)偏好的可传递性。对于任意三个商品组合 A、B 和 C 而言,如果消费者对 A 的偏好大于对 B 的偏好,对 B 的偏好大于对 C 的偏好,那么,必有对 A 的偏好大于对 C 的偏好。偏好的可传递性假定表明了个人选择是始终一贯的,保证了消费者偏好的一致性。

　　(3)偏好的非饱和性。假定所有的商品组合都是值得拥有的,在不计成本的情况下,如果任两个商品组合的区别仅在于商品的数量不相同,那么,消费者总是偏好含有这种商品数量较多的那个商品组合。即对于任意一种商品,消费者总是认为数量多比数量少好。这个假定还意味着消费者认为值得拥有的商品都是给消费者带来正效用的"好商品",而不是给消费者带来负效用的"坏商品",避免了某种不寻常的偏好给选择理论带来的问题。

---

　　①　在引入偏好理论后,我们还可以说,效用是用以描述消费个人偏好的一种数字指标,越高的效用表示越强的偏好。就消费者选择行为来说,如果对消费组合 X 的偏好大于消费组合 Y 的偏好,就说消费组合 X 的效用大于消费组合 Y 的效用。

　　②　有的教材称之为公理。但大量的实验表明,商品数量众多的条件下,偏好的完整性假定并不严格成立,可传递性假定也自然不严格成立。

　　商品组合是一个商品束,可以包含多种商品。现实生活中,消费者对商品束的选择偏好虽然无法被观察到,但其购买行为的选择却是可以观察到的,因而其选择偏好是可以从中推断的。由于二维平面视觉的局限,我们只讨论两种商品的组合及其比较,令其中一种商品代表"其他一切商品",这样,就可以用无差异曲线来形象描述消费者的偏好。

　　如果商品组合定义为两种,满足同一效用水平的两种商品数量组合,可因商品的性质不同而有不同的变化。其变化取决于消费偏好的类型不同。主要可以分成几种组合类型:①完全替代品。即指两种商品之间可以按固定不变的比例替换。②完全互补品。即指两种商品必须按固定不变的比例配合同时被使用。③中性商品。即指消费者对组合中的一种商品偏好而对另一种商品不在乎。④厌恶商品。即指消费者对组合中的一种商品偏好而对另一种商品厌恶。限于篇幅,本教材的论述仅涉及前两种组合类型。

(二)无差异曲线及其特点

1.无差异曲线的理解

　　一个消费者对商品组合的偏好可借用消费者的无差异曲线来表示。无差异曲线是指某一特定时期内,能够给一个消费者带来相同效用水平的两种商品的不同数量的所有组合点的轨迹。曲线上的每一点表明人们用一种商品替代另一种商品的不同愿意程度。

　　要注意的是无差异曲线与需求曲线不同,它与稍后讨论的预算约束或价格没有关系。

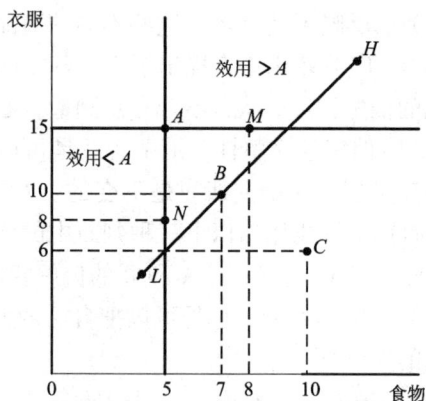

图 3 - 5　　无差异曲线的形成

　　可以通过图 3 - 5 来理解无差异曲线。假定消费者消费的这一组商品中只有两种消费品——比如说衣服(X_2)和食物(X_1),将这两种商品在一定时期内的消费量分别作为横轴和纵轴显示在该图中。图中的每一点代表不同数量的食物和衣服的不同组合,消费者会给所有的组合点按照效用的大小排列一个顺序。现在来分析这个顺序是如何排列出来的。在图中任意取一点 A 点,该点上消费者将消费 15 单位衣服和 5 单位食物。现在假定衣服的消费量不变,增加食物的消费量,则可以从 A 点出发得到一条平行于横轴的直线;假定食物的消费量不变,增加衣服的消费量,则可以从 A 点出发得到一条平行于纵轴的直线。按照"多比少好"的偏好非饱和性假定,由这两条直线围成的区域中,位于 A 点右上方部分的任意一点(包括两条直线)所代表的商品组合的效用都要高于 A 点。例如,在 M 点,消费者得到的商品组合为 15 单位的衣服和 8 单位食物,与 A 点相比,衣服的数量没有变化,但食物增加了 3 个单位,M 组合提供的效用要大于 A 组合。同样,假定衣服的消费量不变,减少食物的消费量;或者假定食物的消费量不变,减少衣服的消费量，我们也可以得到 A 点左下方由两条直线与纵轴和横轴所围成的长方形区域。仍按照"多比少好"的偏好非饱和性假定，在这个区域里，所有商品组合提供的效用都要小于 A 组合。比方说，在 N 点，消费者能获得 8 单位衣服和 5 单位食物，食物的数量与 A 一样，但衣服却减少了 7 个单位，因此，消费者从 N 点得到的效用显然要小于 A 组合。现在，我们在 A 的右上方效用较高区域任意取一点，如 H 点，然后再在 A 的左下方效用较低区域任意取一点，如 L 点，用一条直线把 H 点和 L 点连接起来。由于 H 组合的效用要大于 A 组合，而 L 组合的效用又要小于 A 组合，这样，只要 HL 线是平滑、连续的，在这条直线上必然存在一个组合，比方说 B 点，它所提供的效用与 A 组合相比是没有差异的。

如果 B 点商品组合提供的效用与 A 组合没有差别，这个组合点应该也是 HL 线上的唯一组合点。这是由于 H 组合的效用要大于 L 组合，HL 线上每一个组合点的效用是从 H 到 L 按大小顺序排列，因此是不可能相同的。HL 线 B 点上方所有组合提供的效用要大于 B 组合，从而也大于 A 组合；而在 B 点下方所有组合提供的效用小于 B 组合，同时也小于 A 组合。在 B 点，消费者将消费 10 个单位的衣服和 7 个单位的食物，能得到和 A 组合（15 个单位的衣服和 5 个单位的食物）完全同样的效用。同理，根据 B 点的形成机理，我们也可以找到一个 C 组合，它所提供的效用与 B 组合是没有差异的。在 C 点消费者将消费 6 个单位的衣服和 10 个单位的食物，得到和 B 组合同样的效用。根据偏好的可传递性原则，C 组合产生的效用与 A 组合也是没有差别的。

如果我们把上述 A、B、C 三点连接起来，就得到了如图 3-6 的无差异曲线 U。无差异曲线表示的是带给消费者相同效用的所有商品组合情况，也就是说，对同一条无差异曲线上的所有商品组合，消费者的偏好程度是完全相同的，或者说消费者觉得它们在效用上是没有差异的（这就是无差异曲线名称的来历）。在无差异曲线上方的任何一点，如 G 点，提供的效用都要大于无差异曲线上的任何一个组合，因为相对于无差异曲线的某一点，G 组合可以在衣服数量不变的情况下，增加食物的消费量；或者在食物数量不变的情况下，增加衣服的消费量。同理，在无差异曲线下方任何一点，如 K 点，提供的效用都要小于无差异曲线上的任何一个组合。因此，只有在曲线 U 上面的任何一种组合带来的效用才是相同的，消费者从任何一组商品的消费中都能得到完全一样的满意程度。

2. 无差异曲线簇

无差异曲线也可由二元效用函数 $U = f(X_1, X_2)$ 在三维空间内来表示。X_1，X_2 分别为商品 1 和商品 2 的数量，都是效用函数的自变量；U 为效用水平，是效用函数中的因变量。此函数形式表示了两种商品的消费组合与效用水平变化的关系。

$$U = f(X_1, X_2) = U_0 \tag{3.21}$$

在序数效用论的分析中，效用函数是一种为无差异曲线标记数字使得受较多偏好的无差异曲线得到较大数字的一种办法，效用函数值只具有序数意义不具有基数意义。这是要特别注意的地方。式(3.21)表示某一条具体的无差异曲线，是二元函数 $U = f(X_1, X_2) = U_0$ 的情形。U_0 是常数，表示某个既定的效用水平；由于无差异曲线表示的是序数效用，所以，这里的 U_0 只表示某个效用水平，而不表示一个具体数值的大小。U 的不同取值代表不同的效用水平，取值只具有序数意义，其所构成的如图 3-7 的无差异曲线簇，对应的是效用曲面；U_0 对应的只是某一条效用曲线。

某一条无差异曲线 $f(X_1, X_2) = U_0$ 是在一定的商品价格和收入水平下得出的，它相当于地图上的等高线，代表某一特定的消费水平或满足水平。当价格和收入水平发生变化时，能够购买的商品数量发生变化，$U = f(X_1, X_2)$ 的取值会发生变化。如当商品价格不变而消费者的收入增加时，他可以购买更多的商品，无差异曲线向右上方移动；反之，如果他的收入减少，无差异曲线向左下方移动。对应不同的收入水平，应有许多条无差异曲线。当消费者的收入不变，商品价格下降时，同样的收入可以购买更多的商品，无差异曲线向右上方移动；

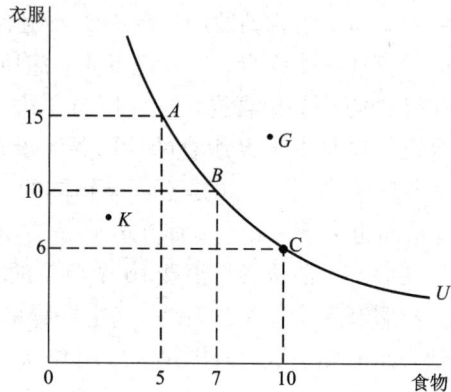

图 3-6　无差异曲线的一般形状

反之，商品价格上升，无差异曲线相应向左下方移动。当收入与价格同时变动时，变动幅度大的决定无差异曲线的移动方向。因此，一个消费者对两种商品 X 和 Y，可以有无数条无差异曲线 U_1，U_2，U_3，…且每一条无差异曲线代表消费者的某一既定的效用。无差异曲线 U_1，U_2，U_3，…所组成的坐标图，称为无差异曲线图。如图 3-7 所示。

3. 无差异曲线的若干特征

（1）无差异曲线斜率为负。这一性质是由偏好的非饱和性决定的。我们从图 3-6 中的 A 点开始，如果增加食物的消费，为了保持总效用不变，衣服的消费必须相应减少，比如说 B 点，因此，无差异曲线的斜率肯定是负的。如果曲线向右上方倾斜，那么曲线上总是有一些点比另一些点同时包含更多的食物和衣服，根据偏好的非饱和性原则，前者的效用应该大于后者，这与同一条无差异曲线上所有点效用相同是矛盾的。

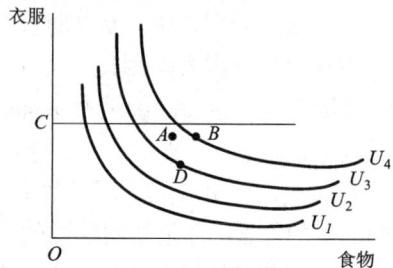

图 3-7　无差异曲线簇

（2）同一平面图上可以有无数条无差异曲线，分别表示同一消费者不同的效用水平。离原点越远的无差异曲线代表的效用水平越高，离原点越近的无差异曲线所代表的效用水平越低。

图 3 - 7 是无差异曲线簇，显然，根据偏好的非饱和原则，离原点越远的曲线代表的效用水平越高。比如我们将衣服的数量固定在 OC 的效用上，沿着 U_1、U_2、U_3、U_4 曲线，食物的数量是递增的，因而代表了递增的效用。按照序数效用分析法，效用的精确度量单位是无关紧要的，我们不必去追究 U_2 曲线比 U_1 曲线所代表的效用量究竟高多少，只要知道消费者的偏好顺序就足够了。比如 U_1、U_2、U_3、U_4 的偏好取值为 1、3、5、7 与取值 1、2、3、4 都是次要的，重要的是给定取值的相对排序。如果图 3 - 7 中有一点 A 位于 U_3 和 U_4 曲线之间，我们可以断定，消费者在 A 和 B 两种商品组合中更偏好 B，而在 A 和 D 中更偏好 A。至于 B 组合提供的效用究竟比 A 组合大多少，或者 D 组合提供的效用水平究竟比 A 组合小多少，则是无关紧要的。

（3）同一平面上的任意两条无差异曲线不能相交。这是由偏好的可传递性决定的。如果两条无差异曲线相交了，便破坏了关于偏好的假定条件。如图 3 - 8 所示，假设 U_2 代表比 U_1 更高的效用水平，那么消费者在 A 组合和 B 组合中应更偏好前者；又由于 B 和 C 点位于同一无差异曲线 U_1 上，即对消费者而言，这两种组合会是无差异的，这样，根据偏好的可传递性，

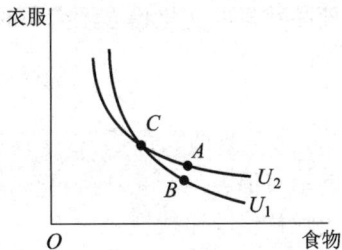

图 3 - 8　相交的无差异曲线

在 A 和 C 中，消费者也应更偏好 A。但是 A 和 C 又同处一条无差异曲线 U_2 上，根据无差异曲线的定义，A 和 C 的效用应该相同，这是自相矛盾的。因此，同一平面上的任意两条无差异曲线是不能相交的。

（4）一般情况下，无差异曲线是凸向原点的。即一般情况下，无差异曲线不仅向右下方倾斜，而且以凸向原点的形状向右下方倾斜，这是由于边际替代率递减规律作用的结果。具体情况下则有所不同。[①]

（三）商品的边际替代率（marginal rate of substitution）

1. 边际替代率的定义

现实中的消费者并不认为每一额外单位的某种商品都具有相同的重要性，大多数经济活动会涉及个人之间的自愿交易，边际替代率是用以衡量额外一单位某种商品相对重要性的方法。图 3 - 6 告诉我们，当消费者对于商品组合的选择自愿沿着 A→B→C 变化时，消

①　参阅哈尔·R·范里安：《微观经济学：现代观点》（第 8 版），格致出版社，2011 年第 28 - 38 页的分析。

费者的效用水平不变，但横轴上的商品数量会越多，纵轴上的商品数量会越少。为了将消费者为获取更多的另一种商品而愿意放弃一种商品的数量加以量化，在效用满足程度保持不变的前提下，消费者增加一单位的某种商品所愿意放弃的另一种商品的消费数量的比值，被称为商品的边际替代率，通常用 MRS 表示。为了在教材中保持一致，我们将从放弃纵轴上商品的数量来获得横轴上额外的 1 单位商品这一角度来描绘 MRS。若用商品 X_1 替代商品 X_2，我们以 MRS_{12} 表示，并定义：

$$MRS_{12} = -\frac{\Delta X_2}{\Delta X_1} \qquad (3.22)$$

其中：ΔX_1 是增量，ΔX_2 是减量。边际替代率衡量了消费者为得到商品 X_1 的一个边际量的额外消费而愿意交易的商品 X_2 的数量比率。按此比率，消费者正好处在意愿交换与不交换的边际上。由于两种商品消费量变化方向相反，经济学家们常常取其绝对值，或者在边际替代率公式中加了一个负号，这样使 MRS_{12} 的计算结果为正值，以便于比较。

当商品数量的变化趋于无穷小时，则商品的边际替代率公式为

$$MRS_{12} = \lim_{\Delta x_1 \to 0} -\frac{\Delta X_2}{\Delta X_1} = -\frac{\mathrm{d}X_2}{\mathrm{d}X_1} \qquad (3.23)$$

显然，无差异曲线在某一点的边际替代率，实际上是相对于横轴，无差异曲线在该点的斜率的绝对值。

2. 边际替代率递减规律

经济生活中我们常常可以发现，在维持效用水平不变的前提下，随着一种商品消费数量的连续增加，消费者每增加一单位这种商品的消费所能替代的另一种商品的消费数量是递减的。这一现象称为边际替代率递减规律。

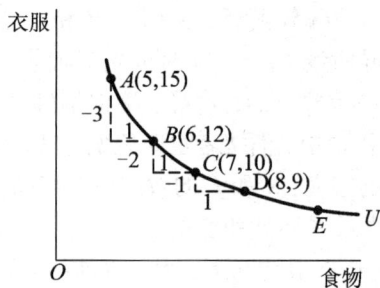

图 3 - 9　边际替代率递减规律

我们从图 3 - 9 来看边际替代率是如何递减的。在 A 点，消费者拥有 5 单位的食物和 15 单位的衣服，此时若增加 1 单位食物，消费者愿意减少 3 单位的衣服作为代价来保持总效用不变，即边际替代率为 3。但从 B 点开始，再增加 1 单位的食物，消费者愿意减少的衣服消费量就变成了 2 个单位；如果再增加 1 单位食物，如 C 点，消费者就只愿意减少 1 单位的衣服了……这就说明，随着食物的增加，食物对衣服的替代率是递减的，即随着食物消费量的增加，消费者所愿意放弃的衣服的数量越来越少。这就是边际替代率递减规律。

商品的边际替代率递减的原因在于，消费者对某一商品拥有量较少时，对其偏爱程度高；而拥有量较多时，偏爱程度较低。所以随着一种商品的消费数量的逐步增加，消费者

想要获得更多的这种商品的愿望就会递减,从而,他为了多获得一单位的这种商品而愿意放弃的另一种商品的数量就会越来越少。

借用边际效用递减规律,商品的边际替代率递减规律可以得到进一步的解释。因为,在保持效用水平不变的条件下,消费者增加单位食物消费量所增加的效用恰好弥补单位衣服消费量减少所减少的效用。假定食物消费量的改变为 ΔX_1,则消费者的效用改变量为 $MU_1 \cdot \Delta X_1$,由此引起的衣服数量改变 ΔX_2,对效用的影响为 $MU_2 \cdot \Delta X_2$,于是,在保持效用水平不变的条件下有:

$$\Delta TU = MU_1 \cdot \Delta X_1 + MU_2 \cdot \Delta X_2 = 0$$

从中得到

$$MRS_{12} = -\frac{\Delta X_2}{\Delta X_1} = \frac{MU_1}{MU_2} \tag{3.24}$$

上式表明食物对衣服的边际替代率与食物的边际效用呈正比,与衣服的边际效用呈反比。由于边际效用递减规律,随着食物数量的增加,消费者每增加一单位食物获得的效用是越来越小的,从而,这一单位食物对衣服的替代数量就越小;而随着衣服数量的减少,人们从单位衣服中所获得的边际效用越来越大,越不容易被其他商品所替代。因此,食物对衣服的边际替代率是递减的。要注意的是,边际效用递减规律虽与边际替代率递减律显然相关,两个概念都有随着物品消费的增加个人相对满意度增加的含义,但两者是不同的概念。

3. 无差异曲线的主要形状及其边际替代率

由于无差异曲线是二元效用函数 $U = f(X_1, X_2)$ 当 $U = U_0$ 时在坐标图上的表示,则二元效用函数的形式不同,其效用函数的无差异曲线图形也不同。这里介绍几种主要情况,它们的边际替代率各自有特殊性。

第一,完全替代效用函数情形。假定某消费者只消费 X_1 与 X_2 两种商品,而且这两种商品之间是完全替代的关系,则有 $\frac{\Delta X_1}{\Delta P_2} > 0$,表示当 X_2 变得更昂贵时,消费者就会转向消费 X_1 商品。其效用函数形式为:

$$U(X_1, X_2) = aX_1 + bX_2 \tag{3.25}$$

其中:X_1,X_2 表示两种商品的数量,常数 a、$b > 0$,该效用函数为线性效用函数,与其相对应的无差异曲线是一条斜率不变的直线。而且,在任意一条无差异曲线上,两商品的边际替代率保持不变,均为 $MRS_{12} = a/b$。如图 3 - 10(a)所示。

第二,完全互补效用函数情形。假定某消费者只消费 X_1 与 X_2 两种商品,而且这两种商品之间是完全互补的关系,则有 $\frac{\Delta X_1}{\Delta P_2} < 0$,表示当 X_2 变得更昂贵时,消费者就会同时减少消

费 X_1 商品。其效用函数形式为：

$$U(X_1, X_2) = \min\{aX_1, bX_2\}$$

(3.26)

其中：X_1，X_2 表示两种商品的数量，常数 a、$b > 0$，符号 min 表示效用水平由括号中数量最小的一项决定。由于要始终以固定比例一起消费，只增加其中一项的数量对于消费者的效用水平毫无帮助。此时，这条无差异曲线呈直角型。只有在

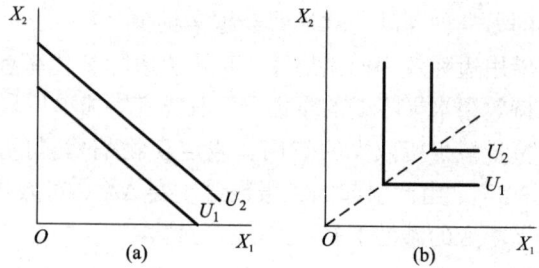

图 3 – 10 无差异曲线的特殊情形

无差异曲线的直角点上，两种互补商品刚好按固定比例被消费；在任意一条直角型无差异曲线的直角点上，都有 $U = aX_1 = bX_2$；在直角点上两商品的边际替代率为常数，均为 $MRS_{12} = a/b$，或为 0（平行于横轴）或为 ∞（垂直于横轴），如图 3 – 10(b)所示。

第三，柯布—道格拉斯效用函数情形。假定某消费者只消费 X 与 Y 两种商品，而且这两种商品之间是完全替代的关系，则有 $\dfrac{\Delta X}{\Delta Y} < 0$，表示当 X 变得更昂贵时，消费者就会同时减少消费 Y 商品。其效用函数形式为：

$$U = f(X, Y) = X^\alpha Y^\beta \qquad (3.27)$$

这里，X，Y 表示两种商品的数量，α 与 β 是正的常数，它们的相对大小表明了两种商品对这个人的相对重要性，其图形如图 3 – 11 表示。

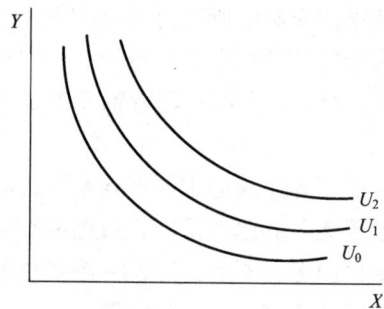

图 3 – 11 柯布—道格拉斯效用函数图形

二、消费者的预算线(Budget Line)

消费者的个人选择不仅受到偏好的影响，还要受预算、时间甚至伦理、制度、法规等多种约束的影响。为讨论简便，假定只受到预算约束。比如一个消费者每月税后全部收入为 5000 元，没有借贷行为，也没有存量资产。此时，消费偏好表达了消费者的消费欲望，预算约束限制了消费者的消费能力。

(一)预算线的含义

预算线是表示在消费者的收入和商品价格既定的条件下，消费者的全部收入所能购买到的两种商品的不同数量的各种组合。

　　现实生活中，消费者要消费很多种商品，平面坐标图也只能表现两种商品。为了方便图形描述，我们仍从最简单的二维平面图入手。设消费者只购买价格为 P_1、P_2 的两种商品 X_1 和 X_2（X_1 为我们所关心的商品，X_2 为所有其他商品的混合）；其货币收入为 I；$P_1 X_1$ 为消费者花费在商品 X_1 中的货币量，$P_2 X_2$ 为消费者花费在商品 X_2 中的货币量。这样，则消费者的预算约束函数可以表示为

$$I = P_1 X_1 + P_2 X_2 \qquad (3.28)$$

它在坐标图上的轨迹称为预算约束线（简称预算线），其预算空间为 ΔOAB，如图 3-12 所示，表示消费者能够负担的消费束是不超过货币收入 I 的商品量。预算线恒等变形后为：

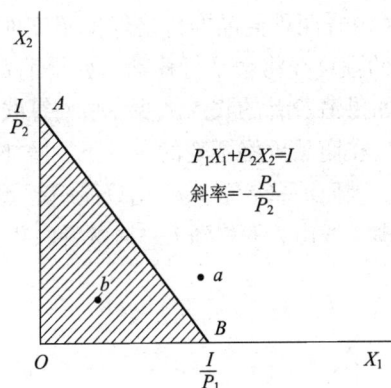

图 3-12　预算线

$$X_2 = -\frac{P_1}{P_2} \cdot X_1 + \frac{I}{P_2} \qquad (3.29)$$

　　式（3.29）告诉我们一些重要信息：一是在收入和商品价格既定的条件下，消费者的预算线一般是一条向右下方倾斜的直线，如果消费者消费 1 单位的商品 X_1，在此预算约束下，他需要消费多少单位的商品 X_2；二是 $-\dfrac{P_1}{P_2}$ 为斜率，是两商品的价格之比，表示市场愿意用商品 X_1 来替代商品 X_2 的比率。任何消费者都会在预算约束线上选择某一点，但具体选哪一点则取决于个人偏好；三是 $\dfrac{I}{P_2}$ 为纵轴截距，代表收入 I 所能购买商品 X_2 的最大数量；四是预算线把坐标平面第一象限划分为三个区域：预算线与坐标轴之间、预算线上以及预算线之外的区域。预算线 AB 以外的区域中的任何一点，如 a 点，是消费者利用全部收入都不可能实现的商品购买的组合点。预算线 AB 以内的区域中的任何一点，如 b 点，表示消费者的全部收入在购买该点的商品组合以后还有剩余。惟有预算线 AB 上的任何一点，才是消费者的全部收入刚好花完所能购买到的商品最大数量的组合点，才是真正有意义的点。图中的阴影部分的区域（包括直角三角形的三条边），被称为消费者的预算空间。

　　（二）预算线的变动

　　消费者的预算线是以消费者的收入和商品价格既定为条件的，消费者的收入与价格常常又受诸多因素的影响而发生变动。因此，当消费者的收入和商品价格发生变动时，消费者能够购买消费的两种商品量也会相应发生变动，预算线也会随之变动。当商品为正常品

时①，消费者预算线的变动可以分为以下几种情况：

（1）在两种商品的价格保持不变时，其他条件不变，如果消费者的收入发生变化，消费者的预算线将会平行移动。如果消费者的收入增加，则消费者的预算线向右上方平行移动；如果消费者的收入减少，则预算线向左下方平行移动。这是因为，从式（3.25）就可以看出，在商品价格不变的条件下，增加或减少收入只会改变纵、横轴截距而预算线的斜率不变，因而消费者收入变化只能引起预算线平行移动。如图 3 - 13（a）所示，消费者收入增加，预算线由 I 平移到 I_1；消费者收入减少，预算线由 I 平移到 I_2。

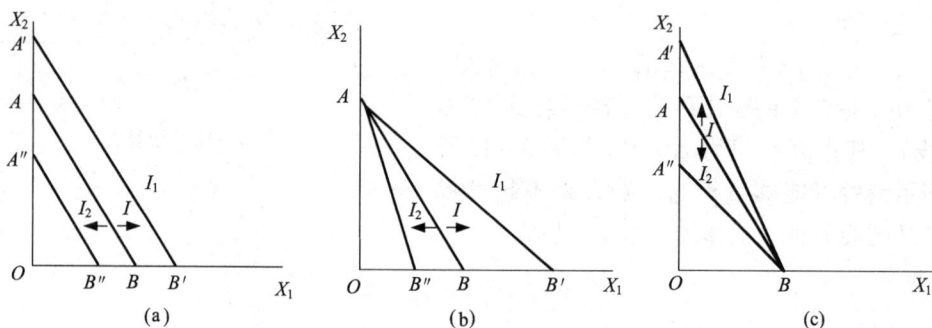

图 3 - 13　预算线的变动

（2）在消费者的收入保持不变，其他条件不变，两种商品的价格同比例同方向变化，消费者的预算线也会平行移动，亦如图 3 - 13（a）。两种商品的价格同时提高，则消费者的预算向左下方平行移动，由 I 平移到 I_2；两种商品的价格同时降低，则消费者的预算线向右上方平行移动，由 I 平移到 I_1。当然，也可以从式（3.25）推算得出。

（3）在消费者的收入和其他商品的价格保持不变，其他条件不变，一种商品价格发生变化，将会使预算线以某一点为中心旋转。如果消费者的收入和商品 X_2 的价格保持不变，而 X_1 的价格 P_1 变化，从式（3.25）就可以看出，若 P_1 下降，纵轴截距不变，预算线斜率的绝对值减小从而预算线更为平缓，消费者的预算线将会以其与纵轴的交点为中心向右上方旋转，即由 I 旋转到 I_1；反之，若 P_1 提高，纵轴截距不变，预算线斜率的绝对值增大从而预算线更为陡峭，预算线将会以这一交点为中心向左下方旋转，即由 I 旋转到 I_2，如图 3 - 13（b）。同理，如果消费者的收入和商品 X_1 的价格保持不变，X_2 的价格 P_2 降低，纵轴截距增大，预算线斜率的绝对值增大从而预算线更为陡峭，消费者的预算线将会以其与横轴的交

---

① 下一节讨论商品作为正常品、劣等品、吉芬商品的一些性质。

点为中心向右上方旋转，即由 I 旋转到 I_1；而 X_2 的价格 P_2 提高，纵轴截距减小，预算线斜率的绝对值增大从而预算线更为平缓，消费者的预算线将会以其与横轴的交点为中心向左下方旋转，即由 I 旋转到 I_2，如图 3 - 13(c)。

（4）如果其他条件不变，消费者的收入和两种商品的价格都同比例同方向发生变动，那么消费者的预算线不会发生变化；如果是不同比例不同方向发生变动，情况要变得复杂些，可以根据式(3.25)对其斜率变化进行推算而大致描绘其图形，这里不赘述。

三、序数效用论的消费者行为选择均衡

如同基数效用论者的分析，在序数效用条件下，消费者个人如何进行购买数量的最优选择，才实现既定约束条件下的总效用最大化？序数效用论者对此也进行了分析，提出了消费者行为选择的均衡条件。

（一）消费者均衡的条件

消费者均衡是指消费者的效用达到最大并维持不变的一种状态。假设消费者是在理性人等假设下进行选择并获取效用最大化的。在消费者的收入约束既定、偏好既定和商品价格既定的条件下，消费者要达到效用最大化这一目标，有两个条件必须满足：第一，所选择的商品组合必须在预算约束线上。既定的收入和商品价格决定了消费者的预算约束线，它限定了可供消费者选择的范围。如果所选择的商品组合点落在了预算约束线的左边或者低于预算约束线，这意味着部分收入没有花掉，总效用未实现最大化；如果所选择的商品组合落在了预算约束线的右边或者高于预算约束线，则是消费者不可能实现的购买行为。第二，所选择的商品组合必须要达到最大效用。因为消费者对商品的偏好通过无差异曲线表示出来，因此，消费者的选择必须是无差异曲线上消费者最偏好的商品组合点，这一点的效用水平最大。在这两种相反力量的作用下，均衡点必须落在离原点最远的那条无差异曲线与预算线的切点上。因此序数效用论者指出：假定消费者的偏好不变、收入不变、商品的市场价格不变，则只有在既定的预算约束线与其中一条无差异曲线的切点[①]，才是消费者获得最大效用水平或满足程度的均衡点。

如图 3 - 14 所示，对应于可供消费者选择的所有商品组合点(X_1, X_2)，消费者对它们可以产生的效用水平进行排序，从而得到一系列的无差异曲线，图中的 U_1、U_2、U_3 是其中具有代表性的三条。另一方面，在消费者的收入和商品价格既定的条件下，该消费者面临一条特定的预算约束线 AB，消费者能购买的商品 X_1 与 X_2 的各种组合可以用图中阴影三角

---

① 无差异曲线与预算线并非都可能有切线，本教材仅仅讨论了严格凸向原点的情形；另外，无差异曲线与预算线相切只是消费者最优选择的必要条件而不是充分条件。更深入的讨论请参阅哈尔·R·范里安著：《微观经济学：现代观点》，第8版(中文版)，格致出版社2011年2月版，第58－65页。

形 *AOB* 表示。为了实现最大的效用，消费者的
商品组合选择将沿着预算约束线的右角 *b* 点开始
向左移动，并趋向越来越高的无差异曲线。当到
达 *E* 点，即预算约束线 *AB* 与无差异曲线 U_2 相切
之点，才是效用最大化的选择点。同理也可讨论
从 *a* 点沿着预算线向右移动。这是因为，就无差
异曲线 U_3 来说，虽然曲线上的点是最受偏好的
选择点，它代表的效用水平高于无差异曲线 U_2，
但它与既定的预算约束线 *AB* 既无交点又无切
点。这说明消费者在既定的收入水平下无法负
担无差异曲线 U_3 上的任何一点的商品组合的购
买。就无差异曲线 U_1 来说，虽然它与既定的预

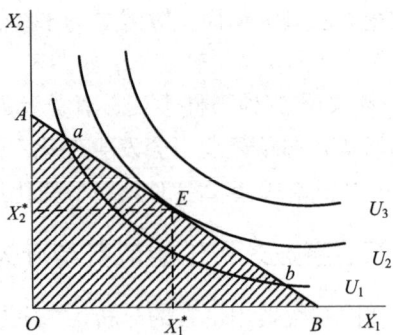

图 3 – 14   消费者的均衡

算约束线 *AB* 相交于 *a*、*b* 两点，这表明消费者利用现有收入可以购买 *a*、*b* 两点的商品组
合。但是，曲线上的点却不是最受偏好的选择点，这两点的效用水平低于无差异曲线 U_2，
消费者现有收入还可以购买效用更大的商品组合。因此，理性消费者必改变购买组合，选
择 *AB* 线段上位于 *a* 点右边或 *b* 点左边的任何一点的商品组合，以达到比 U_1 更高的无差异
曲线，以获得比 *a* 点和 *b* 点更大的效用水平。这种沿着 *AB* 线段由 *a* 点往右和由 *b* 点往左
的运动，最后必定在 *E* 点达到均衡。显然，只有当既定的预算约束线 *AB* 和无差异曲线 U_2
相切于 *E* 点时，消费者才在既定的收入预算约束条件下获得最大的满足。故 *E* 点就是消费
者实现效用最大化的均衡点。

　　E 点是消费者预算约束线 *AB* 与无差异曲线 U_2 相切之点。如前所述，无差异曲线反映
了消费者的消费愿望，预算约束线反映了消费者的购买约束，而相切之点则反映了消费愿
望要与购买约束相一致。在点 *E* 上，无差异曲线的斜率等于预算线的斜率。预算约束线的
斜率为 $-\dfrac{P_1}{P_2}$，而无差异曲线的斜率为商品的边际替代率的负数即 $-MRS$。[①] 因此，*E* 点是
消费者效用最大化的均衡点，必须满足：

$$MRS_{12} = \frac{P_1}{P_2} \tag{3.30}$$

　　其中：边际替代率是消费者愿意用一种商品交换另一种商品的比率，表达的是一种心
理愿望的交换比率，反映了个人偏好；预算线的斜率是市场上一种商品能够交换另一种商

──────────

　　① 到第五章时，我们就会知道，边际替代率 *MRS* 度量的是边际收益，预算线的斜率 P_1/P_2 度量的是边际成本，式
(3.26)表达的就是"边际收益等于边际成本"这一收益最大化的原则。

品的比率，表达的是一种市场的交换比率，反映了市场现实。消费者个人愿意交换的比率并不等于他必须交换的比率。"边际替代率 = 预算约束线的斜率"向我们表达的一个信息就是，愿望的交换比率与现实的交换比率一定要吻合，此时的总效用水平才会最大。为什么？我们还可以作一个简单的数值分析。

假定消费者选择 E 点以外的 X_1 和 X_2 的组合，如图 3 - 14 中的 a 点，从绝对值来说，无差异曲线的斜率大于预算线的斜率，即 $MRS_{12} = \dfrac{1}{0.5} = 2 > \dfrac{1}{1} = \dfrac{P_1}{P_2}$，那么从不等式的右边来看，在市场上消费者减少 1 单位商品 2 的购买，就可以增加 1 单位商品 1 的购买。而从不等式的左边看，消费者认为，在减少 1 单位的商品 2 时，只需增加 0.5 单位的商品 1，就可以维持原有的满足程度。这样，消费者就因多得到 0.5 单位的商品 1 而使总效用增加。所以，在这种情况下，理性的消费者必然会不断地减少对商品 2 的购买和增加对商品 1 的购买，以便获得更大的效用。即消费者会沿着预算线 AB 减少对商品 2 的购买和增加对商品 1 的购买，逐步达到均衡点 E。同理，如果无差异曲线的斜率小于预算线的斜率，即 $MRS_{12} = \dfrac{0.5}{1} < \dfrac{1}{1} = \dfrac{P_1}{P_2}$，如图 3 - 14 中的 b 点，理性的消费者会减少对商品 1 的购买，而增加对商品 2 的购买，沿着预算线逐步向均衡点 E 靠近。

消费者效用最大化的均衡条件表示：在偏好、价格既定和预算约束下，为了实现最大的效用，消费者应该选择最优的商品组合，使得消费者愿意用 1 单位的某种商品去交换的另一种商品的数量，应该等于该消费者能够在市场上用 1 单位的这种商品去交换得到的另一种商品的数量。即消费者主观上的边际替代率等于客观上的价格比例。

同样，我们也可以借用基数效用论中边际效用的概念加以解释。沿着同一条无差异曲线上移动，必然有减少一种商品所减少的效用与增加一种商品所增加的效用是相等的，才能维持效用水平不变，即 $\Delta TU_1 = -\Delta TU_2$，进一步 $\Delta X_1 \times MU_1 = -\Delta X_2 \times MU_2$，所以：

$$MRS_{12} = -\frac{\Delta X_2}{\Delta X_1} = \frac{MU_1}{MU_2} \qquad (3.31)$$

而要实现序数效用论条件下的消费者均衡，必须有 $MRS_{12} = \dfrac{P_1}{P_2}$，结合式(3.31)，则有：

$$MRS_{12} = \frac{P_1}{P_2} = \frac{MU_1}{MU_2} \qquad (3.32)$$

或者说

$$\frac{MU_1}{P_1} = \frac{MU_2}{P_2} = \lambda \qquad (3.33)$$

式(3.33)中，λ 为货币的边际效用，式(3.32)与基数效用论者关于消费者均衡条件是相同的［见式(3.10)］。

还可以作数学证明。设消费者的效用函数为二元函数 $U = U(X_1, X_2)$，预算约束条件为 $I = P_1 X_1 + P_2 X_2$，建立拉格朗日函数[①]：

$$L = L(X_1, X_2, \lambda) = U(X_1, X_2) + \lambda(I - P_1 X_1 - P_2 X_2)$$

分别对三个变量求一阶偏导数，并令其分别等于零：

$$\begin{cases} \dfrac{\partial L}{\partial X_1} = MU_1 - \lambda P_1 = 0 \\[2mm] \dfrac{\partial L}{\partial X_2} = MU_2 - \lambda P_2 = 0 \\[2mm] \dfrac{\partial L}{\partial \lambda} = I - P_1 X_1 - P_2 X_2 = 0 \end{cases}$$

整理可得：

$$\frac{MU_1}{MU_2} = \frac{P_1}{P_2}$$

再整理，即得：

$$\frac{MU_1}{P_1} = \frac{MU_2}{P_2} = \lambda$$

等式说明，在最大效用点上，支出在每一单位商品上的货币所得到的边际效用是相等的。如果不是这样的话，其中就会有一种商品提供的边际效用大于其他商品提供的边际效用，那么资金就没有被合理地分配。

(二)消费者均衡点的变动

消费者均衡是在消费者偏好、收入和商品价格既定的条件下得到的，但实际上这三个因素都是难以既定的，如果偏好、收入与商品价格三个因素中任一个发生了变动，消费者的既定收入在诸商品之间的分配选择也会发生变动，消费者最优消费组合均衡点也会随之变动，从而形成新的消费者均衡。我们先分别考察两种商品情形下价格或收入变动对消费者均衡的影响。

1. 价格—消费曲线

当消费者收入不变、偏好及其他商品的价格不变时，一种商品价格的变化会导致预算线发生移动，进而会使消费者最优消费组合均衡点的位置发生移动，并由此可以得到价格—消费曲线。价格—消费曲线是在消费者的偏好、收入以及其他商品价格不变的条件下，与某一商品的不同价格水平相联系的消费者效用最大化的消费组合均衡点的轨迹。价格—消费曲线有多种形式，我们仅仅讨论图 3 - 15 的形式，并说明价格—消费曲线的形成过程。

图 3 - 15 给出了随着 X_1 商品价格 P_1 的变动，X_2 商品价格 P_2 与收入 I 保持不变时，由消

---

① 此处是简化处理。实际上，消费者的效用函数为 n 元函数时，证明同样成立。此时，消费者均衡条件为任何两种商品的边际替代率等于它们的价格之比。

费者的各个最优选择点的轨迹构成的价格—消费曲线。根据本节前面的分析，在消费者收入 I 和 X_2 商品价格 P_2 保持不变的条件下，随着商品 X_1 价格 P_1 降低，消费者面临的预算线将以它与纵轴的交点为支点向右上方旋转。假定商品 X_1 初始价格为 P_1^1，相应的预算线为 AB，它与无差异曲线 U_1 相切于效用最大化的均衡点 E_1 点。如果商品 X_1 的价格由 P_1^1 下降为 P_1^2，相应的预算线由 AB 旋转成 AB'，于是 AB' 与另一条较高的无差异曲线 U_2 相切于均衡点 E_2。如果商品 X_1 的价格再由 P_1^2 下降为 P_1^3，相应的预算线由 AB' 旋转成 AB''，于是 AB'' 与另一条更高的无差异曲线 U_3 相切于均衡点 E_3。对应于价格变动后所决定的每一条预算线，都会与相应的无差异曲线有一个切点即均衡点。如果 X_1 的价格连续地、无限渐次地变化，将所有的均衡点连接起来就能得到一条曲线，即为消费者的价格—消费曲线。它勾划了与商品 X_1 每一种价格相联系的商品 X_1 和商品 X_2 效用最大化的种种组合。在图 3 – 15 中，商品 X_1 的消费量是上升的，商品 X_2 的消费量可以是上升的，也可以是下降的，这取决于商品 X_2 的正常或劣等之商品属性。

通过图 3 – 15 所示的价格—消费曲线可以推导出消费者的需求曲线。消费者的需求曲线是指在收入 I 和商品 X_2 的价格 P_2 不变的情况下，对应于商品 X_1 的各种可能的价格，消费者愿意并且能够购买的该商品的最优数量。分析图 3 – 16（a）中价格—消费曲线上的三个均衡点

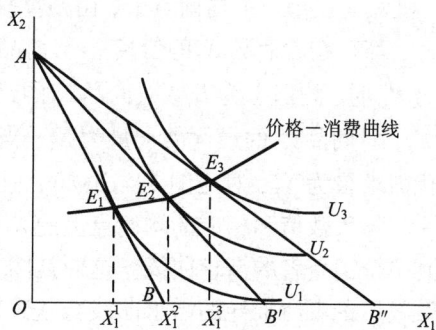

图 3 – 15 价格—消费曲线

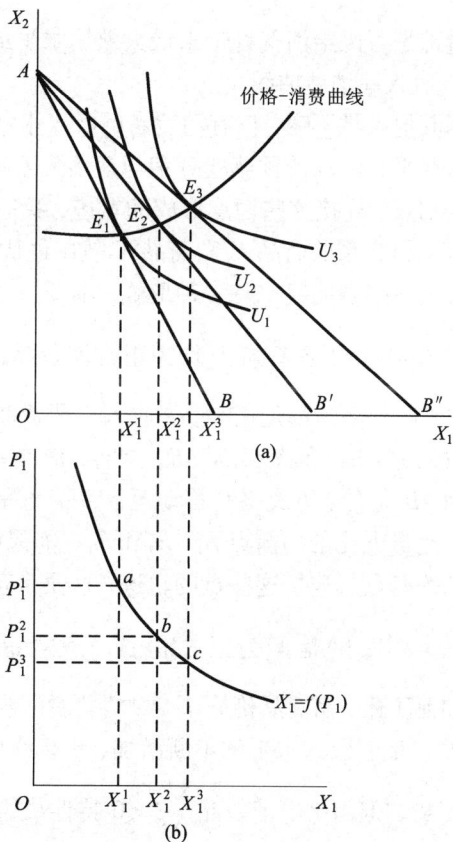

图 3 – 16 价格—消费曲线和消费者的需求曲线

E_1、E_2、和 E_3，在每一个均衡点上，由预算线的表达式(3.24)可知，都内置着 X_1、X_2 的价格 P_1、P_2，都存在着商品 X_1 的价格 P_1 与商品 X_1 的需求量之间的一一对应关系。当商品 X_1 的价格为 P_1^1 时，均衡点为 E_1，对商品 X_1 的最优需求量为 X_1^1；当商品 X_1 的价格为 P_1^2 时，均衡点为 E_2，对商品 X_1 的最优需求量为 X_1^2；当商品 X_1 的价格为 P_1^3 时，均衡点为 E_3，对商品 X_1 的最优需求量为 X_1^3；对应图 3 – 16(a)，根据商品 X_1 的价格和需求量之间的这种对应关系，把每一个 P_1 数值和相应的均衡点上的 X_1 的数值绘制在商品的价格—数量坐标图上，便可以得到单个消费者的需求曲线。这便是图 3 – 16(b)中的需求曲线 $X_1 = f(P_1)$。

序数效用论者所推导的需求曲线与基数效用论者所推导的需求曲线具有相同的特征。一般地，需求曲线也是向右下方倾斜的，它表示商品的价格与需求量成反方向变动，用变化率来表示，通常有 $\dfrac{\Delta X_1}{\Delta P_1} < 0$，斜率为负。[①] 而且需求曲线上与每一价格水平相对应的商品需求量都是可以给消费者带来最大效用水平或满足程度的需求量。

2. 收入—消费曲线

当其他条件不变，仅有消费者的收入水平发生变化时，预算线的位置也会发生平行移动。这些平行移动的预算线分别与众多无差异曲线相切，得到若干个效用最优消费组合均衡点的切点。连接这些切点形成的轨迹，我们便得到收入—消费曲线。它勾划了与每一种收入水平相联系的商品 X_1 和商品 X_2 效用最优的消费组合。

收入—消费曲线也有多种形式，本章只讨论如图 3 – 17 的两种主要形式。

图 3 – 17(a)是 X_1 与 X_2 均为正常消费品的收入—消费曲线。正常消费品有 $\dfrac{\Delta X_i}{\Delta I} > 0$ 特性，如果两种商品都是正常品，收入—消费曲线的斜率便为正值。设商品价格不变，消费者的收入为 I_1 时，预算线为 AB，这时，消费者均衡点为 E_1。随着收入水平的不断增加，预算线由 AB 向右上方先平行移动至 $A'B'$，再平行移动至 $A''B''$，于是，形成了三个不同的消费者效用最大化的均衡点 E_1、E_2 和 E_3。如果收入水平的变化是连续的，则可以得到无数个这样的均衡点。连接这些点的轨迹，这便是正常消费品的收入—消费曲线。

图 3 – 17(b)是 X_2 为正常品、X_1 为劣等品的收入—消费曲线。劣等消费品有 $\dfrac{\Delta X_i}{\Delta I} < 0$ 特性。如前所述，当商品价格不变，消费者的收入为 I_1 时，预算线为 AB，这时，消费者均衡点为 E_1。随着收入水平的不断增加，预算线由 AB 向右上方先平行移动至 $A'B'$，再平行移动至 $A''B''$。但由劣等消费品 $\dfrac{\Delta X_i}{\Delta I} < 0$ 特性决定，收入增加时劣等品的消费量反而下降。于

———————————

① 只有吉芬商品例外。当吉芬商品价格下降时，消费者对该商品的需求也会减少，其斜率为正。

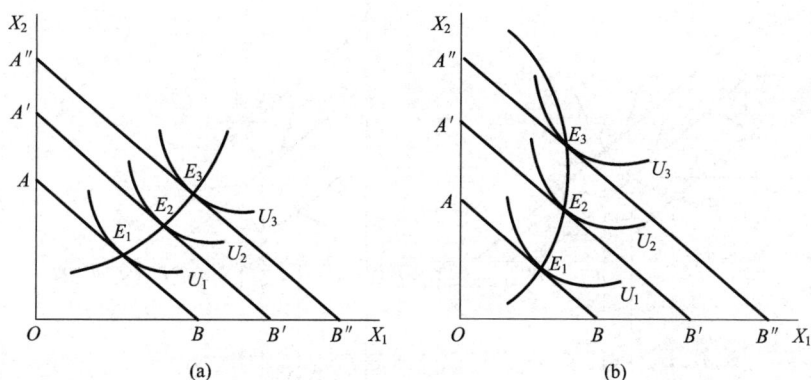

图 3 – 17

(a)正常消费品的收入—消费曲线；(b)低档消费品的收入—消费曲线

是，形成了三个不同于图 3 – 16(a)的消费者效用最大化的均衡点 E_1、E_2 和 E_3。如果收入水平的变化是连续的，则可以得到无数个这样的均衡点。连接这些点的轨迹，这便是劣等消费品的收入—消费曲线。

　　当消费者的收入变动时，消费者对于一种商品的需求曲线也会发生变化。如图 3 – 18 所示，这里也分两种情况讨论。图 3 – 18(a)中，X_1 与 X_2 都是正常品。因为都是正常品，有 $\dfrac{\Delta X_i}{\Delta I} > 0$。当消费者收入增加时，对 X_1 与 X_2 的需求都上升，收入—消费曲线呈现如 3 – 19 (a)所示，而对 X_1 的需求曲线相应向右上方平行移动；图 3 – 18(b)中，X_2 为正常品，X_1 为低档品。因为正常品有 $\dfrac{\Delta X_i}{\Delta I} > 0$ 特性；劣等品有 $\dfrac{\Delta X_i}{\Delta I} < 0$ 特性，当消费者收入增加时，对 X_2 商品的需求上升，对 X_1 商品的需求量下降，收入—消费曲线呈现如图 3 – 19(b)所示，而对 X_1 的需求曲线则相应向左下方平行移动。

　　3. 恩格尔曲线(Engel curve)

　　恩格尔曲线是表示在其他条件不变时，消费者的收入支出水平与某商品的消费量之间的依存关系的一条曲线。它因 19 世纪德国统计学家恩格尔·厄恩斯特的相关研究而得名。由收入—消费曲线，可以将一种商品的消费量与收入联系起来构建恩格尔曲线。

　　图 3 – 19 就是恩格尔曲线的导出过程。图 3 – 19(a)中的 U_1、U_2、U_3 为效用无异曲线，代表消费者对商品 X_1 及 X_2 的偏好，AB、$A'B'$、$A''B''$ 三条平行线为预算线，三线斜率相同表示两种商品价格不变，而离原点愈远的预算线，表示预算金额愈多。图中的 E_1、E_2、E_3 三点表示不同的预算线可以达到不同的偏好组合，将这三个点连起来的线，即为收入—消费曲线。

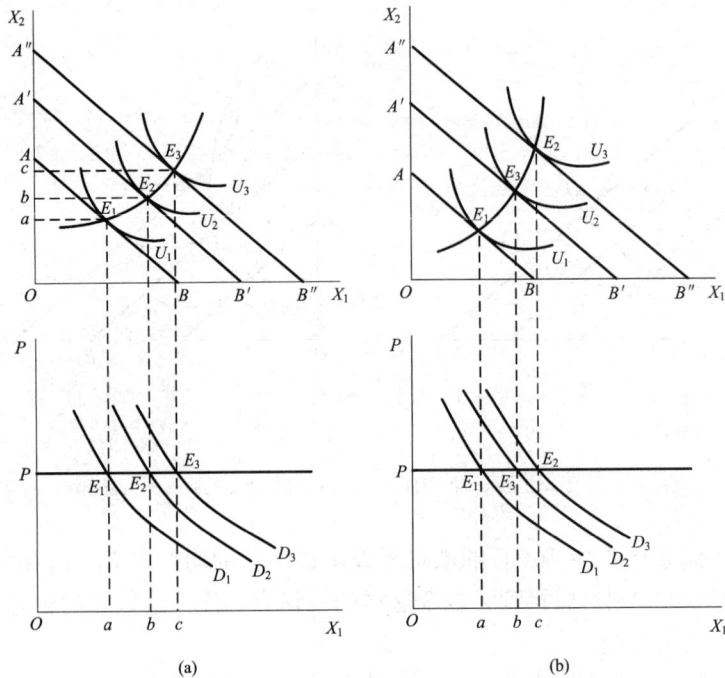

图 3 - 18

(a)正常商品的收入变化对需求曲线;(b)劣等商品的收入变化对需求曲线

将图 3 - 19(a)横轴 X_1 商品的消费量 X_1^1、X_1^2、X_1^3 复制到图 3 - 19(b)的横轴,而(b)图的纵轴以预算线的 I_1、I_2、I_3 所得水准标示。在 I_1 的所得水准下,消费 X_1^1 数量的 X_1 商品,在 I_2 所得下消费 X_1^2 数量的 X_1 商品,在 I_3 所得下消费 X_1^3 数量的 X_1 商品。将 a、b、c 各点连接起来,就是 X_1 商品的恩格尔曲线。

恩格尔曲线有多种形态,此处仅从恩格尔消费曲线的斜率和需求收入弹性之间的关系讨论。根据式(2.18)需求收入弹性的定义:

$$e_I = \frac{\mathrm{d}Q}{\mathrm{d}I} \cdot \frac{I}{Q} \qquad (3.34)$$

I、Q 恒为正数,e_I 的符号取决于 $\mathrm{d}Q/\mathrm{d}I$ 的符号。

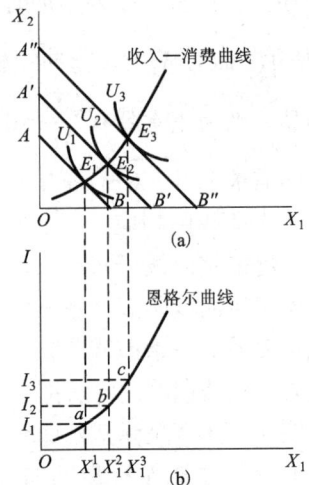

图 3 - 19　恩格尔曲线

若 $dQ/dI > 0$，$1 > e_I > 0$，商品的需求量 X_1 随着收入水平 I 的上升而增加，但其增长率是递减的。即数量增加的比例小于收入增加的比例，此时，商品 X 是正常品且是生活必需品，如图 3 - 20(a)。

若 $dQ/dI > 0$，$e_I > 1$，商品的需求量 X_1 随着收入水平 I 的上升而增加，且其增长率是递增的，此时，商品 X 是正常品且是奢侈品，如图 3 - 20(b)。

若 $dQ/dI < 0$，$e_I < 0$，商品的需求量 X_1 随着收入水平 I 的上升呈现先上升后下降的变化态势，即在需求量较小的阶段内，需求量随着收入水平的上升而上升，超过该阶段后，需求量则随着收入水平的上升而不断地减少，此时，商品 X 是劣等品。如图 3 - 20(c)。

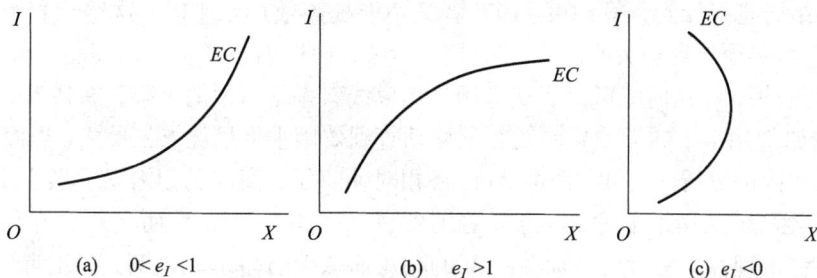

图 3 - 20 恩格尔曲线的三种图形

第三节 替代效应和收入效应

前面分别讨论了价格变动或收入变动对需求量的影响。实际上，这两种变动对消费者需求的影响往往是不可分割的。引入比较静态分析，我们还会发现当一种商品的价格发生变动时，会对消费者产生两种影响：一是使该商品的相对价格发生变动，消费者用一种商品交换另一种商品的比率会发生变化。二是使消费者在名义收入不变的条件下，因一种商品价格变化，导致消费者实际收入变化，从而导致消费者所购商品总量发生变化。这两种变化通常同时出现，都会改变消费者对该种商品的需求量，并且对消费者需求的影响是不可分割的；在几何图上则表现为，一种商品价格变化不仅使预算约束线的位置改变了，而且使它的斜率改变了。所以，消费者要达到新的效用最大化，预算约束线不仅需要移动到新的无差异曲线上，而且还要改变 MRS。对这一问题的深入探讨，一是可以进一步认清消费者对于价格变化的多种反应。比如深入认识替代效应有助于我们了解为什么有些需求曲线的价格弹性较低而有些曲线的价格弹性较高，为什么在同一条需求曲线上不同点的需求价格弹性不同；二是可以更深入地理解导致需求曲线向右下方倾斜的因素，了解与税收有关的低效率，并为税收政策调整引导消费提供理论依据。本节专门讨论这两种变化是如何影响、改变消费者对该种商品的需求量的。本节对两种效应的分析先采用希克斯分析法，后用斯勒茨基分析法进行补充。

一、替代效应和收入效应的含义

（一）替代效应

某种商品的价格变动时，会引起一种商品交换另一种商品的比例发生变化，在几何图形上表现为预算约束线斜率的改变。例如，当商品 X_1 价格下降时，商品 X_2 价格相对昂贵了；商品的组合选择受到预算约束、消费者又不能提高效用水平时，这意味着消费者为多购买商品 X_1 而必须放弃购买的商品 X_2 的数量少了；理性消费者会增加商品 X_1 的购买而减少商品 X_2 的购买，在几何图形上表现为预算约束线斜率绝对值的下降，这刺激消费者的消费组合沿着原效用水平的无差异曲线右下移动直到效用水平最优点。反之，当商品 X_1 价格上升时，用相同的分析法可知，商品 X_2 价格相对便宜了，商品的组合选择受到预算约束、消费者又不能降低效用水平时，这意味着消费者为多购买商品 X_2 而必须放弃购买的商品 X_1 的数量少了；理性消费者会增加商品 X_2 的购买而减少商品 X_1 的购买，在几何图形上表现为预算约束线斜率绝对值的上升，这刺激消费者的消费组合沿着原效用水平的无差异曲线左上移动直到效用水平最优点。这种由于 X_1 商品的价格变动所引起的 X_2 商品相对价格的反向变动，进而由 X_2 商品相对价格的反向变动所引起的消费者对 X_1、X_2 两种商品的需求组合的变动而实际效用水平保持不变的现象，由英国经济学家约翰·理查德·希克斯首次提出，被称为希克斯替代效应。如不特别说明，本章讨论的替代效应均指希克斯替代效应。替代效应的大小取决于消费者可以替代其他商品的难易程度。

（二）收入效应

某种商品的价格变动时，如果该种商品变得便宜，意味着消费者在名义收入不变时的实际收入呈相反方向变动，从而引起消费者商品需求量的相应的变动，在几何图形上表现为预算约束线的平行移动。例如，当商品 X_1 价格上升时，消费者的实际收入减少，商品的组合选择受到预算约束，对于商品 X_1、X_2 的购买量随之而减少，在几何图形上表现为预算约束线的左下方平行移动；当商品 X_1 价格下降时，消费者的实际收入增加，商品的组合选择受到预算约束，对于商品 X_1、X_2 的需求量随之而增加，在几何图形上表现为预算约束线的右上方平行移动。这种由 X_1 商品的价格变动所引起的消费者实际收入水平的变动，进而由实际收入水平的变动所引起消费者对 X_1、X_2 两种商品需求量组合的变动，最终引起实际效用水平的变动的现象，称为收入效应。收入效应的大小取决于商品对个人的重要程度与需求收入弹性的大小。

（三）总效应

一种商品的价格发生变化引起消费者对于该商品需求的变化是两种心理因素共同作用的产物，可以分解为收入效应和替代效应两个部分。替代效应改变了商品 X_1 和商品 X_2 的相对价格，但保持实际效用水平不变；收入效应保持相对价格不变，但提高了消费者的购买力。然而，一种商品的价格变动所引起的消费者对该商品需求量的总变动称为商品价格变化的总效应或价格效应，而需求量的总变动等于替代效应与收入效应之和。即有

$$总效应 = 替代效应 + 收入效应$$

二、正常商品的替代效应和收入效应

根据所考察的商品是正常商品还是低档商品，替代效应与收入效应的分析有所不同。正常商品是需求收入弹性大于零的商品，其需求量与实际收入呈同方向变化。

以图 3–21 为例进行说明。在图 3–21 中，X_1、X_2 均为正常品。商品 X_1 从 P_1 降价至 P_1'，引发预算线 AB 围绕纵轴截距 $\frac{I}{P_2}$（A 点）向右上旋转至 AB'，表明消费者的实际收入增加了，相对于其他商品，X_1 商品变得更加便宜了。新的效用最大化的商品需求组合点从 a 点移动到 b 点，在 b 点上新预算线 AB' 与无差异曲线 U_2 相切，于是效用水平由 U_1 增加到 U_2；随着实际收入增加，$\Delta X_1/\Delta I$、$\Delta X_2/\Delta I$ 都大于零，其中 X_1 的购买数量从 X' 增加到 X_1'''，$X''' - X'$ 就是 X_1 商品降价后的总效应，它可以看做是两种效应共同作用的结果。这两种效应可以被分解为替代效应和收入效应。

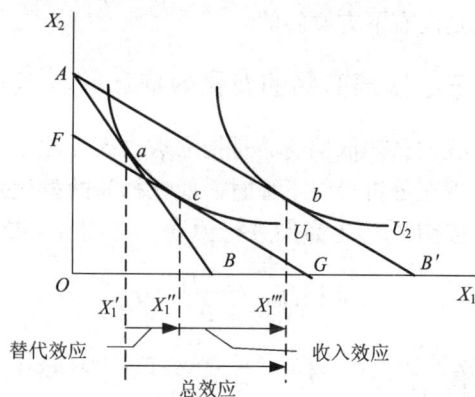

图 3–21 正常品的替代效应和收入效应

如何确定替代效应和收入效应的作用程度呢？需通过作一条平行于新的预算线 AB' 并切于原有的无差异曲线 U_1 的补偿性预算线 FG 来区分。

当一种商品价格变动引起消费者实际收入发生变动时，补偿性预算线 FG 是用来表示以假设的货币收入的增减来维持消费者实际收入水平保持不变的一种分析工具。所谓实际收入水平保持不变，是指消费者维持在原来的效用水平上，但又要用新的价格比率（由 FG 的斜率来表示）来度量这一不变的效用水平。具体地说，在一种商品价格下降引起实际收入提高时，假设可取走一部分货币收入，以使消费者的实际收入维持原有的效用水平。

当商品 X_1 的价格下降时,替代效应作用使需求量的增加量为 $X_1'X_1''$,收入效用作用是需求量的增加量 $X_1''X_1'''$。商品 X_1 的需求量的增加量为 $X_1'X_1'''$,这便是商品 X_1 的价格下降所引起的总效应并有 $X_1'X_1''' = X_1'X_1'' + X_1''X_1'''$。在这里,商品 X_1 的价格 P_1 下降时,替代效应所引起的需求量的增加量 $X_1'X_1''$ 是一个正值,即符号为正。也就是说,正常商品的替代效应引起该商品的需求量与价格呈反方向变化。收入效应所引起的该商品需求量的增加量 $X_1''X_1'''$ 也是一个正值,表明当 P_1 下降使得消费者的实际收入水平提高时,消费者必定会增加对正常商品 X_1 的购买。也就是说,正常商品的收入效应引起该商品的需求量与价格呈反方向的变动。

可见,对于正常商品 X_1 来说,商品降价后,一方面,其相对价格较为便宜,诱使消费者增加该种商品的购买,其替代效应导致需求与价格成反方向的变动;另一方面,消费者的实际收入增加,会增加对该商品的购买,其收入效应也导致需求与价格成反方向的变动;在它们的共同作用下,正常商品 X_1 的替代效应与收入效应均使该商品的需求量与价格反方向变动,总效应下必有需求与价格成反方向的变动。正因为如此,正常商品 X_1 的需求曲线是向右下方倾斜的。

三、低档商品的替代效应和收入效应

我们已知低档商品是指需求收入弹性小于零的商品,其需求量与实际收入呈反方向变化。现在分析价格下降时一般低档品的替代效应和收入效应。

以图 3 – 22 为例进行说明。在图 3 – 22 中,商品 X_1 为低档品,有 $\dfrac{\Delta X_1}{\Delta I} < 0$;$X_2$ 为正常品,有 $\dfrac{\Delta X_1}{\Delta I} > 0$。对于低档品商品 X_1,价格 P_1 变化前消费者效用最大化的均衡点为 a 点,设 P_1 下降以后的消费者的均衡点为 b 点,其曲线仍符合 MRS 递减假设。因此,价格下降所引起的消费者对商品 X_1 的需求量的增加量为 $X_1'X_1''$,这便是总效应。运用与上一节相同的方法,即通过作与预算线 AB' 平行且与无差异曲线 U_1 相切的补偿预算线 FG,便可将总效应分解成替代效应和收入效应。具体地

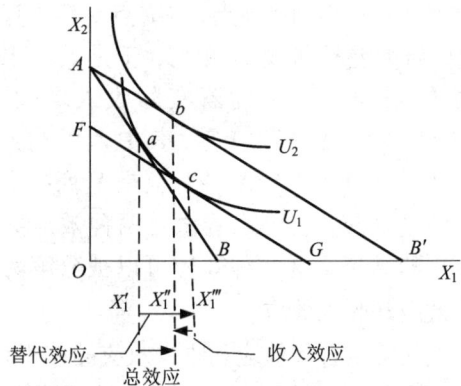

图 3 – 22　低档品的替代效应和收入效应

看,P_1 下降引起的商品 X_1 相对价格的变化,使消费者效用最大化的商品需求组合点由均衡点 a 运动到均衡点 c,该商品相应的需求量的增加量为 $X_1'X_1'''$,这就是替代效应,它是一个正值。而 P_1 下降引起的消费者的实际收入水平的变动,使消费者效用最大化的商品需求组

合点由均衡点 c 运动到均衡点 b，该商品的需求量由 X_1''' 减少到 X_1''，这就是收入效应。收入效应 $X_1'''X_1''$ 是一个负值，其原因在于：价格 P_1 下降所引起的消费者的实际收入水平提高，会使消费者减少对低档商品 X_1 的需求量。由于收入效应是一个负值，所以，图中的 b 点必定落在 a、c 两点之间。①

　　图中的低档商品 X_1 的价格 P_1 下降所引起的需求量的变化的总效应为 $X_1'X_1''$，它是正的替代效应 $X_1'X_1'''$ 和负的收入效应 $X_1'''X_1''$ 之和，并有 $X_1'X_1'' = X_1'X_1''' + X_1'''X_1''$。由于替代效应 $X_1'X_1'''$ 的绝对值大于收入效应 $X_1'''X_1''$ 的绝对值，或者说，由于替代效应的作用大于收入效应，所以，总效应 $X_1'X_1''$ 是一个正值。

　　综上所述，对于低档商品来说，其替代效应导致需求与价格成反方向的变动，其收入效应导致需求与价格成同方向的变动，而且，在大多数场合，收入效应的作用小于替代效应的作用。所以，总效应下需求与价格成反方向变动，相应的需求曲线是向右下方倾斜的。

四、吉芬商品的替代效应和收入效应

　　吉芬商品②是低档商品的极端情况，其显著特点是在其他因素不改变的情况下，当商品价格上升时，消费者的需求量反而增加；价格下降时，其需求量反而减少。从数学上分析，吉芬商品就是指需求曲线上可能存在 $\dfrac{\mathrm{d}X}{\mathrm{d}p} > 0$ 的情况。对于其替代效应与收入效应，以图 3 – 23 为例进行说明。

　　在图 3 – 23 中，商品 X_1 是吉芬商品、X_2 为正常品。X_1 的价格 P_1 下降前后的消费者的效用最大化的均衡点分别为 a 点和 b 点，相应地，商品 X_1 的需求量的减少量为 $X_1''X_1'$，这就是总效应。通过补偿预算线 FG 可得：$X_1''X_1'''$ 为替代效应，它是一个正值。$X_1'''X_1'$ 是收入效应，它是一个负值，而且，负的收入效应 $X_1'''X_1'$ 的绝对值大于正的替代效应 $X_1''X_1'''$ 的绝对值，所以，最后形成的总效应 $X_1''X_1'$ 为负值并有 $X_1''X_1' = X_1'''X_1' + X_1''X_1'''$。在图中，$a$ 点必定落在 b、c

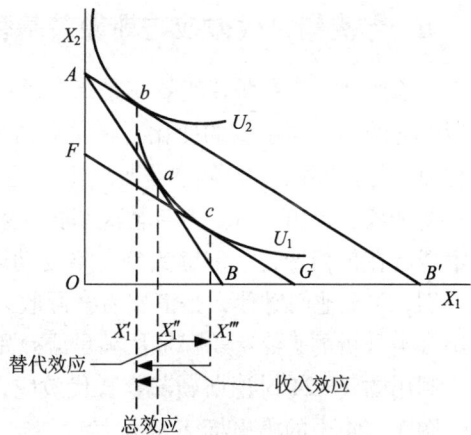

图 3 – 23　吉芬商品的替代效应和收入效应

_____

①　如果一种商品由正常品变为劣等品，意味着消费者的偏好改变。
②　美国经济学家罗伯特·吉芬于 19 世纪在对爱尔兰的饥荒调查发现：土豆价格上升时，其需求量反而增加了。这种需求量与价格同方向变动的产品后来就被称为吉芬商品。

两点之间。

作为低档商品，吉芬商品的替代效应导致需求与价格成反方向的变动，收入效应则导致需求与价格成同方向的变动。吉芬商品的特殊性就在于：收入效应的作用很大，超过了替代效应的作用，从而使总效应下需求与价格成同方向的变动。这也就是吉芬商品的需求曲线呈现出向右上方倾斜的特殊形状的原因。

为了便于比较正常商品、低档商品、吉芬商品的异同，我们在表3-3中列举了这三种商品价格总效应的分解情况。

表3-3 商品价格变化所引起的替代效应和收入效应

商品类别	替代效应与价格的关系	收入效应与价格的关系	总效应与价格的关系	需求曲线的形状
正常商品	反方向变化	反方向变化	反方向变化	向右下方倾斜
低档商品	反方向变化	同方向变化	反方向变化	向右下方倾斜
吉芬商品	反方向变化	同方向变化	同方向变化	向右上方倾斜

五、希克斯替代效应与斯勒茨基替代效应

如前所述，希克斯替代效应是指商品相对价格变化后，而令消费者实际收入不变情况下所引起的商品需求量的变化。在希克斯替代效应中，实际收入不变是指使消费者在价格变化前后保持在同一条无差异曲线上。还有一种替代效应分析方法，由俄国经济学家尤金·斯勒茨基提出，称之为斯勒茨基替代效应。在斯勒茨基替代效应中，实际收入不变是指消费者在价格变化后能够买到价格变动以前的商品组合，两种对于替代效应的分析方法的差别，在于他们对什么是消费者实际收入不变所下的不同定义。斯勒茨基是从购买的成本组合来分析的，希克斯则是从满足或效用方面来分析的，两种分析方法各有优劣。

利用图3-24讨论斯勒茨基替代效应，并与希克斯替代效应进行比较。

图3-24中的横坐标 X_1 表示某种特定的商品，纵坐标 X_2 表示除了 X_1 商品以外的所有其他商品。我们讨论 X_2 商品价格不变，X_1 商品价格下降以后的斯勒茨基替代效应。X_1 商品降价前，预算线为 aj_0，aj_0 与无差异曲线 U_0 相切于 E 点，E 点是消费者效用最大化的均衡点。在 E 点，X_1 商品的购买量为 q_0。X_1 商品降价后，预算线变为 aj_3，消费者效用最大化的均衡点为 P 点。与 P 点相对应的 X_1 商品的购买量为 q_3，$q_3 - q_0$ 便是总效应。

假定我们想在 X_1 商品降价后维持消费者的实际收入不变。按照希克斯替代效应中所定义的实际收入不变，应该使消费者在新的价格比率下回到 X_1 商品降价前的无差异曲线上，通过画一条与 aj_3 相平行、并与原无差异曲线 U_0 相切的预算线可以保证这种意义上的

实际收入不变。a_1j_1 线便是我们所需要的预算线，a_1j_1 与 U_0 相切于 R 点，与 R 点相对应的 X_1 商品的购买量为 q_1，$q_1 - q_0$ 便是希克斯替代效应。

按照斯勒茨基替代效应中所定义的实际收入不变，若想在 X_1 商品降价后维持消费者的实际收入不变，应该使消费者在新的价格比率下能够购买他在降价前所能购买的商品数量，即能够购买图 3 – 24 中 E 点所表示的商品数量。通过画一条与预算线 aj_3 相平行、并且过 E 点的预算线可以保证这

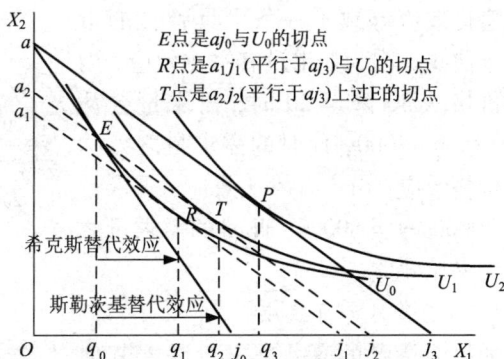

图 3 – 24 希克斯替代效应与斯勒茨基替代效应

种意义上的实际收入不变。图 3 – 24 中的 a_2j_2 线便是我们所需要的预算线。a_2j_2 和一条高于无差异曲线 U_0、低于无差异曲线 U_2 的无差异曲线 U_1 相切，切点为 T。与 T 点相对应的 X_1 商品的购买量为 q_2，$q_2 - q_0$ 为斯勒茨基替代效应。由于 q_2 大于 q_1，所以斯勒茨基替代效应大于希克斯替代效应。

六、连带外部性

至今为止我们都假设消费者对于一种商品的需求是彼此独立形成的。这一假设能够使我们把个别需求加总形成市场需求曲线。但是，就某些商品而言，一个消费者的需求也受其他消费者购买决定的影响，我们将这种情况称之为连带外部性。它分两种情况讨论。

（一）连带外部正效应

如果一个消费者的商品需求量随着其他消费者的购买量的增加而增加，我们就称之为连带外部正效应。连带外部正效应的典型例子是攀比效应。攀比效应是一种赶时髦的心理，想拥有一件几乎所有的人都已拥有了的时髦商品。这些东西对消费者个人不一定很有使用价值，但是如果你没有，会感到低人一等，因此一定不能够落后，所以这种商品一旦推广到某个爆发点，则会更加快速地发展。如图 3 – 25 所示：如果消费者认为只有 20000 人购买了该商品，这一数量在区域总人口的比重极低，消费者缺乏动力购买该商品以赶上时髦，这时需求就由曲线 D_{20} 表示；如果消费者现在认为有 40000 人购买了该商品，该商品在区域总人口的占有率快速上升，消费者产生动力购买该商品以赶上时髦，这时需求就由曲线 D_{40} 表示；同样，如果消费者认为有 60000 人拥有该商品，这时需求就由曲线 D_{60} 表示；如果消费者认为有 80000 人拥有该商品，这时需求就由曲线 D_{80} 表示；等等。连接对应于数量 20000、40000、60000、80000 和 100000 的 D_{20}、D_{40}、D_{60}、D_{80}、D_{100} 等上的点就可以确定

市场需求曲线了。

攀比效应导致了一条更具弹性的市场需求曲线。因为如果没有攀比效应,当市场价格从 30 降至 20 时,需求量会从 40000 增至 48000,此时的需求量之差称为纯价格效应;由于有攀比效应,需求量便从 40000 增至 80000,此时的需求量之差称为攀比效应。

(二)连带外部负效应

如果消费者的商品需求量随着其他消费者购买数量的增加而减少,这一现象就被称为连带外部负效应。其典型例子是虚荣效应。虚荣效应是指拥有只有某些人才能享用的或独一无二的商品的欲望。

拥有某种虚荣商品的人越少,该商品的需求量就越大。图 3 - 26 显示了虚荣效应。如果消费者认为只有 2000 人拥有该商品,那么就适用于需求曲线 D_2;如果消费者认为有 4000 人拥有该商品,那么其虚荣价值就下降了,需求量也因此下降了,就适用于需求曲线 D_4;如果消费者认为有 6000 人拥有该商品,需求量就更小了,就适用于需求曲线 D_6;如果消费者认为只有 8000 人拥有该商品,那么就适用于需求曲线 D_8。通过连接与数量 2000、4000、6000、8000 等实际对应的 D_2、D_4、D_6、D_8 等上的点就可以确定市场需求曲线了。

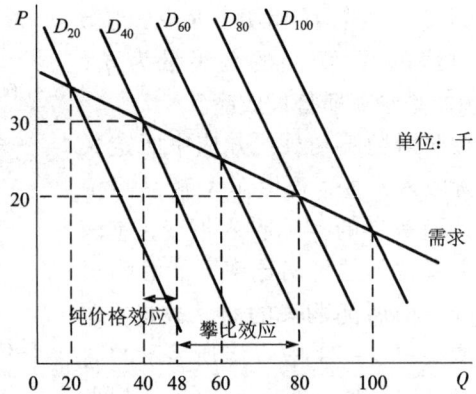

图 3 - 25 连带外部正效应:攀比效应

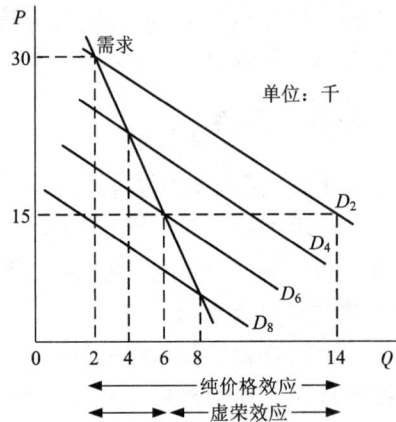

图 3 - 26 连带外部负效应:虚荣效应

虚荣效应导致了一条缺乏弹性的市场需求曲线。因为如果没有虚荣效应,当市场价格从 30000 降至 15000 时,销售量会沿着 D_2 从 2000 增至 14000,此时的需求量之差称为纯价格效应;由于有虚荣效应,销售量便从 2000 增至 6000,此时的需求量之差称为虚荣效应。

第四节　不确定条件下的消费者行为选择

之前的章节分析的都是在确定条件下的消费行为，而没有涉及不确定条件下的消费行为。然而，在现实经济生活中充满着各种各样的不确定因素，相应地，人们的任何经济活动都存在着不确定性和风险，所以分析研究不确定条件下的消费者行为决策是十分必要的。在本节当中，我们将着重介绍在具有不确定因素的经济活动中，消费者处于风险情况下的态度及其行为决策。

一、不确定性问题的提出

（一）不确定性问题的提出

前面的消费者行为分析都暗含了一个假设条件：消费者完全掌握了对方的信息。在确定性信息假设的条件下，可以肯定消费者获得的物品及效用。但实际上，这一假定条件几乎不成立。现实经济生活中，由于人们缺乏信息，或者缺乏对各类信息的处理能力，从而产生不确定性，进而导致了诸多不确定性信息下的消费者决策。例如，在不能预知某一产品价格高低和质量好坏的情况下，又要对产品进行购买；在不能得知是否能够中奖的情况下，对彩票的购买等。显然，在这样一些不确定条件下，消费者的行为决策是不能用确定条件下的消费者行为理论来解释说明的。

（二）不确定性的含义

不确定性情况可以分为三种：行为结果的不确定性、行为过程的不确定性、行为信息的不确定性。为简化起见，本书只讨论第一种不确定性情况。不确定性是指当经济行为者在做出某一决策时，面临的可能结果不止一种，即经济行为者在事先不能准确地知道自己的某种决策的结果。例如，某消费者准备用一笔钱去购买一部某种型号的手机，假定该型号的手机在市场上有正版和盗版两种，这样，该消费者购买手机的可能结果有两种：一种是买到一部正版的质量合格的手机，另一种是买到一部盗版的质量不合格的手机。在这种不确定的情况下，该消费者是否购买手机的决策也许会取决于他得到一部质量合格或质量不合格的手机的可能性大小。

（三）不确定性与风险

根据美国经济学家 F. 奈特对于"不确定性"和"风险"的界定，不确定性和风险都是指某一行为决策的结果是不能确定的，它们之间的区别在于：不确定性是指每种可能结果的发生概率是不可知的，而风险是指每种可能发生的结果的概率大小是可知的。例如，在投掷一块硬币时，结果出现正反两面的概率是可知的，均为 $1/2$，则这是一个风险事件；而明年会不会发生水灾，这一事件发生的概率不能预先准确地知道，这就是一个不确定事件。

在现实问题的分析当中,由于各种可能结果发生概率的不可知性,使得"不确定性"情况难以进行分析,所以,现代学者通常把结果尚不可知的所有情形都归为"不确定性",即"不确定性"事件包含了"风险"事件,并且为了简化分析,以"风险"事件的分析来代替"不确定性"事件的分析。在本书当中,在对不确定性事件进行表示与分析时,也将以分析风险情况下的消费者行为选择来代替不确定性情况下的消费者行为选择。

二、不确定性事件的表示

不确定性使得消费者的最优选择问题变得更加复杂,为了更好地分析不确定性情况下的消费者最优决策问题,就必须对不确定性事件规范地进行表示。在此,我们先以消费者在面临一张彩票时的行为决策问题代替消费者面临风险的行为选择问题,以简化分析。

例如,假设某消费者持有 1000 元的初始货币财富量,他面临是否购买某种彩票的选择。这种彩票的购买成本支出是 50 元,如果该消费者中彩的概率为 5%,不中彩的概率为 95%,那么,在中彩的情况下,他可以得到 2000 元的奖金;在不中彩的情况下,他非但不能获得奖金,还将损失购买彩票的费用。此时,该消费者就面临两种选择:一种是决定不购买彩票。那么,他可以稳定地持有 1000 元的初始货币财富量,也不必支付 50 元的彩票购买成本。这样,他避免了购买彩票所可能遭受的损失的同时,也失去了购买彩票所可能得到的更多财富。另一种是决定购买彩票。那么,如果中彩,他就会拥有 2950 元的货币财富(初始货币财富量 1000 元 – 购买彩票的支出 50 元 + 中彩的奖金 2000 元 = 2950 元)。如果不中彩,他就只持有 950 元的货币财富(初始货币财富量 1000 元 – 购买彩票的支出 50 元 = 950 元)。

为了将复杂的经济问题一般化,在经济分析中,可以将消费者所面临的具有不确定结果的行为选择问题用符号表示出来。假定一个不确定性事件为 L,存在 n 种相互独立的结果,这些结果分别为 W_1, W_2, $\cdots$, W_n,它们出现的概率分别为 p_1, p_2, $\cdots$, p_n,则这一不确定性事件就可以表示为:

$$L = [p_1, p_2, \cdots, p_n; W_1, W_2, \cdots, W_n]$$

在经济学的分析中,为了简化分析,通常假定只存在 W_1 和 W_2 这两种可能结果,并且在已知一种结果发生的概率为 $p(0 < p < 1)$ 的情况下,另一种结果的概率就可以以 $1-p$ 来表示,因此,也可以将不确定性事件表示为:

$$L = [p, (1-p); W_1, W_2]$$

在此,在假定只有两种可能结果出现,并且两种结果不会同时发生的情况下,在已知一种结果出现的概率为 p 时,也就知道了出现另一种结果的概率为 $1-p$,所以,可以进一步将不确定性事件简化为:

$$L = [p; W_1, W_2]$$

例如，在以上消费者是否购买彩票的问题中，假定该消费者所面临的一种彩票具有两种不可能同时发生的结果选择。所以，可以用 W_1 和 W_2 分别表示当第一种结果和第二种结果发生时，该消费者拥有的货币财富量，p 和 $1-p$ 分别表示两种结果发生的概率，则有 $W_1 = 2950$，$W_2 = 950$，$p = 5\%$，$1-p = 95\%$。于是，以上彩票就可以简单地表示为：$L = [5\% ; 2950, 950]$。

值得注意的是，在分析消费者购买彩票的例子中，以一定的货币量来表示购买彩票的各种可能结果，是以消费者中彩所得到的奖金是货币，或者是其他可以量化为一定数量货币值的商品等物品为基础的。

三、期望效用和期望值的效用

(一) 期望效用

我们知道，在确定性条件下，消费者的行为选择以追求效用最大化为目标，同样，在不确定条件下消费者追求的目标也是为了得到最大的效用。这样，考察某一不确定性事件给消费者带来的效用满足程度，就成为了分析消费者最优选择的出发点。

20 世纪 40 年代由冯·诺伊曼和摩根斯顿提出的期望效用理论认为，在不确定的情况下，由于消费者事先不能准确地知道自己某种决策的结果，所以他在做出某一决策时所获得的效用既取决于该决策的各种可能结果，又取决于这些结果出现的可能性，由此可以通过分析期望值的方式来分析不确定性情况下的选择行为。在此基础上，消费者只能事先作出最优决策，使其期望效用最大化。为此，西方经济学建立了期望效用的概念：消费者的期望效用就是消费者在不确定条件下可能得到的各种结果的效用的加权平均数。

对于一张彩票 $L = [p ; W_1, W_2]$ 而言，彩票的期望效用函数可以表示为：

$$E\{U[p ; W_1, W_2]\} = pU(W_1) + (1-p)U(W_2) \tag{3.35}$$

式中，p 和 $1-p$ 分别为 W_1 和 W_2 发生的概率。

以上的彩票的期望效用函数也可简写为：

$$E[U(W_1, W_2)] = pU(W_1) + (1-p)U(W_2) \tag{3.36}$$

期望效用函数也被称为冯·诺伊曼—摩根斯顿效用函数。由式(3.35)和式(3.36)可见，消费者购买彩票的期望效用就是他在不知道是否可以中奖的情况下，购买彩票可能得到的各种结果的效用的加权平均数，此时的权重就是中奖或不中奖的概率，期望效用值 $pU(W_1) + (1-p)U(W_2)$ 恰好是得到各种可能结果的效用值构成的数学期望。

期望效用函数的建立，体现了消费者对于风险方案的偏好程度。于是，可以将不确定条件下消费者面临风险时的态度及行为的分析，转化成对消费者追求期望效用最大化行为的分析。

(二)期望值与期望值的效用

在经济学中，期望值是指消费者通过概率估计，得到对其行为决策所能产生的各种结果的平均值。而期望值的效用，就是这一平均值能够给消费者带来的效用水平。

对于一张彩票 $L = [p; W_1, W_2]$ 而言，彩票的期望值可以表示为：

$$pW_1 + (1-p)W_2 \qquad (3.37)$$

由式(3.37)可知，彩票的期望值是彩票不同结果下的消费者所拥有的货币财富的加权平均数。相应地，彩票期望值的效用为：

$$U[pW_1 + (1-p)W_2] \qquad (3.38)$$

四、消费者对待风险的态度

式(3.31)与式(3.33)分别给出了不确定性条件下消费者对某一行为选择结果的期望效用和期望值效用，以及效用水平的高低与各种可能结果出现的概率之间的联系，据此，可以分析消费者对一个具有不确定结果的事物发生时持有的态度。

在现实经济生活中，每个消费者对待风险的态度是不相同的。比如说，有些人做事态度谨慎，偏好于确定性结果，而更愿意为未来不确定的事情去支付费用，从而消除风险；有些人则更喜欢追求刺激和能给其带来快感的生活，他们更倾向于为可能获得的更好的结果付出代价；也有些人更乐于安于现状，对生活当中的风险事件持无所谓的态度。当然，消费者对于风险的态度也有可能会随着周围环境或自身条件的变化而发生变化，例如，随着某一消费者收入水平的提高，他可能更愿意用自己多余的财富去参加购买彩票这一类的赌博游戏。总而言之，消费者对待风险的不同态度，最终会影响消费者在不确定情况下的行为决策。

通常将消费者对待风险的不同态度分为三类：风险回避者、风险爱好者和风险中立者。结合期望效用和期望值效用的函数表达形式，可以分析 $U(L)$ 与 $E[U(L)]$ 的关系对这三类风险态度给出如下判断标准。

以消费者面临一张彩票 $L = [p; W_1, W_2]$ 为例来分析。假定消费者在无风险条件下可以持有的确定的货币财富量等于彩票的期望值即 $p(W_1) + (1-p)(W_2)$。如果 $U[p(W_1) + (1-p)(W_2)] > pU(W_1) + (1-p)U(W_2)$，即消费者认为持有这笔确定的货币财富量的效用大于在风险条件下彩票的期望效用，表明该类消费者害怕风险，他们一般不会去购买彩票，而是稳妥地保持现已拥有的货币财富量，则该类消费者为风险回避者。如果 $U[p(W_1) + (1-p)(W_2)] < pU(W_1) + (1-p)U(W_2)$，即消费者认为持有这笔确定的货币财富量的效用小于在风险条件下彩票的期望效用，表明该类消费者喜欢冒险，他们总是愿意去购买彩票，以期望获得更多的货币财富持有量，则该类消费者为风险爱好者。如果 $U[p(W_1) + (1-p)(W_2)] = pU(W_1) + (1-p)U(W_2)$，即某消费者认为持有这笔确定的货

币财富量的效用等于在风险条件下彩票的期望效用，表明该类消费者对风险持有中立态度，购买或者不买彩票这两种情况，对这部分消费者最终所获得的效用水平没有差异，则该类消费者为风险中立者。这三种消费者的风险效用曲线也不相同。

与以上的分析相对应，消费者的风险态度也可以根据消费者的效用函数所表示的图形的特征来判断。假定消费者的效用函数为 $U = U(W)$，其中，W 为货币财富量，且效用函数 U 为货币财富量 W 的增函数。则风险回避者的效用函数是严格向上凸的，如图 3-27 所示。具体分析图 3-27 可知，效用曲线 $U(W)$ 是严格向下凹的，因此，效用曲线上任意两点的连线总是位于效用曲线的下方，即消费者在无风险条件下持有一笔确定的货币财富量的效用 $U[pW_1 + (1-p)W_2]$（如图 A 点所示）始终高于该消费者拥有一张具有风险的彩票的期望效用 $pU(W_1) + (1-p)U(W_2)$（如图 B 点所示）。显然，A 点高于 B 点，这对于任意的 $0 < p < 1$ 都成立。所以，严格向下凹的效用函数 $U = U(W)$ 满足风险回避者的判定条件。

例如，一名在校研究生在找兼职工作，假设该大学生是一个风险回避者，且每天的工资收入 I 带给他的效用函数为 $U(I) = I^{1/2}$。现在，他可以选择一份固定工资为每天 250 元的工作，也可以选择每天工资为

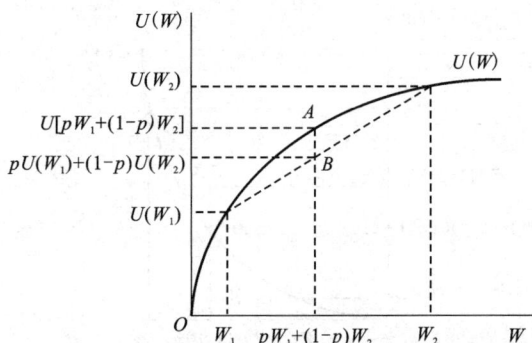

图 3-27 风险回避者的效用函数 U(W)

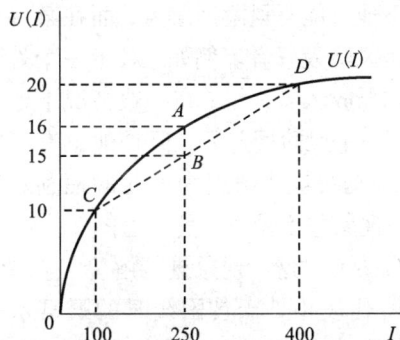

图 3-28 风险回避者的效用函数 U(I)

100 元或者 400 元的工作（工资为 100 和 400 元的概率各占 50%），则此时他的期望工资为每天 250 元（0.5×100 元 $+ 0.5 \times 400$ 元 $= 250$ 元）。如图 3-28 所示，在没有风险的情况下，固定收入带来的效用水平约为 16，如 A 点所示。在有风险时，不固定工资带来的效用为 15，如 B 点所示，它是 C 点效用值 10 与 D 点效用值 20 的平均值。显然，A 点高于 B 点，即无风险情况下固定收入带来的效用水平高于有风险情况下不固定收入的效用水平。

与风险回避者效用函数的分析相似，风险爱好者的效用函数是严格向下凹的，如

图 3-29所示。风险中立者的效用曲线是一条从原点出发的射线，如图 3-30 所示。由图中可见，风险回避者、风险爱好者、风险中立者的效用函数 $U = U(W)$，分别满足前面提到的关于三种风险态度的判断标准。

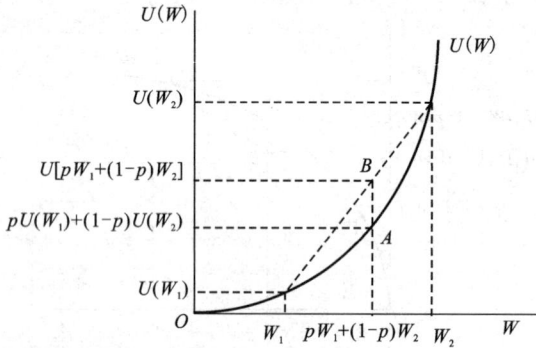

图 3-29   风险爱好者的效用函数 $U(W)$

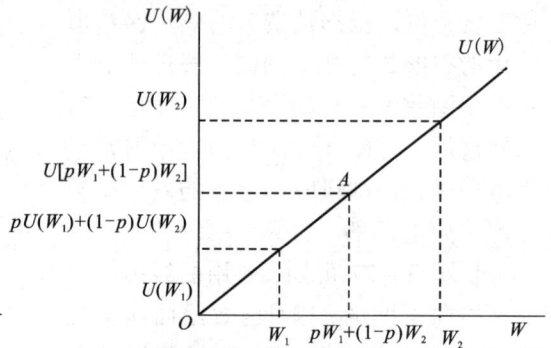

图 3-30   风险中立者的效用函数 $U(W)$

值得注意的是，对于某一消费者而言，在某些情况下他可能是风险回避者，而在某些情况之下他又是风险爱好者。例如，对于一个处于贫困线以下的低收入者来说，在一般情况下他会害怕风险，是一个风险回避者，但是他也有可能喜欢花 50 元去购买期望值仅为 1 元的福利彩票。其实，这一现象并不矛盾，我们以图 3-31 所示的效用函数图来对这一现象进行解释。在图 3-31 当中，W_0 代表正处于贫困线时的财富水平。对于这一消费者而言，此时的他面临两种购买结果，一种结果是他购买彩票可获得的最佳财富量

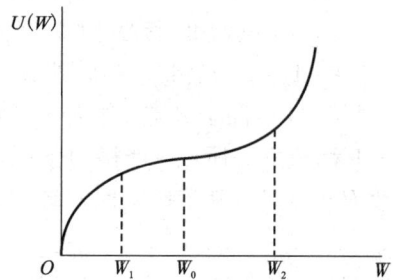

图 3-31   某消费者的效用函数

是 W_1，此时 $W_1 < W_0$，他仍处于贫困线以下，那么，他会是一个风险回避者而不去购买彩票；另一种结果是购买彩票以后他若中奖，获得的最佳财富量为 W_2，此时 $W_2 > W_0$，即这笔财富可以使他脱离贫困，此时他宁愿付出一小笔金额以脱离低收入的贫困环境，那么，此时的他会是一个风险爱好者。因此，我们可以得出结论：当一个消费者拥有图 3-31 的效用函数时，当 $W < W_0$ 时，他是一个风险回避着；当 $W \geqslant W_0$ 时，他又是一个风险爱好者。

五、降低风险的途径

在现实经济生活中，消费者经常会面临风险条件下的选择。大量的统计数据表明，在人们对待风险的态度上，大多数消费者都是风险回避者。因此，对于大多数消费者来说，都有一个如何设法降低风险的问题。在此，我们介绍消费者经常采用的三种降低风险的方法：多样化、购买保险和获取更多的决策信息。

（一）多样化

多样化指消费者在计划未来一段时间内某项带有风险的经济活动时，可以采取多样化的行动，以降低风险。

为什么多样化可以降低风险呢？我们举一个例子来具体说明这一点。

假定某人准备开办一个鞋店，他可以单独经营凉鞋或单独经营棉鞋，也可以各用一半的规模同时经营凉鞋和棉鞋。若气候较凉爽，则顾客更多地选择棉鞋；若气候较热，则顾客更多地选择凉鞋。他现在需要作出的决定是：到底是用全部规模单独经营某一种鞋，还是各用一半规模同时经营两种鞋？

如果他单独经营棉鞋，那么，在凉爽的气候与单位时间条件下，他将获得收入80000元；在较热的气候下，他将获得收入20000元。如果他单独经营凉鞋，那么，在凉爽的气候条件下，他将获得收入20000元；在较热的气候下，他将获得收入80000元。因此当他单独经营一种鞋时，其收入或为80000元，或为20000元。显然，在这种单独经营一种鞋的情况下，未来收入是不确定的，存在着经营风险。

但是，如果他选择多样化，各用一半的规模同时经营这两种鞋，则不管是气候凉爽，还是气候较热，他都可以获得固定的收入50000元。因为，如果气候凉爽，他可以从经营棉鞋得收入40000元，从经营凉鞋得收入10000元。相反，如果气候较热，他可以从经营棉鞋得收入10000元，从经营凉鞋得收入40000元。由此可见，通过多样化的经营，降低了风险。

以上我们仅仅是利用一个简单的例子来说明多样化可以降低风险这一道理。而且，在这个例子中，两种鞋的销售量在一定的气候条件下呈现出一增一减的关系。当然，在现实生活中，多样化的问题会复杂得多，但是，多样化的原则是普遍适用的。只要我们将多样化的行动安排到一些相关性较小的事件上，都是可以降低一部分风险的。

（二）购买保险

在消费者面临风险的情况下，风险回避者会愿意放弃一部分收入去购买保险。一般来说，假设消费者的原始财富为 W，若一定的财富量 W' 所提供的效用与存在风险情况下的期望效用相等,则消费者会愿意支付 $W - W'$ 来购买保险,使得在遭受损失时得到全额赔偿①。

假定某消费者的效用函数为 $U(W) = \ln(W)$ (符合风险回避者效用函数严格向下凹的性质),拥有的初始财富为 W,他可能遭受意外事件(如火灾)使得财产损失 L,意外事件发生的概率为 p,且令消费者购买保险的支出为 S。在这一问题中,该消费者购买保险时的效用为:

$$U(W - S) = \ln(W - S) \tag{3.39}$$

不购买保险时的期望效用为:

$$EU = pU(W - L) + (1 - p)U(W) = p\ln(W - L) + (1 - p)\ln(W) \tag{3.40}$$

根据以上两式,若 S 为消费者为避免风险而愿意支付的最高保险费用,则必有:

$$\ln(W - S) = p\ln(W - L) + (1 - p)\ln(W) \tag{3.41}$$

为了阐明这一点,假设 A 有 80000 元的财富,家里失火的的可能性为 10%,损失为 10000 元。下表显示了他拥有财富的两种可能性(买保险②或不买保险)

表 3 - 4　买保险的决策　　　　　　　　　　　　　　　　　　单位: 元

	失火发生($P = 0.1$)	不发生失火($P = 0.9$)	期望财富
不买保险	70000	80000	79000
买保险	79000	79000	79000

由表 3 - 4 可看出,在不买保险的情况下,消费者获得的期望效用为: $0.1\ln(70000) + 0.9\ln(80000) = 11.2764$,在购买保险的情况下,消费者的期望效用为: $\ln(79000) = 11.2772$。显然,此例设保险会使消费者的风险消除得到改善。事实上,从以上计算结果还可以看到,公平的保险费并非消费者愿意支付的保险费用的最高金额。也就是说,为了得到这种保险,消费者愿意支付的最高保险费将超过公平保险费。为了得到此例中的最高保险费,我们可以令 $\ln(80000 - S) = 0.1\ln(70000) + 0.9\ln(80000)$,解方程得 $S = 1064$。所以,当 A 所需要支付的保险金不超过 1064 元时,他可以选择通过购买保险,使自己不管风险是否发生都能保持稳定的效用水平,从而消除风险。

(三)获取更多的信息

我们知道,不确定性是指经济行为者在事先不能准确地知道自己某项决策的结果。或

① 可以证明一个风险回避者在追求效用最大化时,如果他可以为潜在的损失购买保险,那么全额保险会是他的最优选择。

② 对于此例中的保险我们有两个假定:其一,消费者购买的为全额保险,即发生损失时保险公司将赔付全额损失;其二,此处的保险费为公平保险费,即与损失的期望值相等的保险费。

者说，经济行为者对自己将要作出的决策所涉及的所有经济变量缺乏足够的信息，由此而面临着风险。那么，如果经济行为者在作出决策时能掌握更多的、更确切的信息，就可以降低风险。而实际上，如果信息是完全的，不确定性和风险也就不存在了。

由于掌握更多的信息就可以降低行为选择的风险，所以，信息是一种商品。要获得信息，就必须对信息进行支付。那么，信息的价值是如何确定的呢？一般地，就完全信息的价值而言，它等于经济行为人在完全信息条件下行为选择的所得期望值和信息不完全条件下行为选择的所得期望值之间的差额。

可举例来说明信息的价值。

假定某鲜蛋销售商在考虑某种鲜蛋的每天进货量。这种鲜蛋的市场价格为每市斤6.00元。如果他每天进货400市斤，则进货价为每市斤4.20元；如果他每天进货800市斤，则进货价下降为每市斤4.00元。如果鲜蛋不能及时卖出，他就只能赔本以每市斤2.50元的价格出售。

如果信息不完全，该鲜蛋销售商只知道每天卖出400市斤鲜蛋和800市斤鲜蛋的可能性各占50%，但无法确定每一天的鲜蛋需求量究竟是400市斤还是800市斤。在这种情况下，他制定了每天进货800市斤的计划。我们计算一下相应的期望利润。若他能卖出全部800市斤的鲜蛋的话，则利润=2.00元×800=1600元。若他只能卖出400市斤鲜蛋，其余400市斤只能以赔本的价格处理掉的话，则利润=2.00元×400+（2.50元−4.00元）×400=200元。所以，信息不完全情况下订货800市斤的期望利润=1600元×50%+200元×50%=900元。

如果信息是完全的，该鲜蛋销售商就可以作出确切的计划。若他知道哪天的鲜蛋需求量是800市斤，他就进货800市斤；则获利润=2.00元×800=1600元。若他知道哪天的鲜蛋需求量是400市斤，他就进货400市斤，则获利润=1.80元×400=720元。于是，信息完全情况下的期望利润=1600元×50%+720元×50%=1160元。

比较以上信息不完全和信息完全情况下该鲜蛋销售商的期望利润可以得出：两种情况下的期望利润的差额为1160元−900元=260元。这就是完全信息的价值，因而可以通过购买信息稳定地获得利润，以降低风险。

【本章小结】

1. 效用是指商品满足人的欲望的能力，或者说是指消费者在消费商品时所感受到的满足程度。效用有两种度量方法。基数效用论者采用边际效用分析方法，序数效用论者采用无差异曲线的几何分析方法。基数效用论与序数效用论有各自的优缺点。

2. 效用函数是表述偏好的一种数学方法。边际效用是指消费者在某一时间内增加一个单位的商品消费所增加的满足。边际效用递减规律描述的是连续消费同一种商品所产生的经济现象。在其他条件不变时，一种商品的边际效用曲线和该商品的需求曲线重合。消费者的行为遵循效用最大化原则。消费者均衡是指在消费者收入、商品价格和消费者的偏好既定条件下，通过消费者最佳的购买能力而实现最大效用的状态。基数效用条件下的消费者均衡点是使最后一元钱购买该商品所带来的边际效用与为购买该商品最后一个单位所支付一元钱的边际效用相等量。消费者剩余是指消费者消费一定数量的某种商品所愿意支付的最高总价格与实际支付的总价格之间的差额。

3. 偏好是消费者的意愿，无差异曲线是能够给消费者带来相同效用水平的一组商品所有组合点的轨迹，预算线是表示在消费者的收入和商品价格既定的条件下，消费者的全部收入所能购买到的商品的不同数量的各种组合。序数效用条件下的消费者均衡点为假定条件下预算线与无差异曲线的切点。切点代表的组合有两种商品的边际替代率与它们的市场价格之比相等。

4. 单个消费者及其市场对某种商品需求曲线上的点均是满足消费者效用最大化的点。两种分析方法下得出的关于消费者均衡的条件及推导出的需求曲线的形状是一致的。根据不同因素对消费者均衡变动的影响，可以推导出价格—消费曲线、收入—消费曲线，并进而推导出需求曲线和恩格尔曲线。

5. 商品价格变动引起消费者对该商品需求量的变动可以被分解为替代效应和收入效应，而且针对正常品、低档品、吉芬品等不同商品，会有不同的替代效应和收入效应。另外，对于消费者实际收入不变的不同理解，引出了希克斯替代效应与斯勒茨基替代效应的讨论。

6. 对消费者行为选择的模型分析是以完全竞争、偏好明确、信息对称以及不考虑价值判断的实证分析思想等假设条件为基础的，现实中这些假设条件却是很难完全具备的。因此，它只是为我们提供了基本分析框架，更深入的分析还需要借助行为经济学的研究成果。

7. 经济生活中存在各种不确定性因素，并用风险来描述。不确定条件下，消费者追求期望效用的最大化，并通过多样化、购买保险、获得更多信息等方式来降低风险。

习 题

一、名词解释

效用 基数效用论 序数效用论 边际效用 边际效用递减规律 消费者均衡 消费者剩余 无差异曲线 预算线 边际替代率 收入效应 替代效用

二、选择题

1. 总效用曲线达到顶点时，（　　）。

A. 平均效用达到最大点　　　　　　　B. 边际效用为零

C. 边际效用达到最大点　　　　　　　D. 平均效用与边际效用相等

2. 同一条无差异曲线上不同点表示（　　）。

A. 效用水平不同，但所消费的两种商品组合比例相同

B. 效用水平相同，但所消费的两种商品组合比例不同

C. 效用水平不同，但所消费的两种商品组合比例也不同

D. 效用水平相同，但所消费的两种商品组合比例也相同

3. 无差异曲线的形状取决于（　　）。

A. 商品效用水平的高低　　　　　　　B. 消费者的收入

C. 商品价格　　　　　　　　　　　　D. 消费者偏好

4. 随着收入和价格的变化，消费者的均衡也发生变化。假如在新的均衡下，各种商品的边际效用均低于原均衡状态的边际效用，这意味着（　　）。

A. 消费者生活状况没有变化　　　　　B. 消费者生活状况恶化了

C. 消费者生活状况得到了改善　　　　D. 无法确定

5. 如果一条无差异曲线在某一点切线的斜率 $\dfrac{\mathrm{d}Y}{\mathrm{d}X} = -2$，说明（　　）。

A. 这个消费者愿意用 1 个单位的 Y 换取 0.5 个单位的 X

B. 这个消费者愿意用 2 个单位的 Y 换取 0.5 个单位的 X

C. 这个消费者愿意用 1 个单位的 Y 换取 2 个单位的 X

D. 这个消费者愿意用 2 个单位的 Y 换取 2 个单位的 X

6. 若 A 的 MRS_{XY} 小于 B 的 MRS_{XY}，则对 A 来说，要想使自己的福利增加，就可以（　　）。

A. 放弃 X，用以与小张交换 Y　　　B. 放弃 Y，用以与小张交换 X

C. 或者放弃 X，或者放弃 Y　　　　D. 维持现状，不交换

7. 无差异曲线如果是呈直角形的话，说明（　　）。

A. 消费者对两种商品的主观评价是替代品

B. 消费者对两种商品的主观评价是互补品

C. 消费者对两种商品的主观评价是完全替代品

D. 消费者对两种商品的主观评价是完全互补品

8. 某消费者需求曲线上的各点（　　）。

A. 表示该消费者的效用最大点　　　　B. 不表示效用最大点

C. 有可能表示效用最大点　　　　　　 D. 表示边际效用最大的点

9. 正常商品的需求量和价格之所以呈反方向变化，是因为(　　)。

A. 替代效应的作用　　　　　　　　　　 B. 收入效应的作用

C. 替代效应和收入效应同时发生作用　　 D. 以上均不正确

10. 吉芬商品的价格上升时，应该有(　　)。

A. 替代效应为正值，收入效应为负值；且前者作用大于后者

B. 替代效应为负值，收入效应为正值；且前者作用小于后者

C. 替代效应为负值，收入效应为正值；且前者作用大于后者

D. 替代效应为正值，收入效应为负值；且前者作用小于后者

11. 如果预算线平行移动，可能的原因是(　　)。

A. 消费者购买的其中一种商品的价格发生变化

B. 消费者购买的两种商品的价格发生不同比例的变化

C. 消费者购买的两种商品的价格发生同比例而且同方向的变化

D. 消费者购买的两种商品的价格发生同比例但不同方向的变化

12. 下列哪种情况不属消费者均衡的条件？(　　)

A. $\dfrac{MU_X}{P_X} = \dfrac{MU_Y}{P_Y} = \dfrac{MU_Z}{P_Z} = \cdots = \lambda$

B. 货币在每种用途上的边际效用相等

C. $MU = \lambda P$

D. 各种商品的边际效用相等

13. 众所周知，国际顶级名牌手袋的价格不菲，而且跟大众品牌的手袋不同，名牌手袋一般不会降价促销。用经济学的原理解释，名牌手袋不降价促销的原因在于(　　)。

A. 由于存在连带外部正效应　　　　　　 B. 由于存在连带外部负效应

C. 由于存在攀比效应　　　　　　　　　 D. 由于需求价格弹性为正

三、判断题

1. 对于同一个消费者来说，同样数量的商品总是提供同量的效用。

2. 序数效用论认为商品效用的大小取决于商品的价格。

3. 无差异曲线的斜率不变时，无差异曲线呈直线，表示两种商品之间是互补的关系。

4. 商品 X 和 Y 的价格按相同的比率上升，而收入不变时，预算线向右上方平行移动。

5. 消费者剩余是消费者实际能够得到的一种福利。

6. 当其他条件不变，消费者收入变化时，连结消费者诸均衡点的线称之为恩格尔曲线。

7. 需求曲线是从收入—消费曲线推导而来。

8.需求曲线斜率为正的充分必要条件是低档商品且收入效应超过替代效应。

9.对于一笔确定性收入和一笔不确定性收入,风险回避者一定喜欢确定性的收入。

四、简答题

1.简要比较基数效用论与序数效用论。

2.简要分析无差异曲线的基本特征。

3.为什么劣质商品的需求价格弹性可能为负的、零或正的?

4.钻石用处极小而价格昂贵,生命必不可少的水却非常之便宜,请用边际效用的概念加以解释。

5.为什么需求曲线向右下方倾斜?

6.用替代效应和收入效应之间的关系解释低档品和正常品之间的区别。

7.在现实经济生活中,消除风险的方法有哪些?

五、计算题

1.已知效用函数为 $U = X^a + Y^a$,求商品的边际替代率 MRS_{XY}、MRS_{YX},以及 $X = 10$,$Y = 5$ 时的 MRS_{XY}、MRS_{YX}。

2.若甲用全部收入能购买 4 单位 X 和 6 单位 Y,或者 12 单位 X 和 2 单位 Y。

①作出预算线。

②商品 X 的价格与商品 Y 的价格之比是多少?

3.设某人的效用函数为 $U = 2X + 2Y + XY + 8$,预算约束为 $5X + 10Y = 50 (P_X = 5$,$P_Y = 10)$,求:

①X,Y 的均衡值;

②货币的边际效用;

③最大效用。

4.假定效用函数为 $U = Q^{0.5} + 2M$,Q 为消费的商品量,M 为收入。求:

①需求函数;

②反需求函数;

③当价格等于 0.05 时,消费者剩余为多少。

5.假定某一消费者的初始财产为 500 万元,他的效用函数为 $U = W^{1/2}$。现在他面临遭受火灾的风险,且该风险发生的概率是 10%。一旦他家失火,他的财富将变为 400 万元。现有一个保险公司愿意向他提供保险,如果他购买保险,一旦失火,该公司承诺全额补偿。

(1)判断该消费者的风险偏好类型并解释原因。

(2)请问当保费不超过多少时,该消费者愿意购买保险。

6*.某消费者消费 100 单位的 X 和 200 单位的 Y,如果 X 的价格 P_X 从 2 元上升到 4 元,而 P_Y 不变,为使消费水平不变(斯勒茨基补偿),则他的收入应增加多少?

7*. 某人对某商品的需求函数为 $Q=0.02M-4P$，当收入为 5000 元，价格从 10 上升到 20 时，问价格上涨的价格效应为多少单位？其中替代效应为多少？收入效应为多少？（提示：运用"斯勒茨基补偿"解题，消费者实际收入水平不变就意味着价格变化的前后消费者可以购买相同的商品数量）

六、作图分析题

1. 作图分析序数效用论者是如何推导出消费者均衡，以及进一步在此基础上对需求曲线的推导。

2. 作图分析如何利用消费者的收入—消费曲线推导出恩格尔曲线的（要求分类讨论）。

3. 作图分析正常商品、低档商品和吉芬商品的替代效应和收入效应，并进一步说明这三类商品的需求曲线的特点。

第四章 厂商行为理论(一):生产理论

本章导读

第三章主要讨论市场的供给状况为既定时,消费者基于效用最大化追求的需求行为的选择,在此基础上分析消费者均衡及其实现。本章与后面三章将注意力由个人或家庭转移到厂商,主要讨论市场的需求状况为既定时,厂商基于利润最大化追求的最优供给行为的选择,在此基础上分析厂商均衡条件及其实现。在理性人等假定下,厂商的最优供给行为选择及其均衡涉及三个方面的问题:

一是生产要素最优投入量的选择。即对生产要素投入量与产量的物质技术效率关系考察:如何在生产要素的投入量既定时使产量最大,或者在产量既定时使生产要素的投入量为最少。

二是成本与收益的均衡原则。即生产要素投入量与产量背后的成本与收益的经济效率关系考察:如何在生产成本既定时使收益最大,或者在收益既定时生产成本最小,并推出厂商成本与收益的均衡原则。

三是厂商成本与收益均衡原则的实现问题。当厂商处于不同的市场结构时,应该如何选择自己的产量与价格,才能实现既定产量下的收益最大化或者成本最小化——以实现厂商均衡。

前两个问题构成本教材的四、五章,在讨论的基础上分析厂商均衡的原则,推导出供给曲线;后一个问题构成本教材的六、七章,分析厂商在不同市场结构下厂商均衡条件的实现问题,在此基础上印证成本与收益的均衡条件。

厂商是生产活动的主体。本教材关于厂商行为的讨论,均假定厂商所有要素投入来源于完全竞争市场,厂商能够以当前价格购买到所需要的全部要素,厂商不能对要素价格施加任何影响;厂商是由一个经理机构运作,这个机构完全代表资方,本教材不考虑机构人员的个人动机、不考虑要素投入者之间的诉求冲突、不考虑决策执行过程中的交易费用,以单一产出的情况为背景,以方便图形说明;利润最大化是厂商唯一追求的目标。深入考察中,我们会发现厂商最优经济行为选择与消费者最优经济行为选择有着相似之处。

本章先把注意力集中于完全竞争背景,讨论第一个问题:从物质技术效率的角度出发,当生产技术等条件既定时,厂商利润最大化目标下投入的生产要素量与产出量之间的相互关系。分析思路是先建立生产要素投入与最大产出的生产函数关系，然后利用生产函数分析生产要素投入与产出的变化关系。从短期来看，追求利润最大化的厂商遵循短期生产中的边际产量递减规律，通过分析各种产量曲线，确定短期中的合理生产阶段；从长期来看，厂商在技术约束和要素价格约束的条件下，有效地组织生产，达到最优的生产要素组合，即既定成本下的产量最大或者既定产量下的成本最小。

基本概念

生产函数　长期　短期　边际产量　边际报酬递规律　边际技术替代率　边际技术替代率递规律　等产量线　等成本线　规模报酬

本章重点及难点

1. 经济学中的短期与长期的区别，短期生产和长期生产的概念；
2. 总产量曲线、平均产量曲线与边际产量曲线的概念以及他们之间的相互关系；
3. 边际报酬递减规律的内容及产生原因；
4. 短期生产的合理阶段；
5. 长期生产的均衡条件。

第一节　生产函数

一、生产函数的概念

西方经济学中所谓的"生产"是指一切能够创造或增加效用的人类活动。生产活动既包括物质资料的生产，也包括劳务等无形产品的生产。生产活动中的行为主体是生产者，称之为厂商或企业。而生产过程则是厂商组织的从生产要素的投入到产品产出的过程。从物质技术效率角度分析，生产过程可分为两方面：一是生产要素的投入，包含生产过程中必须使用的任何部分，它们在生产过程中组合起来形成生产力。可以将之分为劳动、资本、土地、企业家才能等类型，每一类又可以进行更为具体的细分。二是物品的产出，即生产出来的各种产品与劳务。物品产出与要素投入存在密切的关系，可用生产函数形式给出。

（1）生产函数表示在一定时期内，在技术水平不变①的条件下，厂商在生产中投入的多

---

① "技术水平不变"不是指厂商生产过程中的技术细节不变，而是指厂商将最小要素投入组合转化为最大产出量的能力不变。"最小要素投入组合转化产出量的能力"可用生产集表示；"最小要素投入转化的最大产出量的集合"就是生产函数。生产函数本身表明了有效利用了生产技术与生产要素，从而达到了生产的最大效率。参阅哈尔·R·范里安著：《微观经济学：现代观点》，格致出版社，2011年第8版，第271－272页的分析。

种生产要素的数量与所能生产的最大产量之间确定性的物质数量关系,它描述了生产有效运行的技术可行性。假定用 Q 表示所能生产的最大可能产量,用 X_1, X_2, $\cdots$, X_n 表示生产过程中多种生产要素的投入量,则产出与要素投入的关系可用如下一般表达式表示:

$$Q = f(X_1, X_2, X_3, \cdots, X_n) \tag{4.1}$$

该生产函数表示在生产技术水平既定时,最小的生产要素投入数量组合(X_1, X_2, $\cdots$, X_n)在某一时期所能生产的最大可能产量为 Q。为了简化分析,假定本书讨论的生产函数都具有意义。

在现实经济中,厂商使用多种生产要素生产多种产品。但为了使分析更为简单,并能够在二维平面图上表示出来,本教材假定生产过程中只使用同质劳动 L 和同质资本 K 两种原始生产要素,其他生产要素为常量,只生产一种产品 Q,则在技术水平不变的条件下,生产函数可用下式表示:

$$Q = f(L, K) \tag{4.2}$$

生产函数一般都以特定的时期和既定生产技术水平作为前提条件。随着技术水平的不断进步,相同的要素投入量可能生产出不同的最大产量,从而形成新的生产函数。

生产函数所反映的在技术水平不变的条件下一组要素投入量与最大产出量之间的依存关系具有普遍性,但不同厂商的生产函数的具体形式却有很大的不同,估算和研究生产函数对经济理论研究和生产实践都具有重要意义。

(2)生产函数的基本假定。

①当一种生产要素固定时,随着另一种要素投入量的增加,产出量也增加,即有:

$$\frac{\partial f}{\partial L} > 0, \quad \frac{\partial f}{\partial K} > 0$$

②一种生产要素固定时,随着另一种生产要素投入量的增加,边际生产率逐渐递减,即有:

$$\frac{\partial^2 f}{\partial L^2} \leq 0, \quad \frac{\partial^2 f}{\partial K^2} \leq 0$$

③生产函数模型满足:

$$f(0, K) = 0, \quad f(L, 0) = 0$$

二、一些常见的生产函数

(一)固定投入比例生产函数

指在每一产量水平上任何要素投入量之间的比例都是固定的生产函数,也称为里昂惕夫生产函数。假定只用 L 和 K 两种生产要素,则固定投入比例生产函数的通常形式为:

$$Q = \min(L/U, K/V) \tag{4.3}$$

式中：U 为固定的劳动生产系数(单位产量配备的劳动数)；V 为固定的资本生产系数(单位产量配备的资本数)

　　在固定投入比例生产函数下，厂商生产中两种生产要素缺一不可，相互之间不存在任何替代。要使生产有效率地进行，厂商必须使两要素按固定的比例投入。因为产量取决于两个比值 L/U 和 K/V 中较小的那一个，因此单独增加 K 或者 L，都是不能提高产量的。既然都满足最小比例，也就有：

$$Q = L/U = K/V \qquad (4.4)$$

　　变形得：

$$K/L = V/U \qquad (4.5)$$

　　固定投入比例的生产函数应用范围很广泛。例如，我们要修建草坪，并且修建草坪的唯一方法是一个工人使用一台剪草机。多余的剪草机无济于事，多余的工人也毫无价值。因此，能够修建草坪的要素数量就是工人数和剪草机数中较小的那个值。

　　(二)固定替代比例生产函数

　　固定替代比例的生产函数表示在每一产量水平上任何两种生产要素之间的替代比例是固定的，也称为线性生产函数。假定生产过程中只使用劳动与资本两种要素，则固定替代比例生产函数一般形式为：

$$Q = aL + bK \qquad (4.6)$$

其中：Q 为产量，L 和 K 分别表示劳动和资本的投入量，常数 a、$b > 0$ 且分别表示投入单位劳动和单位资本所增加的产量[①]。按这种生产函数安排生产时，厂商只会使用两种生产要素中最便宜的一种，而不会同时使用两种生产要素，即两种生产要素之间可以完全替代。例如，耕地可以采取两种方式，一种是人工耕地，一种是用拖拉机耕地。如果每人每天耕地 1 亩，拖拉机每天耕地 100 亩，则人工与拖拉机的替代比例为 1∶100，这说明人工与拖拉机这两种要素之间可以实现完全替代，且替代比例是固定的。

　　尽管固定替代比例的生产函数是一个很有用的例子，但现实生活中却很少遇到，因为极少的生产过程中存在如此完全的替代。

　　(三)柯布—道格拉斯生产函数

　　柯布—道格拉斯生产函数，又称 $C-D$ 生产函数，是由美国数学家柯布和经济学家道格拉斯共同提出的，是在生产函数的一般形式上作出的改进，引入了技术资源作为外生变量。该生产函数的一般形式是：

$$Q = AL^{\alpha}K^{\beta} \qquad (4.7)$$

　　$C-D$ 生产函数具有许多经济学家需要的良好的性质。首先是这一函数具有指数函数

---

① 常数 a、b 即为后面所讲的劳动和资本的边际产量。

形式，容易被线性化，用代数方法容易操作；其次是这一函数对经济作出了比较准确的描述。函数刻画了产量由技术、生产要素投入所决定的事实，揭示了产量与技术、生产要素投入间的数量关系，为经济学家建立模型与量化分析提供了方便；再次是这一函数便于分解，经济分析中使用得比较多。式中：Q 代表产量，L 和 K 分别代表劳动和资本的投入量，A 为规模参数，$A>0$，衡量现有技术的生产率；$\alpha(0<\alpha<1)$ 为劳动所得在总产出中所占的份额，$\beta(0<\beta<1)$ 为资本所得在总产出中所占的份额。此外，根据 α 与 β 之和，还可以判断 $C-D$ 生产函数规模报酬的情况。若 $\alpha+\beta>1$，则为规模报酬递增；若 $\alpha+\beta=1$，则为规模报酬不变；若 $\alpha+\beta<1$，则为规模报酬递减[①]。

柯布和道格拉斯通过对美国 1899—1922 年之间劳动、资本和产量的有关统计资料的估算，得出这一时期生产函数的具体形式为：

$$Q=1.01L^{\frac{3}{4}}K^{\frac{1}{4}}=1.01\sqrt[4]{L^3}\sqrt[4]{K}$$

这一生产函数表示：在资本投入量固定不变时，劳动投入量单独增加 1%，产量将增加 1% 的 $\frac{3}{4}$，即 0.75%；当劳动投入量固定不变时，资本投入量增加 1%，产量将增加 1% 的 $\frac{1}{4}$，即 0.25%。这就是该劳动和资本对总量的贡献比例为 3:1。

第二节　短期生产函数

生产函数描述了在技术水平不变的条件下，厂商为了达到某个产量可采取的各种生产要素投入的组合。但是，短期内并不是所有的组合都可供厂商自由选择。例如，某服装厂订单突然激增，需要在下个月将产量增加一倍，此时厂商多半只能采用多雇佣工人、加班加点的方法，因为一个月内增建厂房，并增加一倍的机器是不太现实的，而且厂商也不知道这种订单增加是长期现象还是暂时现象。因此西方经济学中区分了短期生产理论和长期生产理论。

需要注意的是，西方经济学所说的短期和长期是以能否变动全部生产要素投入的数量作为划分标准，其时间长短并无具体界定。[②] 短期是指至少有一种生产要素投入的数量是固定不变的时期；而长期则是指全部生产要素投入的数量都可以变动的时期。短期中根据要素的可变性，将全部生产要素投入分为固定投入和可变投入。固定投入是指一定时期

---

① 关于规模报酬问题，将在本章第四节中进行具体分析。

② 与此相关，特短期内一切生产要素都不能调整，供给量不变，厂商只能通过调整存货来适应市场需求的变动；短期内已有的厂商会改变他们的供给量，但没有新厂商加入到行业中来；长期内厂商会最优改变他们的供给量，新厂商会进入到行业中来，会产生一个非常有弹性的供给反应。

内，其数量不随产量的变动而变动的要素，例如机器设备、厂房等；可变投入是指在一定时期内，其数量随产量的变动而变化的要素，例如劳动、原材料、易耗品等。长期中全部生产要素都可以变动，因此厂商可以根据需求状况和企业的经营状况，扩大或缩小厂商的生产规模，乃至进入或退出一个行业。长期中不存在固定投入和变动投入的区别。

本节介绍短期生产理论，下节介绍长期生产理论。

一、短期生产函数的表达式

由于上一节界定了生产过程中只使用两种生产要素，只生产一种产品。根据上述短期的设定，为方便讨论，假设仅使用劳动与资本两种原始要素，并常常设资本要素固定，劳动要素可变，或者说，假设短期内改变资本要素投入水平的成本是极其高昂的，则有生产函数一般表达式：

$$Q = f(L, \overline{K}) \tag{4.8}$$

该生产函数研究的是在生产技术水平既定下，既定生产规模下厂商的生产要素投入量与最大产出量之间的依存关系。只是这里最大产出量仅仅取决于一种可变投入要素 L 的投入量。

二、产量的有关概念：总产量、平均产量和边际产量

由以上的短期生产函数，我们可以得到总产量、平均产量和边际产量。[①]

（一）总产量（Total Product，TP）

劳动的总产量（记为 TP_L）是在资本要素投入量既定的条件下，与一定可变生产要素劳动的投入量相对应的最大产量。公式为：

$$TP_L = f(L, \overline{K}) \tag{4.9}$$

（二）平均产量（Average Product，AP）

劳动的平均产量（记为 AP_L）是指平均每个单位可变生产要素劳动所能生产的产量。这一指标常用来衡量产业或厂商的劳动生产率。公式为：

$$AP_L = \frac{TP_L}{L} = \frac{f(L, \overline{K})}{L} \tag{4.10}$$

（三）边际产量（Marginal Product，MP）

一种投入的边际产量的一般含义是指增加一种生产要素（比如劳动 L）的使用量，同时

----

① 类似地，若假设仅使用劳动与资本两种要素，并设劳动要素固定，资本要素可变，则生产函数可以写成：$Q = f(L, \overline{K})$，它表示在劳动投入量固定时，由资本投入量变化所带来的产量的变化。由该生产函数可以得到相应的资本的总产量、资本的平均产量和资本的边际产量。为了简化文字，这里我们仅以劳动可变、资本固定的生产函数为例来讲述短期生产理论。

保持其他生产要素(比如资本 K)的使用量不变时所引起的总产量的变动量。劳动的边际产量(记为 MP_L)是指在其他条件不变的情况下，每增加一单位劳动的投入量所引起的总产量的变动量，公式为：

$$MP_L = \frac{\Delta TP_L}{\Delta L} \text{(若函数不可导)} \quad \text{或} \quad MP_L = \lim_{\Delta L \to 0} \frac{\Delta TP_L}{\Delta L} = \frac{\mathrm{d}f(L, \overline{K})}{\mathrm{d}L} \text{(若函数可导)}$$

$$(4.11)$$

在不严格意义上，也可写作：

$$MP_L = F(K, L) - F(K, L-1)$$

根据总产量、平均产量及边际产量的定义及公式，可编制一张以劳动为可变要素的产量表，例如表 4-1。根据表 4-1，可绘制一张产量曲线图。在坐标系中，用横坐标表示可变要素劳动的投入数量 L，纵坐标表示产量 Q，则三种产量就可以分别描绘在图上。如图 4-1，TP_L、AP_L 和 MP_L 三条曲线分别表示劳动的总产量曲线、劳动的平均产量曲线和劳动的边际产量曲线，这三条曲线的整体特征都是先上升，达到最高点后再下降。同样，也可绘制一张以资本为可变要素的产量表，TP_K、AP_K 和 MP_K 三条曲线也会呈现上述现象。

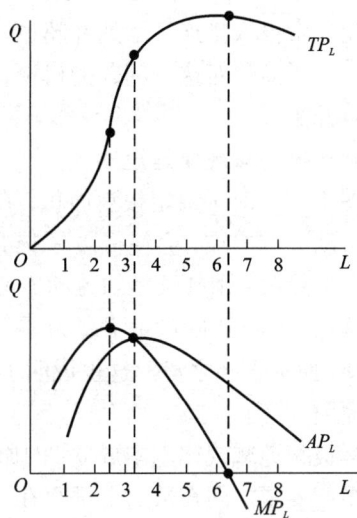

图 4-1　短期生产中的三种产量曲线(一)

表 4-1　总产量、平均产量和边际产量

资本投入量(K)	劳动投入量(L)	总产量(TP_L)	平均产量(AP_L)	边际产量(MP_L)
20	0	0	—	—
20	1	6.0	6.00	6.0
20	2	13.5	6.75	7.5
20	3	21.0	7.00	7.5
20	4	28.0	7.00	7.0
20	5	34.0	6.80	6.0
20	6	38.0	6.30	4.0
20	7	38.0	5.40	0.0
20	8	37.0	4.60	-1.0

三、边际报酬递减规律

TP 曲线为什么会存在如表 4 - 1 描述的变动规律？西方经济学认为这是边际报酬递减规律起作用的结果。

所谓边际报酬递减规律是指在既定的时间、技术水平不变的条件下，连续等量地增加一种可变生产要素的投入量于一种或多种不变的生产要素上去的过程中，当这种可变生产要素的投入量小于某一特定数值时，增加该要素的投入量所带来的边际产量是递增的；当这种可变要素投入量连续增加并超过这一特定值时，增加该要素投入所带来的边际产量是递减的。为了简化对这一问题的讨论，本教材假定，一种可变生产要素的投入均从最佳配合比例点开始。

边际报酬递减规律是短期生产的一条基本规律，反映了生产过程中的一种纯技术关系。如图 4 - 1，对于给定粮食面积，在资本 K 等其他要素投入不变的前提下，开始时随着投入的劳动 L 的增加，会使得边际产量增加，从而总产量以递增的速率增加；当劳动 L 投入达到一定量后，则持续增加劳动 L 的投入量会使得边际产量 MP_L 会下降，总产量以递减的速率增加，最终边际产量下降为零，总产量达到一个极值；此后若再继续增加劳动 L 的投入，TP_L 便呈下降之势。这也说明了在现实中不能单靠增加某一种要素投入来提高粮食产量的原因。

边际报酬递减规律基本成立[1]的原因在于，在任何产品的生产过程中，可变生产要素与固定生产要素之间在数量上都存在一个最佳配合比例。生产开始时由于可变生产要素投入量小于最佳配合比例所需要的数量，随着可变生产要素的投入的增加，可变生产要素和固定生产要素的配合比例越来越接近最佳配合比例，所以，可变生产要素的边际产量是呈递增的趋势。当达到最佳配合比例后，再增加可变要素的投入，K、L 间的最佳配比会变成非最佳配比，可变生产要素的边际产量就是呈递减趋势。

正是由于边际报酬递减规律的存在，决定了边际产量 MP 曲线表现出先上升后下降的特征，进而决定了其他产量曲线的形状[2]。理解此规律时，有以下几点需要注意：第一，边际报酬递减规律只是一个经验性的总结，但现实生活中的绝大多数生产函数似乎都符合这个规律。第二，这一规律的前提之一是假定技术水平不变，故它不能预示技术情况发生变化时，增加一单位可变生产要素对产出的影响；假定所有劳动者的素质是等同的，边际报酬递减并非是由员工素质下降造成的。第三，这一规律的另一前提是至少有一种生产要素的数量是维持不变的，所以这个规律不适用于所有生产要素同时变动的情况，即不适用于

---

① 边际报酬递减规律是由 19 世纪英国经济学家托马斯·马尔萨斯提出的，并没有严格的证明支持。

② MP 等曲线斜率绝对值的大小及其凹凸性的变化与技术进步的变化相关。

长期生产函数。第四，改变各种生产要素的配合比例是完全可能的，即技术系数是可变的。例如技术进步后，L 与 K 的最佳配比可能提高。但 L、K 的配比超过最佳点后，仍出现边际报酬递减现象。因此，技术系数变化并不改变边际报酬递减规律的存在。

四、总产量曲线、平均产量曲线和边际产量曲线之间的关系

(一)总产量和边际产量之间的关系

从定义 $MP_L = \dfrac{\mathrm{d}TP_L}{\mathrm{d}L}$ 可知，边际产量是总产量的一阶导数，是总产量曲线上对应点的切线斜率。两条产量曲线的形状恰好反映了这种关系，从图 4-2 来看，当劳动投入量从 0 增加到 L_2 时，MP_L 为正值且曲线呈上升趋势，TP_L 曲线以递增的斜率上升；当劳动投入量为 L_2 时，MP_L 曲线达到顶点，对应的 TP_L 曲线上的 B 点是切线斜率递增和递减的拐点；当劳动量从 L_2 增加到 L_4 时，MP_L 为正值但曲线下降，TP_L 曲线以递减的斜率上升；当劳动投入量恰好为 L_4 时，$MP_L = 0$，即相应的 TP_L 曲线切线斜率为零，TP_L 曲线达到最

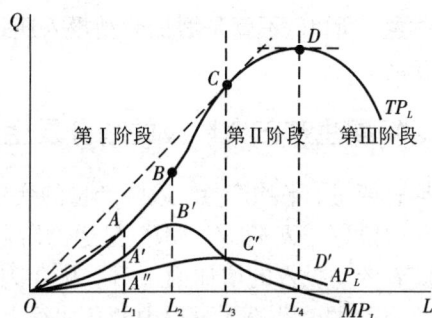

图 4-2　短期生产中的三种产量曲线(二)

大值；当劳动投入量超过 L_4 时，MP_L 为负值，所以 TP_L 曲线开始下降。以上这种关系可以简单地表述为：只要边际产量是正的，总产量总是增加的；只要边际产量是负的，总产量总是减少的；边际产量为零时，总产量达到最大。

进一步，根据总产量与边际产量之间的关系，在边际报酬递减规律作用下的边际产量曲线 MP_L 先升后降，相应的总产量曲线 TP_L 的斜率先升后降，边际产量在 B' 点出现最大值，总产量在 B 点出现拐点，两点是相互对应的。

(二)平均产量和总产量之间的关系

由定义 $AP_L = \dfrac{TP_L}{L}$ 可知，任一劳动投入量的平均产量都可以用与劳动投入量对应的总产量曲线上点与原点之间连线的斜率表示。图 4-2 中，当劳动投入量为 L_1 时，连结 TP_L 曲线上 A 点和坐标原点的线段 OA 的斜率为 $\dfrac{AL_1}{OL_1}$，$\dfrac{AL_1}{OL_1}$ 就是相应的 AP_L 值，它等于 $A''L_1$ 的高度。

正是由于这种关系，所以在图中当平均产量 AP_L 曲线在 C' 点达到最大值时，总产量 TP_L 曲线上的 C 点与原点的连线斜率是最大的。

(三)边际产量和平均产量之间的关系

边际产量曲线和平均产量曲线高度相关。从图 4-2 中可以看出,当劳动投入量小于 L_3 时,$MP_L > AP_L$,AP_L 曲线上升;当劳动投入量大于 L_3 时,$MP_L < AP_L$,AP_L 曲线下降;当劳动投入量等于 L_3 时,$MP_L = AP_L$,且此时 AP_L 达到最大值。这是因为就任何一对边际产量和平均产量而言,只要边际产量大于平均产量,就会把平均产量拉上,反之,则边际产量把平均产量拉下。而当 MP_L 与 AP_L 相交时,AP_L 必达到最大值。[①]此时,OC 即是 TP_L 曲线上 C 点的切线,也是 C 点与原点的连线,其斜率即是 C 点所对应的劳动投入量 L_3 的 MP_L 值,也是 AP_L 值。由于 AP_L 是最大值,所以 OC 是从原点出发的最陡的切线。

总之,在可变要素劳动投入量的变化过程中,边际产量的变动相对平均产量的变动要更敏感一点,所以,不管是增加劳动投入还是减少劳动投入,边际产量的变动都快于平均产量的变动。

五、短期生产三个阶段的划分及生产要素合理投入区域的确定

根据总产量、平均产量、边际产量的变化情况,划分为三个阶段,如图 4-2 所示。

第一阶段($O \sim L_3$ 阶段):AP_L 呈递增阶段。在这一阶段中,三条产量曲线中至少有两条曲线随着劳动投入的增加而上升,从 0 到 L_2 的劳动投入过程中,三条曲线都呈上升趋势,从 L_2 到 L_3 的劳动投入过程中两条曲线上升,一条曲线下降。劳动的边际产量始终大于劳动的平均产量,从而劳动的平均产量和总产量都在上升,且劳动的平均产量在 L_3 达到最大值。说明在这一阶段,可变生产要素相对于固定生产要素投入量显得过小,固定生产要素的使用效率不高,因此,厂商增加可变生产要素的投入量就可以增加总产量。因此,理性的厂商不会将自己的生产停留在此阶段,将增加生产要素投入量,把生产扩大到第二阶段。

第二阶段($L_3 \sim L_4$ 阶段):在这一阶段中,三条产量曲线中只有一条曲线随着劳动投入的增加而上升。劳动的边际产量小于劳动的平均产量,从而使平均产量递减。但由于边际产量仍大于零,所以总产量仍然连续增加,但以递减的变化率增加,在终点 L_4,TP_L 达到最大。

第三阶段(L_4 之后):TP_L 呈递减的阶段。在这一阶段的劳动投入过程中,三条产量曲线中没有一条曲线随着劳动投入的增加而上升。平均产量继续下降,边际产量变为负值,

---

① 这在数学上容易证明。$\dfrac{\mathrm{d}(AP_L)}{\mathrm{d}L} = \dfrac{\mathrm{d}}{\mathrm{d}L}\left(\dfrac{Q}{L}\right) = \dfrac{\frac{\mathrm{d}Q}{\mathrm{d}L}L - Q}{L^2} = \dfrac{1}{L}(MP_L - AP_L)$。若 $MP_L > AP_L$,则 $\dfrac{\mathrm{d}(AP_L)}{\mathrm{d}L} > 0$,$AP_L$ 增加;若 $MP_L = AP_L$,则 $\dfrac{\mathrm{d}(AP_L)}{\mathrm{d}L} = 0$,$AP_L$ 最大;若 $MP_L < AP_L$,则 $\dfrac{\mathrm{d}(AP_L)}{\mathrm{d}L} < 0$,$AP_L$ 下降。

总产量开始下降。这说明, 在这一阶段, 可变生产要素的投入量相对于固定生产要素来说已经太多, 厂商减少可变生产要素的投入量是有利的。因此, 理性的厂商将减少可变生产要素的投入量, 把生产退回到第二阶段。

由此可见, 短期内合理的生产阶段在第二阶段, 理性的厂商将选择在这一阶段进行要素投入。至于选择在第二阶段的哪一点, 还要结合生产要素的价格和厂商的收益进行分析。如果相对于资本的价格而言, 劳动的价格相对较高, 则劳动的投入量靠近 L_3 点对于厂商有利; 如果相对于资本的价格而言, 劳动的价格相对较低, 则劳动的投入量靠近 L_4 点对于厂商有利。

第三节　长期生产函数

本节以两种生产要素均可变的生产函数为例来讨论长期中生产要素的投入组合与最大产量之间的相互关系。

一、长期生产函数的表达式

长期中, 生产要素没有可变与固定之分, 在既定的技术水平下, 式(4.1)表示的厂商生产中所有的生产要素都是可变的, 为了分析方便, 通常用劳动和资本两种可变要素的投入组合来生产一种产品, 则生产函数的一般表达式为:

$$Q = f(L, K) \qquad (4.12)$$

式中: L 表示可变要素劳动的投入量, K 表示可变要素资本的投入量, Q 表示所生产的最大产量。于是, 长期生产函数表示, 在长期内, 在既定生产技术水平下, 两种可变要素投入量的组合与能生产的最大产量之间的依存关系。

在两种可变投入要素生产函数下, 如何使要素投入量达到最优组合, 以使生产一定产量下的成本最小, 或使用一定成本时的产量最大? 西方经济学运用了等产量曲线与等成本线结合的图解法分析。

二、等产量曲线

(一)等产量曲线的含义

等产量曲线是在生产技术既定的条件下, 生产同一产量所必需的两种生产要素投入的不同数量组合点的轨迹。等产量线给出了厂商进行生产决策的技术可行性空间——为了得到某一固定的最大产出量, 厂商可以使用的两种不同生产要素投入品的组合。与等产量曲线相对应的生产函数是:

$$Q = f(L, K) = Q^0 \qquad (4.13)$$

式中：Q^0为常数，表示既定的最优产量水平，这一函数是一个两种可变要素的生产函数当函数值为常数的情形。

图4-3中三条等产量曲线，它们分别表示产量为55、75、90单位。以代表55单位产量的等产量曲线为例，既可以使用A点的要素组合(OL_1，OK_3)生产，也可以使用B点的要素组合(OL_2，OK_2)或C点的要素组合(OL_3，OK_1)生产。这是连续性生产函数的等产量线，它表示两种必需的投入要素的比例可以任意变动，产量是一个连续函数，这是等产量曲线的基本类型。等产量线的集合，描述了企业的生产函数。

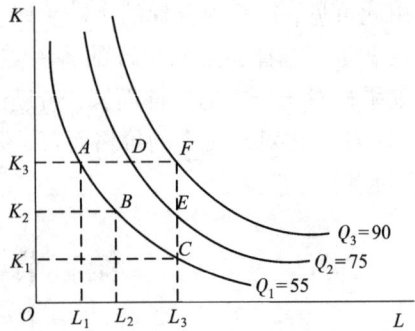

等产量曲线与无差异曲线非常相似。无差异曲线将消费者的满足程度按从低到高的顺序排列，等产量线则按产出水平的高低作同样的处理。但与无差异曲线的区别是，每一条等产量曲线都对应着特定的产出水平，而无差异曲线只具有序数意义而不具有基数意义。

(二)等产量曲线的一般特点

第一，距原点越远的等产量曲线表示的产量水平越高，反之，则越低。如图4-3，三条等产量曲线Q_1、Q_2、Q_3，距原点的距离有$Q_1 < Q_2 < Q_3$，越远的代表的产量越大。

第二，同一平面坐标上存在无数条等产量线，任何两条等产量线不会相交。

第三，等产量曲线向右下方倾斜，斜率为负，凸向原点。如图4-3，在同一条等产量曲线上，向右下方倾斜表明两要素之间是可以替代的；厂商为了维持产量不变，增加了一种要素数量必须要减少另一种要素数量。而且等产量线是以凸向原点的形状向右下方倾斜的，即等产量线的斜率绝对值是递减的。等产量曲线之所以会具有这样的特征，这取决于要素的边际技术替代率递减规律。

(三)等产量曲线的特殊形状

如图4-3所示，等产量曲线一般情况下向右下方倾斜，斜率为负，凸向原点。但也存在以下两种特殊的情形：

第一，右直角的形状。这类等产量曲线对应的是固定投入比例生产函数情况。它与消费者行为理论中的完全互补的无差异曲线非常相似，具有如图4-4所示的形状。厂商若只增加两种要素中的一种——比如说，L_1增至L_2，K_1保持不变，产量只能维持在Q_1水平上，是不能提高的；只有按固定比例同时增加两种要素投入，比如说由(L_1，K_1)增至(L_2，K_2)，产量才能由Q_1增加到Q_2，要素之间是不能相互替代的。

图4-3 等产量曲线图

第二，向右下方倾斜的直线形状。这类等产量曲线对应的是固定替代比例生产函数情况。它与消费者行为理论中的完全替代品的无差异曲线非常相似，具有如图4-5所示的形状。投入的两要素之间是可以相互替代的，比如说，可以用大量的资本 K 代替劳动 L，也可以用大量的劳动 L 代替资本 K，或者 K、L 两者的均衡组合生产出同样的产量，并且可以替代的比率也是固定的，这就决定了等产量曲线的斜率是不会变化的，劳动对资本的替代比例也就是等产量曲线斜率的绝对值。

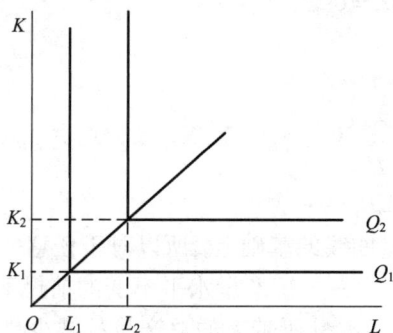

图4-4　固定投入比例的生产函数　　　　图4-5　固定替代比例的生产函数

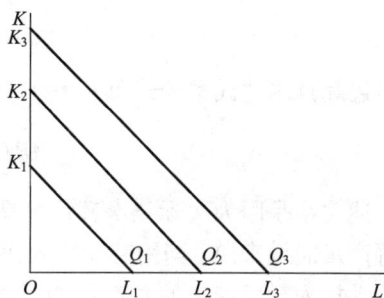

三、边际技术替代率

(一)边际技术替代率的含义

长期生产的主要特征是不同比例的生产要素组合可以生产同一产量水平，即在维持同一产量水平时，生产要素之间存在一定程度的替代关系。边际技术替代率(marginal rate of technical substitution，$MRTS$)是研究生产要素之间替代关系的一个重要概念，它是指在维持产量水平不变的条件下，增加一单位某种生产要素投入量时所必须减少的另一种生产要素的投入数量。以 $MRTS_{LK}$ 表示劳动对资本的边际技术替代率，则：

$$MRTS_{LK} = -\frac{\Delta K}{\Delta L} \tag{4.14}$$

式中：ΔK 和 ΔL 分别表示资本投入的变化量和劳动投入的变化量；$MRTS_{LK}$ 表示的是在保持产出不变的前提下，多投入一单位的劳动，资本的投入可以减少的量。式中加负号是为了使 $MRTS_{LK}$ 为正值，以便于比较。

当要素投入量的变化量为无穷小时，上式变为：

$$MRTS_{LK} = \lim_{\Delta L \to 0} -\frac{\Delta K}{\Delta L} = -\frac{dK}{dL} \tag{4.15}$$

即：等产量曲线上某一点的边际技术替代率就是该点的切线斜率的绝对值。

（二）边际技术替代率与边际产量的关系

边际技术替代率等于两种要素的边际产量之比。设生产函数 $Q = f(L, K)$，则：

$$dQ = \frac{\partial Q}{\partial L} \cdot dL + \frac{\partial Q}{\partial K} \cdot dK = MP_L \cdot dL + MP_K \cdot dK$$

令 $Q = Q_0$，由于同一条等产量线上有任何一点的产量相等，即 $dQ = 0$，则有：

$$MP_L \cdot dL + MP_K \cdot dK = 0$$

即：

$$-\frac{dK}{dL} = \frac{MP_L}{MP_K}$$

由边际技术替代率公式可知：

$$MRTS_{LK} = -\frac{dK}{dL} = \frac{MP_L}{MP_K} \tag{4.16}$$

上述关系是因为边际技术替代率是建立在等产量曲线的基础上，所以对于任意一条给定的等产量曲线来说，当用劳动投入代替资本投入时，在维持产量水平不变的前提下，由增加劳动投入量所带来的总产量的增加量和由减少资本量所带来的总产量的减少量必然相等。

（三）边际技术替代率递减规律

边际技术替代率递减规律指：在维持产量不变的前提下，当一种生产要素的投入量不断增加时，每一单位的这种生产要素所能代替的另一种生产要素的数量是递减的。以图 4 - 6 为例，当要素组合沿着等产量曲线由 a 点按顺序移动到 b、c 和 d 点的过程中，劳动投入量由 L_1 增加到 L_2、L_3 和 L_4，并且 $L_1L_2 = L_2L_3 = L_3L_4$，所能替代的资本投入量由 K_1 相应减少到 K_2、K_3、K_4，并且相应的减少量 $K_1K_2 > K_2K_3 > K_3K_4$，等产量线也变得越来越平坦，这恰好说明了边际技术替代率是递减的。

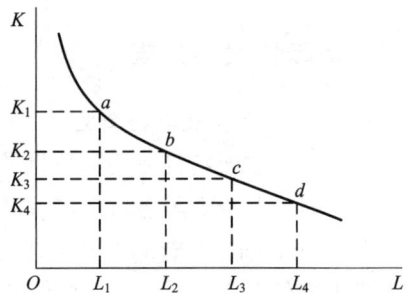

图 4 - 6   边际技术替代率递减

边际技术替代率递减规律是根源于生产要素的边际报酬递减规律。生产要素的边际报酬递减的主要原因又在于：生产技术条件既定时，任何一种产品的生产技术都要求各要素投入之间有适当的比例，这意味着要素之间的替代是有限制的。根据等产量线向右下方倾斜特征可知，要保持产量不变，在增加劳动投入的同时必须减少资本投入。由边际技术替代率的定义及公式式(4.16)可知，在维持产量不变的情况下，随着劳动投入量的增多，劳动的边际产量会越来越小，随着资本投入量的减少，资本的边际产量会越来越大，劳动的边际产量与资本的边际产量的比值会越来越小，这就说明边际技术替代率是递减的。

四、等成本线

(一)等成本线的含义

长期分析中讨论厂商的成本可运用等成本线这一工具。等成本线也称为厂商的预算线，是在某一特定时期，在生产要素价格既定的条件下，厂商既定的总成本支出可以购买到的两种生产要素的所有不同数量组合的轨迹。假定厂商既定的总成本支出为 C，要素市场上劳动的价格用工资率 w 表示，资本的价格用利息率 r 表示，则成本方程为：

$$C = w \cdot L + r \cdot K \qquad\qquad (4.17)$$

这一方程可表示为：

$$K = -\frac{w}{r}L + \frac{C}{r} \qquad\qquad (4.18)$$

根据以上式子可得到等成本线，如图 4-7 所示。图 4-7 中，等成本线的截距 $\frac{C}{r}$ 表示全部成本支出用于购买资本时所能购买的最大资本数量，等成本线在横轴上的截距 $\frac{C}{w}$ 表示全部成本支出用于购买劳动时所能购买的最大劳动数量，等成本线的斜率为 $-\frac{w}{r}$，其大小取决于劳动和资本两要素相对价格的高低。

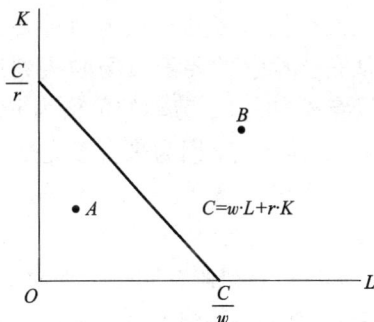

图 4-7　等成本线

图 4-7，在等成本线以内的区域，其中的任意一点(如 A 点)表示既定的总成本没有用完；等成本线以外的区域，其中的任意一点(如 B 点)表示既定的成本不够购买该点的劳动和资本的数量组合；等成本线上的任意一点表示既定的全部成本刚好能购买的劳动和资本的数量组合。

(二)等成本线的移动

如果出现下面两种情况，等成本线会发生移动，其移动规律与消费者行为理论中的预算线的移动规律相类似：

第一，厂商生产成本不变，投入的要素价格发生变化。可分为四种情况：① w 变化而 r 不变化，等成本线会以纵轴上的交点为支点顺时针或逆时针旋转，w 下降逆时针转动，w 提高顺时针转动；② r 变化而 w 不变化，等成本线会以横轴上的交点为支点顺时针或逆时针旋转，r 下降顺时针转动，r 提高逆时针转动；③ w、r 等比例变化，等成本线平行移动；④ w、r 不等比例变化，等成本线移动视情况而定。

第二，投入的要素价格不变，厂商成本发生变化。由于两种生产要素的价格不变，所以等成本线的斜率不会发生变化；等成本线因成本的增加向外平行移动，因成本减少向内平行移动；在同一平面上，距离原点越远的等成本线代表成本水平越高。

如果厂商的成本与要素的价格同时发生变动，则等成本的变化要依这两种变化情况的不同而具体分析。

五、生产要素投入的最优组合

在长期生产中，厂商都会选择最优的生产要素组合进行生产，从而实现产量的最大化。所谓生产要素投入的最优组合是指在既定的成本条件下能生产出最大产量的生产要素投入数量组合，或既定产量条件下能得到最小成本的生产要素投入数量组合，这一不再变化的生产要素投入数量组合状态也称为厂商均衡。下面分两种情况来分析。

（一）既定成本下最大产量的生产要素投入最优组合

假设只投入劳动和资本两种要素，它们都能从完全竞争的要素市场购买到；假定厂商的既定成本为 C，劳动的价格为 w，资本的价格为 r，且 w 与 r 因为来自于完全竞争的要素市场而固定。这样，我们就不必考虑要素价格变化而专注于要素量的组合变化。把等成本线和等产量线画在同一个平面坐标系中，如图 4-8 所示。从图中可以确定厂商在既定成本下实现最大产量的最优要素投入组合，即生产的均衡点。

因为成本既定，所以图 4-8 中只有一条等成本线，但可供厂商选择的产量水平有很多，图中画出了三个产量水平 Q_1、Q_2、Q_3。

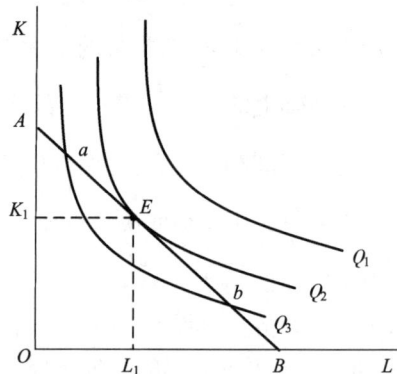

图 4-8 既定成本下产量最大的要素组合

先看等产量线 Q_1，图中等产量线 Q_1 代表的产量水平最高，但处于等成本线以外的区域，表明厂商在既定成本条件下，不能购买到生产 Q_1 产量所需的两种要素组合，因此 Q_1 代表厂商在既定成本下无法实现的产量。

再看产量水平 Q_3。等产量线 Q_3 与等成本线交于 a、b 两点，在 a 点由于等产量线的斜率的绝对值大于等成本线的斜率的绝对值，即：$MRTS_{LK} > \dfrac{w}{r}$，假定 $MRTS_{LK} = -\dfrac{dK}{dL} = \dfrac{5}{1}$，

$\dfrac{w}{r} = \dfrac{1}{1}$。从不等式的左边看，在生产过程中，厂商放弃一单位的资本投入量时，只需加 0.2 单位的劳动投入量，就可以维持产量不变；这代表着厂商的生产技术设计，如同前面讨论消费者决策时所分析的那样，代表的是一种愿望。从不等式的右边看，在生产要素市场上，厂商在不改变成本总支出的情况下，减少 1 单位的资本购买可以增加 1 单位的劳动购买，这代表的是一种现实。而此不等式所表达的是愿望大于现实。比如，按照厂商的生产技术设计，厂商放弃 1 单位的资本投入量时，只需加 0.2 单位的劳动投入量，就可以维持产量不变。但生产要素市场现实是 1 单位的资本可换 1 单位的劳动。在理性人假设下，厂商在不改变成本总支出的情况下，减少 1 单位的资本购买，替代增加 1 单位的劳动购买，这样可以多得到 0.8 单位的劳动投入量，按照厂商的生产技术设计计算，可使总产量增加。所以只要 $MRTS_{LK} > \dfrac{w}{r}$，厂商就会在不改变总成本支出的情况下，通过不断的用劳动代替资本而使总产量增加。同样道理，可以分析 b 点的厂商的行为。在 b 点时，由于等产量线的斜率的绝对值小于等成本线的斜率的绝对值，即，$MRTS_{LK} < \dfrac{w}{r}$，假定 $MRTS_{LK} = -\dfrac{\mathrm{d}K}{\mathrm{d}L} = \dfrac{1}{5}$，$\dfrac{w}{r} = \dfrac{1}{1}$，从不等式的左边看，在生产过程中，厂商放弃 1 单位的劳动投入量只需增加 0.2 单位的资本投入量，就可以维持原有的产量水平；这代表着厂商的生产技术设计，如同前面讨论消费者决策时，代表的是一种愿望。从不等式的右边看，在生产要素市场上，1 单位劳动可以替代 1 单位的资本。这代表一种现实。而此不等式表达的是愿望小于现实。比如，按照厂商的生产技术设计，厂商减少 1 单位劳动投入，只能得到 0.2 单位的资本投入量。但生产要素市场现实是 1 单位的资本可换 1 单位的劳动。在理性人假设下，厂商在不改变成本总支出的情况下，减少一单位的劳动购买，替代增加 1 单位的资本购买，这样可以多得到 0.8 单位的资本投入量，按照厂商的生产技术设计计算，可使总产量增加。所以，只要 $MRTS_{LK} < \dfrac{w}{r}$，厂商就会在不断改变总支出的条件下，不断地用资本代替劳动，而使总产量增加。因此，厂商不会在 a、b 两点达到均衡。

最后看等产量线 Q_2。等产量线 Q_2 与等成本曲线相切于点 E 点，则此时等成本线斜率的绝对值与等产量线斜率的绝对值相等。即：$MRTS_{LK} = \dfrac{w}{r}$，此时无论厂商减少劳动投入量或减少资本投入量，在维持产量不变的情况下，都不可能多得到另一种生产要素的投入量，因此也不能使总产量增加，所以此时厂商不再变动两种生产要素投入组合，在切点 E 实现了厂商均衡，也达到了既定成本下最大产量的生产要素投入的最优组合。

所以达到生产要素投入最优组合的条件是：

$$MRTS_{LK} = \frac{w}{r} \qquad\qquad (4.19)$$

它表示：为了实现成本既定条件下的最大产量，厂商必须选择最优的生产要素投入组合，使得两要素的边际技术替代率等于两要素的价格之比。

（二）既定产量下最小成本的生产要素投入最优组合

假设如同第一种情况，完全竞争要素市场的背景，厂商的既定产量为 Q，劳动的价格既定为 w，资本的价格既定为 r，把等成本线和等产量线画在同一个平面坐标系中，则可用图 4-9 来分析既定产量下的最优生产要素投入组合，即生产的均衡点。

图 4-9 中有一条等产量线 Q，三条等成本线 AB、$A'B'$、$A''B''$。等产量线 Q 代表既定的产量，三条等成本线斜率相同，但总成本支出不同：$C_{AB} > C_{A'B'} > C_{A''B''}$。

图 4-9 中等成本线 $A''B''$ 与等产量线 Q 没有交点，等产量线 Q 在等成本线 $A''B''$ 以外，所以产量 Q 是在 $A''B''$ 的成本水平下无法实现的产量水平。等成本线 AB 与等产量线 Q 有两个交点 a、b，等成本线 $A'B'$ 与等产量线 Q 相切于 E 点，按照上述相同的分析方法可知：厂商不会在 a、b 点达到均衡，只有在切点 E，才是厂商的最优生产要素投入组合。

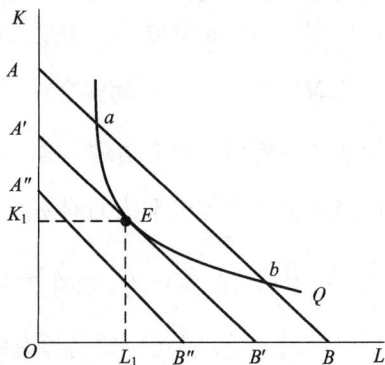

图 4-9 既定产量下成本最小要素组合

因此厂商最优生产要素投入组合的约束条件是：

$$MRTS_{LK} = \frac{w}{r} \qquad\qquad (4.20)$$

该式表示厂商应该选择最优的生产要素投入组合，使得两要素的边际技术替代率等于两要素的价格之比，产量既定条件下成本最小。

由式(4.16)与式(4.20)可得生产的均衡条件为：

$$MRTS_{LK} = \frac{MP_L}{MP_K} = \frac{w}{r} \qquad\qquad (4.21)$$

或：

$$\frac{MP_L}{w} = \frac{MP_K}{r} \qquad\qquad (4.22)$$

上式表明，厂商选择最优生产要素投入组合时，应使花在每一要素上的最后一单位的成本获得的边际产量相等。该原则与厂商在既定成本条件下实现最大产量的两要素的最优组合原则及厂商在既定产量条件下实现成本最小的两要素的最优组合原则是相同的。

可对既定产量下最小成本的生产要素投入进行数学分析。

$$\min C = rK + wL \tag{4.23}$$

$$s.t.\ Q_0 = f(L,\ K) \tag{4.24}$$

建立拉格朗日函数:令 λ 为拉氏乘子,且 $\lambda > 0$,则

$$Z = rK + wL + \lambda[Q_0 - f(L,\ K)] \tag{4.25}$$

$$\frac{\partial Z}{\partial L} = w - \lambda\frac{\partial f}{\partial L} = 0 \tag{4.26}$$

$$\frac{\partial Z}{\partial K} = r - \lambda\frac{\partial f}{\partial L} = 0 \tag{4.27}$$

整理后有

$$\frac{\partial f/\partial L}{\partial f/\partial K} = \frac{w}{r} \tag{4.28}$$

或

$$\frac{MP_L}{w} = \frac{MP_K}{r} = \frac{1}{\lambda} \tag{4.29}$$

进一步,利用拉格朗日乘数法同样可以求得厂商多种生产要素投入的最优组合,还可得到如下一般方程式:

$$\frac{MP_X}{P_X} = \frac{MP_Y}{P_Y} = \frac{MP_Z}{P_Z} = \cdots = \frac{1}{\lambda} \tag{4.30}$$

认识到这一点,对于我们深入认识厂商多种生产要素投入的最优组合具有非常重要的意义,证明从略。

六、扩展线

在消费者效用最大化的行为选择分析中,当消费者均衡点建立后,引入比较静态分析,商品的价格或消费者的收入发生变化,将会导致消费者最优商品组合均衡点的变化。同样的,在厂商利润最大化的生产行为选择中也存在着类似的分析。若生产要素的价格或厂商成本发生变化,将会引起生产者最优要素组合均衡点的变化。对于任意水平的产出,厂商都能找到使其成本最小的要素投入组合。如果厂商在任何产量下都有唯一确定的最小化组合(L, K),就可以很容易地找到成本最小化选择点的轨迹。扩展线表示在假定生产要素价格和技术水平不变的条件下,厂商的不同的等产量线与等成本线相切所形成的一系列不同的成本最小化要素组合选择点的轨迹,是对长期与完全竞争要素市场条件下厂商生产规模变化时生产要素投入组合最优选择行为的基本描述。仿照第三章中正常商品与低档商品的分析思路,本章只讨论以 L、K 均为正常生产要素品的情形。

(1)如果生产要素价格不变,厂商的成本支出增加,等成本线的斜率不会发生变化,等成本线会平行地向上移动;如果厂商改变产量,等产量线也会发生平移。这些等产量曲

线将与相应的等成本线相切，形成一系列成本最小化要素组合选择点——厂商均衡点，把所有这些连接起来形成的曲线叫做生产扩展线。图 4－10 中的曲线 ON 就是一条扩展线。由于生产要素的价格保持不变，厂商均衡约束条件又是 $MRTS_{LK}=\dfrac{w}{r}$，所以扩展线上的所有的生产均衡点的边际技术替代率相等。在生产扩展线上，可以用最小成本生产最大产量，从而获得最大利润，所以厂商愿意沿此路径扩大生产。虽然其他路径也能达到使产量扩大的结果，但不是最优路径，只有沿均衡点扩大规模是最优路径。但厂商究竟会把生产推进到扩展线上的哪一点上，单凭扩展线是不能确定的，还要看市场上需求的情况。

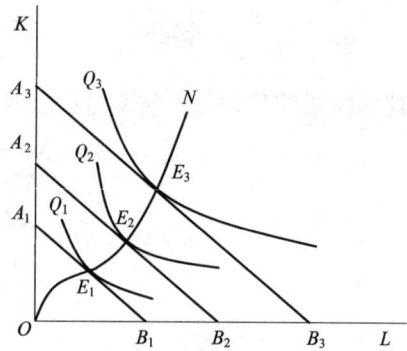

图 4－10　扩展线

（2）如果某种投入的生产要素价格发生了变化而另一种生产要素价格未发生变化，等成本线的斜率将会发生变化，扩展线并不一定就是直线。①如果是横轴的要素价格 P_L 上涨，等成本线斜率的绝对值将会上升，等成本线会变得更加陡峭；P_L 下降，等成本线斜率的绝对值将会下降，等成本线会变得更加平缓。此时的厂商要素组合均衡点的最优选择会发生相应的变化。②如果是纵轴的要素价格 K_L 上涨，等成本线斜率的绝对值将会下降，等成本线会变得更加平缓；K_L 下降，等成本线斜率的绝对值将会上升，等成本线会变得更加陡峭。此时的厂商均衡点的最优选择会发生相应的变化。两种情况读者可以自己加以推导。

（3）利用扩展线，可以说明短期平均成本曲线的 U 形图状，以及短期平均成本与长期平均成本的差别①。如图 4－11，假定短期中资本 K 固定在 K_1 水平。要生产出 Q_2 的产量，厂商就要通过选择与等成本线 A_2B_2 的切点相对应的劳动量 L_2 来使成本最小化。这种固定性体现在厂商决定将产量增至 Q_3 时，如果是长期，则 K 不是固定的，厂商将会以 K_3 的资本与 L_3 的劳动

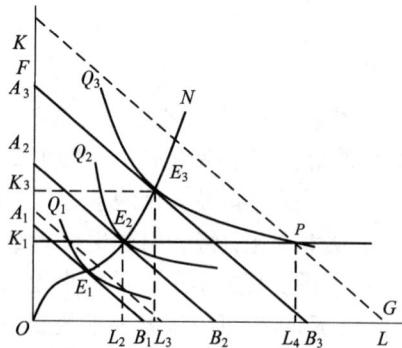

图 4－11　扩展线和短期总成本

———————
① 关于此知识点，读者在学习短期成本曲线之后会理解得更清楚。

来生产上述产出。厂商的成本将由等成本线 A_3B_3 表示出。然而，如果是短期，则资本 K 固定在 K_1 水平，厂商不能自由选择投入量。在短期内为了生产不同的产出水平，厂商只能使用"非最优化"的要素投入组合，迫使厂商只能以 K_1 的资本、L_4 的劳动在点 P 进行生产。P 点落在表示成本高于 A_3B_3 代表的等成本线 FG 上，为"非最优化"的两要素投入组合点，明显表示厂商扩大生产时，由于厂商无法以相对成本较低的资本 K 来替代成本较高的劳动 L，因而当厂商资本 K 固定不变时，厂商的短期生产成本并非最小成本，要高于长期成本。当厂商决定将产量降至 Q_1 时，同样的假定条件下也可以说明短期内厂商的生产成本也高于长期成本，读者可以根据图形很容易地推导出来。

第四节 规模报酬

长期中，厂商可对两种生产要素同时进行调整，引起生产规模的改变。随着生产规模的变化，产量也相应发生变化，研究产量与要素投入量间变化规律，涉及规模报酬问题。

两种生产要素在调整过程中，可以以不同组合比例同时变动，也可以按固定比例变动。为了使问题简化，在生产理论中，我们假定全部生产要素以相同的比例变化，因此，所谓规模报酬是指在其他条件不变的情况下，各种生产要素按相同比例变动所引起的产量的变动。根据产量变动与投入要素变动之间的关系可以将规模报酬分为：规模报酬递增、规模报酬不变和规模报酬递减三种情况。

一、规模报酬递增

所谓规模报酬递增是指产量增加的比例大于所有生产要素投入增加的比例。如图 4－12 所示，从原点 O 出发的 OR 代表一种生产过程。在该生产过程中，劳动 L 与资本 K 以 2 小时的劳动比 2 小时的机器这一比率投入生产。现沿着 OR 线移动。当劳动和资本分别投入为 2 个单位时，产出为 100 个单位，当劳动和资本分别投入不到 4 个单位时，产出已为 200 个单位，于是，产出是原来的 2 倍，投入却不到原来的 2 倍，产量增加的比例大于要素增加

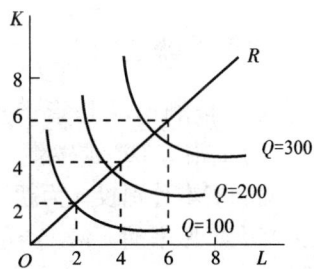

图 4－12 规模报酬递增

的比例，图形上的等产量线越来越密。例如自来水厂扩张时将供水管道的直径增加一倍，所需的材料也增加一倍，但供水管的截面却扩大成原先的四倍，这样水管的输水量就会大于原先的两倍（当然要在技术限定的范围内扩管）。

规模报酬递增的主要原因是由于更大规模的生产使得劳动的分工更专业化，能充分利

用厂房、机器和先进的设备而提高单位产品的生产效率;可以变动生产过程中使用的要素投入组合的方式,使生产过程的组织更有效率;可以更低价地购买生产要素,从而降低单位投入成本,提升单位产品报酬。汽车装配业是规模报酬递增的一个典型例子。

二、规模报酬不变

规模报酬不变是指产量增加的比例等于所有生产要素投入增加的比例。如图 4 - 13 所示,沿着 OR线移动,当劳动和资本分别投入为 2 个单位时,产出为 100 个单位,当劳动和资本分别投入为 4 个单位时,产出为 200 个单位,于是,产出与投入均是原来的 2 倍,产量增加的比例等于要素增加的比例,图形上的等产量线分布均匀。例如厂商扩大生产规模时完全复制现有的生产方式。

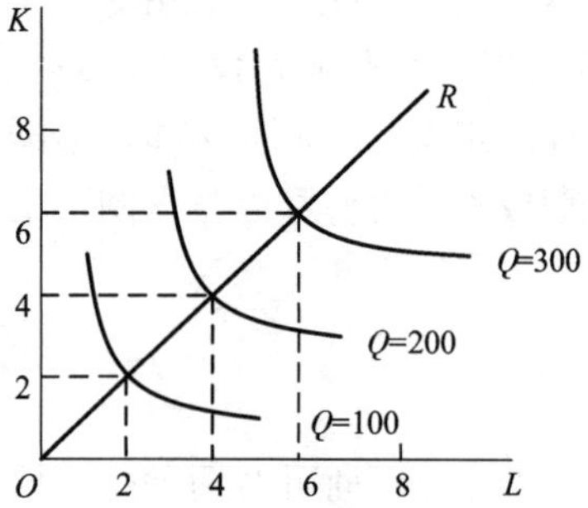

规模报酬不变产生的原因,在于规模报酬递增

图 4 - 13   规模报酬不变

阶段的后期,大规模生产的优越性已得到充分发挥,厂商逐渐用完了专业化的收益;同时,假定资本、劳动与技术外的其他投入不重要,厂商采取各种措施与努力减少规模不经济,以推迟规模报酬递减阶段的到来。当规模报酬不变时,一个很好的例子就是生产函数是一阶线性齐次函数[①]。此时,厂商的经营规模不影响它的要素生产率,其生产要素投入品的平均生产率保持不变。此时,进行一种特定生产的企业很容易被"复制",两个相同的企业得出的产量是原来的 2 倍。

三、规模报酬递减

所谓规模报酬递减是指产量增加的比例小于所有生产要素投入增加的比例。如图 4 -14所示,沿着 OR 线移动,当劳动和资本分别投入为 2 个单位时,产出为 100 个单位,当劳动和资本分别投入为超过 4 个单位时,产出为 200 个单位,于是,产出是原来的 2 倍,投入却大于原来的 2 倍,产量增加的比例小于要素增加的比例,图形上的等产量线越来越稀。

产生规模报酬递减的原因主要是厂商规模的过于庞大,导致了组织的复杂性和带来了

---

①   如果一个生产函数 $Q = f(L, K)$ 满足等式:$F(\lambda L, \lambda k) = \lambda^n F(L, K)$。则该生产函数为 n 阶齐次生产函数。一阶线性齐次生产函数的一个性质就是规模报酬不变,即所有的自变量都变动 λ 倍,因变量也变动 λ 倍,即 $F(\lambda L, \lambda k) = \lambda F(L, K)$;一阶线性齐次生产函数可表明这样一种生产过程,即投入扩大 1 倍,产出也扩大 1 倍,一个简单的例子就是建造一个相同的工厂。

管理上的困难，这就降低了劳动和资本的生产率。
如工人与经理人员之间的交流变得难以监督，工
作场所会变得混乱无序，或者某些投入固定不变
时增加另一种投入而出现，因此它只是一种短期
现象。

在其他条件不变下，规模报酬的上述三种情
况也可以用生产函数来说明。假设生产函数为
$Q = f(L, K)$，当全部要素投入都增加相同的倍数
倍数 λ 时：

如果 $f(\lambda L, \lambda K) > \lambda f(L, K)$，则生产函数
$Q = f(L, K)$ 具有规模报酬递增的性质；

图 4-14 规模报酬递减

如果 $f(\lambda L, \lambda K) = \lambda f(L, K)$，则生产函数 $Q = f(L, K)$ 具有规模报酬不变的性质；

如果 $f(\lambda L, \lambda K) < \lambda f(L, K)$，则生产函数 $Q = f(L, K)$ 具有规模报酬递减的性质；

上述关于规模报酬的定义分析可以很容易地推广到 n 种投入要素的生产函数，读者可
以自己分析。一般而言，在厂商生产规模较小的阶段，随着其生产规模的扩大，一种生产
技术最初往往具有规模报酬递增的性质，然后可能经历一个规模报酬不变的阶段；如果厂
商继续扩大生产规模，就会出现规模报酬递减的阶段。在长期内，追求利润最大化的厂商
的主要任务是，通过生产规模的调整，尽可能降低长期平均成本。同时，规模报酬及其变
化也是地方政府公共政策研讨与制定中的重要议题，本书第十一章将会再作讨论。

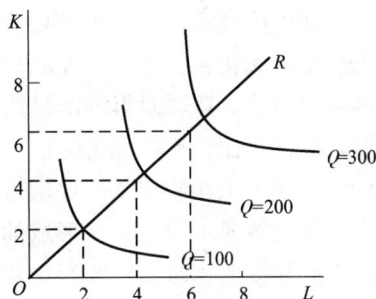

【本章小结】

1. 生产函数表示在一定时期内，在技术水平等不变的情况下，厂商生产中所投入的各
种生产要素的数量与所能生产的最大产量之间的关系。生产函数有短期与长期讨论的区
分，具有各种表达式。短期中至少有一种要素是固定不变的，而在长期内，所有的投入都
是可变的，技术是进步的。最简单的形式就是假设一定时期的产出量 Q 仅是该时期内资本
与劳动的函数。

2. 支配短期生产变化的是边际报酬递减规律。据此可以得到边际产量曲线、平均产量
曲线和总产量曲线以及它们之间的相互关系。进一步还可以确定短期生产中的合理生产
区域。

3. 长期生产理论的主要分析工具是等产量线和等成本线。等产量线描述产量水平一定
时投入品的各种组合，可用来表示整个生产函数；任一等产量线的斜率是边际技术替代
率；边际技术替代率是递减的，可以用两种要素的边际产量之比来表示。等成本线的斜率

等于两要素价格之比。

4. 长期中厂商实现最优生产要素投入组合时，可以分为两种情况讨论：一是成本既定时追求产量最大化，二是产量既定时追求成本最小化。不管是哪种情况，要实现生产要素投入的最优组合，必须使得等产量线与等成本线相切，在切点上要素的边际技术替代率等于两要素价格之比，或厂商花在每一要素上最后一单位投入获得的边际产量相等。

5. 扩展线表示在假定生产要素价格、生产技术和其他条件不变的情况下，厂商的不同的等产量线与等成本线相切所形成的一系列不同的生产均衡点的轨迹，是对长期时完全竞争厂商生产规模变化时生产要素最优选择行为的基本描述，也可用以说明短期平均成本曲线的 U 形图状。

6. 规模报酬指的是厂商生产规模的变动所引起的产量变动的关系。当产量增加的比例大于所有投入要素增加的比例时，称为规模报酬递增；当产量增加的比例等于所有投入要素增加的比例时，称为规模报酬不变；当产量增加的比例小于所有投入要素增加的比例时，称为规模报酬递减。规模报酬的变化情况也是地方政府公共政策研讨与制定中的重要议题。

习 题

一、名词解释

生产函数　边际产量　边际报酬递减规律　边际技术替代率递减规律　等产量线　等成本线　规模报酬　扩展线

二、选择题

1. 经济学中，短期是指(　　)。

A. 一年或一年以内的时期

B. 在这一时期内所有投入要素均是可以变动的

C. 在这一时期内所有投入要素至少有一种是可以变动的。

D. 在这一时期内，厂商来不及调整全部生产要素的数量，至少有一种生产要素的数量是固定不变的。

2. 对于一种可变要素投入的生产函数 $Q=f(L)$，所表示的厂商要素投入的合理区域为(　　)。

A. 开始于 AP 的最大值，终止于 TP 的最大值

B. 开始于 AP 与 MP 相交处，终止于 MP 等于零

C. 是 MP 递减的一个阶段

D. 以上都对

3. 当 $MP_L > AP_L$ 时,我们是处于(　　)。

A. 对于 L 的第一阶段　　　　　　　　B. 对 K 的第三阶段

C. 对于 L 的第二阶段　　　　　　　　D. 以上都不是

4. 一条等成本线描述了(　　)。

A. 企业在不同产出价格下会生产的不同数量的产出

B. 投入要素价格变化时,同样的成本下两种投入要素的不同数量

C. 既定的成本和既定的要素价格下生产者可以买到的两种要素的各种不同的最大数量组合的轨迹

D. 企业能够用来生产一定数量产出的两种投入要素的不同组合

5. 当单个可变要素的投入量为最佳时,必然有(　　)。

A. 总产量达到最大　　　　　　　　　　B. 边际产量达到最高

C. 平均产量大于或等于边际产量　　　　D. 边际产量大于平均产量

6. 当平均产量递减时,边际产量是(　　)。

A. 递减

C. 为零

B. 为负

D. 以上三种可能都有

7. 以下有关生产要素最优组合,也即成本最小化原则的描述正确的一项是(　　)。

A. $MP_L/w = MP_K/r$　　　　　　　　B. $MRTS_{LK} = w/r$

C. $P \cdot MP_K = r$　　　　　　　　　　D. A 和 B 均正确

8. 等产量曲线上各点代表的是(　　)。

A. 为生产同等产量而投入的要素价格是不变的

B. 为生产同等产量而投入的要素的各种组合比例是不能变化的

C. 投入要素的各种组合所能生产的产量都是相等的

D. 无论要素投入量是多少,产量是相等的

9. 如果厂商甲的劳动投入对资本的边际技术替代率为 1/3,厂商乙的劳动投入对资本的边际技术替代率为 2/3,那么(　　)。

A. 只有厂商甲的边际技术替代率是递减的

B. 只有厂商乙的边际技术替代率是递减的

C. 厂商甲的资本投入是厂商乙的 2 倍

D. 如果厂商甲用 3 单位的劳动与厂商乙交换 2 单位的资本,则厂商甲的产量将增加

10. 如果等成本曲线围绕它与纵轴的交点递时针转动,那么将意味着(　　)。

A. 横轴表示的生产要素的价格下降　　　B. 纵轴表示的生产要素的价格上升

C. 横轴表示的生产要素的价格上升　　　D. 纵轴表示的生产要素的价格下降

11. 若等成本曲线在坐标平面上与等产量曲线相交,那么该交点表示的产量水平

( )。

A. 应增加成本支出　　　　　　　　　　　B. 应减少成本支出

C. 不能增加成本支出　　　　　　　　　　D. 不能减少成本支出

12. 在规模报酬不变的阶段,若劳动的使用量增加 5%,而资本的使用量不变,则

( )。

A. 产出增加 5%　　　　　　　　　　　　B. 产出减少 5%

C. 产出的增加少于 5%　　　　　　　　　D. 产出的增加大于 5%

13. 生产函数 $Q = 0.5KL$ 和 $Q = 2K + 3L$ 的规模效应是( )。

A. 规模报酬递增;规模报酬递减　　　　B. 规模报酬递减;规模报酬递增

C. 规模报酬递增;规模报酬不变　　　　D. 规模报酬不变;规模报酬不变

三、判断题

1. 随着某种生产要素投入量的增加,边际产量和平均产量到一定程度将趋于下降,其中边际产量的下降一定先于平均产量。

2. 平均产量曲线一定在边际产量曲线的最高点与之相交。

3. 只要总产量减少,边际产量一定为负。

4. 凡属齐次生产函数,都可以分辨出其规模报酬的类型。

5. 生产者均衡点都满足利润最大化。

6. 处于规模报酬递增的厂商不可能面临单个生产要素的报酬递减的情形。

7. 假定生产某种产品要使用两种要素,如果两种生产要素的价格相等,那么厂商最好要用相同数量的这两种要素投入。

四、填表与简答

1. 填写下列表格:

可变要素的数量	总产量	可变要素的边际产量	可变要素的平均产量
0	0		
1	150		
2			200
3		200	
4	760		
5		150	
6			150

2.怎么区分固定投入比例生产函数和规模报酬不变的投入与产出之间的数量关系?

3.请说明为什么企业会沿着扩展线扩大生产规模。

五、计算题

1.如果某企业仅生产一种产品,并且唯一可变要素是劳动,也有固定成本。其短期生产函数为 $Q = -0.1L^3 + 3L^2 + 8L$,其中:Q 是每月产量,单位为吨;L 是雇用工人数。试问:

(1)欲使劳动的平均产量达到最大,该企业需要雇用多少工人?

(2)要使劳动的边际产量达到最大,其应该雇用多少工人?

2.某厂商的生产函数为 $Q = L^{3/8} K^{5/8}$,又假定市场上的要素价格为 $P_L = 3$ 元,$P_K = 5$ 元,求:

(1)厂商的总成本为 160 元时,厂商的均衡产量以及所使用的劳动量和资本量。

(2)产量为 25 时的最低成本以及所使用的劳动量和资本量。

3.已知生产函数为 $Q = \min(2L, 5K)$,求:

(1)当产量 $Q = 100$ 时,最优的 L 与 K 值分别为多少?

(2)如果 $P_L = 1$,$P_K = 4$,则生产 300 单位产量时的最小成本为多少?

4.已知生产函数为 $Q = AL^{1/4} K^{3/4}$,判断:

(1)在短期生产中,该生产函数是否受边际报酬规律支配?

(2)在长期生产中,该生产函数的规模报酬属于哪一种类型?

六、作图分析题

1.利用短期生产规律,作出曲线图并分析说明理性生产厂商为什么会把生产区域停留在第二阶段。

2.运用等产量线和等成本线作图论证厂商在既定的成本条件下实现最大化的最优生产要素组合原则。

3.一个厂商使用劳动和资本两种生产要素生产汽车。假设平均劳动生产率(总产出除以工人的数量)在最近几个月里一直增加。这是否意味着工人工作越来越努力了?或者,这是否意味着该厂商变得更加有效率了?请作图并加以解释。

第五章 厂商行为理论(二):成本理论

本章导读

如上一章导读所述,厂商在最优行为的选择中,不仅要考虑生产要素投入与产出之间的物质技术效率关系,而且还要考虑生产要素最佳投入量背后的成本与产量背后的收益之间的经济效率关系。当生产技术等条件既定时,生产要素的投入量与价格决定了厂商的生产成本。于是就引出了厂商成本与收益的均衡讨论。本章从经济效率的角度出发,讨论其他条件不变时厂商投入的生产要素价值与产出价值之间的均衡关系,讨论经济效率意义下厂商生产要素投入组合的最优选择。首先介绍成本概念以及成本函数;接着分析短期中的各种成本函数、图形以及它们之间的相互关系,然后从短期成本推导出了各种长期成本;最后结合收益分析,引出厂商实现利润最大化应满足的条件:边际收益等于边际成本。

基本概念

机会成本 隐成本 显成本 短期成本 长期成本 总收益 平均收益 边际收益 利润最大化

本章重点及难点

1.从产量变动与成本变动的相互关系中认识各种短期成本的变动规律及相互关系;
2.从短期成本曲线推导各种长期成本曲线;
3.成本函数与生产函数之间的对应关系,成本曲线与生产曲线之间的对应关系;
4.从成本与收益之间的关系,推导出厂商实现利润最大化的均衡条件。

第一节 关于成本的几个概念

经济学对于成本关注的角度与会计学不完全一样。会计学更关注企业过去的资金运动,比较关注显性成本与隐性成本、私人成本与社会成本等范畴,成本通常被看做是企业购买或租用生产要素的货币支出。经济学更关注企业的未来,经济分析中比较关注机会成本、沉没成本、边际成本等范畴;经济分析中的成本包含正常利润,经济学对于成本的理解比会计学更为宽泛。因此，需要拓宽对于经济分析有关的成本的认识。

一、机会成本

机会成本是指当一种经济资源有多种用途时，把该资源投入到某一特定用途以后，在所放弃的其他用途中，可能给选择者带来的最大收益。[①] 例如，张三开办一个小企业，他个人购置了机器、厂房，个人的时间也投入其中。虽然他不需要为这些投入品支付租金，不需要为自己支付工资，他因此也就放弃了这些投入品租给其他厂商能得到的租金、个人在其他企业打工获得劳动收入的机会。在计算自己小企业的成本时，经济学家会认为张三应该考虑他投入到小企业的时间与投资的机会成本。他此项投资的机会成本就是两者在其他行业投资的最高收益值之和；其中，一个打工岗位的个人最高收入值，就是他的时间的机会成本。因此，一种资源被用于某一种用途时即意味着它不能用于其他用途。当微观主体乃至国家考虑使用某一种资源时，都应当考虑它的第二种最好的用途。这一用途的价值就是机会成本的度量。利用机会成本进行经济分析有几个前提条件：首先，经济资源是稀缺的，不稀缺的资源不需要选择，也就没有机会成本；其次，经济资源应具有多种用途，如果该种经济资源只具有一种用途，只能运用到某个特定的领域、行业，也就不存在选择问题，也就没有机会成本了；最后，经济资源可以自由流动，如果资源不能进行自由流动，那么它就只能存在于某个固定的领域，也不会存在选择问题，也没有机会成本。

机会成本是当今主流经济学对于成本的定义，也是理解国际贸易比较优势原理的关键。机会成本的讨论折射出厂商等微观主体资源与要素投入中最优选择的思想。当然，准确地分析机会成本不是一件容易的事，因为确定资源与要素的其他用途不太容易。尽管如此，有理性的个人或厂商做决策时不能只分析直接成本，而应当分析机会成本，并且要使收益大于或等于机会成本，否则，其决策从经济学来看就是不合理的。[②]

二、沉没成本

经济学与会计学对于成本的认识角度有些不同。比如一个厂商买了一台机器，会计学计算一台机器的成本时，如果不考虑折旧，基本考虑的是这台机器的历史价格；经济学则考虑的是短期这台机器给别人使用时能获得的最高租金，如果它没有第二种用途，它的机

---

① 第三章讨论的预算线的斜率可以计量消费商品 1 的机会成本。为了多消费商品 1，你得放弃部分商品 2 的消费。放弃消费商品 2 的机会正是多消费商品 1 的经济成本。

② 美国经济学家格列高里·曼昆认为：如果一项决策使放弃的机会成本大过我们的承受能力，这样的决策也是要斟酌的。例如，人们当然需要清洁的空气、优越的环境。但是，如果因此治理环境而放弃现代工业文明给我们带来的富裕生活，机会成本太大，治理环境因此值不值得呢？——这就涉及到一个价值取向的问题。值与不值的前提是价值取向要统一。参见曼昆著：《经济学原理》第五版(微观经济学分册)，北京大学出版社 2009 年版，第 212 页。

会成本为零，而将历史价格视为沉没成本。因此，沉没成本是已经发生而无法收回的成本，它由过去的决策所决定，即使厂商不再进行生产也不能收回，因此不能影响现在或将来的任何决策。比如某厂商预付定金 50 万预购置 A 公司一套价值 550 万元的设备。现在又发现 B 公司以 525 万元出售同类设备。厂商应该购买哪一家公司的设备？答案仍然是 A 公司的设备。因为预付的 50 万元是一项沉没成本，已经发生且不能被弥补，所以厂商做经济决策时不需要考虑。而机会成本刚好与它相反，尽管它是隐性的、并未发生的，但却是我们做一项经济决策时需要考虑的成本。当然，长期厂商所有的投入均可调整，因而也是不存在沉没成本的，后面会对短期与长期成本概念展开讨论。

三、边际成本

人们做一项决策不仅要考虑某件事做还是不做，而且还要考虑多做或少做问题。比如消费者买一套商品房，决策的问题不仅包括买不买的问题，还包括购买面积的大小变化引发的成本变化问题；投资者投资建造汽车制造公司，是年产 50 万台还是多少——设计产量的变化会导致单位成本的变化。边际成本是指多生产一单位产量、或多消费一单位产品而增加的成本。这一概念在厂商最优行为分析中尤为重要，也成为本章中重要概念之一。

四、显性成本和隐性成本

企业生产经营活动中实际发生的成本包括两个部分：显性成本和隐性成本。

显性成本是指厂商在生产要素市场上购买或租用所需要的生产要素所支付的实际费用，即厂商实际支付给企业以外的经济资源所有者的货币额。这些支出是在会计帐目上作为成本项目记入帐上的各项费用支出，包括厂商支付所雇佣的管理人员和工人的工资，所借贷资金的利息，租借土地、厂房的租金，以及用于购买原材料或机器设备、工具和支付交通能源费用等支出的总额。从机会成本角度讲，这笔支出的总价格至少等于相同的生产要素用做其他用途时所能得到的最大收入，否则厂商就不能购买或租用这些生产要素并保持对它们的使用权。

隐性成本是对厂商自己拥有的且被用于该企业生产过程的那些生产要素所应支付但实际上没有支付的费用。这些费用并没有在厂商的会计帐目上反映出来，是厂商不需要实际向外支付的成本，所以称为隐性成本。例如厂商将自有的房屋建筑作为厂房，自己投入的流动资金的利息，企业主该厂提供的劳务应得的报酬等。但西方经济学认为既然租用他人的房屋需要支付租金，那么当使用厂商自有房屋时，也应支付这笔租金，所不同的是这时厂商是向自己支付租金。从机会成本的角度看，隐性成本必须按照厂商自有生产要素在其他最佳用途中所能得到的收入来支付，否则，厂商就会把自有生产要素转移到其他用途上，以获得更多的报酬。

五、私人成本与社会成本

私人成本是从厂商私人角度来看的成本，指厂商生产过程中投入的所有生产要素的价格。包括厂商在生产过程中投入的所有生产要素(如劳动、资本、土地)的货币价格；由于行业之间竞争所决定的资本家对企业进行经营管理的报酬；行业之间的竞争所决定的在风险相同的情况下资本的正常报酬，如厂商自己拥有的资本和土地应得到的利息和租金；企业家承担某些不确定性风险而应得到的风险贴水。

社会成本是与私人成本相对的概念，是从整个社会的角度来看的成本，也是一种机会成本。社会成本考察的是私人经济活动的机会成本以及因此而给别人带来的影响，比如厂商的经济活动不仅产生私人成本，还经常产生环境污染、生态破坏，给别人和社会带来损失，这些都没有计入私人成本中，但却形成社会成本。因此，社会成本等于私人成本加上对别人没有补偿的损失。

本章所讨论的厂商的成本是从私人成本的角度讨论的，所使用的成本概念是机会成本。社会成本将在第十一章第二节中展开讨论，讨论后会发现，一定时期内私人成本的总和不一定与社会成本总是相等。

六、经济成本

经济成本是厂商既定时间使用的所有资源总的机会成本，经济学使用的当然是经济成本概念。显性成本和隐性成本之间的区别强调了经济学与会计学分析厂商生产经营活动之间的不同，经济学家关心的是研究厂商如何作出产量和价格的决策，而这些决策是根据显性成本和隐性成本作出的，经济学家衡量厂商成本时就包括了这两种成本；而会计师只关心企业流入和流出的货币，他们只衡量显性成本(即会计成本)，而往往忽视隐性成本。

经济学与会计学的成本概念可以用下列公式比较：

$$会计成本 = 显性成本$$
$$经济成本 = 机会成本 = 隐性成本 + 显性成本$$

从经济学的角度来看，某一企业从事一项经济活动不仅要能够弥补显性成本，而且要能够弥补隐性成本。以下的成本概念均指经济成本。

第二节　短期成本理论

一、短期成本概念与分类

根据本章第一节可知，本教材使用的可变成本与固定成本都是从机会成本的角度来讨

论的。在短期内,厂商的成本可以分为三类七种成本,相应地成本曲线也会有七条:

(一)短期总成本(short - run total costs,*STC*)

1. 总固定成本(total fixed costs,*TFC*)

总固定成本 *TFC* 是指那些短期内无法改变的固定投入所带来的成本,这部分成本不随产量的变化而变化,又称不变成本。一般包括厂房和资本设备的折旧费、地租、利息、财产税、广告费、保险费、办公室雇员等项目支出。用来生产某一特定产品的这些投入成本,即使在企业停产的情况下,也必须支付,只有在企业完全倒闭时才会没有。所以它有时候也可以看作厂商的一种沉没成本。但是,如果厂商不生产时可以卖掉这些固定投入或出租给其他厂商使用并收取租金,那么,这样的固定成本则是一种机会成本。短期内进行生产决策时,理性的生产厂商不会考虑该部分,*TFC* = *b*。

2. 总可变成本(total variable costs,*TVC*)

总可变成本 *TVC* 是指短期内可变投入的成本,它随产量的变化而变化。例如:原材料、燃料、动力支出、生产流水线雇员的工资等。当产量为零时,可变成本也为零,产量越多,可变成本也越多,*TVC* = $\varphi(Q)$。

3. 短期总成本(short total costs,*STC*)

短期总成本 *STC* 是指厂商在短期内为生产一定数量的产品对全部生产要素所支付的最小总成本,它是总固定成本和总可变成本之和,即

$$STC = TFC + TVC \qquad (5.1)$$

(二)短期平均成本(short - run averge costs,*SAC*)

1. 平均固定成本(averge fixed costs,*AFC*)

平均固定成本 *AFC* 是指厂商短期内平均生产每一单位产品所消耗的固定成本。在固定成本不变的情况下,随着产量的增加,分摊到每一单位产品量上的固定成本是减少的,因此平均固定成本是越来越小的。平均固定成本用公式表示为:

$$AFC(Q) = \frac{TFC}{Q} \qquad (5.2)$$

2. 平均可变成本(averge variable costs,*AVC*)

平均可变成本 *AVC* 是指厂商短期内生产平均每一单位产品所消耗的总变动成本。在生产的初期,平均可变成本随着产量的增加而不断下降;当产量增加到一定量时,平均可变成本达到最小;而后随着产量的继续增加平均可变成本开始增加。平均可变成本用公式表示为:

$$AVC(Q) = \frac{TVC}{Q} \qquad (5.3)$$

3. 短期平均总成本(short averge costs,*SAC*)

短期平均总成本 *SAC* 是指厂商短期内平均生产每一单位产品所消耗的最低成本,它由

短期平均固定成本和平均可变成本构成。在生产的初期，随着产量的增加，平均总成本不断下降；产量增加到一定量时，平均总成本达到最小；而后随着产量的继续增加，平均总成本开始增加。平均总成本用公式表示为：

$$SAC(Q) = \frac{STC}{Q} = \frac{TFC}{Q} + \frac{TVC}{Q} = AFC + AVC \tag{5.4}$$

(三)短期边际成本(short marginal cost, SMC)

短期边际成本在这里是指厂商在短期内增加一单位产量所引起的最低总成本的增加。在生产的初期，随着产量的增加，边际成本不断下降；产量增加到一定量时，边际成本达到最小；而后随着产量的继续增加，边际成本开始增加。短期边际成本用公式表示为：

$$SMC = \frac{\Delta STC}{\Delta Q}$$

当 $\Delta Q \rightarrow 0$，函数连续、可导时：

$$SMC = \lim_{\Delta Q \rightarrow 0} \frac{\Delta STC}{\Delta Q} = \frac{\mathrm{d}STC}{\mathrm{d}Q} \tag{5.5}$$

二、短期成本函数

成本函数实际上就是在生产函数的基础上，引入生产要素价格，进一步用来讨论最低要素投入与产出之间相互关系的一个范畴。引入要素价格以后，投入方就变成了生产成本（即要素数量乘以相应的要素价格），而产出方仍然是产品数量。那么成本函数就表示在一定时期内，技术水平和投入要素价格不变的条件下，生产过程中投入的最低成本与产出量之间确定性的相互关系。成本函数是以产出量作为自变量的函数：$C = f(Q)$。上一章我们已经定义了短期，可以由厂商的短期生产函数推导出相应的短期成本函数，并在短期成本前加"S"。

短期生产函数 $Q = f(L, \overline{K})$，它表示在资本投入量 K 固定不变的条件下，劳动的最低投入量 L 和产出量 Q 之间存在着相互依存的对应关系，厂商可以通过对劳动数量的改变来调整产出量；反过来，厂商也可以根据产出量来相应地确定劳动的投入量。Q 是 L 的函数，根据反函数的定义，有 L 是 Q 的函数，$L = L(Q)$。

短期总成本 STC 是指短期内生产一定量产品所需要的最低成本总和。短期投入分为固定投入和可变投入。相应地，短期成本也分为固定成本与可变成本。如果用 w 表示劳动的价格，用 r 表示资本的价格，那么短期总成本就等于劳动价格乘以劳动数量加上资本价格乘以资本数量，即 $STC = w \cdot L(Q) + r \cdot K$。由于在短期中资本数量不随着产量的变动而变动，$r \cdot K$ 应为一常数，所以，短期成本函数的一般形式可以写为：

$$STC(Q) = \varphi(Q) + b \tag{5.6}$$

式中：$\varphi(Q)$ 表示可变成本，它随着产量的变动而变动；b 表示固定成本，为大于 0 的常数。

三、短期成本曲线

（一）三种短期总成本曲线

总固定成本、总可变成本、总成本曲线形状及相互关系的一般形式[①]可以用图 5 - 1 说明，图中横轴代表自变量产量 Q，纵坐标代表因变量成本 C。总固定成本 TFC 与产量 Q 的

变化无关，所以总固定成本曲线是一条平行于横轴的水平线。总可变成本 TVC 随着产量的变化而变化，产量为零时可变成本为零，产量增加可变成本增加，所以总可变成本曲线是一条从原点出发，向右上方倾斜的曲线，在拐点前都是先以递减的斜率上升，在拐点后以递增的斜率上升。总成本是固定成本与可变成本之和，并且由于固定成本是一常数，所以总成本曲线的变动规律与可变成本的变动规律相似：在拐点前都是先以递减的斜率上升，在拐点后以递增的斜率上升。不同的是，TVC 的起点是原点，而 STC 的起点是 TFC 与纵坐标的交点。在任一产量水平的 STC 与 TVC 之间的垂直距离都相等，都是等于 TFC。

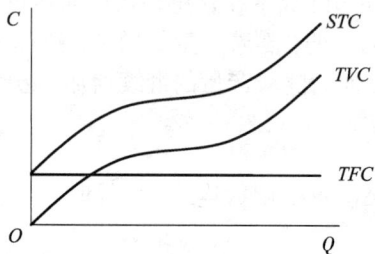

图 5 - 1　STC、TFC、TVC 曲线

（二）三种短期平均成本曲线

不同厂商的平均成本可能会不同，相应地，不同厂商就有不同的 AFC、AVC 及 AC 图形。但一般而言，短期平均固定成本、平均可变成本、平均成本曲线形状及相互关系可以用图 5 - 2 说明。图中横轴代表自变量

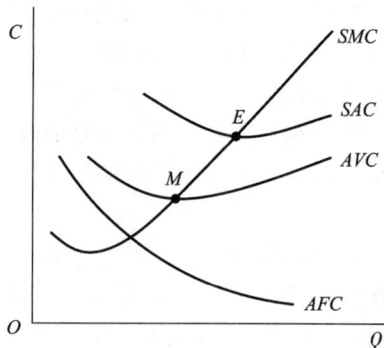

图 5 - 2　AFC、AVC、SAC、SMC 曲线

产量 Q，纵坐标代表因变量成本 C。平均固定成本 AFC 曲线是一条向右下方倾斜的曲线，随产量的增加，AFC 一直呈下降趋势。由于 $AFC = \dfrac{TFC}{Q}$，为直角双曲线的一支，随 Q 增加，AFC 递减并向横轴渐近，但不会与横坐标相交，这是因为短期中总固定成本不会为零。平均可变成本 AVC 曲线是一条 U 型曲线，随着产量的增加，平均可变成本减少，减少到一定

[①]　由于本教材讨论的成本函数均为一般形式，故描绘的成本曲线也均为一般形式。请读者注意理解。

程度后，达到平均可变成本曲线的最低点，而后随着产量的进一步增加，平均可变成本开始上升。平均成本 SAC 曲线也是一条 U 型曲线，随着产量的增加，曲线先下降再上升。第四章的图 4 - 11 已经对此进行了说明。这里 SAC 与 AVC 的变动规律相同，但它们之间有两点不同须特别注意：第一，SAC 一定在 AVC 的上方，两者差别在于垂直距离永远为 AFC。当 Q 无穷大时，SAC 与 AVC 无限接近，但永不重合，不相交。第二，SAC 与 AVC 最低点不在同一个产量上，而是 SAC 最低点对应的产量较大。即 AVC 已经达到最低点并开始上升时，SAC 仍在继续下降，原因在于 AFC 是不断下降的，只要 AVC 上升的数量小于 AFC 下降的数量，SAC 就仍在下降。

（三）短期边际成本曲线

如图 5 - 2，短期边际成本曲线也是一条 U 型曲线，随着产量的增加，初期边际成本迅速下降，很快降至最低点，尔后迅速上升，同一产量点上其斜率递增的速度快于 AVC、SAC。由于 STC = TFC + TVC，而 TFC 始终不变，因此 SMC 的变动与 TFC 无关，SMC 实际上等于每增加额外一单位产量所引起的可变成本的增加量。即：

$$SMC = \frac{\mathrm{d}STC}{\mathrm{d}Q} = \frac{\mathrm{d}TVC}{\mathrm{d}Q} \qquad (5.7)$$

SAC、AVC、AFC 和 SMC 四条成本曲线以及它们之间的关系如图 5 - 2 所示。SAC、AVC、SMC 曲线都是 U 型曲线。SAC 曲线在 AVC 曲线的上方，它们之间的距离相当于 AFC，而且 SMC 曲线与 AVC 曲线、SAC 曲线相交于 AVC 曲线、SAC 曲线的最低点，即 M、E 点。最后需要指出的是，各种成本曲线的形状之所以会呈现出以上特点，仍然与生产中"投入—产出"的特点有关，从生产论到成本论，仅仅只是引入了生产要素价格，而生产要素价格在产品市场的分析中，它只是个外生变量，不会引起生产特点的变化，所以支配短期成本曲线形状的规律仍然是边际报酬递减规律。

四、短期成本曲线变动的决定因素——边际报酬递减规律

如第四章所述，边际报酬递减规律是短期生产中的一个基本规律，这一规律同样适用于短期成本分析。成本分析与生产函数分析不同之处是成本分析中用的是价值量概念，而生产分析中用的是实物量概念。现在假定生产要素的价格不变，来分析边际报酬递减规律在短期成本分析中的体现。我们从产量变化所引起的边际成本变化的角度来理解这一规律。如图 4 - 2 所示，在边际报酬递增阶段，增加一单位可变要素投入所产生的边际产量递增，则意味着可以反过来说：在这一阶段增加一单位产量所需要的要素投入是递减的，所以要素数量乘以相应的要素价格以后得到的边际成本也是递减的。在以后的边际报酬递减阶段，增加一单位可变要素投入所产生的边际产量递减，则意味着在这一阶段增加一单位产量所需要的要素投入是递增的，所以要素数量乘以相应的要素价格以后得到的边际成本

也是递增的。

短期生产论中把生产要素投入作为自变量，产出作为因变量，而成本论中把产出作为了自变量，生产要素投入作为了因变量，所以在边际报酬递减规律作用下的短期边际产量和短期边际成本之间存在着一定的对应关系：在短期生产中，由于边际报酬呈递减规律，边际产量的递增阶段对应的是边际成本的递减阶段，边际产量的递减阶段对应的是边际成本的递增阶段，与边际产量的最大值相对应的是边际成本的最小值。

正因为如此，这就决定了短期边际成本 SMC 曲线呈 U 形特征，从而也决定了其他短期成本曲线的特征以及短期成本曲线之间的相互关系。

第一，关于 SMC 曲线的形状。短期生产开始时，由于边际报酬递增的作用，增加一单位可变要素投入所生产的边际产量是递增的；反过来，增加一单位产量所需的边际成本是递减的。当可变要素投入超过一定界限后，增加一单位可变要素投入所生产的边际产量是递减的；反过来，每增加一单位产量所需要的边际成本是递增的。因此，在边际报酬递减规律作用下，SMC 曲线先递减后递增，最终形成一条 U 形曲线。

第二，关于 STC 曲线和 TVC 曲线的形状。考虑到 STC 曲线和 TVC 曲线的形状完全相同，在此仅就 STC 曲线的形状进行分析。SMC 曲线在边际报酬递减规律作用下先降后升，而 SMC 又是 STC 曲线上相应点的斜率，因此，STC 曲线的斜率也是先递减后递增的，即 STC 曲线的斜率先递减后递增。SMC 曲线的最低点则对应 STC 曲线上斜率由递减向递增变化的拐点。

第三，关于 SAC、AVC 曲线的形状。根据边际产量和平均产量之间的关系，当边际产量小于平均产量时，边际产量就向下带动平均产量，使得平均产量下降；当边际量大于平均产量时，边际产量就向上带动平均产量，使得平均产量上升；当边际产量等于平均产量时，平均产量达到本身的极点值。随可变要素投入数量的增加，SMC 先减小，则相应的 SAC 也减小；随着可变要素投入数量的进一步增加，SMC 开始增加，但小于 SAC 的数值，则 SAC 继续减少；当 SMC 继续增加，且 SMC 大于 SAC 时，SAC 也开始增加。因此，在边际报酬递减规律作用下，SAC 曲线也呈 U 形，但 SAC 曲线的最低点晚于 SMC 曲线的最低点出现。这是因为 SMC 曲线经过最低点开始上升时，由于 SMC 小于 SAC，SAC 曲线仍在下降。同样的道理也适用于 AVC 曲线，但是 AVC 曲线的最低点比 SAC 曲线的最低点先出现，并且前者位置也低于后者。这是因为在平均总成本中不仅有平均可变成本还有平均固定成本，正是由于平均固定成本的作用，才使得 SAC 曲线与 AVC 曲线的最低点出现的快慢、位置的高低都不同。

五、短期中产量函数与成本函数之间的对应关系

我们已经认识了短期生产中的边际报酬递减规律决定了短期产量曲线的特征，也决定了

短期成本曲线的特征，现进一步分析短期生产条件下的生产函数与成本函数之间的对应关系。

假定短期生产函数为：$Q = f(L, \overline{K})$

短期成本函数为：$STC(Q) = TVC(Q) + TFC$

$$TVC(Q) = w \cdot L(Q) \quad （劳动的价格 w 是既定的）$$

(一)边际产量与边际成本之间的关系

由 SMC 的定义得：

$$SMC = \frac{\mathrm{d}STC}{\mathrm{d}Q} = \frac{\mathrm{d}(w \cdot L(Q) + r \cdot \overline{k})}{\mathrm{d}Q} = w \cdot \frac{\mathrm{d}L(Q)}{\mathrm{d}Q} + 0$$

又因为：

$$MP_L = \frac{\mathrm{d}Q}{\mathrm{d}L(Q)}$$

所以：

$$SMC = w \cdot \frac{1}{MP_L}$$

由上式可以得到两点结论：

第一，SMC 与 MP_L 成反比关系。由于 MP_L 曲线先上升，然后下降，所以 SMC 曲线先下降，然后上升；且 SMC 曲线的最低点对应 MP_L 曲线的最高点，如图 5-3 中的(a)图与(b)图所示。

第二，生产函数与成本函数存在对偶关系。当 TP_L 曲线下凹时，STC 曲线和 TVC 曲线上凸；当 TP_L 曲线上凸时，STC 曲线和 TVC 曲线下凹；TP_L 曲线上的拐点对应 STC 曲线和 TVC 曲线上的拐点，如图 5-3 中的(c)图与(d)图所示。

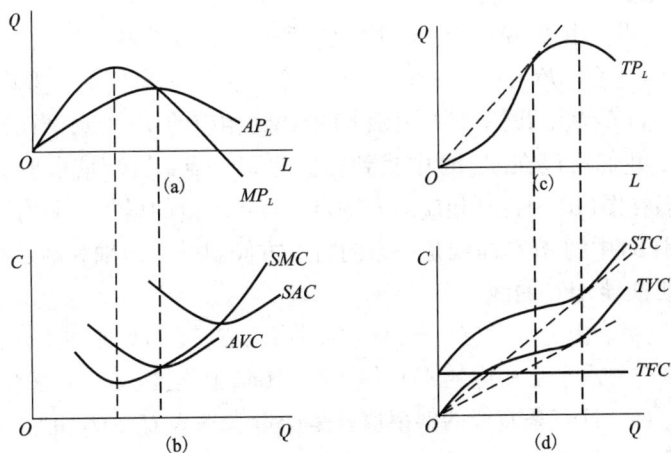

图 5-3　短期生产函数与短期成本函数之间的对应关系

（二）平均产量与平均可变成本之间的关系

由 AVC 的定义得：

$$AVC = \frac{TVC}{Q} = \frac{w \cdot L(Q)}{Q} = w \cdot \frac{1}{\dfrac{Q}{L(Q)}}$$

即：

$$AVC = w \cdot \frac{1}{AP_L}$$

由上式可以得到两点结论：

第一，AP_L 与 AVC 成反比关系。当 AP_L 递减时，AVC 增加；当 AP_L 增加时，AVC 减少；当 AP_L 达到最大值时，AVC 达到最小值，AP_L 曲线的最高点对应 AVC 曲线的最低点，如图 5-3 中的（a）图与（b）图所示。

第二，SMC 曲线与 AVC 曲线相交于 AVC 的最低点。由于产量曲线中 MP_L 曲线与 AP_L 曲线在 AP_L 曲线的最高点相交，所以 SMC 曲线在 AVC 曲线的最低点与其相交。

六、由短期总成本曲线推导平均成本曲线和边际成本曲线

以上讨论了七种短期成本曲线及其基本特征。现根据以上各种短期成本的定义，由短期总成本（STC、TFC、TVC）曲线出发，用几何方法推导出相应的短期平均成本（SAC、AFC、AVC）和短期边际成本（SMC）曲线，并从几何推导过程中，分析不同类型的短期成本曲线之间的相互关系。

（一）由短期总成本曲线推导短期平均成本曲线

1. 由 TFC 曲线推导 AFC 曲线

可由图 5-4 说明。由于 $AFC(Q) = TFC/Q$，所以，TFC 曲线上任意一点与原点的连线的斜率，都是该产量上的 AFC 值。在图（a）中，当产量水平是 Q_1 时，平均固定成本为 Oa 的斜率，即 $AFC_1 = TFC/Q_1$，我们可以在图（b）中找到相应的 a' 一点；当产量水平是 Q_2 时，$SAFC_2 = STFC/Q_2$，我们可以在图（b）中找到相应的 b' 一点；当产量水平是 Q_3 时，$AFC_3 = TFC/Q_3$，我们可以在图（b）中找到相应的 c' 一点；随着产量的增加，平均不变成本 AFC 是不断下降的，在图（b）中的 AFC 曲线是一条向右下方倾斜并以横轴为渐近线的曲线。

2. 由 TVC 曲线推导 AVC 曲线

可由图 5-5 说明。因为 $AVC(Q) = TVC/Q$，所以，连接 TVC 曲线上任何一点与原点的线段的斜率就是该产量水平上相应的 AVC 值。在图（a）中连接 a、b、c 三点与原点，得到了三条直线 Oa、Ob、Oc，这三条直线的斜率值就是产量水平为 Q_1、Q_2 和 Q_3 时相应的 AVC 的值。其中，在产量水平为 Q_2 时，一条经过原点的直线与 TVC 相切于 b 点，并且，在所有的 TVC 曲线上的点与原点的连线中，这一条直线的斜率是最小的，这说明产量水平为 Q_2 时

AVC 的值是最小的。在 TVC 曲线的 b 点之前，随着产量的增加，TVC 曲线上的点与原点的连线斜率越来越小，相应的 AVC 会越来越小；到达 b 点时达到最小；过了 b 点以后，随着产量的增加，TVC 曲线上的点与原点的连线斜率又开始越来越大，相应的 AVC 会越来越大。图(b)是根据图(a)绘制的 AVC 曲线，随着产量的增加，AVC 曲线呈现先下降后上升的 U 形；在产量为 Q_2 时，相应的 AVC 曲线的 b' 点达到最小值。

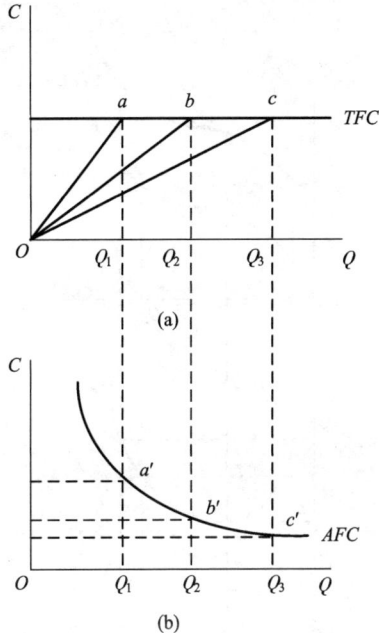

图 5-4　由 TFC 曲线推导 AFC 曲线

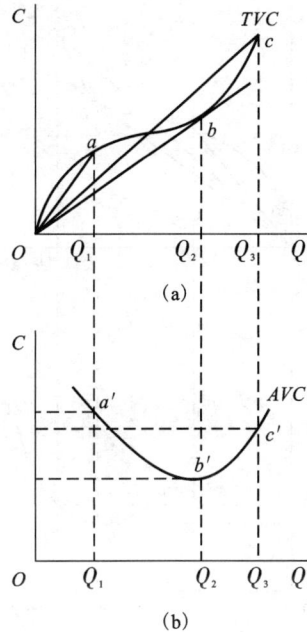

图 5-5　由 TVC 曲线推导 AVC 曲线

3. 由 STC 曲线推导 SAC 曲线

可由图 5-6 说明。因为 $SAC(Q) = STC/Q$，所以，连接 STC 曲线上任何一点与原点的线段的斜率就是该产量上相应的 SAC 值。这个推导过程与上面由 TVC 曲线推导 AVC 曲线的过程是类似的。在图(a)中，产量水平 Q_1、Q_2 和 Q_3 上的 SAC 值分别为 Oa、Ob 和 Oc 的斜率值，其中在 b 点的时候，Ob 的斜率值是在所有的 STC 曲线上的点与原点的连线中最小的。在 b 点之前，随着产量的增加，斜率值是递减的；在 b 点之后，随着产量的增加，斜率值是递增的。与此相对应的，在图(b)中，SAC 曲线呈现先下降后上升的 U 形，在产量为 Q_2，相应的 SAC 曲线的 b' 点达到最小值。

(二)由总成本曲线推导边际成本曲线

由 STC 曲线和 $STVC$ 曲线推导 SMC 曲线，可由图 5-7 说明。因为 $SMC(Q) =$

$dSTC/dQ = dTVC/dQ$，所以，任何产量水平上的 SMC 值既可以由 STC 曲线又可以由 $STVC$ 曲线上的相应的点的斜率给出。在图 5 – 7(a) 中 STC 和 $STVC$ 曲线都是先以递减的斜率上升，后以递增的斜率上升，在图 5 – 7(b) 中得到的 SMC 曲线就是先下降后上升的 U 形，并且在产量为 Q_1 时，图 5 – 7(a) 中 STC 曲线的拐点 a 点，与图 5 – 7(b) 中 SMC 曲线的最低点 a' 是对应的。

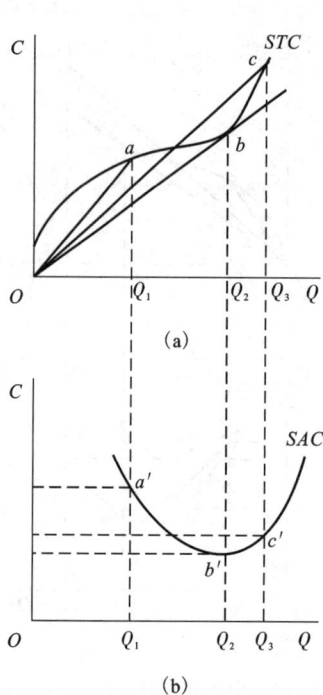

图 5 – 6 由 STC 曲线推导 SAC 曲线

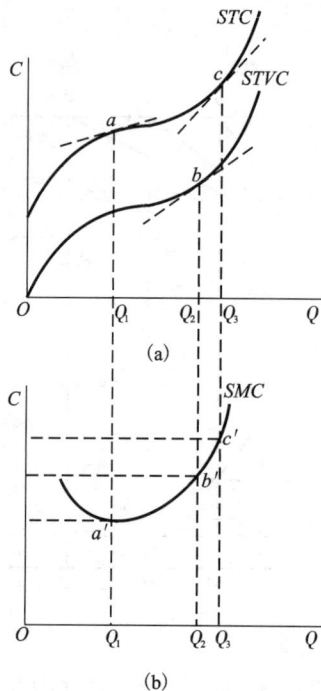

图 5 – 7 由 STC、TVC 曲线推导 SMC 曲线

第三节 长期成本理论

长期成本理论也可分为三类成本来讨论：长期总成本、长期平均成本和长期边际成本，三类成本之间也存在着相互关系。由于在长期内所有的生产要素投入量都是可以进行调整的，所以，长期成本的讨论中只有 TC、AC 及 MC 之分，没有 TFC、TVC、AFC 及 AVC 之分。在最优经济行为的选择中，厂商可以根据产量的要求调整所有生产要素投入，甚至进入或退出一个行业。为区别长期成本与短期成本的不同，在 TC、AC 及 MC 之前加字母 L 或 S。

一、长期总成本曲线

长期总成本(LTC)是厂商在长期中在各种产量水平上通过改变生产要素的投入量至最优生产规模时所能达到的最低总成本。由于短期中厂商受到生产规模的限制,生产每一产量不能调整全部生产要素的投入,不可能至最优生产规模,不一定能达到长期来看的最小成本(见图 4-11 的说明)。但长期中厂商可以调整各种生产要素的投入量,因而没有固定成本与变动成本之分;当厂商在生产任意一产量时,长期中总是可以找到与之对应的一种最优的生产规模,使生产该产量时的总成本达到最低。它反映的是厂商在追求利润最大化的趋动下,通过改变各种生产要素的投入至最优生产规模时,在不同产量点上找到总成本的最低发生额。相应地,长期总成本函数的一般形式可以写成:$LTC = LTC(Q)$,它表示随着产量的变化,长期总成本相应发生的变化。如果用横坐标表示产量 Q,纵坐标表示成本 C,则长期总成本曲线是一条从原点出发向上延伸的曲线,表示厂商长期最优生产规模下最低总成本点的轨迹。随着产量的增加,长期总成本是增加的。

长期总成本曲线的推导有两种方法:

第一,由短期总成本曲线推导长期总成本曲线。如前述,在短期内,由于生产规模不能调整,厂商对产量的调整只能通过调整可变生产要素进行,即厂商可能按较高的总成本来生产既定的产量。但在长期内,厂商可以变动全部的生产要素投入量来调整生产,从而总可以将总成本降至最低,这就决定了长期总成本是无数条短期总成本曲线的包络线。

如图 5-8 所示,三条有代表性的短期总成本曲线,代表三种可供选择的生产规模,分别由图中的 STC_1、STC_2、STC_3 三条曲线表示。这三条 STC 曲线在纵坐标上的截距代表着各自的固定成本,从固定成本的数量来看,三条曲线所代表的生产规模由小到大也依次由 STC_1、STC_2、STC_3 表示。现在假定生产 Q_2 的产量时,厂商应如何调整生产要素的投入量以降低总成本? 短期内,任一厂商只能以既定的生产规模来生产给定的产量。STC_1、STC_2、STC_3 分别代表三个厂商的生产规模选择:STC_1 曲线所代表的厂商相应的总成本在 d

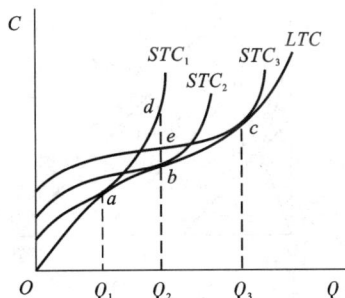

图 5-8　短期总成本推导长期总成本

点;STC_2 曲线代表的厂商相应的总成本在 b 点;STC_3 所代表的厂商相应的总成本在 e 点。可是,长期中所有的生产要素都可以调整,因此厂商可以通过对生产要素的调整选择最优生产规模,以最低的总成本生产每一产量水平。由于在 b、d、e 三点中 b 点代表的成本水平最低,所以长期中诸厂商都会选择 STC_2 曲线所代表的生产规模生产 Q_2 产量,所以 b 点在

LTC 曲线上。这里 b 点是 LTC 曲线与 STC 曲线的切点,代表着生产 Q_2 产量的最优规模和最低成本。通过对每一产量水平进行相同的分析,可以找出长期中厂商在每一产量水平上的最优生产规模和最低长期总成本,也就是可以找出无数个类似的 b(如 a、c)点,连接这些点即可得到长期总成本曲线。

第二,由厂商的生产扩展线推导长期总成本曲线。因为生产扩展线本身就表示:对于每一个产量水平,使总成本最小的两种生产要素最优投入组合点的轨迹。而"两种生产要素最优投入组合"就是一个长期的概念。于是,将产量点以及对应于产量点所得到的总成本点(可以通过 $w \cdot OB$ 或 $r \cdot OA$ 算出)在坐标图上描出,即可得到长期总成本 LTC 曲线。

如图 5 - 9 所示,以图(a)中 E_1 点为例进行分析。E_1 点生产的产量水平为 50 单位,所应用的生产要素组合为 E_1 点所代表的劳动与资本的组合,这一组合在总成本线 A_1B_1 上,所以其成本即为 A_1B_1 所表示的成本水平,假设劳动价格为 w,则 E_1 点的成本为 $w \cdot OB_1$。将 E_1 点的产量和成本表示在图 5 - 9(b)中,即可得到长期总成本曲线上的一点。同样的道理,找出生产扩展线上每一个产量水平的总成本,并将其标在图 5 - 9(b)中,连接这些点即可得到 LTC 曲线。由此可见,LTC 曲线表示长期内厂商在每一产量水平上由最优生产规模所带来的最低生产总成本。

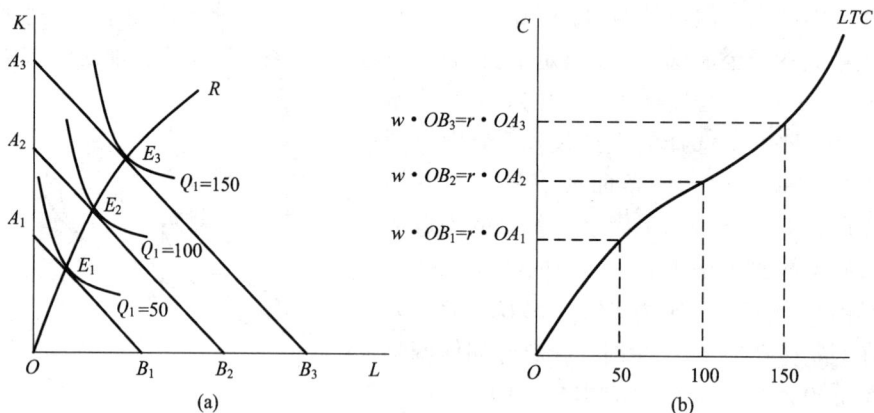

图 5 - 9 生产扩展线和长期总成本曲线

二、长期平均成本曲线

长期平均成本 LAC 表示厂商长期内每单位产量所花费的最低总成本。长期平均成本函数可以写成: $LAC = LTC(Q)/Q$,它表示随着产量的变化,厂商长期平均生产成本发生相应的变化。如果用横坐标表示产量 Q，纵坐标表示成本 C，我们亦将看到，虽然单个厂商的短期平均成本曲线是 U 形的，但长期平均成本曲线可能有完全不同的形状。因为长期中厂商可以对所有的生产要素投入进行调整，因而边际报酬递减规律不再成立[①]。本教材只讨论具有代表性的 U 形曲线。

（一）长期平均成本曲线的推导

长期平均成本曲线的推导有两种方法：

第一，根据长期总成本曲线推导长期平均成本曲线。根据长期平均成本的表达式 $LAC = LTC(Q)/Q$ 可以看出，LAC 是 LTC 曲线上某点与原点的连线的斜率值。因此，把长期总成本曲线上每一点的长期总成本值除以相应的产量，便得到每一产量点上的长期平均成本值。再把每一产量和相应的长期平均成本值描绘在平面坐标图中，即可得长期平均成本曲线。

第二，由短期平均成本曲线推导长期平均成本曲线。如同长期总成本曲线分析所述，假设三条有代表性的短期平均成本曲线，代表三种可供选择的生产规模，分别由图 5 – 10 中的 SAC_1、SAC_2、SAC_3 所示。假定厂商生产 Q_1 的产量水平，短期中任一厂商都无法改变既有的生产规模，必有厂商单位生产量成本不同的经济现象出现；长期中任一厂商均可以调整自己的全部生产要素投入至最优生产规模水平，生产 Q_1

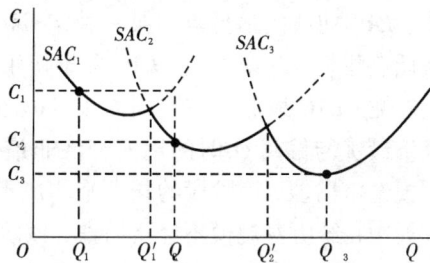

图 5 – 10　最优生产规模的选择

的产量都会选择 SAC_1 所代表的规模进行生产，此时的成本 OC_1 是生产 Q_1 产量的最低成本。同样道理，如果生产 Q_2 产量，短期中任一厂商都无法改变生产规模，必有厂商单位生产量成本不同的经济现象出现；长期中任一厂商都会选择 SAC_2 曲线进行生产，其最低成本为 OC_2。如果生产 Q_3，短期中任一厂商都无法改变生产规模，必有厂商单位生产量成本不同的经济现象出现；长期中任一厂商都会选择 SAC_3 曲线所代表的生产规模进行生产，其最低成本为 OC_3。有时某一种产出水平可以用两种生产规模中的任一种进行生产，因为两种规模下产生的平均成本相同。例如生产 Q_1' 的产量水平，既可选用 SAC_1 曲线所代表的较小生产规模进行生产，也可选用 SAC_2 曲线所代表的中等生产规模进行生产，两种生产规模的平均生产成本相同。厂商究竟会选择哪一种生产规模进行生产，要看长期中产品的销售量是

---

① 约瑟夫·E·斯蒂格利茨.卡尔·E·沃尔什合著的经济学(第 4 版)上册，第 142 – 147 页有较详细的分析. 中国人民大学出版社，2010 版

增加还是减少。如果产品销售量可能增加，则应选用 SAC_2 所代表的生产规模；如果产品销售量减少，则应选用 SAC_1 所代表的生产规模。由此可以得出只有三种可供选择的生产规模时的 LAC 曲线，即图中 SAC 曲线的实线部分。

在理论分析中，常假定存在无数多个可供厂商选择的生产规模，从而有无数多条的 SAC 曲线可供选择。长期中生产商可以改变生产规模，会选择单位平均成本最低的 SAC 曲线代表的生产规模进行生产，于是便得到如图 5 - 11 所示的长期平均成本曲线，LAC 曲线是无数条 SAC 曲线的包络线。

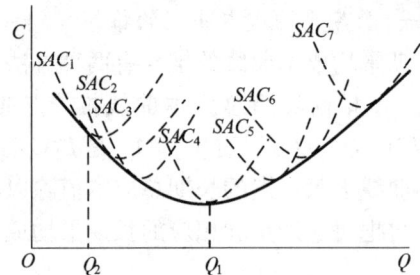

从图 5 - 11 还可以看出，长期平均成本曲线并不是所有短期平均成本曲线最低点的边线。LAC 曲线的最低点与某一特定 SAC

图 5 - 11　长期平均成本曲线

曲线最低点相切，其余之点，LAC 并不切于 SAC 最低点，而是 LAC 最低点左侧相切于 SAC 最低点左侧，LAC 最低点右侧相切于 SAC 最低点右侧。它反映了厂商在产量达到 Q_1 时的规模经济最优与偏离 Q_1 时的规模经济非最优。其中厂商的产量在从 $0 \sim Q_1$ 的发展中，经历着规模经济阶段，该阶段的长期平均成本不断下降，表现为 LAC 曲线的下降；在从 Q_1 之后发展中，经历着规模不经济阶段，该阶段的长期平均成本不断增加，表现为 LAC 曲线的上升；在规模经济的 Q_1 点，长期平均成本达到最低水平，表现为 LAC 曲线达到最低点。

(二)影响长期平均成本曲线的图形特征及位置高低的主要因素

经验表明，厂商长期平均成本曲线也呈 U 型。图形特征及在坐标图中位置的高低，在技术进步既定时，受到多种因素的影响。

1. 规模经济与规模不经济

如上所述，规模经济是指由于厂商生产规模扩大而导致长期平均成本下降的情况，规模不经济是指由于厂商规模扩大使得管理无效而导致长期平均成本上升的情况。图 5 - 8 描述的长期中厂商针对既定产量选择的最优生产规模不等于实现了规模经济。一般而言，伴随着产量增加和规模扩大，厂商会经历着由规模经济到规模不经济的生产过程。在厂商生产扩张的开始阶段，生产规模的扩大使得经济效益逐步提高，厂商可以得到规模经济的好处，比如说，可以使用更先进的生产技术，可以实行更专业化的生产与管理分工从而优化生产要素投入组合，可以对副产品进行更综合的利用，可以降低研发和营销费用支出，生产要素的购买、市场融资及产品订价也会更有优势，于是长期平均成本逐渐下降。当厂商的生产规模扩张与产量按同一比例增加时，长期平均成本不变。当厂商扩张到一定的规模以后，如果继续扩大生产规模，就可能会出现边际产量递减、经济效益逐步下降情况，比如说,在生产规模扩大的过程中各生产要素的采购并不能随时得到保障,最优配置要求并不能随时得到满足,生产规模扩张中专业化分工形成的生产效率提高速率不及交易费用的增加速率,管理层次与幅度增加、产品销售环节加长等会导致厂商决策的信息传递失真与管理的低效率等,于是长期平均成本逐渐上升。当然,这几种情况并不严格构成先后秩序。规模经济的变化是决定长期平均成本变化的重要因素。规模经济与规模不经济都是由于厂商自身变动企业生产规模所引起的,所以也被称之为内部经济与内部不经济。正是由于厂商的规模经济与规模不经济的作用,决定了长期平均成本 LAC 曲线表现出先下降后上升的 U 形特征。注意 LAC 曲线与 SAC 曲线都呈 U 形特征,但 SAC 的 U 形特征却是由于 K、L 最佳比例关系的变化所致,两者形成的原因不尽相同。

2. 外在经济与外在不经济

外在经济是由于厂商的生产活动所依赖的外界环境改善而产生的平均成本的下降。比如说,所处区域交通通讯等基础设施更为经济和供给更好,资源与生产要素更为容易流通和获得。外在不经济是指厂商生产所依赖的外界环境日益恶化所产生的平均成本的上升。比如说,所处区域竞争加剧、要素价格提高、环境污染、对基础设施的压力增加。外在经济与外在不经济是由厂商外部的因素引起的,它影响的是企业长期

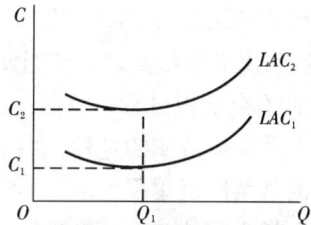

图 5 – 12　长期平均成本曲线的移动

平均成本曲线的位置。如图 5 – 12 所示,当产量水平为 Q_1 时,对应于 LAC_1 曲线上为 C_1;如果外部环境恶化,则会使得厂商生产同一产量水平的平均成本上升,平均成本上升为 C_2。所以,如果发生外在不经济,则长期平均成本曲线往上移动;如果发生外在经济,则长期平均成本曲线往下移动。

3. 范围经济与范围不经济

范围经济是指单个生产商的联合产出超过各自生产一种时各个生产商所能达到的总产量之和导致长期平均成本下降的现象;范围不经济则是指单个生产商的联合产出低于各自生产一种产品时两个生产商所能达到的总产量导致长期平均成本上升的现象。这在竞争型产业中的小微型厂商表现得尤为明显。比如,汽油、柴油、润滑油等多种产品共同分享石油冶炼设备或其他投入物而获得产出或成本方面的好处;工业园区多种产业共同分享园区基础设施或其他投入物而获得低成本方面的好处;多个厂商共同竞争推进社会劳动生产率共同提高、福利最大化的好处。如果出现范围经济,则长期平均成本曲线下降;反之,则长期成本曲线上升,如图 5 – 12 所示。需要指出的是,范围经济与规模经济并无直接联系。一家大型联合公司可以大规模生产,但并不具有范围经济的优势,因为每一分公司是各自单独管理的;而产业园区的生产厂商集群各自并无规模经济,但它们却能通过园区集聚而

形成范围经济。

4. 学习效应

学习效应是指生产商在组织生产的过程中,工人、技术人员、管理人员会吸收新的技术、经营与管理方面的知识,从而使既定产出的长期平均成本下降的现象。主要有两种表现:一是操作过程的主动学习。指当一个人重复地做某一产品或从事某一项管理工作时,由于工作逐渐熟练,或者逐渐摸索到一些更有效的作业方法后,单项工作所需的工作时间(即直接劳动时间)会随着项目累积数量的增加而减少。二是管理过程的组织学习。指一个厂商在产品设计、工艺设计、自动化水平提高、生产组织以及其他资本投资等方面的经验累积过程,也是一个不断改进管理方法、提高人员作业效率的过程。由于学习效应,必然导致产品长期平均成本的下降。图5-13

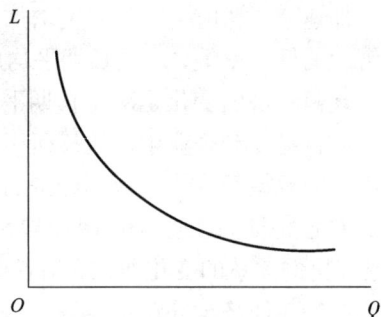

图 5 – 13 学习曲线

描述的是某厂商累积性加工的产品批量(每一产品批量是相等的)与每一批产品所需的劳动投入量之间的关系。横坐标 OQ 表示累积性加工的产品批量,纵坐标 OL 表示每一批产品所需劳动投入量。向右下方倾斜的曲线是学习曲线,随着产品生产批量的累积性增加,每批产品所需的劳动投入量在相当大的范围内呈下降趋势。当然,学习效应既可以是组织学习的结果,也可以是个人学习的结果,还可以是两种学习结果的叠加。此外,溢出效应被动学习、信息渠道的潜在性学习,都能产生学习效应,这里的讨论从简。

三、长期边际成本曲线

长期边际成本是指厂商长期中增加一单位产量所引起的最低总成本的增量。长期边际成本函数可以写成:$LMC = \dfrac{\Delta LTC}{\Delta Q}$,或者 $LMC = \lim\limits_{\Delta Q \to 0} \dfrac{\Delta LTC}{\Delta Q} = \dfrac{\mathrm{d}LTC}{\mathrm{d}Q}$,它表示随着产量的变化,厂商长期边际生产成本发生相应的变化。

(一)长期边际成本曲线的推导

1. 由长期总成本曲线推导长期边际成本曲线

从长期边际成本的表达式可以看出,LMC 曲线的各点是 LTC 曲线上相应点的切线斜率,所以,只要把每一产量水平上的 LTC 曲线的切线斜率值描绘在产量和成本的平面坐标图中,就可以得到 LMC 曲线。

2. 由短期边际成本曲线推导长期边际成本曲线

如图 5 – 14 所示,在每一个产量水平上,都有一种最优的短期生产规模 SAC 曲线与其

SMC 曲线相交，并且交于 SAC 曲线的最低点。当产量水平为 Q_1 时，最优的生产规模为 SAC_1 和 SMC_1 所代表，相应的短期边际成本为 PQ_1，它既是最优的短期边际成本，又是长期边际成本，即在 Q_1 的产量水平上，长期边际成本 LMC 等于最优生产规模的短期边际成本 SMC_1。因为由图 5－14 可知，LAC 与 SAC_i 有 i 个切点，设 LAC 与 SAC_1 相切于点 A，对应产量点是 Q_1，切点 A 上有 $LAC = SAC_1$；$LAC \times Q = SAC_1 \times Q$，有 $LTC = STC_1$。该等式两边对 Q 求导，得出产量点 Q_1 上同时有 $LMC = SMC_1$。同理，在产量为 Q_2 时，有 $LMC = SMC_2$，在生产规模可以无限细分、产量

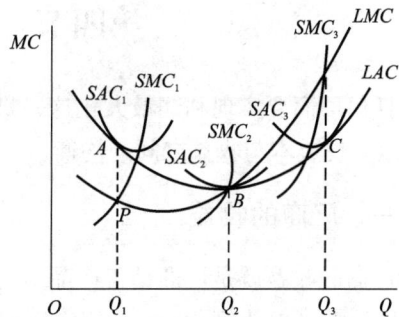

图 5－14　短期成本曲线推导
长期边际成本曲线

为 Q_i 的条件下，必有 $LMC = SMC_i$，可以得到无数个类似于 P 的点 P_i，将这些点连接起来就可以得到一条长期边际成本 LMC 曲线。

（二）长期边际成本曲线的形状

在规模经济与规模不经济的作用下，长期平均成本呈现 U 形特征；由于长期平均成本与长期边际成本之间的关系，长期边际成本曲线也呈现 U 形。如果规模经济存在，成本增加比例就会低于产出增加比例，边际成本就会低于平均成本；如果规模经济不存在，成本增加比例就会高于产出增加比例，边际成本就会高于平均成本。根据边际量和平均量之间的关系，当 LMC 位于 LAC 下方时会向下拉动 LAC，当 LMC 位于 LAC 上方时会向上拉动 LAC，并且长期边际成本与长期平均成本曲线相交于长期平均成本曲线的最低点。[1]

如进行长短期比较，长期内厂商与市场的边际成本曲线、供给曲线比短期边际成本曲线与供给曲线均要平缓些。这是因为，在长期内，厂商与市场有更多的对价格的变动作出调整的机会，因而长期供给曲线的价格弹性大于短期供给曲线的价格弹性。因此，在长期内，厂商与市场的长期边际成本曲线、长期供给曲线同比均比短期边际成本曲线、短期供给曲线更平缓，图形从略。

――――――――――

[1]　引入成本—产出弹性，有 $e_c = (\Delta C/C)/(\Delta Q/Q) = MC/AC$。当 $e_c < 1$ 时，边际成本小于平均成本，规模经济；当 $e_c > 1$ 时，边际成本大于平均成本，规模不经济；当 $e_c = 1$ 时，边际成本等于平均成本，规模经济与规模不经济不存在。

第四节 成本与收益的均衡

任何厂商要实现利润最大化这一目的，除了要对成本进行分析外，还要对收益进行分析，以实现成本与收益之间的均衡。

一、厂商的收益

厂商的收益就是厂商销售产品所得的全部收入。厂商的收益可以分为总收益、平均收益和边际收益。为简化讨论，假定厂商以销定产，产量就等于其销售量。

(1)总收益(total revenue, TR)指厂商按一定价格出售一定量产品时所获得的全部收入，即价格与销售量的乘积，以 P 表示商品的市场价格，以 Q 表示销售量，则有：

$$TR(Q) = P \cdot Q \tag{5.8}$$

(2)平均收益(average revenue, AR)指厂商出售一定数量商品，每单位商品所得到的收入，也是平均每单位商品的卖价。它等于总收益与销售量之比，也等于商品的单位价格。即：

$$AR(Q) = \frac{TR(Q)}{Q} = \frac{P \cdot Q}{Q} = P \tag{5.9}$$

(3)边际收益(marginal revenue, MR)指厂商增加一单位产品销售所获得的收入增量。MR 可为正，也可为负。即有：

$$MR = \frac{\Delta TR}{\Delta Q}$$

当 $\Delta Q \to 0$，函数连续、可导时：

$$MR = \lim_{\Delta Q \to 0} \frac{\Delta TR}{\Delta Q} = \frac{\mathrm{d}TR}{\mathrm{d}Q} \tag{5.10}$$

在这三类收益函数中，出现了两个影响因素：一个是销售量，一个是价格。在这两个因素中，销售量是变量，而价格在不同的市场条件下，可能是变量，也可能是常数，所以对于这三类收益的分析，可以分为两种情况进行讨论：一种是价格不变条件下的厂商收益，一种是价格可变条件下的厂商收益。这两种收益实际上就是在完全竞争条件下和非完全竞争条件下的厂商收益。本书第六章讨论价格不变条件下的厂商收益，第七章讨论价格可变条件下的厂商收益。

二、厂商的利润

经济学中的利润分为正常利润与经济利润。正常利润是完全竞争状态下厂商对自己所提供的企业家才能的报酬支付，是企业家才能的价格。它包括在成本之中，其性质与工资相类似，也是由企业家才能的需求与供给所决定的。经济利润是指超过正常利润的那部分利润，是指厂商的总收入减去总成本的差额。而总成本既包括显性成本也包括隐性成本。经济利润产生的主要原因是厂商的创新报酬、承担风险的报酬与不完全竞争条件下的垄断利润。

经济利润可以为正、负或零。如果某一行业存在着正的经济利润，这意味着该行业内厂商的总收益超过了机会成本，生产资源的所有者将要把资源从其他行业转入这个行业中。因为他们在该行业中可能获得的收益超过该资源的其他用途，在一定意义上也可以说明厂商所在的行业是非完全竞争的。如果一个行业的经济利润为零，也可以说明厂商所在的行业可能是完全竞争的，厂商的投资获得了正常的收益，厂商没有进入某一行业或从中退出的动机。如果一个行业的经济利润为负，在一定意义上也可以说明厂商所在的行业存在恶性竞争，生产资源将要从该行业退出。经济利润是资源配置和重新配置的信号。正的经济利润是资源进入某一行业的信号；负的经济利润是资源从某一行业撤出的信号。

上述利润与成本之间的关系可用下列公式表示：

$$正常利润 = 总收益 - 显性成本$$
$$经济利润 = 总收益 - 机会成本 = 总收益 - (显性成本 + 隐性成本)$$

三、价格不变条件下厂商的各种收益曲线

价格不变的市场条件是指对于完全竞争行业中的单个厂商而言，无论销售多少产品，都按照既定的同一价格进行销售。在此条件下，厂商的总收益就等于既定的价格乘以销售量，所以能影响厂商总收益的就只有销售量了，销售量增加，总收益增加；厂商平均收益就等于既定的市场价格，销售量的变化不影响平均收益；厂商边际收益也等于既定的市场价格，因为价格不变，每增加一单位的销售量，增加的收益就等于一件产品的价格。

我们在把销售量 Q 作为横轴、价格 P 作为纵轴的坐标图上，可以分别作出厂商的总收益、平均收益、边际收益曲线。如图 5-15，厂商的总收益曲线就是一条从原点出发向右上方倾斜的曲线，总收益随着销售量的增加而增加；厂商的价格为常数的需求曲线、

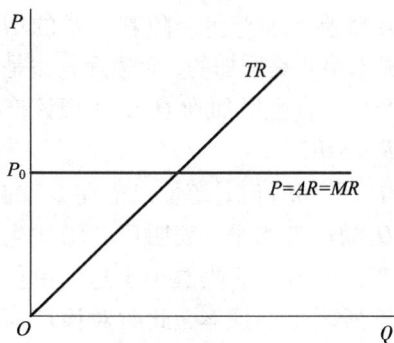

图 5-15　价格不变条件下的各种收益曲线

平均收益曲线与边际收益曲线都是平行于横轴的一条曲线，表示不管销售量为多少，平均收益与边际收益都等于既定的市场价格。

四、成本与收益的均衡分析

如前述，厂商的生产行为总是假定追求利润的最大化利润，又是成本与收益之差。如果厂商严格遵守这一原则，在选择产量点时就先要对生产要素投入组合进行总收益与总成本进行比较，为此就要在其他条件不变时，通过不断比较边际收益与边际成本之间的大小来找到这个利润最大化的点，从而实现成本与收益之间的均衡。

（一）图形分析

下面以价格不变的市场条件为例，结合图 5 – 16、图 5 – 17，分析厂商如何实现利润最大化：

（1）当 $MR > MC$ 时，产量点落在 Q^* 的左边，如 Q_1 的产量水平，这时，厂商增加一单位产品的生产所增加的收益必大于这一单位产品的生产所增加的成本，此时对该厂商来说，增加生产量必然会增加利润总量，厂商必然要增加产量。随着产量的增加，边际成本最终是增加的，而边际收益是不变的，产量一直会增加到 Q^*，实现该产量下的 $MR = SMC$。

（2）当 $MR < MC$ 时，产量点落在 Q^* 的右边，如 Q_2 的产量水平，表明厂商增加生产一单位产品所增加的收益小于这一单位产品的生产所增加的成本，此时对该厂商来说，厂商增加生产量就会造成亏损，因此厂商必然要减少产量。随着产量的减少，边际成本必然是减少的，而边际收益是不变的，产量一直会减少到 Q^*，实现该产量下的 $MR = SMC$。

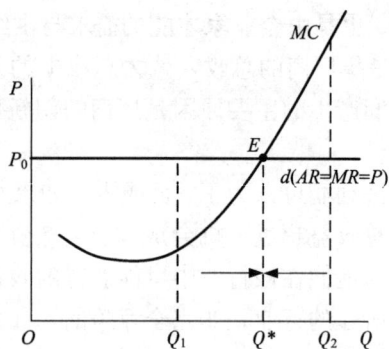

图 5 – 16　厂商成本与收益均衡图（一）

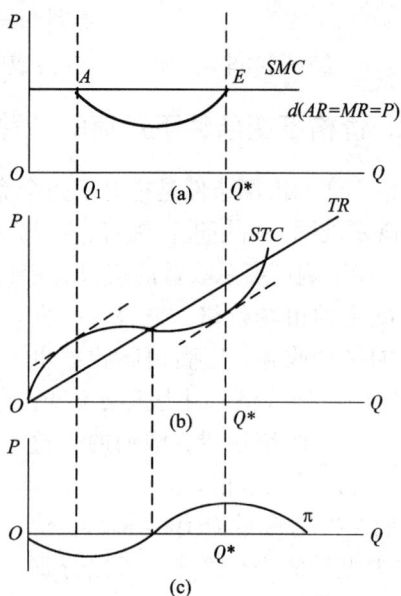

图 5 – 17　厂商成本与收益均衡图（二）

(3)当 $MR = MC$ 时，产量点落在 Q^* 上，表明厂商既不会增加产量也不会减少产量。任何厂商只要边际成本不等于边际收益，都要调整其产量，所以，在厂商的短期生产中，$MR = SMC$ 是厂商实现利润最大化的均衡条件。

(二)数学证明

我们知道，利润等于总收益减总成本，即：

$$\pi(Q) = R(Q) - C(Q) \tag{5.11}$$

其中：π 为利润，R 为总收益，C 为总成本。由于收益与成本都是产量的函数，即 $R = R(Q)$，$C = C(Q)$，所以利润也是产量的函数，即 $\pi = \pi(Q)$。就式(5.11)的利润函数对产出求一阶导数，并令该导数值等于零，可以得到利润最大化的一阶条件。由

$$\frac{d\pi}{dQ} = \frac{dR}{dQ} - \frac{dC}{dQ} = 0$$

得到：

$$MR = MC \tag{5.12}$$

其中：$MR = dR/dQ$，为某产量点的边际收益；$MC = dC/dQ$，为某产量点的边际成本；$MR = MC$ 为厂商达到利润最大化的必要条件，是厂商最优产量推进到某一点时所引起的总收益增量与总成本增量相等的状态。当 $MR = MC$ 时，由于总成本增量中包含了厂商所有生产要素的报酬，厂商此时可以获得正常利润。[①] 因此，$MR = MC$ 即厂商应将生产量推进到边际成本等于边际收益的产量点。

(三)对于成本与收益均衡条件 MR = MC 的理解

在以上的分析中没有提及利润最大化的二阶条件。满足式(5.11)利润最大化的二阶条件为：$\frac{d^2\pi(Q)}{dQ^2} = MR'(Q) - MC'(Q) < 0$，即有：$MR'(Q) < MC'(Q)$。

由图 5-17(a)可以看出，满足 $MR = MC$ 条件的点有两个，即 A 点和 E 点。在 E 点当产量为 Q^* 时，有 $MR = MC$。且根据图 5-17(b)中 STC 曲线的凸凹性可知 $SMC'(Q^*) > 0$，由 TR 为一条直线可知 $MR'(Q^*) = 0$，所以 $MR'(Q^*) < SMC'(Q^*)$。再由图 5-17(c)可知在 E 点当产量为 Q^* 时，厂商获得了最大利润。同理分析 A 点可得，在 A 点当产量为 Q_1 时，同样有 $MR = MC$，但 $MR'(Q_1) > MC'(Q_1)$。由图 5-17(c)可知在 A 点厂商并没有获得最大的利润，而恰恰是获得了最大的亏损，即 A 点为厂商利润最小化的点。由以上分析我们可以得到这样的结论：满足厂商利润最大化的条件为：$MR = MC$ 且 $MR' < MC'$。只是习惯上往往将其简称为 $MR = MC$。

对厂商行为的讨论分为了短期和长期，所以成本与收益均衡条件分为 $MR = SMC$ 和 $MR = LMC$。

---

① 这里假设微观主体间的经济交往不考虑交易费用的存在。

在 $MR = SMC$ 的均衡点上，厂商可能是盈余的，也可能是亏损的。如果是盈利的，这时的利润就是相对最大利润；如果是亏损的，这时的亏损就是相对最小亏损。不管是盈还是亏，在 $MR = SMC$ 点上，厂商都处在收益曲线和成本曲线所能产生的最好的结果之中。

在 $MR = LMC$ 的均衡点上，厂商可能是盈余的，也可能是收支相抵的。处于不同市场中的厂商，有不同的结果，但只要在 $MR = LMC$ 的点上，对任何厂商来说都是最好的结果。

由于经济学中所讨论的成本是指机会成本而不是会计成本，因此，经济利润并不一定等于会计利润。

【本章小结】

1. 成本是厂商对所购买的生产要素的货币支出。经济学对于成本关注的角度与会计学不完全一样。经济学诸多成本概念中，机会成本是指当经济资源有多种用途时，把资源投入到某一特定用途以后，在所放弃的其他用途中，可能给选择者带来的最大收益。机会成本只是一种观念上的成本，而不是实际发生的成本，它是人们在决策时必须考虑的一个重要因素。机会成本是当今主流经济学对于成本的定义。沉没成本是实际已经发生了的、不能由现在或将来的任何经济决策改变的、厂商不需要考虑的成本。经济学中有显性成本与隐性成本之分。在作经济决策时，不仅要考虑显性成本，还应考虑到隐性成本。

2. 成本函数指的是产量与成本之间的函数关系。根据经济学中对长短期的划分，成本也分为短期成本与长期成本。短期成本包括三类成本概念，一共七种成本，即短期总成本、短期固定成本、短期可变成本、短期平均成本、短期平均固定成本、短期平均可变成本、短期边际成本。短期中的边际报酬递减规律也就决定了短期成本曲线的形状。长期成本就只有三个：长期总成本、长期平均成本、长期边际成本，这三类成本曲线可以分别由其短期成本曲线推导出来，长期中的规模报酬情况也就决定了长期成本曲线的形状。

3. 厂商的收益区分为三个概念：总收益、平均收益和边际收益。通过对成本与收益的综合分析，厂商可以找到实现利润最大化的最优产量点，即分析成本与收益之间的均衡。这种均衡是通过比较边际收益与边际成本的大小来实现的，在 $MR = MC$ 且 $MR' < MC'$ 的产量点上，厂商可能有最大的利润。为此就要对生产要素投入组合进行最优选择。

习　题

一、名词解释

机会成本　沉没成本　显性成本　隐性成本　成本函数　短期总固定成本　短期总可变成本　短期边际成本　长期总成本　长期平均成本　长期边际成本

二、选择题

1.使用自有资金也应计算利息收入,这种利息从成本角度看是( )。

A.固定成本   B.隐性成本

C.会计成本   D.生产成本

2.假定某机器原来生产产品 A,利润收入为 200 元,现在改生产产品 B,所花的人工、材料费为 1000 元,则生产产品 B 的机会成本是( )。

A.200 元   B.1200 元

C.1000 元   D.无法确定

3.以下关于正常利润的说法不正确的是( )。

A.正常利润是厂商对自己所提供的企业家才能所支付的报酬

B.正常利润是隐性成本的一个组成部分

C.正常利润是显性成本的一个组成部分

D.经济利润中不包括正常利润

4.下列说法中正确的是( )。

A.生产要素的边际替代率递减是规模报酬递减造成的

B.边际收益递减是规模报酬递减规律造成的

C.规模报酬递减是边际收益递减规律造成的

D.生产要素的边际技术替代率递减是边际收益递减规律造成的

5.短期平均成本曲线随着产量的增加而( )。

A.不断上升   B.不断下降

C.先上升再下降   D.先下降再上升

6.当边际成本曲线达到最低点时( )。

A.平均成本曲线呈现递减状态   B.平均可变成本曲线呈现递增状态

C.平均产量曲线达到最大值   D.总产量曲线达到最大值

7.当边际成本曲线上升时,其对应的平均可变成本曲线一定是( )。

A.上升   B.下降

C.既不上升,也不下降   D.既可能上升,也可能下降

8.短期内边际产量最高点对应于( )。

A.边际成本最低点   B.平均成本最低点

C.平均可变成本最低点   D.平均产量最高点

9.长期边际成本曲线呈现 U 形的原因是( )。

A.边际效用递减规律   B.边际收益递减规律

C.生产由规模经济向规模不经济变动   D.生产的一般规律

10. 从长期成本和短期成本曲线的关系来看,在对应 LTC 与 STC 切点处有( )。

A. $LTC = STC$ 且 $LAC = SAC$, $LMC = SMC$ B. $LTC = STC$ 但 $LAC < SAC$, $LMC < SMC$

C. $LTC = STC$ 但 $LAC > SAC$, $LMC > SMC$ D. $LTC = STC$ 且 $LAC = SAC$ 但 $LMC \neq SMC$

11. 以下关于边际成本曲线、总成本曲线和可变成本曲线的说法正确的是( )。

A. 当边际成本曲线下降时,总成本曲线以越来越慢的速度下降

B. 当边际成本曲线下降时,可变成本曲线以越来越快的速度下降

C. 当边际成本曲线上升时,总成本曲线以越来越快的速度上升

D. 当边际成本曲线上升时,可变成本曲线以越来越慢的速度上升

12. 若某个产量的长期平均成本等于短期平均成本,但高于长期边际成本,则( )。

A. 规模报酬处于递减阶段   B. 长期平均成本正在下降

C. 短期平均成本最小   D. 短期平均成本等于长期边际成本

13. 对于同一个产量水平来说是( )。

A. 长期总成本不大于短期总成本

B. 短期总成本不大于长期总成本

C. 长期总成本与短期总成本相等

D. 长期总成本与短期总成本的相对大小不能确定

14. 当某厂商以最小成本生产出既定产量时( )。

A. 总收益为零   B. 获得最大利润

C. 没有获得最大利润   D. 无法确定是否获得了最大总利润

三、判断题

1. 由于固定成本不随产出的变化而变化,因而平均固定成本也不变化。

2. 当边际成本达到最低点的时候,平均成本也达到了最低点。

3. 短期平均成本总是大于等于长期平均成本。

4. 长期边际成本曲线达到一定的产量水平后趋于上升,是由于边际收益递减规律所造成的。

5. 只要边际成本曲线位于平均成本曲线的上方,平均成本一定递减。

6. 如果规模报酬不变,长期平均成本等于长期边际成本且不变。

7. 在短期总成本曲线与长期总成本曲线的相切处,SMC 与 LMC 也相切。

8. 短期成本函数中的最低平均成本就是短期生产函数中的最高平均产量水平上的平均成本。

9. 短期固定成本是一种沉没成本。

四、计算题

1. 假设某产品生产的边际成本函数是 $MC = 6Q^2 - 12Q + 350$,若生产 3 单位产品时总成

本是1200，求：

(1)总成本函数、平均成本函数、可变成本函数及平均可变成本函数；

(2)平均可变成本达到最低时的产量。

2.考虑以下生产函数 $Q = K^{1/4}L^{1/4}m^{1/4}$ 在短期中，令 $P_L = 2$，$P_K = 1$，$P_m = 4$，$\overline{K} = 8$，推导出短期可变成本函数和平均可变成本函数，短期总成本及平均总成本函数以及短期边际成本函数。

3.短期中，某厂商用固定资本 (K) 和可变资本劳动 (L) 生产 A 产品，周产量为：$Q = -L^3 + 24L^2 + 240L$，L 是劳动量，产品价格为2。每人每周工作40个小时，工资每小时12元。试求：

(1)生产的第一阶段、第二阶段、第三阶段的 L 值。

(2)该厂商每周纯利润要达到1096元，需雇用16个工人，该厂商固定成本是多少？

4.假定某厂商需求如下：$Q = 5000 - 50P$。其中，Q 为产量，P 为价格。厂商的平均成本函数为：$AC = \dfrac{6000}{Q} + 20$。求：

(1)厂商利润最大化的价格和产量是多少？最大化的利润是多少？

(2)如果政府对每单位产品征收10元税收，新的价格与产量是多少？新的利润是多少？

五、简答题

1.如何从生产函数推导出成本函数的？

2.为什么 MC 曲线都与 AVC 曲线、AC 曲线相交于其最低点？

3.请分析说明短期平均成本曲线和长期平均成本曲线都呈现 U 形的原因。

4.为什么会产生规模经济？导致规模不经济的主要原因是什么？

六、作图分析题

1.作图分析平均成本、平均可变成本和边际成本之间的相互关系。

2.作图分析短期边际产量与短期边际成本之间的对应关系。

3.由短期总成本曲线推导出长期总成本曲线，并说明长期总成本的经济含义。

4.由短期边际成本曲线推导出长期边际成本曲线，并说明长期边际成本的经济含义。

第六章　厂商行为理论(三)：完全竞争市场理论

本章导读

第四章至第五章的讨论详细分析了厂商最优行为选择涉及的两类重要问题。第六章至第七章将利用前两章厂商行为理论的讨论成果，结合消费者效用最大化追求的行为选择分析，将消费者行为与生产者行为两个部分合在一起，讨论在不同的市场结构下、在理性人等假定条件不变下，厂商追求利润最大化的行为中最优产量点与价格的选择过程，即厂商市场均衡的实现问题。从厂商角度看，根据市场中垄断和竞争的程度，可把市场划分为完全竞争市场与非完全竞争市场两个大类。本章分析完全竞争市场的条件下，厂商追求利润最大化的行为中最优产量点与价格的选择——短期与长期均衡条件的实现问题，最后推导出完全竞争市场行业的长期供给曲线。

基本概念

完全竞争市场　完全竞争行业　完全竞争厂商短期均衡条件　完全竞争厂商长期均衡条件　停止营业点　收支相抵点

本章重点及难点

1. 市场的四大类型；
2. 完全竞争市场的需求曲线和收益曲线；
3. 完全竞争厂商的短期均衡；
4. 完全竞争市场的长期均衡。
5. 完全竞争厂商及行业的长期供给曲线。

第一节　市场和行业的类型

一、市场的概念

市场是一个具有多重含义的名词：一般意义讨论，或者是指一种或者多种商品买卖双方交易活动的场所；或者是指现实与潜在的购买需求；或者是指交换关系的总和。从本质上讲，市场是物品买卖双方聚集在一起相互交易并得以决定其交易价格和交易数量的一种制度安排。在本章的讨论中，市场侧重于卖方角度的讨论，它主要涉及以下几个方面的问题：

一是卖者数量与地理范围。任一个市场中，卖者的数量不同，地理范围不同，市场的运行特点也不同。卖者数量越多，地理范围越广，竞争的激烈程度就越大；反之，竞争的激烈程度就越低。上世纪末，一个县城大多只有一家新华书店，成为本地消费者唯一购书处。现在，新华书店除必须面对各类实体书店的竞争外，还必须面对各种网上书店的竞争。

二是交易商品的差异。所有参与交易的物品可以分为两大类：产品和生产要素。因此，经济学中的市场可以分为产品市场与要素市场。产品市场是指商品与服务买卖的市场，要素市场是指各种生产要素买卖的市场。交易商品的差异程度不同，市场运行也不同。

三是买者与卖者的联系。包括买者之间的联系、卖者之间的联系及买者与卖者之间的联系三个方面。他们之间的联系主要是通过信息来媒介的。信息是否完全、渠道是否通畅，决定了市场运行的特点与绩效。

四是进入与退出的障碍度。卖者进入市场的障碍大小，决定了市场运行的特点与绩效差异大小。

二、市场的类型

从上述讨论出发，西方学者将市场划分为四种类型：完全竞争市场、垄断竞争市场、寡头垄断市场和完全垄断市场，前两种又称竞争市场，后两种又称非竞争市场。四种类型的市场区分及其特点可以用表6-1来比较说明：

表6-1　市场类型的划分和特征

市场的类型	厂商的数目	产品差别的程度	对价格控制的程度	进出一个行业的难易程度	接近哪种市场情况
完全竞争	很多	同质	没有	很容易	一些农产品
垄断竞争	较多	同类但有差别	有一些	比较容易	轻工业产品
寡头垄断	几个	有差别或无差别	较大程度	比较困难	计算机、汽车
完全垄断	一个	产品没有接近的替代产品	很大程度	很困难	公用事业，如自来水、电、天然气

　　在市场理论的分析中，因为在不同类型的市场条件下厂商所面临的对其产品的需求状况是不相同的，所以，在分析单个厂商如何选择最优的产量并说明市场价格的决定问题时，必须区分不同的市场类型。

　　与市场这一概念相对应的另一个概念是行业。行业是指生产和提供同一种产品的所有厂商的集合。由于市场是一种或多种商品买卖双方交易活动的集合，因此，一个市场可能包含不止一个行业。就一种产品而言，市场和行业的类型是基本一致的。一个行业是一个市场的供方整体，完全竞争市场对应的是完全竞争行业，寡头垄断市场对应的是寡头垄断行业，完全垄断市场对应的是完全垄断行业。在局部市场均衡问题的讨论中，我们常常从一个行业的讨论入手。

第二节　完全竞争厂商的需求曲线和收益曲线

一、完全竞争市场的特点

　　完全竞争市场又称为纯粹竞争市场，是指竞争不受任何阻碍和干扰的一种市场结构。完全竞争市场的特点主要有以下四个：

　　第一，市场上同一种商品都有大量的卖者和买者，单个卖者和单个买者都是市场价格的接受者而不是控制者。因为参与市场经济活动的同种产品的生产厂商或消费者均数量足够多，任一卖者或者买者其销售量或购买量只占市场交易量很小的份额，因此，没有哪一家厂商或哪一个消费者的规模足够大以至于能够影响市场价格，一种商品的市场价格是由众多的买者所形成的需求与众多的卖者所形成的供给共同决定的。这里，参与者数量并不是完全竞争的实质，完全竞争的实质是所有参与者都只是商品市场价格的接受者，厂商产品的需求价格弹性极大；不存在外部潜在竞争者可以通过削价进入并仍能获得利润的情况；作为参与者的消费者个人与厂商不会以价格以外的行为直接影响他人或其他厂商。

　　第二，市场上所有的厂商出售的同类产品具有同质性，不存在差别。这种无差别不仅指同类商品之间的质量、性能等相同，还包括在销售条件、装潢等方面是无差别的。对于厂商来说，因为同类产品具有同质性，即没有任何一家厂商的产品拥有市场优势，所以对于买者来说哪一个厂商生产的产品并不重要，同时也不会为得到某一厂商的产品而支付更高的价格。显然，结合第一个特点，在完全竞争的市场上，若某卖者提高商品价格，就立即会失去所有的顾客，因为厂商产品的同质性与厂商数量的众多性导致厂商产品的需求价格弹性极大，买者可以从别的卖者手中购买同类商品和劳务；若卖者单独降低价格则毫无意义。由于假定完全竞争市场不存在交易费用，因此，在完全竞争市场上，每一种商品只有一个价格，而且，商品只有其购买者才能享用。

第三，厂商可以完全自由地进入或退出该行业，没有交易成本障碍。各种资源与生产要素可以随时从一个厂商转移到另一个厂商，或从一个地区转移到另一个地区。这也就是说，每个厂商都可以根据自己的意愿自由地向获利的行业转移，及时退出亏损的行业，这样，效率较高的行业可以吸引大量的厂商投入，缺乏效率的行业厂商会自行退出；厂商之间、消费者之间均不存在直接的竞争。资源与要素自由进入或退出某一行业是促使整个市场实现均衡的重要条件。

第四，参与市场活动的交易方掌握的信息是完全的。消费者完全了解各种产品的市场价格、产品质量以及自己的偏好、收入水平；厂商对于生产要素价格、自己以及竞争者的产品成本、价格和技术也拥有完全的信息，市场上不存在不确定性。这一条件保证了消费者和厂商能够选择自己的最优购买量或最优生产量，从而获得效用的最大化和利润最大化。

如果这四个条件都成立，厂商在长期中赚得的经济利润将为零，供求曲线可用于分析市场价格的行为。在形成完全竞争市场的四个条件中，前两个条件是最基本的。显然，在现实的经济中没有一个市场严格具备以上四个条件，完全竞争市场只是一种假定。通常只是将某些农产品(比如稻米市场)市场看成是比较接近的完全竞争市场类型。将完全竞争市场作为一个理想经济模型先来讨论，有助于整个市场理论体系的完整，同时也有助于我们加深对不完全竞争市场模型的理解。

二、完全竞争厂商及市场面临的需求曲线和收益曲线

(一)完全竞争厂商面临的需求曲线

完全竞争厂商面临的需求曲线是指消费者对完全竞争行业中的某一厂商所生产的商品的需求曲线，表示在每一可能的价格下市场上全体消费者愿意购买该厂商生产的某种产品或劳务的数量，它是一条与横轴平行的水平线，如图 6-1(b)中的 d 曲线，就是当市场价格为 P_e 时完全竞争厂商所面临的一条需求曲线。在完全竞争市场条件下，由于单个厂商是市场价格的被动接受者，而不是价格的制定者，所以，给定市场价格 P_e，单个厂商所面临的需求曲线是一条水平线。显然，这是一条高弹性需求曲线，是一条与横轴平行的水平线。

(二)完全竞争市场的需求曲线

完全竞争市场的需求曲线与完全竞争厂商面临的需求曲线是不同的概念。完全竞争市场的需求曲线是指消费者对一个行业中的全体厂商所生产的某种产品或劳务的需求曲线，它是一条向右下方倾斜的曲线，是对完全竞争厂商面临的需求曲线加总得到的，如图 6-1(a)中的 D 曲线，表示在每一可能的价格下市场上全体厂商所面临的一条需求曲线。曲线的变化取决于消费者的行为。它一般是一条右下方倾斜的曲线。

由于完全竞争市场是由许多同类的小微厂商组成，因此，d 曲线只是 D 曲线的一个微

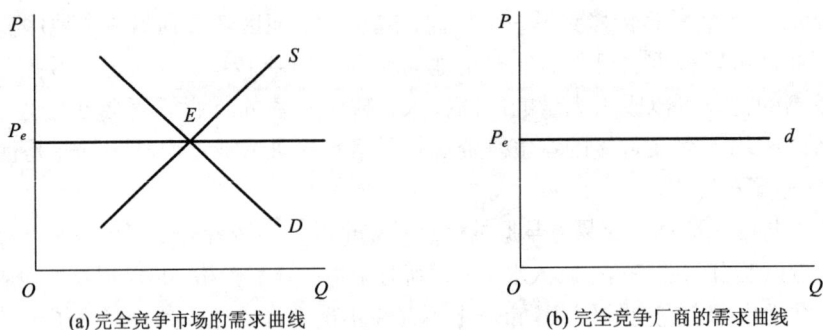

(a) 完全竞争市场的需求曲线   (b) 完全竞争厂商的需求曲线

图 6-1 完全竞争市场和完全竞争厂商面临的需求曲线

小部分。从图形上看，d 曲线是完全水平的，或者说弹性是无穷大的。了解"完全竞争厂商面临的需求曲线"与"完全竞争市场的需求曲线"含义的差别非常重要。完全竞争市场需求曲线度量的是商品的市场价格与销售总量之间的关系，而完全竞争厂商面临的需求曲线度量的是市场价格与某特定厂商销量之间的关系；完全竞争市场需求曲线取决于消费者行为，而完全竞争厂商面临的需求曲线不仅取决于消费者行为，而且还取决于其他厂商的行为。

图 6-1(b)中的完全竞争厂商面临的需求曲线 d 的位置并不是固定不变的，d 曲线变化取决于消费者需求行为（D 曲线移动）与其他厂商的供给行为（S 曲线移动）的变化。如果市场的供给曲线 S 或需求曲线 D 的位置发生移动，就会形成新的市场均衡价格，相应地会形成另一条从新的均衡价格引出的平行于横轴的厂商需求曲线。在图 6-2 中，如果市场需求 D_1 增加至 D_2 而供给不变，均衡点便由 E_1 移至 E_3，均衡价格由 P_1 升至 P_3，d_1 曲线随

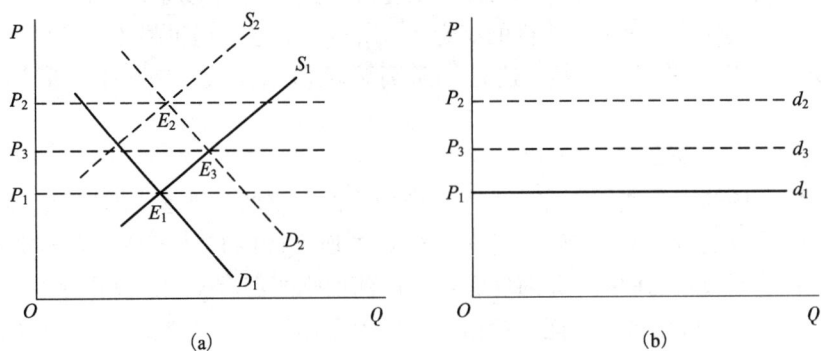

(a)   (b)

图 6-2 完全竞争市场价格变动和厂商的需求曲线变动

之向上平行移动至 d_3；如果市场供给 S_1 退至 S_2 而需求不变，均衡点便由 E_3 移到 E_2，均衡价格由 P_3 升至 P_2；d_3 曲线随之向上平行移动至 d_2……。反过来的情况，读者自己可以推出。不管怎么变化，厂商面临的需求曲线总是呈水平线状况。

(三)完全竞争厂商的收益曲线

完全竞争厂商的收益也可以分为总收益、平均收益和边际收益。由于完全竞争市场上单个厂商无法通过改变销售量来影响市场价格，只能被动地接受市场价格，所以这三类收益曲线实际上在第五章第四节中已经涉及了，图 6-3 描述了价格不变条件下的厂商三类收益曲线。

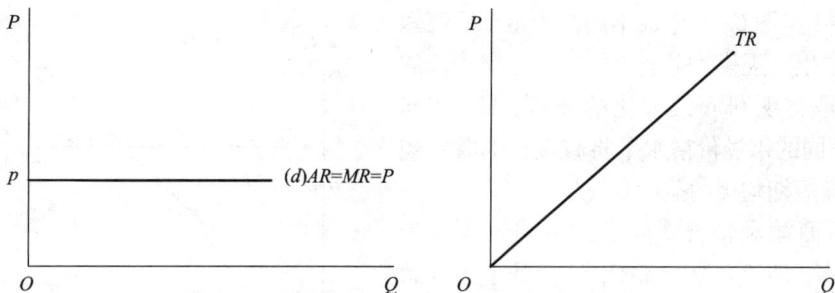

图 6-3 完全竞争厂商平均收益与边际收益曲线

图 6-3 中，横轴表示厂商的销售量或所面临的市场需求量①，纵轴表示商品的价格。图中的收益曲线具有如下特征：完全竞争厂商的平均收益 AR 曲线、边际收益 MR 曲线与需求曲线 d 是重合的，是从既定市场均衡价格引出的平行于横轴的一条水平线。这正是因为对于完全竞争厂商来说，在既定的市场价格下，任何销售量上都有 $AR = MR = P$，P 即为市场均衡价格，而完全竞争厂商所面临的需求曲线就是一条由市场均衡价格水平出发的水平线。同时也由于每一销售量上的边际收益值是相应的总收益曲线的斜率，且边际收益是不变的，等于既定的市场价格，所以决定了总收益曲线是斜率不变的直线。

第三节 完全竞争厂商短期均衡和短期供给曲线

一、完全竞争厂商的短期均衡

在短期生产中，不仅消费者的偏好与收入既定，产品的市场价格既定，而且生产中的

---

① 假定厂商面临的市场需求量等于厂商的销售量。

不变要素投入量也既定。根据第五章第四节分析得出的结论，在其他条件不变时，完全竞争厂商的产量决策会集中在边际选择上。其短期均衡过程应是在既定的市场价格下，厂商基于追求利润最大化的目标，遵循 $MR = SMC$ 原则而对最优产量的选择过程。而厂商对最优产量选择又只能通过变动可变要素的投入量来达成。在完全竞争的市场中，市场供给和需求相互作用形成的产品均衡价格，可能大于、等于、小于厂商的平均成本，由于各参与者都只是商品价格的接受者而不是决定者，因此在短期均衡产出水平中，厂商出售产品就有可能处于盈利、盈亏平衡或亏损等不同状态。完全竞争厂商短期均衡产出水平时的盈亏状态可以用图 6-4 至图 6-9 来分析。

图 6-4 至图 6-8 中成本曲线表示了厂商短期内既定的生产规模，完全竞争厂商短期均衡的基本条件是实现利润最大化的原则，即 $MR = SMC$，但不同的市场价格水平将直接影响既定规模下的厂商短期均衡的盈亏状况。

(1)厂商盈利情况：价格或平均收益大于平均总成本，即 $P = AR > SAC$，厂商处于盈利状态，见图 6-4。

当市场价格为 P_1 时，厂商面临的需求曲线为 d_1，厂商根据 $MR = SMC$ 的利润最大化原则，确定厂商的短期均衡点为 SMC 曲线与 MR_1 曲线

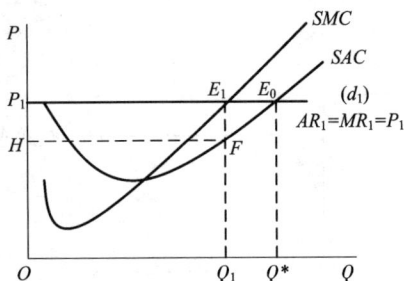

图 6-4 完全竞争厂商短期均衡(一)

的交点 E_1。在 E_1 点确定的均衡产量点为 Q_1。这时平均收益为 Q_1E_1，平均总成本为 Q_1F，单位产品获得的利润为 E_1F，总收益为 $OQ_1 \times Q_1E_1$，总成本为 $OQ_1 \times Q_1F$，利润总量为 $OQ_1 \times E_1F$，即图中矩形 HP_1E_1F 的面积。如果产量超过 Q_1 不超过 Q^*，则 $SMC > P_1$，此时有增加一单位产品的边际收益低于其边际成本但高于其平均成本，增加产量会降低总利润却仍有正利润；若产量小于 Q_1，则有 $SMC < P_1$，此时有增加一单位产品的边际收益高于其边际成本同时高于其平均成本，增加产量都能增加总利润；如果产量超过 Q^*，则有 $SMC < P_1$，此时有增加一单位产品的边际收益低于其边际成本同时低于其平均成本，增加产量只会有负利润；只有使产量确定在 Q_1，则有 $MR = P = SMC$，此时总利润达到最大。下面几种情况都可照此分析。

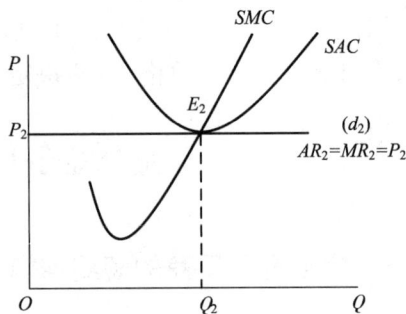

图 6-5 完全竞争厂商短期均衡(二)

(2)盈亏平衡情况:价格或平均收益等于平均总成本,即 $P = AR = SAC$,厂商的经济利润恰好为零,处于盈亏平衡状态,见图 6-5。

当市场价格为 P_2 时,厂商面临的需求曲线为 d_2,这条需求曲线刚好切于短期平均总成本曲线 SAC 的最低点,同时短期边际成本 SMC 曲线也通过此点,SMC 曲线与 MR_2 曲线的交点 E_2 即为厂商的短期均衡点,相应的均衡产量确定在 Q_2。在 Q_2 产量上,有 $OP_2 = Q_2E_2$,平均收益等于平均成本,总收益也等于总成本,如图中矩形 $OP_2E_2Q_2$ 面积,此时厂商的经济利润为零,但实现了全部的正常利润。由于在该点上,厂商既无经济利润,又无亏损,所以也把 SMC 与 SAC 的交点称为"盈亏平衡点"或"收支相抵点"。

(3)亏损还可以继续生产情况:价格或平均收益小于平均总成本,但仍大于平均可变成本,即 $AVC < AR = P < SAC$,厂商亏损,但还可以继续生产,见图 6-6。

当市场价格为 P_3 时,厂商面临的需求曲线为 d_3,整个平均总成本曲线 SAC 处于价格 P_3 线之上,出现了亏损。为使亏损达到最小,厂商按照 $MR = SMC$ 原则将均衡点确定在 SMC 曲线和 MR_3 曲线的交点 E_3,均衡产量点为 Q_3。在 Q_3 产量上,平均收益为 Q_3E_3,平均成本为 Q_3I,由于 $Q_3E_3 < Q_3I$,总成本与总收益的差额

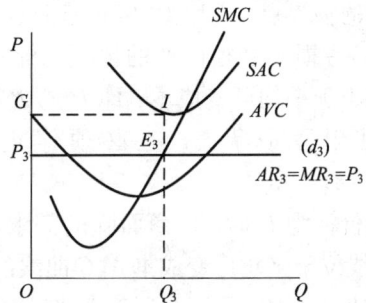

图 6-6　完全竞争厂商短期均衡(三)

构成厂商的总亏损量,如图中矩形 P_3GIE_3 面积。厂商在这种情况下,应立即停止生产还是继续进行生产,取决于收益与可变成本的大小比较,而不取决于固定成本的大小了。因为短期内的固定成本可看做是一种沉没成本,固定成本已经投入生产了,不管生不生产,这一部分成本已经存在,厂商做经济决策时就不应考虑此项成本了,所以此时厂商需要考虑的是可变成本与收益的大小比较了。只要厂商的产品价格大于平均变动成本,虽然出现亏损,厂商仍会继续生产。因为:一是此时关闭工厂或重新开启工厂代价高昂,而且厂商每一单位产量可得收益高于变动成本,获得的全部收益,不仅能够弥补全部的可变成本,还能够收回一部分固定成本,即厂商继续生产所获得的收益超过继续生产所增加的成本,这比不生产损失少。在其他条件不变时,厂商亏损的最小化就是其利润的最大化。二是厂商对未来的预期仍然看好,当产品价格上升或者生产成本下降时可获得利润。

(4)亏损,生产与停产都可以的情况:价格或平均收益等于平均可变成本,即 $P = AR = AVC$,厂商处于亏损状态,且处于生产与停产的临界点,见图 6-7。

当价格为 P_4 时,厂商面临的需求曲线为 d_4,此线恰好切于平均可变成本 AVC 曲线的最低点,SMC 曲线也交于该点。厂商选择任何产量点生产都会出现亏损。为了使亏损最小,

根据 $MR_4 = SMC$ 原则，厂商选择短期均衡点 E_4，决定的均衡产量为 Q_4。在 Q_4 产量上，平均收益为 E_4Q_4，平均总成本为 KQ_4，$E_4Q_4 < KQ_4$，厂商必然是亏损的。同时平均收益仅等于平均可变成本，这意味着厂商进行生产所获得的收益只能弥补可变成本，而不能收回任何的固定成本，生产与不生产对厂商所追求的收益来说，没有任何正效益。所以，SMC 曲线与 AVC 曲线的交点是厂商生产与不生产的临界点，也称为"停止营业点"。

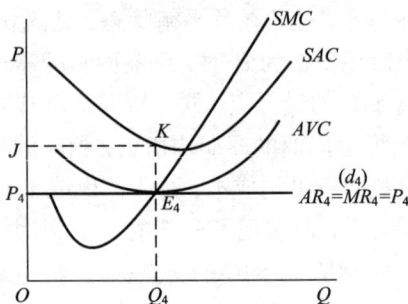

图 6 - 7 完全竞争厂商短期均衡（四）

（5）亏损且必须停产的情况：价格或平均收益小于平均可变成本，即 $P = AR < AVC$，厂商处于亏损状态，且必须停止生产，见图 6 - 8。

当价格为 P_5 时，厂商面临的需求曲线为 d_5，此线位于平均可变成本 AVC 曲线的下方，根据 $MR_5 = SMC$ 原则，厂商短期均衡点为 E_5，决定的均衡产量为 Q_5。在 Q_5 产量上，平均收益小于平均总可变成本，这意味着厂商进行生产所获得的收益，不能收回任何的固定成本，连部分可变成本也得不到弥补，对厂商来说，必须停止生产。

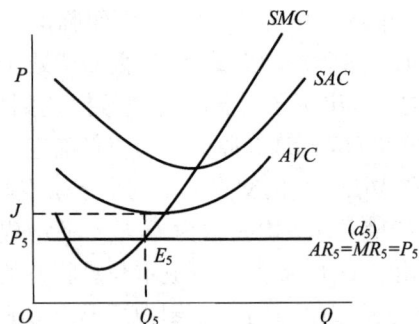

图 6 - 8 完全竞争厂商短期均衡（五）

上述分析表明，短期内，在完全竞争的市场条件下，无论市场价格怎样变化，由于厂商不能根据市场需求情况来调整全部生产要素，厂商只能在既定的生产规模下按 $SMC = MR$ 原则来选择自己的产量点。厂商应该将生产产量点推进到边际成本与边际收益相等点；而短期可生产条件为 $P = AR \geq AVC$。

即可得出完全竞争厂商短期均衡条件：

$$MR = SMC = P \tag{6.1}$$
$$P = AR \geq AVC$$

二、完全竞争厂商的短期供给曲线

前面的分析已经表明，使利润最大化的产量是由边际收益等于边际成本决定的，而在完全竞争市场上，厂商根据 $SMC = MR = P$ 确定在每一可能的价格水平下能带来利润最大化的产量。在图 6–3 至图 6–7 中可以看到,根据 $P=SMC(Q)$ 或 $MR=SMC(Q)$ 的短期均衡条件,当商品市场价格分别为 P_1、P_2、P_3、P_4、P_5 时,厂商所选择的最优产量分别为 Q_1、Q_2、Q_3、Q_4、Q_5。由于每一个商品价格水平都是市场给定的,所以,在短期均衡点上商品的市场价格与厂商的最优产量之间的对应关系可以明确地表示为以下的函数关系:

$$Q_s = f(P)$$

其中:P 表示商品的市场价格,Q_s 表示厂商的最优产量或供给量。由式(6.1)可知,完全竞争市场价格 P 也反映厂商增加一单位产量而增加的边际成本,可以用来作为度量厂商边际成本的简便方法。

同时,在图 6–9(a) 中还可以看到,根据 $P=SMC(Q)$ 或 $MR=SMC(Q)$ 的短期均衡条件,商品可能的价格和厂商的最优产量的组合点或均衡点 E_1、E_2、E_3、E_4、E_5,都出现在厂商的边际成本 SMC 曲线上。若进一步严格地说,商品可能的价格与厂商愿意提供的产量的组合点,并非出现在全部的边际成本曲线上。我们知道,边际成本曲线穿过平均可变成本的最低点,价格低于这一点,厂商停止生产,产量为零;价格超过这一点,厂商的产量选择将随着价格的变化而沿着边际成本曲线变化,以便使生产的边际成本与边际收益(亦即价格)保持相等。这样,产量与价格的关系由边际成本曲线所决定。既然是通过边际成本曲线来确定厂商在某价格下的产量,那么边际成本曲线反映了产量与市场价格之间的关系[①]。

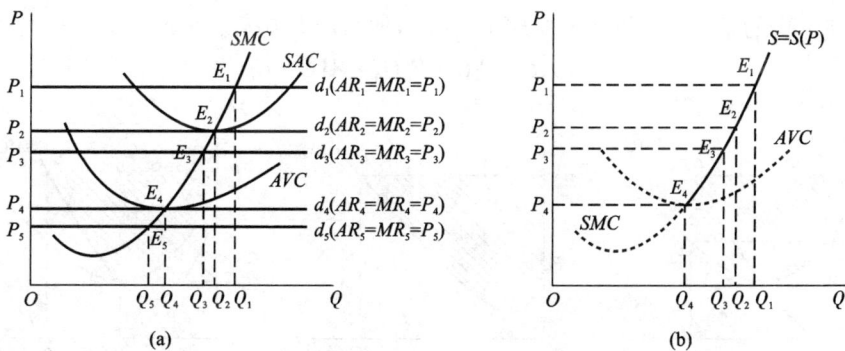

图 6–9 完全竞争厂商短期供给曲线

---

① 这里要假定厂商面临的生产要素的价格保持不变。如果生产要素的价格变化,则厂商的短期边际成本曲线将会发生位移,厂商按照 MR=SMC 决定的短期均衡点也将发生位移,从而对完全竞争厂商短期供给曲线的分析产生影响。

基于以上分析，可以得到如下结论：完全竞争厂商的短期供给曲线，就是完全竞争厂商的短期边际成本 SMC 曲线上等于和高于平均可变成本 AVC 曲线最低点的部分；该曲线上的每一点上同时都有 SMC = MR 的存在，都表示在每一价格水平的供给量都是能够给厂商带来最大利润或最小亏损的产量；完全竞争厂商的短期供给曲线即完全竞争厂商的边际成本曲线。毫无疑问，完全竞争厂商的短期供给曲线是向右上方倾斜的，具有正的斜率，反映了边际成本会随着产出的增加而上升这一事实。图 6 - 9(b)中实线部分所示即为完全竞争厂商短期供给曲线。

完全竞争厂商短期供给函数说明了厂商的产量是如何随着价格变化而变化，但是只有作为价格接受者的厂商其产量才随着价格变化而变化。显然，完全竞争厂商短期供给曲线上的点均是满足厂商短期均衡条件的点。

三、生产者剩余

生产者剩余(producer surplus，PS)指厂商在提供一定数量的某种产品时实际接受的总价格或总支付与愿意接受的最小总价格或总支付之间的差额。它通常用供给曲线左边的面积表示，是完全竞争市场条件下对厂商总的净效益的一种测度。如图 6 - 10(a)所示，市场价格为 P_0 时，厂商愿意出售的商品数量为 Q_0，此时，厂商实际接受的总价格或总支付就是价格线以下的总收益 OP_0EQ_0，而厂商愿意接受的最小总价格或总支付就是总可变成本，所以图中阴影矩形 CP_0EB 的面积便是生产者剩余，它等于总收益减去总可变成本。因此，在其他条件不变的条件下，降低可变成本可以增加生产者剩余。生产者剩余也可表示为：

$$PS = TR - TVC = P_0Q_0 - AVC \cdot Q_0 \tag{6.2}$$

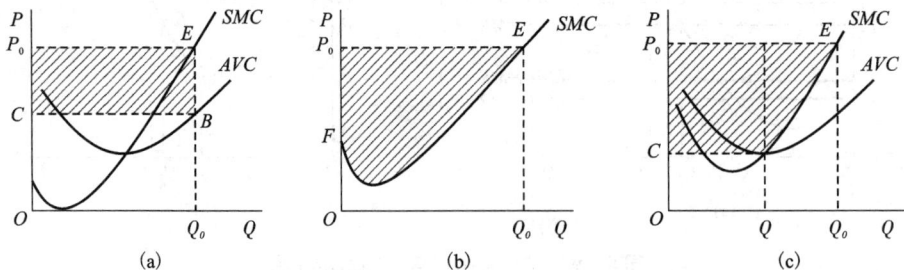

图 6 - 10   生产者剩余

此外，生产者剩余也可以用价格线以下、SMC 曲线以上的面积来表示。如图 6 - 10(b)所示，厂商实际接受的总价格或总支付就是价格线以下的总收益 OP_0EQ_0，而代表厂商愿意接受的最小总支付的总可变成本又可以用边际成本曲线 SMC 以下的面积 $OFEQ_0$ 表示。

这是因为边际成本曲线度量的是每增加一单位产量所产生的成本，如果把每增加一单位产量所增加的成本加总起来，我们就可以得到不包括不变成本的总成本及总可变成本。因此生产者剩余又可以表示为 P_0 和 SMC 曲线相应部分所围成的面积 P_0EF。

生产者剩余也可以用数学公式定义。对于连续函数，令反供给函数 $P^s = f(Q)$，该函数度量当生产者供给 Q 单位某商品时，必须收取的价格，则图 6-10(b)所表示的生产者剩余可表示为：

$$PS = P_0Q_0 - \int_0^{Q_0} f(Q)\,\mathrm{d}Q \tag{6.3}$$

式中：PS 为生产者剩余的英文缩写；式子右边的第一项为总收益，即厂商实际接受的总支付；第二项为厂商愿意接受的最小总支付。

最后，综合以上两种方法我们可以得到第三种测量生产者剩余的方法。如图 6-10(c)所示，在 Q 之前的部分运用第一种定义，在 Q 之后运用第二种定义。对于大多数运用，最后一种方法最简便，因为它恰好是供给曲线左边的面积。

第四节 完全竞争行业的短期供给曲线

一、完全竞争行业的短期供给曲线

生产同质产品的完全竞争厂商的集合构成一个完全竞争行业，与完全竞争行业对应的市场即为完全竞争市场。假定生产要素价格及生产技术不变，在每一可能的产品价格水平上，短期内一个行业的供给量等于行业内所有厂商的供给量的总和。设完全竞争行业中有 n 个厂商，每个厂商的短期供给函数为：

$$Q_i = f_1^s(P) \ (i = 1, 2, \cdots, n) \tag{6.4}$$

则完全竞争行业的短期供给函数为：

$$Q(P) = \sum_{i=1}^{n} f_i^s(P) \tag{6.5}$$

如果行业内的 n 个厂商具有相同的短期供给函数，则式(6.5)可改写成：

$$Q(P) = n \cdot Q_i(P) \tag{6.6}$$

而完全竞争行业的短期供给曲线由满足生产要素价格及生产技术不变假定条件下的该行业内所有厂商的短期供给曲线的水平加总而得到。下面，用图 6-11 具体加以说明。

在图 6-11 中，假定某完全竞争行业中有 n 个生产同一产品的厂商，每个厂商都具有相同的短期成本曲线和相应的短期供给曲线，用图 6-11(a)中的实线 S 表示，同时假定生产要素价格及生产技术不变，将这 n 个相同的厂商的短期供给曲线水平相加，便得到图

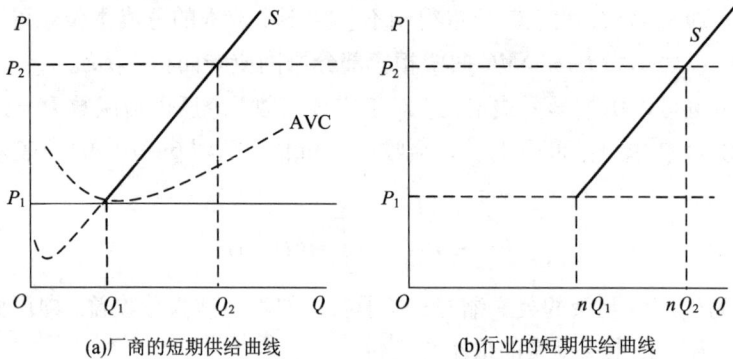

(a)厂商的短期供给曲线　　　　(b)行业的短期供给曲线

图6-11　完全竞争市场的短期供给曲线

6-11(b)中行业的短期供给曲线S。当价格为P_1时，每个厂商的供给量为Q_1，则行业的供给量为nQ_1，当价格为P_2时，每个厂商的供给量为Q_2，则行业的供给量为nQ_2，如此等等。

　　从图形可看出，完全竞争行业的短期供给曲线与完全竞争厂商的短期供给曲线的形状基本相似，行业的短期供给曲线也是向右上方倾斜的，它表示产品价格与行业的短期供给量之间呈同方向变动，而且，行业短期供给曲线上的点均是满足行业短期均衡条件的点，与每一价格水平相对应的供给量都是可以使行业全体厂商在该价格水平获得最大利润或最小亏损的最优产量。不过，"假定生产要素价格及生产技术不变"这一条件非常苛刻，完全竞争行业的短期供给曲线也更多的只具有理论意义。

二、市场总剩余

　　在对完全竞争厂商与完全竞争行业短期供给曲线讨论的基础上，我们将生产者剩余与消费者剩余结合起来讨论市场总剩余，用来对政府政策的损益进行评价。生产者剩余与消费者剩余前面已述。运用消费者剩余，可以测度消费者从竞争市场获得的总净效益；运用生产者剩余，可以测度厂商从竞争市场获得的总净效益；市场总剩余是消费者剩余与生产者剩余的总和。在一个完全竞争的市场上，自愿交易会使交易双方的剩余都得到改善，并使得市场总剩余达到了最大值。

　　可借助图6-12进行几何说明。假设一

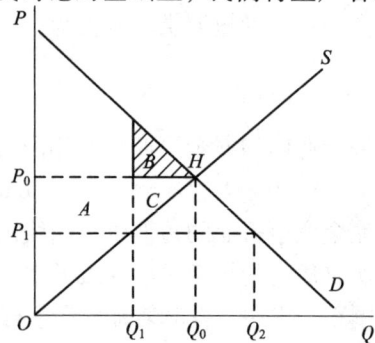

图6-12　价格控制带来消费者剩余变化

个完全竞争市场上，如果政府对某一种商品的价格不干预，则消费者总剩余为 PP_0H，生产者总剩余为 OP_0H，市场总剩余为 $PP_0H + OP_0H$；如果政府对某一种商品的销售价格上限为 P_1，市场供给量将由 Q_0 降到 Q_1。市场需求量将由 Q_0 升到 Q_2。部分消费者将因供求差而受到消费约束，而能够买到商品的消费者获得的总剩余将会增加，增加量如图中矩形面积 A。不能买到商品的消费者获得负的总剩余(消费者总剩余损失)，损失量如图中的三角形 B。因此，消费者总剩余的净变化为 $A - B$。因为 $A > B$，消费者总剩余的净变化为正；部分厂商将因供求差受到生产挫折并退出市场，部分厂商仍留在市场，仍留在市场的厂商面对限价 P_1，总产量由 Q_0 降至 Q_1，失去了矩形 A 代表的生产者总剩余；退出市场的厂商的生产者剩余的损失量为三角形 C。因此，生产者总剩余的总变化为负，等于 $-A - C$；综合以上两部分，限价 P_1 后导致的总剩余变化为 $(A - B) + (-A - C) = -B - C$，生产者总剩余损失超过了消费者总剩余增加，总变化为负。对商品销售实行价格下限产生的影响，读者可以自己仿此推导。

　　这里需要说明的是，生产者剩余与利润不是一回事。利润是总收益与总成本之间的差额，$\pi = R - TVC - TFC$，而生产者剩余是价格与每一单位产品的边际成本之间的差额的总和，等于总收益减总变动成本，$PS = R - TVC$。由于固定成本总是非负的，所以，生产者剩余总是大于利润。最后要说明的是，所有单个厂商的生产者剩余加总等于市场的生产者总剩余。这里讨论从略。

第五节　完全竞争厂商长期均衡与长期供给曲线

　　依据第四章关于短期与长期的定义，在长期生产过程中，完全竞争厂商所投入的所有生产要素都是可变的，所以厂商按利润最大化原则进行的产量点选择是通过对全部生产要素投入量进行调整来达成的。完全竞争厂商在长期中对生产要素投入的调整表现为两方面：一是厂商自身对最优生产规模的调整，二是厂商进入或退出一个行业即厂商数目的调整。

一、完全竞争厂商与市场的长期均衡

　　如前述，短期中，厂商至少一种生产要素的投入具有固定性，生产规模不能随经济情况的不同而变化，技术进步与管理改进也受到限制，厂商在既定的市场价格和既定的生产规模下，只能改变可变要素的投入量来实现 $MR = SMC$ 原则下的最优产量点选择，只要厂商出售产品的平均收益大于平均变动成本即可开工生产。长期中的情况与短期不同，厂商出售产品的平均收益大于平均总成本方可开工生产。因为长期中完全竞争厂商尽管仍然是市场价格的接受者，但它可以改进技术与管理，可以通过对全部生产要素投入量进行调整而调整生产规模,可以停止在本行业的生产、转入其他行业生产来实现 $MR = LMC = SMC$ 原则的最优产量点选择。这样,完全竞争厂商的长期均衡就表现出两种状态:厂商自身对最优生产规模的调整与厂商进入与退出一个行业的调整。

(一)完全竞争厂商对生产规模的调整

如图 6-13 所示,假定产品的市场价格为 P_0,厂商已拥有的生产规模以 SAC_1 曲线和 SMC_1 曲线表示,在短期中厂商只能在给定的生产规模下进行生产,根据利润最大化均衡条件 $MR = SMC_1$,厂商均衡点为 E_1,选择的最优产量点为 Q_1,所获得正的利润为图中 P_0E_1 GF 面积,此时实现了短期均衡。但是,在长期中,厂商可以调整生产规模。根据 $MR = LMC$ 的原则,厂商选择的最优生产规模由 SAC_2 曲线和 SMC_2 曲线所代表,均衡点为 E_2,选择的最优产量点为 Q_2,此时厂商获得正的利润增大为图中 P_0E_2IH 所示的面积。

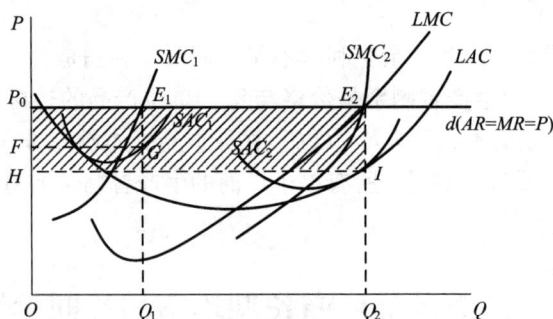

图 6-13 完全竞争厂商的长期均衡

(二)完全竞争厂商进出一个行业

在长期中,随着市场价格的上升,或者厂商通过对生产规模等的调整与最优产量点的选择,能够获得比在短期所能获得的更大的利润。但也因此引来更大竞争资本的注入。如图 6-14 所示,如果当某一行业的产品价格为 P_3,厂商根据利润最大化均衡条件 $MR = LMC = SMC$,调整、选择最优生产规模 SAC_3 和 SMC_3 进行生产,最优产量点为 Q_3。此时厂商获得了经济利润,这会吸引一部分厂商进入到该行业中。随着行业内厂商数量的增加,市场上的产品供给总量就会增加,在图 6-14(b)中,市场的供给曲线就会从 S_3 右移向 S_2,在市场需求不变时,产品的市场价格就会从 P_3 逐步下降至 P_2,单个厂商的经济利润随之逐步减少至零,厂商也将随着产品价格的变化进一步调整生产规模。只有当产品的市场价格水平下降到使单个厂商的经济利润减少为零的 P_2 时,新厂商的进入才会停止,至此厂商的生产规模调整至 SAC_2 和 SMC_2 上,最优产量点为 Q_2。

相反，如果市场价格为 P_1，厂商根据 $MR = LMC = SMC$ 的条件，相应的最优生产规模选择在 SAC_1 和 SMC_1 上，最优产量点为 Q_1。此时，厂商是亏损的，这会使得行业内原有厂商中出现亏损的一部分厂商退出该行业的生产，随着行业内厂商数量的逐步减少，市场上产品的供给就会减少，在 6-14(b)图中，市场的供给曲线就会从 S_1 左移向 S_2，若市场需求不变，产品的市场价格就会从 P_1 逐步上升至 P_2，单个厂商的收益又会随之逐步增加。只有当市场价格水平上升到使单个厂商的亏损消失的 P_2 时，厂商的退出才会停止。总之，不论是新厂商的加入，还是原有厂商的退出，最终这种调整将使市场价格达到等于单个厂商的长期平均成本最低点的水平，即图 6-14(a)中的价格水平 P_2。此时，每个厂商既无经济利润，也无亏损，均实现了利润最大化；每一个厂商均无进入与退出行业的动力，行业中的厂商数量不再改变，实现了行业的长期均衡；产品的价格同时也是行业供求相等时的价格。单个厂商实现了长期均衡。

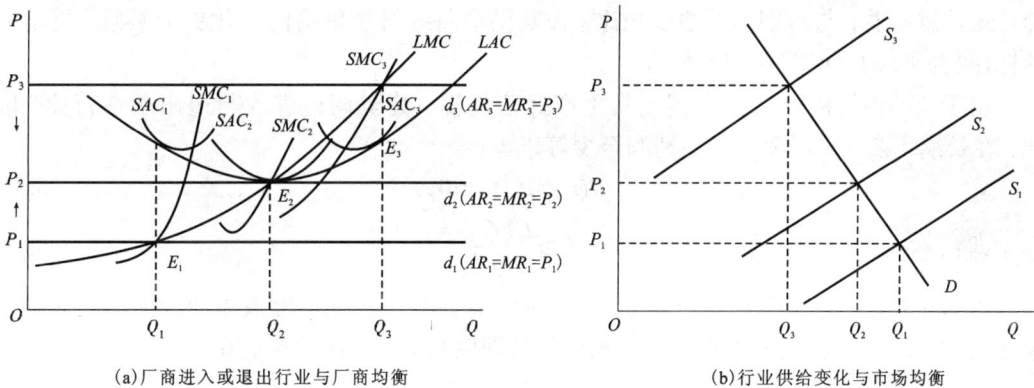

(a)厂商进入或退出行业与厂商均衡　　　　(b)行业供给变化与市场均衡

图 6-14

图 6-14(a)中 E_2 点也是完全竞争行业实现均衡时单个厂商的长期均衡点。在这个长期均衡点上，LAC 曲线达到最低点，代表短期最优生产规模的 SAC_2 曲线相切于该点，相应的 SMC_2 曲线和 LMC 曲线都从该点通过，厂商面对的需求曲线与 LAC 曲线相切于这一点。此时不仅生产的平均成本降到长期平均成本的最低点，而且商品的价格也等于最低的长期平均成本。

由于长期时完全竞争厂商的长期边际成本相交于长期平均成本的最低点，而完全竞争厂商长期均衡点又有平均收益曲线与长期平均成本相切，因此我们得到完全竞争行业实现长期均衡时单个厂商的均衡状态：

$$MR = LMC = SMC = LAC = SAC = AR = P \tag{6.7}$$

此时，单个厂商实现了利润最大化；所有厂商都仅能获得正常利润，经济利润等于零；行业的需求量等于供给量。

上述分析说明了短期中厂商会因经济利润与亏损的驱动而进入与退出一个行业；长期中厂商的经济利润都为零，厂商之所以还要进入与退出一个行业，是因为长期中厂商的经济利润为零不等于短期中厂商的经济利润也一定为零。毕竟，厂商经济收益依赖的是短期行为而不是长期行为。正是厂商追逐短期经济利润的勇气与实际能力，诱使了厂商进入与退出一个行业的选择行为发生。

二、完全竞争厂商的长期供给曲线

长期供给函数度量的是当厂商可以调整生产规模时的最优产量。与短期供给函数中至少有一个生产要素（比如资本 K）保持不变不同，长期生产函数中生产要素都是可变的，因此，在产出价格变化时，厂商在长期内比在短期内有更多的对价格的变动作出调整的机会。这就意味着，与短期供给曲线相比，长期供给曲线对于价格的变化更为敏感，更富有弹性（更为平缓），如图 6-15 所示。

由于长期内厂商可以自由调整其生产经营规模，甚至调整进入与退出所在行业，因此，在长期均衡中，厂商获得的利润至少等于零：

$$PQ - C(Q) \geq 0 \tag{6.8}$$

即：

$$P \geq \frac{C(Q)}{Q} \tag{6.9}$$

可知在长期内，价格必须至少等于平均成本。因此，长期边际成本曲线上向上倾斜并位于长期平均成本曲线上方部分就是相应的长期供给曲线，如图 6-16 所示。

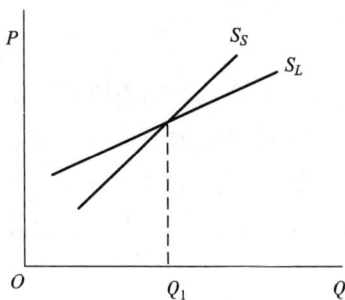

图 6-15　短期和长期供给曲线

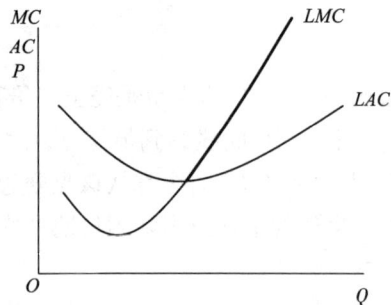

图 6-16　长期供给曲线

第六节 完全竞争行业的长期供给曲线

在分析完全竞争的短期供给时，我们先分析了厂商的短期供给曲线；然后假定了生产要素价格等其他条件不变，通过对所有单个厂商供给曲线的简单水平加总得到行业的短期供给曲线。尽管生产要素价格不变的假设条件很苛刻，但是，我们不能用同样的方法分析完全竞争行业的长期供给曲线。因为长期内产业的扩张与收缩会导致该产业生产要素的价格发生变化；长期内厂商能调整其所有的生产要素投入，可以自由进出该行业，我们不知道哪些厂商会进入与退出，这使得我们无法把供给曲线加总起来。根据生产投入品价格变化对行业产量可能产生的不同影响，完全竞争行业可以分为成本不变行业、成本递增行业以及成本递减行业三种情况。这三种行业的长期供给曲线呈现不同的特征。

一、成本不变行业的长期供给曲线

成本不变行业是指该行业的扩张与收缩所引起的对生产投入品(生产要素与资源)的需求产生变化，不会对生产投入品的价格发生影响，因而厂商进入不会影响投入成本。这是因为这一行业对生产投入品的需求量，只占生产投入品市场需求量的很小一部分，或者生产投入品市场是完全竞争市场，所以，随着行业产量的增加，投入品的价格始终不变，长期平均成本不变，并且单个厂商始终在既定的长期平均成本的最低点从事生产。投入成本不变时，完全竞争行业达到长期均衡的供给曲线是一条水平线。

图 6 - 17 中，假设一开始该行业及其中的每个厂商都处于均衡状态，由整个市场短期

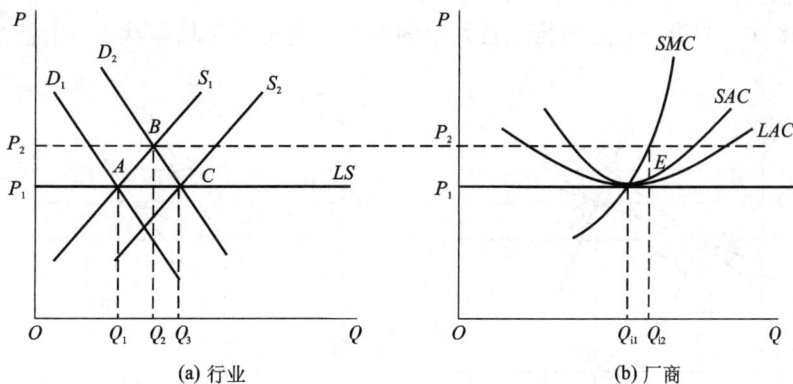

图 6 - 17 成本不变行业长期均衡及供给曲线

需求曲线 D_1 和市场短期供给曲线 S_1 的交点所决定的市场均衡价格为 P_1，行业的供给量是 Q_1。假设非价格因素导致市场需求增加，需求曲线由 D_1 向右移到 D_2，短期商品价格上涨到 P_2，厂商在短期内依据 $MR=SMC$ 原则，仍以既定的生产规模调整生产，并因此获得正经济利润。长期生产中，正经济利润的出现吸引新厂商进入该行业，原有厂商也会不断扩大生产规模，两种情况会导致市场供给总量增加，对生产要素的需求也相应增加。但该行业为成本不变行业，生产要素需求的相应增加并不会对生产要素的价格产生影响，从而厂商的长期平均成本曲线 LAC 的位置不会发生变化，厂商在 LAC 曲线的最低点实现长期均衡。同时行业内供给增加使短期供给曲线向右移动为 S_2，并与 D_2 相交形成新的长期均衡，均衡价格不变。每个厂商的经济利润又都为零。连接行业的两个长期均衡点的直线就是行业的长期供给曲线 LS。成本不变行业的长期供给曲线是一条水平线，供给具有无限弹性。它表示：在长期，行业的产品价格等于边际成本及平均成本，不会发生变化。市场需求的变动只会引起引起行业长期均衡产量的同方向的变化，对行业长期均衡价格并没有影响。

二、成本递增行业的长期供给曲线

成本递增行业是指该行业应对市场需求变化出现的扩张所引起的会对生产投入品的需求的增加，会导致生产投入品的价格上升，因而厂商进入会使投入成本增加。例如房地产行业生产规模快速外延型扩张对土地、熟练劳工等生产要素的需求也快速扩张，行业实现长期均衡时，虽然产量增加了，但是其产品价格也上升了。这是由于该行业投入的生产要素占要素市场很大的份额，或者外部不经济等原因提高了投入要素的价格，这些都使厂商的边际成本曲线 MC 与长期平均成本曲线 LAC 上移。投入成本递增时，完全竞争行业达到长期均衡的供给曲线是一条向右上方倾斜的曲线。

图 6-18 中，假设一开始该行业及其中的每个厂商都处于均衡状态，由整个市场短期

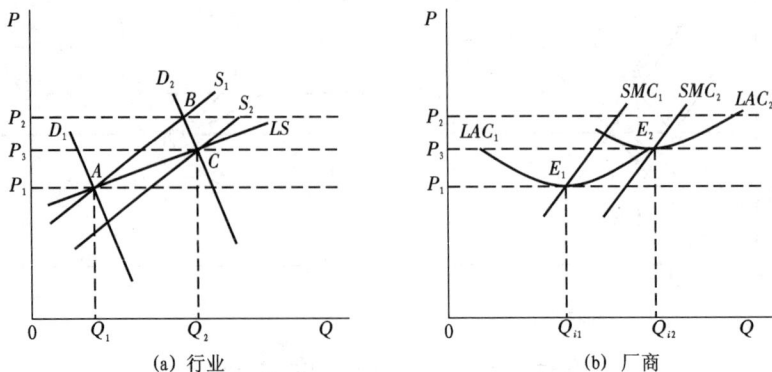

(a) 行业   (b) 厂商

图 6-18 成本递增行业长期均衡及供给曲线

需求曲线 D_1 和市场短期供给曲线 S_1 的交点所决定的市场均衡价格为 P_1，行业的供给量是 Q_1。假设非价格因素导致市场需求增加，需求曲线由 D_1 向右移到 D_2，短期商品价格上涨到 P_2，厂商在短期内依据 $MR = SMC$ 原则，仍以既定的生产规模调整生产，并因此获得正经济利润。长期生产中，正经济利润的出现吸引新厂商进入到该行业，原有厂商也会不断扩大生产规模，两种情况会导致市场供给总量增加，对生产要素的需求也相应增加，并有可能对生产要素价格产生影响。但该行业为成本递增行业，生产要素需求的相应增加使得生产要素的市场价格 $P_{L,K}$ 上升，从而使得厂商的短期供给曲线右移，但移动的幅度不如前一种情况大。长期平均成本曲线 LAC 的位置上移，最终厂商在 LAC_2 曲线的最低点实现长期均衡，行业在 D_2 曲线与 S_2 曲线的位置实现长期均衡。新的长期均衡价格水平 P_3 等于新的长期最小平均成本，每个厂商的经济利润又都为零。连接行业的两个长期均衡点的直线就是行业的长期供给曲线 LS。成本递增行业有着一条向右上方倾斜的长期供给曲线，它表示：在长期，行业的产品价格和供给量成同方向变动。市场需求变化，不仅会引起行业长期均衡产量的同方向的变化，还同时引起行业长期均衡价格同方向的变化。

三、成本递减行业的长期供给曲线

成本递减行业是指该行业应对市场需求变化出现的扩张与收缩所引起的对生产投入品的需求的增加，会导致生产投入品价格的下降，因而厂商进入会使投入成本减少。这说明若需求增加，在行业实现长期均衡时，产量将增加，价格将降低。这主要是由于外部经济、范围经济、学习曲线等因素在起作用，或者是生产生产要素的行业具有明显的规模经济特征，因此能降低厂商的长期平均成本。成本递减时，完全竞争行业达到长期均衡的供给曲线是一条向右下方倾斜的曲线。

如图 6 - 19 所示，假设一开始该行业及其中的每个厂商都处于均衡状态，由整个市场短期需求曲线 D_1 和市场短期供给曲线 S_1 的交点所决定的市场均衡价格为 P_1，行业的供给量是 Q_1。假如如上述非价格因素导致市场需求增加，需求曲线由 D_1 向右移到 D_2，短期产品价格上涨到 P_3，厂商在短期内依据 $MR = SMC$ 原则，仍以既定的生产规模调整生产，并因此获得正经济利润。长期生产中，正经济利润的出现吸引新厂商进入到该行业，原有厂商也会不断扩大生产规模，两种情况会导致市场供给总量增加，对生产要素的需求也增加，并有可能对生产要素价格 $P_{L,K}$ 产生影响。但该行业为成本递减行业，但由于外部经济等因素的影响，生产要素需求的增加反而使得生产要素的市场价格下降了，从而使得厂商的长期平均成本曲线 LAC 的位置下移。同时行业内供给增加使短期供给曲线向右移动为 S_2。成本的下降不会使价格仅仅回跌到原来的水平 P_1，而是形成一个新的均衡价格水平 P_2，厂商在 LAC_2 曲线的最低点实现长期均衡，每个厂商的经济利润又都为零。连接行业的两个长期均衡点的直线就是行业的长期供给曲线 LS。成本递减行业有着一条向右下方倾

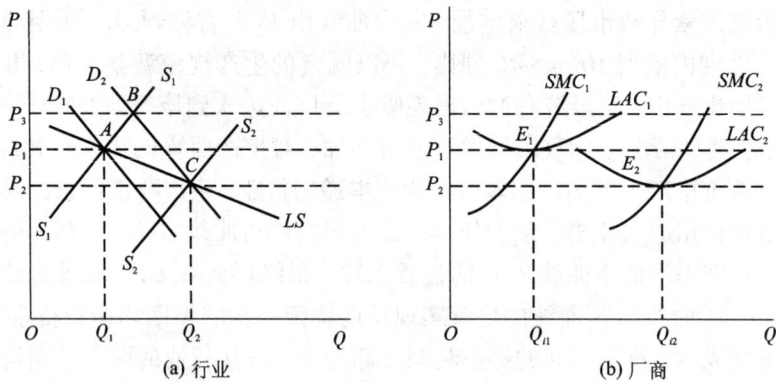

图 6-19 成本递减行业长期均衡及供给曲线

斜的长期供给曲线，它表示：在长期，行业的产品价格和供给量成反方向变动。市场需求变化，会引起行业长期均衡产量的同方向的变化，还同时会引起行业长期均衡价格反方向的变化。

以上分析可见，我们不能通过像行业的短期供给曲线的推导方法来推导行业的长期供给曲线。不过，每个厂商都是在长期供给曲线上 $LMC = P$ 的每一个点上进行生产的，但当整个行业沿 LS 曲线进行调整时，某些厂商正在进入或退出该行业。

四、行业的长期供给价格弹性

行业的长期供给价格弹性是指长期行业产出变化率与商品价格变化率之比。用公式表示有：

$$e_{LS} = \frac{Q \text{ 的变化率}}{P \text{ 的变化率}} = \frac{\Delta Q_{LS}}{\Delta P} \cdot \frac{P}{Q_{LS}} \quad (6.10)$$

长期供给的价格弹性值可为正，也可为负。取决于长期供给曲线的背后是成本递增行业、成本递减行业还是成本不变行业。在成本不变行业，长期供给价格弹性是无穷大的。这主要是因为行业的扩张或收缩可以在商品价格没有任何影响下发生。

当其他条件不变时，长期供给的价格弹性给出了长期价格有轻微的变化时对于生产扩张量的影响，因此，运用这一弹性可以对打算增加供给的各项政策进行评估。比如，可运用长期供给的价格弹性对粮食价格变化对粮食播种面积产生的影响进行评估，以提升相关政策制定的科学性。

第七节　完全竞争市场的均衡与价格决定

完全竞争厂商的均衡与完全竞争市场的均衡是两个不同的概念。前者是指单一厂商在短期或长期最优产量点的选择，在第六章第三节有详细表达；后者则是指市场供求整体的动态平衡及价格的决定，由本节来分析。

一、完全竞争市场的短期均衡

有了完全竞争市场需求曲线，完全竞争市场(行业)的短期供给曲线，可构成完全竞争市场的短期均衡决定。如图 6 – 20 所示。图 6 – 20(a)、(b)、(c)分别表示完全竞争下单一厂商的均衡、单一市场的均衡、单一消费者的均衡。图 6 – 20(b)表示的完全竞争市场需求曲线 D 与短期供给曲线 S 相交于(P_1、Q_1)点。价格 P_1 有两个重要功能：一是向图 6 – 20(a)表示的单一厂商提供一个决定生产多少的信号。因为以价格 P 为函数的短期供给曲线上的点均是满足厂商利润最大化的点。在既定价格 P_1 下，为了实现利润最大化，作为完全竞争的单一厂商应当在边际成本等于价格 P_1 的产出水平上进行生产。于是单一厂商的最优产量点为 q_1。二是向图 6 – 20(c)表示的单一消费者提供一个决定消费多少的信号。因为以价格 P 为函数的需求曲线上的点均是满足消费者效用最大化的点。在既定价格 P_1 下，为了实现效用最大化，单一消费者在其收入约束下用于购买特定商品的数量，应在边际效用等于 P_1 的水平上。于是单一消费者的最优消费量点为 $\bar{q}_1$。在完全竞争条件下，在其他条件不变时，由图 2 – 3 可知，单一消费者的需求曲线加总即为市场总需求曲线 D，D 曲线上的每一点也即在一定价格水平下能给市场每一个消费者带来最大效用的需求量；由图 6 – 11 可知，单一厂商的短期供给曲线加总即为市场短期总供给曲线 S，S 曲线上的每一点也即在一定价格水平下能给市场每一个厂商带来最大利润的供给量。于是在价格为 P_1 时，有市场总需求量为 Q_1^d，市场总产量为 Q_1^s。D 与 S 两条曲线交于 E 点，E 点有 $Q_1^d = Q_1^s = Q_1$，这个总需求量 Q_1^d 就是将要被生产出来的市场总产量 Q_1^s。在价格为 P_1 时，完全竞争市场的双方都得到了既定条件下的各自利益最大化。读者可仿此分析如果 D 与 S 相交于(P_2、Q_2)点的相应变化。

二、完全竞争市场的长期均衡

仔细分析图 6 – 20 还会发现：均衡点 E 同时也是完全竞争市场的一个长期均衡点。因为有一条成本不变行业的水平的长期供给曲线 LS 与市场需求曲线 D 也相交于 E 点。在 E 点，容易找出完全竞争市场的长期均衡产量与长期均衡价格，且长期均衡价格等于长期平均成本 LAC 的最低点。这表明完全竞争市场的长期均衡时，不仅单一厂商获得了投资约束

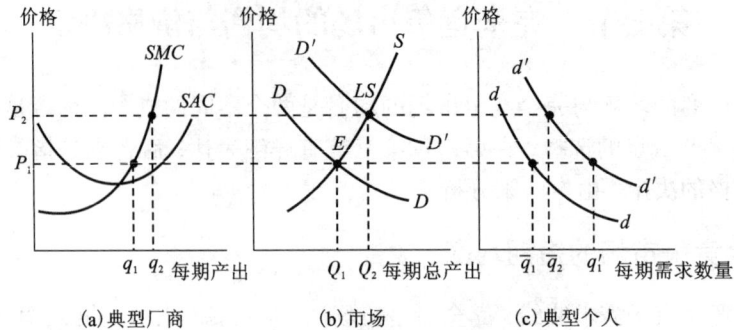

图 6 - 20　完全竞争市场均衡的综合图

下的利润最大化,不仅消费者得到了收入约束下的效用最大化,而且市场供给总体也同样得到了利润最大化,市场需求总体也同样得到了效用最大化。如果深入研究会发现,改用成本递增行业的长期供给曲线或成本递减行业的长期供给曲线进行分析,并不会影响该分析结论的正确性。而学习第十章后还会知道:价格 P_1 是完全竞争下自动形成的,买卖双方的利益最大化就是总剩余的最大化,就是帕累托最优的实现,就是社会福利最大化的获取。因此,完全竞争的市场机制就是最优资源配置机制。

【本章小结】

1. 市场可以有多种划分标准。根据市场竞争的范围和程度大小将市场划分为四种市场类型:完全竞争市场、垄断竞争市场、寡头垄断市场和完全垄断市场。完全竞争市场应当具备四个条件。

2. 完全竞争厂商短期均衡是满足利润最大化原则的最优产量点的选择,有五种不同情况的分析。厂商通过利润最大化的原则 $SMC = MR$ 来确定既定生产规模下的最优产量;通过比较平均收益和平均可变成本的大小来分析企业什么时候可以继续生产,什么时候停止营业。在此基础上,推导出完全竞争厂商的短期供给曲线是厂商短期边际成本曲线大于和等于平均可变成本曲线最低点的那一部分。显然,完全竞争厂商短期供给曲线上的点均是满足厂商短期均衡条件的点。而行业的短期供给曲线可以把厂商的短期供给曲线简单水平相加来得到。

3. 完全竞争厂商在长期均衡中,按照利润最大化的原则 $LMC = SMC = MR$ 来选择最优生产规模下的最优产量点,推导出位于长期平均成本曲线最低点上。在此基础上,推导出完全竞争厂商的长期供给曲线是厂商长期边际成本曲线大于和等于平均成本曲线最低点的那一部分。显然，完全竞争厂商长期供给曲线就是完全竞争厂商的长期边际成本 LMC 曲线上等于和高于长期平均成本 LAC 曲线最低点的部分。曲线上的点均是满足厂商长期均衡条件的点。曲线的推导与短期供给曲线的推导是相似的。

4.完全竞争行业在长期均衡中，由于资源是可以自由流动的，所以单个厂商可以根据行业盈利情况进入或退出该行业的生产。最终的调整结果会使得行业内厂商数目不再发生变化，此时的单个厂商的长期均衡在长期平均成本的最低点上，单个厂商实现了利润最大化，所有厂商的经济利润等于零；单个消费者实现了效用最大化，所有消费者都实现了利益最大化；行业的需求量等于供给量。

5.完全竞争行业长期供给曲线的推导与行业短期供给曲线的推导不相似。如果行业需求发生变化，要求行业供给也随之变化时，整个行业厂商数目是变动的，那么对生产要素的需求也是变动的，如果这种对生产要素需求的变动会引起生产要素价格的变动即上升、不变或者下降，那么就会引起产品生产成本的上升、不变或者下降，进而推导出相应的行业长期供给曲线是向右上方倾斜、水平线或者向右下方倾斜。

6.长期下，完全竞争厂商总会在理想产量下进行生产，可以使消费者得到最大剩余，可以在社会利益最大的情况下生产，因而完全竞争市场比之非完全竞争市场，资源配置具有最高的经济效率。

7.无论是图 6 - 4 至图 6 - 9 所描述的短期均衡，还是图 6 - 13 至图 6 - 19 所描述的长期均衡，都是基于完全竞争厂商与消费者之间直接、简单商品交换下的均衡。现代市场经济运行中，完全竞争厂商大多数情况都是经过商业中介与消费者之间进行间接、复杂的商品交换，因而，上述关于完全竞争厂商均衡的讨论就不是厂商均衡的全部讨论，有关更深入的研究将在后续课程展开。

习　题

一、名词解释
完全竞争市场　完全竞争行业　短期均衡　收支相抵点　停止营业点　完全竞争厂商的短期供给曲线　成本不变行业
二、选择题
1.最接近于完全竞争市场的是以下哪个市场？（　　）

A.农产品市场　　　　　　　　　B.轻工业品市场

C.重工业品市场　　　　　　　　D.旅游产品市场

2.假定完全竞争行业内某厂商在目前产量水平上的边际成本、平均成本和平均收益均等于1，则这家厂商（　　）。

A.肯定只得到正常利润　　　　　B.肯定没得到最大利润

C.是否得到了最大利润还不确定　D.肯定得到了最少利润

3.在完全竞争市场上,单个厂商所面临的需求曲线是(　　)。

A.向右下方倾斜的曲线　　　　　B.与横轴平行的线

C.与横轴垂直的线　　　　　　　D.向右上方倾斜的曲线

4.完全竞争市场上平均收益与边际收益之间的关系是(　　)。

A.平均收益大于边际收益　　　　B.平均收益等于边际收益

C.平均收益小于边际收益　　　　D.以上都不对

5.假如某厂商的收益只能弥补厂商所花掉的可变成本,这表明该厂商(　　)。

A.如果继续生产亏损一定更大

B.如果停止生产则不会发生亏损

C.无论生产与否亏损是一样的

D.如果继续生产,企业可以获得一定的利润

6.假如某厂商的收益不足以弥补厂商所花掉的可变成本,为了损失最小化,他应该(　　)。

A.减少产量　　　　　　　　　　B.增加产量

C.停止生产　　　　　　　　　　D.扩大生产

7.在完全竞争的条件下,如果厂商把产量调整到平均成本曲线最低点所对应的水平,(　　)。

A.他获得了最大经济利润

B.他没有获得最大经济利润

C.他是否获得了最大经济利润还无法确定

D.他一定亏损

8.在完全竞争行业中,厂商长期均衡的条件是(　　)。

A.$MR=MC$　　　　　　　　　B.$AR=AC$

C.$MR=MC=AR=AC$　　　　D.$MR=MC=P$

9.在完全竞争市场中,行业的长期供给曲线的形状取决于(　　)。

A.SAC曲线最低点的轨迹　　　B.SMC曲线最低点的轨迹

C.LAC曲线最低点的轨迹　　　D.LMC曲线最低点的轨迹

10.完全竞争企业在长期均衡状态下,成本不变的行业中,产量的增加量(　　)。

A.完全来自新企业

B.完全来自原有企业

C.部分来自新企业,部分来自原有企业

D. 无法确定

11. 长期行业供给曲线(　　)。

A. 总是比短期行业供给曲线富有弹性

B. 总是比短期行业供给曲线缺乏弹性

C. 与短期行业供给曲线有相同的弹性

D. 总是完全有弹性的

12. 如果一种物品的长期行业供给曲线是完全有弹性的，在长期中，该物品需求增加将引起(　　)。

A. 该物品价格上升和行业内企业数量增加

B. 该物品价格上升，但行业内企业数量不增加

C. 行业内企业数量增加，但该物品价格不上升

D. 对物品价格和行业内企业数量都没有影响

13. 下列关于生产者剩余和利润之间的关系哪种说法是不正确的？(　　)

A. 生产者剩余一定不小于利润

B. 在长期中生产者剩余等于利润

C. 生产者剩余的变化量等于利润的变化量

D. 利润一定小于生产者剩余

三、判断题

1. 对于一个完全竞争厂商，边际收益等于物品的销售价格。

2. 若完全竞争企业实现短期利润最大化时，出现短期边际成本小于短期平均成本的现象，则其他厂商会进入该行业。

3. 某完全竞争厂商实现短期均衡时，SAC 曲线可能处于下降的阶段。

4. 完全竞争行业的供给曲线是该行业每个厂商的供给曲线的水平加总。

5. 行业中每个厂商都处于长期均衡状态，则整个行业也处于长期均衡状态。

6. 如果厂商和行业都处于长期均衡状态，则它们必然都处于短期均衡状态。

7. 短期行业供给曲线比长期行业供给曲线富有弹性。

8. 如果一种物品的价格上升到高于生产的最低平均总成本，正的经济利润就将引起新厂商进入该行业，这使价格回落到生产的最低平均总成本。

9. 如果生产要素的价格和数量变化方向相同，则该行业是成本递增行业。

10. 如果某完全竞争行业具有规模报酬不变的性质，则该行业的长期供给曲线具有完全弹性。

四、计算题

1. 已知某完全竞争行业中的单个厂商的短期成本函数为 $STC = Q^3 - 2Q^2 + 25Q + 15$。

试求：

(1)当市场上产品的价格为 $P=40$ 时，厂商的短期均衡利润。

(2)厂商什么时候必须停产？

(3)厂商的短期供给函数。

2.一个完全竞争的厂商每天利润最大化的收益为6000元。此时，厂商的平均成本是6元，边际成本是10元，平均变动成本是3元。求：厂商每天的产量是多少？固定成本是多少？

3.假设某完全竞争厂商的边际成本函数为 $MC=0.4Q-20$，总收益函数为 $TR=16Q$，且已知生产10件产品的总成本为100元，求：利润最大化时应生产多少件产品？最大利润为多少？

4.某成本不变行业中一个完全竞争厂商的长期成本函数为：$LTC=Q^3-40Q^2+600Q$，厂商面临的市场需求曲线为 $Q=3000-5P$，求：

(1)该行业的长期供给曲线；

(2)该行业长期均衡时有多少家厂商？

5.已知完全竞争市场上单个厂商的长期成本函数为 $LTC=Q^3-20Q^2+200Q$，市场的产品价格为 $P=600$。求：

(1)该厂商实现利润最大化时的产量、平均成本和利润为多少？

(2)该行业是否处于长期均衡？为什么？

(3)该行业处于长期均衡时每个厂商的产量、平均成本和利润为多少？

(4)判断(1)中的厂商处于规模经济阶段还是规模不经济阶段？

五、简答题

1.什么是完全竞争市场？完全竞争市场的条件有哪些？

2.为什么企业在短期亏损时还可以继续进行生产？

3.完全竞争厂商的短期供给曲线是它的哪一条成本曲线的哪一个线段？为什么？

4.为什么说在完全竞争条件下，厂商短期供给曲线上的每一点都使厂商获得最大利润？

5.为什么说完全竞争行业实现了长期均衡必然意味着完全竞争厂商也实现了长期均衡，而完全竞争厂商实现了长期均衡并不意味着完全竞争行业也实现了长期均衡？

六、作图分析题

1.作图分析完全竞争厂商实现短期均衡的五种情况。

2.推导完全竞争厂商的长期供给曲线。

3.作图分析完全竞争行业长期均衡的实现过程和特点。

第七章　厂商行为理论(四)：不完全竞争市场理论

本章导读

不完全竞争市场有需求方面的不完全竞争、供给方面的不完全竞争以及这两种情况组合形成的情况。本章讨论的不完全竞争市场是指需求方面的完全竞争与供给方面不完全竞争情况的组合，厂商作为供给者对产品的市场价格都具有不同程度的影响力。本章结合消费者行为分析，分析不完全竞争市场三种市场组合中的厂商短期与长期均衡条件的实现问题。最后，引入博弈论的基本原理，并就包括完全竞争市场在内的四种市场组织的经济效率进行比较，为政府干预经济政策的制定提供基本依据。

基本概念

完全垄断　垄断竞争　寡头　价格歧视　囚徒困境

本章重点及难点

1. 三种不完全竞争市场中厂商利润最大化的产量与价格的决定；
2. 不完全竞争市场中的供给曲线；
3. 价格歧视的含义和种类；
4. 博弈论的基本要素、有限次数的博弈均衡；
5. 不同市场组织的经济效率的比较。

第六章讨论完全竞争市场时，假定了所有厂商使用的技术既定不变，厂商都只是价格的接受者，即如果一家厂商试图提高其产品价格，即使提高的幅度很小，也会失去所有的顾客；完全竞争只是价格的竞争；微观主体具有完全信息；微观主体行为不具有外部性；产品不具有公共产品属性。然而，现实经济中真正意义上的完全竞争市场并不存在，不完全竞争市场则是常态现象。在相当一部分市场中，厂商数量有限，产品有差异；厂商面临的需求曲线不是水平的，而是向右下方倾斜的；厂商不只是价格的接受者，对其产品价格在一定程度上还具有某种控制能力；如果一家厂商试图提高其产品价格，它可能会失去部分顾客，但不会失去所有的顾客；如果一家厂商试图降低其产品价格，它可能争取到部分顾客，但不可能争取到全部的顾客。此时的市场竞争不再只是价格的竞争，非价格竞争也是竞争的重要手段。由此也就引出了不完全竞争市场的讨论。

我们知道在正常情况下，一种商品的消费者数量往往足够大，以至于他们当中的任何一个人改变消费行为都不能对价格产生影响，而在相当一部分市场中，生产厂商的数量有限，生产出来的产品存在差异。因此，在本章当中我们仅假定消费者是价格的被动接受者，而放弃厂商也是价格的被动接受者这一假定。引入不完全竞争与不完全信息假定，在假定需求方面市场是完全竞争的情况下，分析厂商追求利润最大化时的最优产量与价格的决定，以丰富经济学对现实经济现象的解释力。按照厂商对产品定价产生影响的"不完全"程度，可以把不完全竞争市场划分为完全垄断市场、垄断竞争市场、寡头市场三种形式。在这三种不同形式的不完全竞争市场当中，厂商在追求利润最大化时的产品最优产量与价格的决定情况也各不相同。而为了均衡篇幅，将外部性与公共产品属性假定放在本书第十一章讨论。

第一节　完全垄断市场

一、完全垄断市场的特点及其成因

垄断是完全垄断的简称，是与竞争完全相反的概念。在产品市场的讨论中，垄断是指一家厂商控制了某种产品全部供给的市场组织形式。[①] 垄断主要分为横向垄断与纵向垄断两种形式。横向垄断指的是同一行业内有竞争关系的多家厂商横向联盟以达到市场优势地位并以此来排除、限制竞争的行为。纵向垄断则指同一产业或品牌中处于不同经济层次、无直接竞争关系的商家之间通过某种联合所实施的排除、限制竞争的行为，其中最普遍的表现形式即是生产商操纵下游经销商转售产品的价格。如同完全竞争是一种极端的市场组织形式一样，完全垄断是另一种极端的市场组织形式。现实生活中完全垄断的情况时有发生，例如，某一地区的自来水、电力和煤气公司等都在该地区具有完全垄断的能力，世界上许多国家的电信、电力、铁路都是处于完全垄断地位的。

（一）完全垄断市场的条件

第一，市场上只存在唯一的厂商，该厂商可以选择市场需求曲线上任何一点进行生产，并控制了某种产品的全部供给，这种产品也不存在完全替代品。否则，其他厂商可以生产替代品来代替该垄断企业的产品，完全垄断厂商就不可能成为市场上唯一的供给者。

---

① 注意产品市场讨论背景下与后两章生产要素市场讨论背景下对于垄断解释的差异。一定意义上，产品市场也存在买方垄断势力。

第二，完全垄断厂商是市场价格的制定者。由于市场上垄断厂商是唯一的，它控制了整个行业的供给，也就控制了整个行业的价格，成为价格制定者。当然，垄断厂商也不可能完全独立地选择产量与价格，它也必须要考虑市场需求的承受力，在市场需求量一定的情况下，垄断厂商只能选择以市场中的消费者所愿意且能够接受的价格来出售商品。一般而言，完全垄断厂商有两种经营决策：以较高价格出售较少产量，或以较低价格出售较多产量。这两种经营决策均服从于一个共同的目标：实现总利润的最大化。

第三，其他任何厂商进入该行业都极为困难或不可能。完全垄断市场上存在进入障碍，其他厂商难以参与生产。这就意味着在其他条件不变时，完全垄断厂商在长期中可能获得较大的经济利润。

第四，所有购买者和产品的生产者具有完全的信息。

（二）完全垄断产生的原因

产生完全垄断的原因主要有如下几个：

第一，某个厂商对某个行业具有资源的独家控制权或者其他控制能力。如果一家厂商控制了用于生产某种产品的全部资源或基本资源的供给，其他厂商就不能生产这种产品，从而该厂商就可能成为一个垄断者。例如，南非的"德比尔"(De Beer)公司拥有并控制了地球上钻石矿的五分之四，成为世界钻石市场的垄断者。如果一个行业中几家厂商串谋控制产量，这个行业就可能出现一个垄断组织。

第二，规模经济的要求。不同行业发展对于厂商的生产有最低的约束，以推进规模报酬递增。如果厂商一种产品平均成本最小化的产量水平只是该市场需求规模中的一小部分，这个市场就是一个竞争性市场；如果厂商平均成本最小化的产量水平是该市场需求规模中的一大部分，这个市场就是一个垄断性市场；如果厂商平均成本最小化的产量水平几乎等于甚至大于该市场需求规模，只要发挥这一厂商在这种生产规模上的生产能力，就可以满足整个市场对这种产品的需求，这个市场就形成了自然垄断，而市场需求规模又取决于运输成本的大小。出现自然垄断时，能明显表现出规模经济特征，行业中最先达到这一生产规模的这一家厂商就能够生存下来，并控制行业的生产与销售，如电力供应、煤气供应、地铁等行业是典型的自然垄断行业。

第三，厂商拥有技术秘密或专利权。专利权是政府和法律允许的一种垄断形式。一家厂商可能因为申请并获得批准拥有专利权而成为某种商品的垄断者。不过专利权带来的垄断地位是有时间限制的，即专利权具有相应的法律时效。例如，在我国专利权的法律时效为15年，美国为17年。当然，我们也可以将专利看作是一种独特生产要素，从而将专利权垄断看作是一种特殊的资源垄断，拥有专利权的厂商可以凭借这种垄断资源进行生产，以实现利润最大化目标。

第四，厂商间的相互勾结。欧佩克(OPEC)石油输出国组织就是一个典型的相互勾结、控制产量的例子。

第五，政府特许。某些情况下，政府通过颁发执照的方式限制进入某一行业的厂商数量，如邮政、银行、保险、电视台、公用事业经营公司等。或者，政府直接控股企业，利用国家行政权力甚至通过法律形式，让控股企业享有经营独占权而获得比自由竞争高得多的经济利润。当然，也有一部分厂商垄断地位的获取是来自于垄断厂商的积极争取。比如厂商请求政府设置进入障碍，帮助其获得垄断地位。厂商的这些争取可能要付出费用并影响自己的成本与利润。但本章不讨论厂商争取垄断地位所付出的费用及其对成本利润的影响，而是将其放在本书第十一章作为"寻租"问题来讨论。

（三）完全垄断市场与完全竞争市场的区别

完全垄断市场与完全竞争市场的最大不同在于垄断厂商拥有市场势力(market power)而完全竞争厂商没有市场势力。市场势力是指垄断厂商自己制定价格而不会减少其市场份额的力量。市场势力可以使价格和数量背离供求平衡，使市场不能有效配置资源，从而导致市场效率的损失。从一般意义上来说，厂商产品的需求价格弹性越低，价格上升后需求量下降得越少，厂商的市场势力就越大，反之就越小；一个行业前四家最大厂商产量的比重越大，市场集中率就越高，其中各厂商的市场势力也就越大，反之就越小；厂商的产品差别度越大，则厂商的市场势力也就越大，反之就越小。因此，非完全竞争厂商均有程度不等的市场势力。

如图7-1所示，图7-1(b)说明了完全竞争厂商将市场价格视为不受自己所控制的因素，不论厂商生产多少数量的产品，市场价格始终不变，完全竞争厂商面临的需求曲线是一条水平线。如果厂商提升产品价格，则无人买他的产品。图7-1(a)说明了完全垄断厂商将市场价格视为受自己所控制的因素，由于垄断的存在，产品在市场上具有唯一性。如果垄断厂商提升产品价格，则产品的市场需求量沿着完全垄断厂商面临的需求曲线下滑。

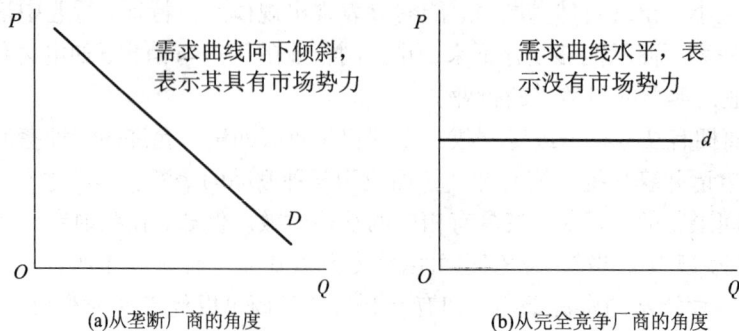

(a)从垄断厂商的角度　　　　　　　　(b)从完全竞争厂商的角度

图7-1　垄断厂商与完全竞争厂商市场势力的比较

由于完全垄断市场不同于完全竞争市场,所以完全垄断厂商就面临着不同于完全竞争厂商的需求曲线。对于完全竞争厂商,在达到供需均衡时有 $P = MC$,即产品价格等于边际成本。而对于完全垄断厂商,在达到供需均衡时有 $P > MC$,即产品价格大于边际成本。由于垄断厂商有某种垄断力量,它就会制定不同于完全竞争厂商的定价策略与市场营销战略来实现自己的利润最大化目标,从而进一步提高自己的市场势力。

完全垄断市场不等于消灭了竞争,只是改变了竞争的方式。竞争者之间的竞争由市场占有份额的竞争转向了争夺市场进入机会的竞争。事实上,在长期内,没有任何一个垄断厂商能够持续保持自己的垄断地位免受外界竞争地冲击,有些完全垄断厂商甚至为了成为市场唯一的供给者,不得不将产品定价降低到平均成本水平,并不考虑沉没成本的变化,这一做法在客观上也阻碍了竞争者的积极加入。

和完全竞争市场一样,虽然完全垄断市场也只是对现实经济市场组织形式的一种极端假定,纯粹的垄断市场在现实经济生活当中是极为少见的,但是研究完全垄断市场为分析卖方市场的生产者行为提供了一定的理论基础,对于类似于垄断行为的分析也是相当有意义的。

二、完全垄断厂商的需求曲线和收益曲线

(一)垄断厂商的需求曲线

由于完全垄断条件下,市场上只有一家厂商,所以在这种情况下,厂商就是行业,厂商行为就是该行业的行为。因此,一家垄断厂商所面临的需求曲线就是整个行业或者市场的需求曲线,是一条向右下方倾斜的曲线。需求曲线有线性和非线性之分,为简化分析,我们一般用线性需求曲线 d 表示垄断厂商的需求曲线,用线性需求曲线 D 表示垄断市场的需求曲线,完全垄断条件下有 $d = D$。又因为垄断厂商的需求量取决于价格 P,所以有 $D = D(P)$;而价格 P 又取决于垄断产量 Q,则有 $D = D(P) = D(P(Q))$。我们已知产量与价格成反比关系,且在社会生产和市场交换过程中又以产量与需求量一致即供需平衡为基本原则,所以垄断厂商面临的需求量与价格也成反比关系。虽然完全垄断厂商是价格的制定者,但在追求利润最大化的过程中,其垄断价格的制定也必须考虑自己的成本与收益。由于完全垄断市场的需求量等于垄断厂商的生产量,垄断厂商可以通过减少生产量 Q 来提高市场价格 P,或者降低价格 P 来刺激需求从而增加产品销售量 Q,从而改变销售收入,使得图 7–3 中 OP_1BQ_1 面积最大,最终实现利润最大化的目的。[①]

(二)完全垄断厂商的收益曲线

厂商所面临的需求曲线决定了厂商的收益曲线。

首先,分析完全垄断厂商的总收益曲线。由于有 $P = P(Q)$,垄断厂商的总收益

---

① 由此可知,完全垄断厂商一般总是索取一个高于完全竞争市场的均衡价格的价格。

$TR = P(Q) \cdot Q$，可知总收益水平与垄断厂商销售的产品数量 Q 和产品价格 $P(Q)$ 密切相关，而且从 $P(Q)$ 函数的图形图 7-2(a) 可以看出：价格与产品数量呈反向变动关系，所以总收益函数的二次项系数为负，即其函数图形为开口向下的抛物线，因此总收益水平存在一个最大值。总收益曲线见图 7-2(b)。

其次，分析完全垄断厂商的平均收益 AR 曲线。由于厂商的平均收益总是等于厂商的总收益除以商品销售数量，由 AR 定义可知，平均收益为：

$$AR = \frac{TR}{Q} = \frac{P(Q) \cdot Q}{Q} = P(Q) \tag{7.1}$$

由此可见，完全垄断厂商的平均收益曲线与需求曲线重合。

再次，分析完全垄断厂商的边际收益曲线。由完全垄断厂商面临的需求曲线向右下方倾斜可知，为了增加一单位的销售，价格必须降低，从而全部出售的单位都取得较少的总收益，所以 AR 曲线随着产量的增加呈递减趋势。根据边际量与平均量的关系，可知 $MR < 0$ 且 MR 曲线在 AR 曲线的下方，有 $MR < AR = P$。

总收益对产量求导，有：

$$MR = \frac{\mathrm{d}P}{\mathrm{d}Q} \cdot Q + P(Q) \tag{7.2}$$

由图 7-1(a) 可知，垄断厂商的需求曲线向右下方倾斜，$\frac{\mathrm{d}P}{\mathrm{d}Q} < 0$，所以有：

$$MR < AR$$

注意此处即使 MR 为负，AR 或 P 仍为正；注意此处与完全竞争市场中厂商 $MR = AR = P$ 的情形比较：完全垄断厂商每一产出的边际收益小于其价格，完全竞争厂商每一产出的边际收益等于其价格。为了便于理解，假定完全垄断厂商的需求曲线是线性的，于是就可以确定 MR 的函数形式，进而确定 MR 曲线的位置。

假定完全垄断厂商面临的反需求函数为：

$$P = a - bQ \tag{7.3}$$

式中：a、b 为常数，a、$b > 0$，则完全垄断厂商的总收益和边际收益函数分别为：

$$TR(Q) = PQ = (a - bQ)Q = aQ - bQ^2$$

$$MR(Q) = \frac{\mathrm{d}TR(Q)}{\mathrm{d}Q} = a - 2bQ \tag{7.4}$$

根据 MR 的函数形式即可得图 7-2 所示的 MR 曲线，MR 曲线的斜率为 $-2b$，在纵坐标轴上的截距与需求曲线相同，在横轴上的截距是需求曲线在横轴上截距的一半。

完全垄断厂商的边际收益不仅与价格相关，还与需求弹性相关。设反需求函数为：

$$P = P(Q)$$

则： $$TR(Q) = P(Q)Q$$

$$MR(Q) = \frac{\mathrm{d}TR(Q)}{\mathrm{d}Q} = P + Q \cdot \frac{\mathrm{d}P}{\mathrm{d}Q} = P\left(1 + \frac{\mathrm{d}P}{\mathrm{d}Q} \cdot \frac{Q}{P}\right) = P\left(1 + \frac{\mathrm{d}P}{\mathrm{d}Q} \cdot \frac{Q}{P}\right)$$

即： $$MR = P\left(1 - \frac{1}{e_d}\right) \tag{7.5}$$

式(7.5)中 e_d 为需求价格弹性。

从式(7.5)可以看出：

(1)当需求富有弹性时，即 $e_d > 1$ 时，有 $MR > 0$，此时 TR 的斜率为正，意味着完全垄断厂商总收益 TR 随销售量 Q 的增加而增加。

(2)当需求缺乏弹性时，即 $e_d < 1$ 时，有 $MR < 0$，此时 TR 的斜率为负，意味着完全垄断厂商总收益 TR 随销售量 Q 的增加而减少。

(3)需求具有单位弹性时，即 $e_d = 1$ 时，有 $MR = 0$，此时 TR 的斜率为零，意味着完全垄断厂商总收益 TR 达极最大值点。

图7-2反映了完全垄断厂商需求价格弹性、边际收益和总收益之间的关系。从该图中还可以看出，即便 MR 为负，AR 或 P 仍可以为正，不要将两者混淆。

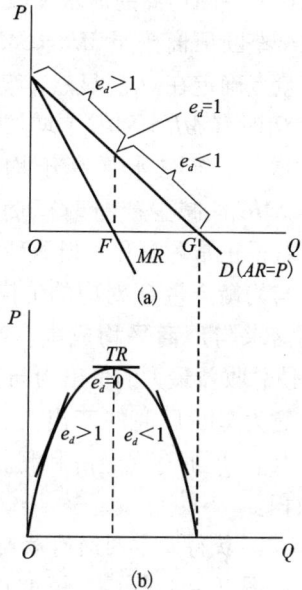

图7-2 垄断厂商收益曲线

三、完全垄断厂商的短期均衡

完全垄断厂商应当如何选择最优产量与价格点呢？根据第五章第四节的分析，完全竞争厂商为了实现利润最大化，应将生产的最优产量点选择在 $MR = MC$ 处。完全垄断厂商的最优产量点选择同样也要遵循边际收益等于边际成本这一基本原则。尽管完全垄断厂商在行业里是独一无二的，但在短期内它也不能完全调整生产规模，它也只能在自己既定的生产规模的基础上，按照 $MR = SMC$ 的原则选择最优产量点。不过，与完全竞争厂商选择利润最大化的产量不同，完全垄断厂商的产量同时也是市场的供给量，为了实现利润最大化，它也会像完全竞争厂商一样，对生产额外一单位产品的边际收益与相应的边际成本进行比较，也就是说完全垄断厂商不仅要决定最优产量 Q，同时也要决定产品的市场价格 P。只有当产量 Q 和价格 P 都被正确决定后，$MR = SMC$ 原则才能真正得到满足。在短期均衡产出水平中，垄断厂商的产品价格可能高于、等于甚至低于其 SAC，由此可能导致完全垄断厂商在短期里盈利、平衡甚至亏损，即厂商不一定总是能够获得垄断利润。完全垄断厂商的短期均衡有三种情况：获得经济利润、获得正常利润或蒙受损失。

（一）获得经济利润时的短期均衡

如图 7 - 3 所示，SMC_1 曲线和 SAC_1 曲线代表垄断厂商的既定的生产规模，d 曲线和 MR 曲线代表垄断厂商的需求和收益状况。在短期中完全垄断厂商按照 $MR = SMC$ 的原则，将最优产量点确定在 Q_1。显然，产量水平低于均衡产量 Q_1 时有 $MR > SMC_1$，增加产量时厂商总盈利会增加；产量水平高于均衡产量 Q_1 时有 $MR < SMC_1$，减少产量时厂商总盈利会减少，这在获得正常利润和亏损两种情况下也是相同的。与均衡产量 Q_1 对应的价格选择，应当考虑市场需求与厂商平均成本。当其他条件不变

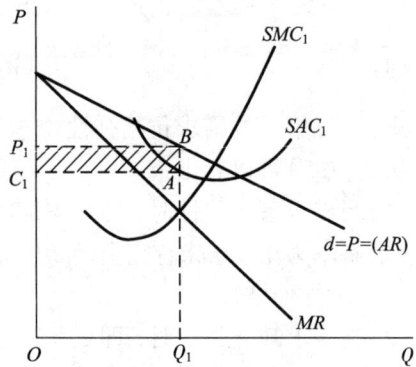

图 7 - 3　垄断厂商的短期均衡（一）

时，使总收益最大的价格为与需求曲线相交的点 B（即为 P_1），这是此时需求者作为一个整体愿意为垄断厂商的产出支付的价格。对应的平均成本由 SAC 曲线得到为 AQ_1，显然 $P_1 > AQ_1$，厂商存在经济利润。经济利润为单位利润 AB 与产品数 OQ_1 构成的矩形 P_1C_1AB 的面积。

（二）获得正常利润的短期均衡

如图 7 - 4 所示，短期中垄断厂商按照 $MR = SMC$ 原则，将最优产量点确定在均衡产量 Q_2，这一产量水平与需求曲线的交点正好是 SAC_2 曲线与需求曲线 d 的切点，因此在这一产量水平上价格 P_2 即为此时需求者作为一个整体愿意为垄断厂商的产出支付的价格，也是垄断厂商总收益最大的价格，且与平均成本 AQ_2 相等，显然有 $P_2 = AQ_2$，即平均收益等于平均成本，因而垄断厂商的 TR 等于 STC，此时，厂商的经济利润为零，只获得正常利润。

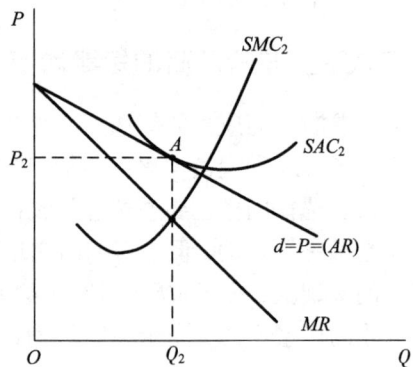

图 7 - 4　垄断厂商的短期均衡（二）

（三）亏损时的短期均衡

完全垄断厂商虽然可以通过控制产量进而调整价格，但并不意味着短期内总能获得利润，也可能发生亏损。这种情况的出现可能是由于市场处于培育期，既定生产规模的生产成本过高；或者是由于市场处于衰退期，面临的市场需求过小。

如图 7 - 5 所示，短期中垄断厂商按照 $MR = SMC$ 的原则，将最优产量点确定在均衡产

量 Q_3，结合需求曲线得到与该产量水平相对应的总利润最大化的价格为 P_3，P_3 也是此时需求者作为一个整体愿意为垄断厂商的产出支付的价格。又由 SAC_3 曲线可得到相应的平均成本为 AQ_3。从图中可知，显然 $P_3 < AQ_3$，即平均收益小于平均成本，厂商承受损失，这时的损失额是最小的，等于矩形 P_3BAC_3 的面积。与完全竞争厂商相同，对于完全垄断厂商而言，由于 $P_3 > AVC_3$，故厂商将继续进行生产，因为所获得的总收益在补偿了全部可变成本的基础上，还可以补偿部分固定成本。若 $P_3 = AVC_3$，完全

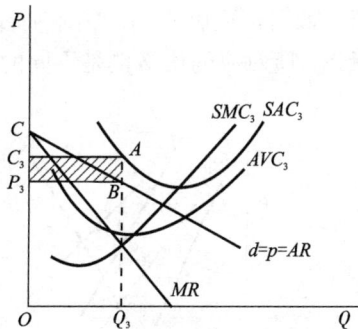

图 7 - 5　垄断厂商的短期均衡(三)

垄断厂商则认为生产和不生产都一样；若 $P_3 < AVC_3$，厂商将会停止生产。

从以上分析可知，垄断厂商短期均衡的条件为：

$$MR = SMC$$

垄断厂商实现短期均衡时，既有可能是获得利润最大，或者利润为零，也可能是承受亏损最小。

值得注意的是，在以上对最优产量点进行选择的过程中，我们都是根据边际收益等于边际成本的原则，先决定最优的产量 Q，再决定最优价格 P。但事实上，在实现利润最大化的决定过程中，最优的产量和价格必须是同时确定的。例如在图 7 - 3 当中，在没有确定 P_1 为最优定价时，我们是不能确定 Q_1 为最优生产量的。也就是说，如果选定任何不等于 P_1 的价格作为产品的售价，厂商生产并销售 Q_1 的商品都不能实现利润最大化的目标。所以，在实现利润最大化时，最优产量和价格是同时确定的。

四、完全垄断厂商的供给曲线

所谓供给曲线是指厂商在每一个价格水平上愿意并且能够提供的产品数量，其具体表现为产量和价格之间一一对应的关系。在完全竞争的市场条件下，每个厂商都只是市场价格的被动接受者，并根据 $P = MC$ 的原则从完全竞争厂商的短期边际成本曲线可推导出完全竞争厂商的短期供给曲线；之后在假定生产要素价格不变时，通过对于所有厂商短期供给曲线的加总可以得到行业的短期供给曲线；最后又推导出完全竞争行业长期供给曲线的三种情形。由于行业供给曲线的存在，对于每一个既定的市场价格水平，厂商都根据 $P = MR = SMC$ 均衡条件来确定自己的产出水平。在完全垄断的情况下是否也存在类似的厂商短期供给曲线与行业短期供给曲线呢？答案是否定的。因为此时厂商能够凭借自己的垄断力量来控制市场价格，价格不是唯一的，所以供给量与价格之间不存在一一对应关系。在

完全垄断市场中，垄断厂商在对产品进行销售时可以对市场进行分割，所以在不同的市场上垄断厂商可能面临不同的需求曲线。若垄断厂商所面临的需求曲线形状不同，即使在同一数量下，所对应的价格也是不同的。我们可利用图7－6来讨论这种情况。

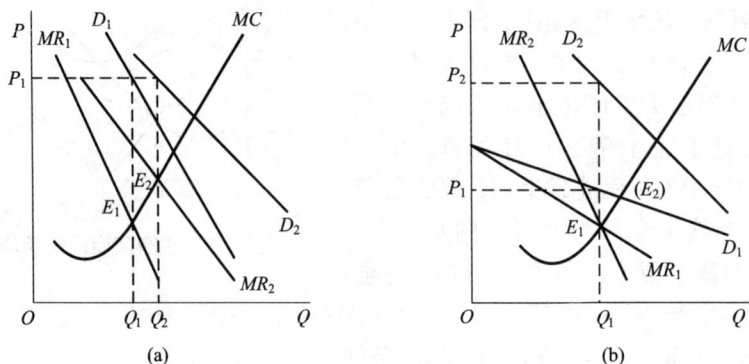

图7－6　垄断厂商的产量和价格

在图7－6(a)中，厂商的生产成本不变，MC曲线是固定的，当需求曲线为D_1时，相应的边际收益曲线为MR_1，按照$MR = MC$的原则，垄断厂商生产Q_1的最优产量水平，对应的价格是P_1。如果需求曲线由D_1移到D_2，相应的边际收益曲线移到MR_2，此时厂商生产的最优产量为Q_2，对应的价格仍为P_1。

在图7－6(b)中，MC曲线也是固定的，假定需求曲线由D_1移到D_2，则相应的边际收益曲线由MR_1移到MR_2，最优产量水平保持不变，仍然生产Q_1的产量水平，对应的价格分别为P_1和P_2。

由此可知，完全垄断厂商的最优产量和价格之间不存在唯一的对应关系，因而完全垄断市场上也不存在供给曲线。造成这种现象的根本原因在于垄断厂商对其产品市场价格具有控制能力。

由此还可以得到一个更一般的结论：凡是在或多或少的程度上带有垄断因素的不完全竞争市场中，或者说，凡是在单个厂商对市场价格具有一定控制力量、其需求曲线向右下方倾斜的市场中，是不存在具有规律性的厂商和行业的短期和长期供给曲线的。这一结论也适用于垄断竞争市场和寡头垄断市场。

五、完全垄断厂商的长期均衡

长期中，垄断厂商可以调整全部生产要素的投入量，即通过调整生产规模来实现利润最大化。又由于该产业中仅此一家厂商生产，所以即使垄断者短期内存在经济利润，在长期中也不可能像完全竞争行业那样通过其他厂商的加入、厂商间的竞争消除经济利润。因此，完全垄断厂商的长期均衡是指完全垄断厂商在长期中自己调整生产规模、自己选择最优产量点而达到的利润最大化的均衡。

　　长期中，完全垄断厂商对于自身生产的调整通常会产生三种结果：第一，短期内是亏损的，长期内也不能扭亏为盈，于是退出该行业；第二，短期内是亏损的，长期内通过对最优生产规模的选择，扭亏为盈；第三，短期内是盈利的，长期内通过对于最优生产规模的选择，改小盈利为大盈利。

　　完全垄断条件下，长期中不会有新的厂商进入该市场。垄断厂商可以通过生产规模调整与最优产量点的选择来实现长期利润最大化。在其他条件不变时，完全垄断市场长期均衡形成过程中不存在厂商数量的调整，也不会出现价格调整，因而完全垄断行业的长期均衡并不以经济利润消失为标志。如果完全垄断厂商短期内获得经济利润，长期内只要需求状况不发生负向变化，厂商仍然可以获得经济利润。

　　完全垄断厂商短期有三种状态：获得经济利润、维持正常利润和亏损最小化。厂商的调整过程也从这三种状态开始，其调整过程基本一致。以第一种情况即获得经济利润为例分析垄断厂商长期均衡的形成过程，如图7-7所示。

　　假定完全垄断厂商目前的生产规模用SAC_1、SMC_1表示，在$SMC_1 = MR$所确定的产量水平Q_1上，垄断厂商的价格为P_1，有经济利润，为矩形HP_1AB所表示的面积。

　　尽管在短期内存在经济利润，但是从长期看，这并不意味着现有规模就是垄断厂商的最

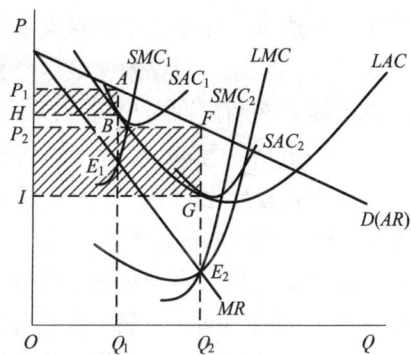

图7-7　垄断厂商的长期均衡

优生产规模。长期中，由于垄断市场中的厂商具有唯一性，其他厂商不能进入，所以垄断厂商可以通过自身规模的再选择而实现生产要素的更优配置，从而实现更大的经济利润。在长期中，垄断厂商将会把产量调整到满足$MR = LMC = SMC$所确定的产量Q_2水平上，此时对应的生产规模为SAC_2和SMC_2所表示的生产规模，价格为P_2，并有$P_2 > LMC$。对应的总利润为矩形IP_2FG所表示的面积，此时的总利润大于短期内所获得的总利润。

　　由图7-7可以看出，在Q_2产量水平上，MR曲线、LMC曲线、SMC_2曲线交于一点，这表明厂商利润最大化的条件$MR = MC$，不仅在短期得到满足，而且在长期也得到满足，所以垄断厂商的长期均衡条件是：

$$MR = LMC = SMC$$

$$P \geq LAC \quad \text{或} \quad AR \geq AC \tag{7.6}$$

当这一条件满足时，$SAC = LAC$，即图形中 SMC_2 和 LMC 的交点对应的 LAC 上的 G 点，也就是相应的 SAC_2 与 LAC 的切点。

值得注意的是，与完全竞争市场的情况不同，在垄断条件下，长期当中只会有厂商从完全垄断行业中退出而没有厂商进入到该行业。因为在垄断厂商对其生产规模进行调整之后，如果它仍然无法避免亏损，它就会选择自动退出该行业，但是由于垄断行业的进入壁垒过高，使得其他厂商试图加入该行业以获取更大的垄断利润的动机难以实现。因此垄断行业当中的厂商个数是极少的，一般只有一个厂商，所以厂商实现了短期和长期均衡也就代表了垄断行业实现了短期和长期均衡，并且在厂商实现产出均衡时只会出现两种经营成果，即盈利或者不盈不亏。

六、价格歧视

在本章已经讨论过的完全垄断模型中，垄断厂商对商品只制定一个价格，通过使边际收益等于边际成本、价格超过边际成本来实现利润最大化目标。但在某些情况下，垄断厂商放弃自己产品的单一价格政策、尽最大限度攫取消费者剩余并转移给生产商或许会增加利润。这就需要垄断厂商对出售的商品采取多种价格策略——对不同的顾客或在不同的市场索取不同的价格。例如，实行市场细分定价，即对同一商品在不同细分市场收取不同的价格；实行产品差异化战略，即按产品的品质、外观等差异化程度定价，进一步提升它的市场势力，以实现追求利润最大化的目标。

价格歧视是指同一厂商凭借其垄断力量在同一时间对生产成本相同的同一产品向不同市场的购买者索取不同的价格，或者对销售给不同购买者的同一产品在成本不同时索取相同的价格，以实现利润的最大化行为①。价格歧视不只是存在于完全垄断厂商，常常出现在厂商市场营销组合中的价格促销运用中，时间差价、空间差价、品种差价是垄断厂商常用的价格歧视策略。垄断厂商实行价格歧视必须具备以下两个条件：

一是不同市场之间可以有效地分离，购买者不能套利。否则，购买者将在价格低的市场购买商品，甚至转身在价格高的市场上出售而获利，从而使价格歧视难以维持。常见的做法是完全垄断厂商在不同市场销售的产品使用不同的包装，提供不同的售后服务。

二是被分隔开的多个市场的消费者具有不同偏好，对于同一种商品需求弹性不同。只有在这种情况下，垄断者根据不同的需求弹性对同一商品索取不同的价格，方能获得多于索取相同价格时的利润，否则最佳策略是对同一商品收取相同价格。

---

① 要注意区分价格歧视与差别定价。如果同一种产品由于成本不同而以不同的价格出售，属于差别定价，而不是价格歧视。价格歧视要求所出售的产品具有相同的生产成本。

经济学家一般认为存在三大类型的价格歧视：一级价格歧视、二级价格歧视和三级价格歧视。下面逐一进行分析。

（一）一级价格歧视

一级价格歧视[①]，是指垄断厂商对于每一单位产品都按购买者所愿意支付的最高价格制定不同的销售价格（假定垄断厂商知道每一个消费者对每一单位产品所愿意支付的最高价格）。由于需求曲线反映了消费者对每一单位商品愿意并且能够支付的最高价格，如果垄断厂商已知消费者的需求曲线，即已知消费者对每一单位产品愿意并且能够支付的最高价格，垄断厂商就可以按此价格逐个制定商品价格，此时的资源配置是最有效的。

如图7-8所示，假设垄断厂商不实行价格歧视，所有产品均按单一价格出售。此时厂商按 $MR = MC$ 原则选择最优产量点为 Q_n，相应价格为 P_n。此时消费者剩余存在，由平均收益曲线与消费者所付价格 P_n 之间的三角形 P_eEA 面积给出。厂商的总收益为 P_nOQ_nB 面积。但是，如果垄断厂商实行一级价格歧视——例如采用拍卖方式出售商品，按能索取的最高价格出售每一单位的产品。第一种情况：第一单位商品消费者愿意支付的最高价格为 P_1，厂商就按 P_1 价格出售；第二单位商品，消费者愿意支付的最高价格为 P_2，厂商就按 P_2 的价格出售……依此类推，直至厂商以 P_e 的价格销售完第 Q_e 个单位的产品为

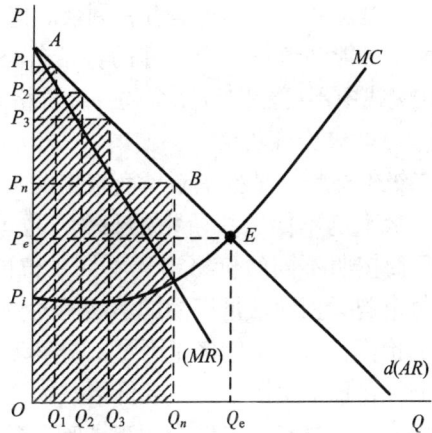

图7-8　一级价格歧视

止。第二种情况，第一个消费者愿意以 P_1 购买 Q_1 单位的产出，所以垄断厂商要价 P_1，获得总收益 P_1Q_1；第二个消费者愿意以 P_2 购买 $Q_2 - Q_1$ 单位的产出，所以垄断厂商要价 P_2，获得总收益 $P_2(Q_2 - Q_1)$。由于 $P_1 > P_2$，为了使此价格策略能够成功，当然不能让第二个消费者将他以价格 P_2 买来的产品转卖给第一个消费者。以此种价格策略出售产品，直到厂商以 P_e 的价格销售完第 Q_e 个单位的产品，边际买主不再愿意支付商品的边际成本时为止。在这两种情况下，若假设产量 Q 是可以无限分割的，则此时厂商的总收益空间在图7-8中就表示为 AEQ_eO，这时消费者剩余将不存在。

值得注意的是，在实行一级价格歧视的时候，厂商不是按照 $MR = MC$ 的原则来确定产

①　一级价格歧视又有完全一级价格歧视与非完全一级价格歧视之分。完全一级价格歧视，是指价格与销售量连续变动；不完全一级价格歧视是指价格与销售量离散变动。本教材只讨论完全一级价格歧视。

量,而是按照 $P=MC$ 的原则来确定产量的。这是因为,在一级价格歧视下,由于垄断厂商总是根据消费者的边际意愿支付来制定价格,故其边际收益曲线与需求曲线重合,而不再是低于需求曲线,从而有边际收益就等于价格。如图7-8中,如果按照 $MR=MC$ 的原则来确定产量,产量应为 Q_n,而在 Q_n 与 Q_e 的范围内,消费者为每一单位产品所愿意支付的最高价格均大于 MC,所以如果厂商继续增加产量仍然可以增加利润,因此厂商存在把产量一直增加到 Q_e 的动力,即直到 $P=MC$。此时消费者剩余(相当于图中三角形 AEP_e 的面积)全部被垄断厂商所占有,并将其转化为垄断利润。此时的 P_e 和 Q_e 等于完全竞争条件下的均衡价格和均衡产量,所以,一级价格歧视下垄断厂商出售每一单位产品都获得了最大收益,消费者购买每一单位产品都按自己的意愿支付价格,资源配置是有效率的[1],尽管此时垄断厂商剥夺了全部的消费者剩余。但是,一级价格歧视只是一个理想化的概念,现实中厂商不可能知道每一个顾客的保留价格,也难以做到向每一个顾客索取不同价格。因此,在实践中不可能实行完全的一级价格歧视,对它的讨论也只具有理论意义。

(二)二级价格歧视

二级价格歧视是指垄断厂商根据购买者不同的购买量确定不同销售价格的行为。也就是说,垄断厂商按照不同的价格出售不同单位的产品,但是每个购买相同数量商品的消费者对商品支付相同的价格,即产品价格是因量而异而不是因人而异的。在日常生活中,二级价格歧视主要适用于那些容易度量和记录的公用事业部门的产品和劳务,如城市居民用电分段定价或用水阶梯定价,高速铁路服务分一、二等座售票,商品市场

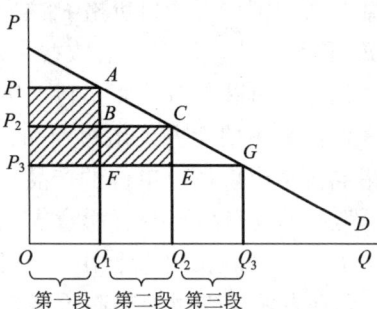

图7-9 二级价格歧视

购买中的批量折扣。在此以电力公司分段计价的形式收取电费为例进行说明,如图7-9所示。

假定消费者对电力公司产品的需求曲线为 D,当消费者的耗电量低于 Q_1 时,公司按 P_1 价格向消费者收费;当耗电量达到 Q_2 时,增加消费的部分 Q_1Q_2 按 P_2 价格收费;当耗电量达到 Q_3 时,按超过 Q_2 的部分 Q_2Q_3 以更低的价格 P_3 收费。从图7-9中可见,厂商采用的是不同于一级价格歧视的二级价格歧视,它对不同的消费数量段制定不同价格。假设垄断厂商的平均成本为 P_3,销售量为 Q_3 时,由于采用了二级价格歧视,厂商的收益增加量为图中阴影部分 $ABCEFP_3P_1$ 的面积。当不采用价格歧视时,按同一价格 P_3 出售,则厂商的总收益为 OP_3GQ_3。而阴影部分面积属消费者剩余的一部分,在二级价格歧视下,厂商则将这

---

[1] 将在第十章深入讨论"资源配置的效率"这一概念。

部分消费者剩余转化成了垄断利润。

由此可以得出结论：实行二级价格歧视的垄断厂商利润会增加，部分消费者剩余被垄断厂商占有。此外，垄断者有可能达到或接近 $P = MC$ 的有效率的资源配置的产量。

（三）三级价格歧视

三级价格歧视是指垄断厂商根据不同市场上消费者的需求价格弹性不同，对同一种产品在不同的市场上或在同一市场对不同的购买者群体确定不同的销售价格。一般而言，三级价格歧视是对需求价格弹性较大的消费者群体收取较低的价格，对需求价格弹性较小的消费者群体收取较高的价格。三级价格歧视在经济生活中最为普遍。

下面选择一个最简单的、只拥有两个子市场的市场为例来对三级价格歧视进行分析。由此分析得到的结论，很容易推广到多个市场的情况。

如图 7 - 10 所示，假定垄断厂商要在 A、B 两个独立的子市场出售其产品。假定垄断厂商的规模报酬不变，则垄断厂商的边际成本 MC 曲线为一水平线。假定市场 A 的需求价格弹性较小，需求曲线较陡峭；市场 B 的需求价格弹性较大，需求曲线较平坦。为了方便分析，将市场 A 与市场 B 的需求曲线与边际收益曲线在图 7 - 10 中左右摆开（左横轴不代表负的需求量）。垄断厂商要想获得最大总利润，其总产量在两个子市场上的分配销售，即对各子市场的价格制定，就应当满足

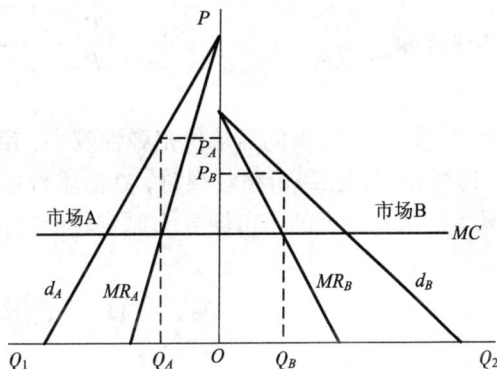

图 7 - 10　三级价格歧视

以下三个要求：一是各子市场的销售量之和要等于总产量，即 $Q_A + Q_B = Q$；二是各子市场的边际收益应当相等，即 $MR_A = MR_B$，否则，厂商将会把产品从边际收益小的子市场调整到边际收益大的子市场销售以获取更大的总利润；三是总产量的分配必须使各子市场的边际收益等于边际成本。按照利润最大化原则，当 $MR_A = MR_B = MC$ 时厂商的总利润最大。如果子市场当中存在 $MR_i \neq MC$ 的情况，厂商一定会调整其总产量及其在各子市场的投放，并由此来调整产品在两个子市场的定价。由上述假定与分析可以得出，A 市场的产量为 Q_A，价格为 P_A；B 市场的产量为 Q_B，价格为 P_B。由图中可以看出 $P_A > P_B$，这说明厂商可以根据不同的市场需求状况制定不同的价格，即对需求价格弹性较小的市场索取较高价格，对需求价格弹性较大的市场制定较低的价格。

根据式(7.5)
$$MR = P\left(1 - \frac{1}{e_d}\right)$$

市场 A 有:
$$MR_A = P_A\left(1 - \frac{1}{e_{d_A}}\right)$$

市场 B 有:
$$MR_B = P_B\left(1 - \frac{1}{e_{d_B}}\right)$$

按第二个要求,则有:
$$P_A\left(1 - \frac{1}{e_{d_A}}\right) = P_B\left(1 - \frac{1}{e_{d_B}}\right)$$

整理得:
$$\frac{P_A}{P_B} = \frac{1 - \dfrac{1}{e_{d_B}}}{1 - \dfrac{1}{e_{d_A}}} \tag{7.7}$$

根据假定,市场 A 的需求价格弹性较小,市场 B 的需求价格弹性较大,要使式(7.7)成立,即要在实行三级价格歧视时,在需求价格弹性小的子市场 A 上制定较高的价格 P_A,而在需求价格弹性大的子市场 B 上制定较低的价格 P_B。[①]

第二节　垄断竞争市场

一、垄断竞争市场的特征

前面讨论的完全竞争市场与完全垄断市场是市场结构中的两个极端情形。而垄断竞争市场则是一种介于完全竞争市场和完全垄断市场之间的市场组织形式,这种市场组织形式在现实经济社会中大量存在。在垄断竞争市场中,既存在着一定的垄断,表现为产品的非同质;又存在激烈的竞争,表现为同一市场上有诸多厂商,每个厂商都不会对市场商品的价格产生举足轻重的影响。它具有如下基本特征:

第一,该市场中存在着较多数目的厂商,一方面,它们的固定成本相对于完全垄断厂商足够小,因而其他厂商加入该行业比较容易,使得行业中每个厂商的经济利润都趋于零;另一方面,它们的固定成本相对于完全竞争厂商足够大,其他厂商加入到同类某一细分产品的生产存在较高的进入壁垒,以至于任何一种细分产品都可能只有一家生产厂商。

---

① 关于三级价格歧视对资源配置的影响分析比较复杂,正文中不展开。

第二，各厂商生产的产品相似但又是有差别的，即该市场各种产品之间是非常接近的替代品。由于产品的相似性和可替代性，该市场各厂商在生产销售有差别的同类产品时就存在着激烈的竞争。在这个竞争的过程当中，每个厂商都认为自己产品的产量在整个市场中只占有一个很小的份额，所以厂商也会认为自己改变产量和价格对市场产生的影响力是有限的，不会招致其竞争对手们相应的报复行动。由于产品是有差别的——同一产品不仅在品质上，而且在价格、外观、颜色、包装、形象、品牌、服务及商标广告等方面的差别以及以消费者想象为基础的虚幻的差别，消费者在购买商品时就有了选择的不同偏好，进而促使各厂商对自己生产的、具有差异性质的独特产品的生产销售量和价格具有一定的市场控制力，因而可以通过采用价格竞争手段或者非价格竞争手段来扩大其需求。

第三，厂商进入或退出该市场相对于完全垄断市场比较容易，资源流动性比较强，但与完全竞争市场相比较，又具有一定门坎。在现实经济生活中，垄断竞争市场是常见的一种市场组织形式，进入该市场时所必需的资本门坎、技术门坎等相对较低。这在零售业与服务业中表现的比较明显，如化妆品、洗发水、运动鞋、服装等日用品零售市场和餐馆、旅馆、影剧院等服务业市场大都属于垄断竞争的市场。具有一定的进入门坎，就为垄断竞争厂商在长期中赚取一定的经济利润提供了可能。

现实经济中完全垄断与完全竞争这两种情况是极其罕见的，大多数市场都表现为垄断竞争市场。由于垄断竞争市场是处于完全竞争市场与完全垄断市场之间的过渡市场组织形式，所以垄断竞争厂商就有不同于完全垄断厂商与完全竞争厂商的市场需求曲线，从而制定不同的市场营销策略。

二、垄断竞争厂商的需求曲线和收益曲线

在完全竞争市场和完全垄断市场下，行业的含义都是很明确的：它是指生产同一种无差别的产品的厂商的总和。而在垄断竞争市场中，各厂商生产的产品具有一定的差异性和可替代性，导致垄断竞争厂商的需求曲线处于完全竞争厂商和完全垄断厂商之间，是一条接近于水平的向右下方倾斜的曲线，此时行业的含义也变得不明确，甚至上述意义上的行业不复存在。由于这一特性的存在，人们很难构造整个行业的需求曲线 D 以及整个行业的供给曲线 S，而只能讨论某个代表性厂商的供给曲线与需求曲线，进而分析它的短期与长期均衡。

(一)垄断竞争厂商的需求曲线

此处对垄断竞争厂商需求曲线的分析同上一节对完全垄断厂商需求曲线的分析类似。由于垄断竞争厂商生产的是有差别的同类产品，因而厂商对自己生产的产品都具有一定的垄断能力，其需求曲线有自己的特点。完全垄断市场只有一个卖方，完全垄断厂商面临着向下倾斜的需求曲线，而且其他厂商面临着进入壁垒。完全竞争市场上有许多卖方，每个

卖方面临着水平的需求曲线,且没有进入与退出的壁垒。垄断竞争市场上的卖方数量、市场进入壁垒的森严程度均介乎于完全垄断市场与完全竞争市场之间。与完全竞争厂商只是被动地接受市场价格的情况不同,每一个垄断竞争厂商对自己产品的价格有一定的影响力,各自面临着一条向右下方倾斜的 d 曲线。为简化分析,我们用线性曲线来表示。比如,如果某垄断竞争厂商将它的产品的价格提高一定的数额,则习惯于消费该产品的消费者短期可能不会放弃该产品的消费,该产品的需求不会以超越产品提价的幅度下降。但若该垄断竞争厂商持续或大幅度提价的话,由于存在着大量有差异的同类替代品,消费者需求就有可能大幅下跌甚至舍弃该垄断竞争厂商生产的这种产品,转而购买该产品的替代品。因此,垄断竞争厂商所面临的需求曲线相对于完全竞争厂商而言要陡峭一些(即更缺乏弹性),而相对于垄断厂商而言要平坦一些(即更富有弹性)。

由于在垄断竞争行业中,各厂商生产的产品都是同类有差别的替代品,因此,市场对某一厂商产品的需求不仅取决于该厂商的价格—产量决策,而且还取决于其他厂商对该厂商的"价格—产量"决策所采取的应对措施。一个厂商采取降价行动后,如果其他厂商不跟着降价,则该厂商产品的市场需求量可能上升很多;但若其他厂商也采取降价措施,则该厂商产品的市场需求量不会明显增加甚至可能不会增加。这样,在分析垄断竞争厂商的需求曲线时,就要分两种情况进行讨论。为此,需要引入 d 曲线(主观需求曲线)和 D 曲线(客观需求曲线)概念。

1. d 曲线

d 曲线的含义是在垄断竞争生产集团中的单个厂商改变产品价格,而其他厂商的产品价格保持不变时,该厂商的产品价格与销售量之间的对应关系。因为在垄断竞争市场中有大量的同类厂商存在,因而单个厂商会认为自己的市场占比非常小,改变产品价格的行动不会引起其他厂商的反应,于是它便认为自己可以像垄断厂商那样,独自决定价格,并产生两方面的影响:一是影响原有顾客的购买数量,二是影响新增顾客的加入数量。这样,单个厂商在主观上就有一条斜率较小的需求曲线,称为主观需求曲线。

2. D 曲线

D 曲线的含义是在垄断竞争生产集团中的单个厂商改变产品价格,同时其他所有厂商的产品价格发生相同变化时,该厂商的产品价格和销售量之间的关系。在现实经济中,一个垄断竞争厂商降低价格时,其他同类厂商为了维持自己的市场份额,势必也会跟着降价,因此该厂商的需求量的上升不会有想象中的那么多,因而该厂商还存在着另外一条需求曲线,称之为客观需求曲线。

图 7 – 11 中,某垄断竞争厂商的主观需求曲线为 d_1,该厂商最初的产量为 Q_1,最初的价格为 P_1,供求均衡点是位于主观需求曲线上的 A 点。当该厂商将产品的价格由 P_1 下调至 P_2 后,假定其他厂商不会相应同时降价,会产生两方面的影响:一是增加原有顾客的购

买量，即原有顾客会因产品价格的下降而增加购买量；二是增加顾客的总量，新的顾客会因产品价格的下降而加入该厂商产品的购买。于是按照其主观需求曲线 d_1，该厂商预期其销售量将提高至 Q_2。但是，该厂商降价时，垄断竞争市场其他厂商实际上也同样会同程度降价至 P_2，以维持自己的市场占有率，结果，该厂商的实际销售量为 Q_3，介于 Q_1 和 Q_2 之间。因此，该厂商只能改变原有顾客的购买量，不能改变顾客的总量，该厂商的客观需求只能沿着 A 点移动到 B 点，此时，其主观需求曲线也会做出

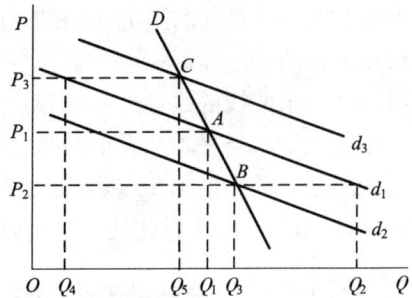

图 7-11　垄断竞争厂商所面临的需求曲线

相应的调整，改为通过 B 点的 d_2。相反，如果该厂商将它的价格由 P_1 提高至 P_3，假定其他厂商不会同时同程度涨价，也会产生两方面的影响：一是减少原有顾客的购买量，原有顾客会因其价格上升而减少购买量；二是减少顾客的总量，现有的顾客会因其价格上升而放弃对该厂商产品的购买。于是该厂商按照主观需求曲线 d_1 会预期自己的需求量将降低至 Q_4。但是，由于垄断竞争市场其他厂商也同时同程度提价至 P_3，该厂商需求量的下降并不像预期的那么多，实际的需求量为 Q_5，因此，该厂商也只能改变原有顾客的购买量，而不能改变顾客的总量，即该厂商的客观需求只能沿着 A 点移动到 C 点，此时，其主观需求曲线也将随之调整至通过 C 点的 d_3。根据客观需求曲线的定义，连结 A、B、C 三点的曲线 D 即该垄断竞争厂商的客观需求曲线。

3. d 曲线与 D 曲线的关系

d 曲线与 D 曲线反映的只是垄断竞争厂商面临的需求曲线的两种极端情况，即其他竞争厂商要么根本不改变，要么同时同程度地改变。实际上，在这两种极端之间，还因为有同时不同程度、不同时同程度等情况的存在，垄断竞争厂商的客观需求曲线还存在诸多的其他可能。由于垄断竞争厂商的需求曲线 d 向右下方倾斜，当垄断竞争生产集团内的所有厂商以相同程度改变价格时，整个市场价格的变化会使单个厂商的 d 需求曲线沿着 D 曲线的上下平行移动。由于 d 需求曲线表示单个厂商单独改变价格时所预期的产品销售量，而 D 需求曲线表示单个厂商改变价格其他厂商也同时以相同的程度改变价格时所面临的实际需求量，所以，d 需求曲线与 D 需求曲线相交就意味着垄断竞争市场的供求相等状态。从形状上看，d 需求曲线较为平坦，D 需求曲线较为陡峭，即 d 需求曲线更富有弹性。

（二）垄断竞争厂商的收益曲线

由于垄断竞争厂商是根据自己的预期做出生产决策的，所以垄断竞争厂商的收益曲线都是根据主观需求曲线得到的。因此，垄断竞争厂商的平均收益 AR 总是等于该商品的销

售价格 P，因此其平均收益曲线就是厂商的 d 需求曲线。由于 d 需求曲线向右下方倾斜，则平均收益曲线也是向右下方倾斜的，且 $AR = d$，即厂商的平均收益曲线与其主观需求曲线是相互重合的。

根据 d 需求曲线的线性形状推导出边际收益曲线 MR 的形状也是向右下方倾斜的，且位于 d 曲线之下。当平均收益曲线是直线时，边际收益曲线的斜率是 d 曲线的 2 倍，在横轴上的截距是 d 曲线的 $1/2$，随着 d 曲线沿着 D 曲线的上下移动，MR 曲线也随之上下移动，有 $MR < AR = P$。注意此处与完全竞争厂商 $MR = AR = P$ 的比较。

三、垄断竞争厂商的短期均衡

垄断竞争厂商在短期内尽管不能够调整全部生产要素投入，但会通过调整它的产量和价格来实现它的利润最大化目标。虽然这一过程比较复杂，但在短期均衡产出水平中，垄断竞争厂商利润最大化条件与完全竞争、完全垄断条件下的情况类似，调整的基本原则仍为边际收益等于边际成本。短期均衡需要满足两个条件：$MR = SMC$；$AR \geqslant AVC$。

如图 7 - 12 所示，SMC 是代表性厂商的边际成本曲线，d_1 是该厂商的主观需求曲线，MR_1 是根据 d_1 作出来的边际收益曲线，D 是该厂商的客观需求曲线。假定该厂商的生产一开始处于 D 曲线与 d_1 曲线相交的 A 点，此时 A 点是市场的供求均衡点，产量是 Q_0，价格为 P_0。但 A 点不是该厂商利润最大化的均衡点，因为当生产处于 A 点时有 $MR_1 > SMC$，所以该厂商可以按照 $MR_1 = SMC$ 的原则来调整其产量，再按照主观需求曲线 d_1 及调整后的产量来确定价格，以保证调整后的产量能全

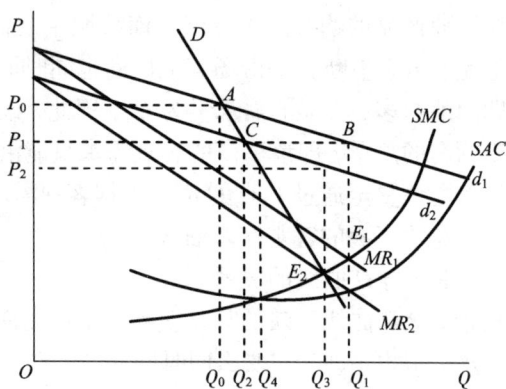

图 7 - 12　垄断竞争厂商在短期内的生产调整过程

部卖出。如上所述，假定其他厂商在该厂商降价时不会同时降价，并对需求量产生两种影响，厂商的市场供求均衡点将沿着主观需求曲线调整至 B 点，此时产量调整为 Q_1，价格调整为 P_1。P_1 高于平均成本 SAC，该厂商可能赚取较大的经济利润。可是，在垄断竞争市场中的其他厂商也面临着相同的情况，每个厂商都假定其他厂商不改变产量和价格，在此基础上根据 $MR = MC$ 原则调整自己的产量，再按照主观需求曲线 d_1 及调整后的产量来确定其价格，即每个代表性厂商都会将价格降至 P_1，并计划将产量调至 Q_1。于是，其他厂商实际都同时同程度降价至 P_1，代表性厂商实际的需求量不可能增加到 Q_1，而只能是 Q_0 和 Q_1

之间的 Q_2。该厂商的主观需求曲线也要修正到通过 C 点的 d_2，其边际收益曲线也相应调整至 MR_2。这样，该厂商在 P_1 的价格下无法实现最大利润，必须进一步做出调整。于是，该厂商按照 $MR_2 = SMC$ 原则将会把价格进一步降低至 P_2，并预期自己的需求量将会增加至 Q_3，企图获得更大的经济利润。但是由于其他厂商也同时同程度降价至 P_2，该厂商的需求量实际只能沿客观需求曲线增加到 Q_4，厂商在 P_2 价格下仍无法实现最大的经济利润。依此类推，厂商的价格还需做出进一步的调整，其主观需求曲线也将沿客观需求曲线不断向下平行移动，Q 与 P 的选择直到 $MR = MC$ 原则与市场供求均衡原则两个条件都得到满足时便不再调整。

上述的调整过程实际是一个不断"试错"的过程，这一"试错"过程会一直持续到垄断竞争厂商实现短期均衡状态为止。在这一过程中，垄断竞争厂商的销售量会一直增加，但同时利润最大化的产量也一直会下降。如图 7－13 所示，垄断竞争厂商实现短期均衡时，必须满足如下条件：①厂商的产量 Q_E 符合 $MR = SMC$ 的原则，价格 P 符合供求均衡原则，厂商此时实现了利润最大化，因而没有动机改变目前的产量选择状态；②厂商此时的产量和价格决策恰位于主观需求曲线与客观需求曲线的交点 H，即厂商按自己能够感觉到的主观需求曲线所做出的价格产量决策恰和其他厂商也做出同样调整的价格产量决策相一致。

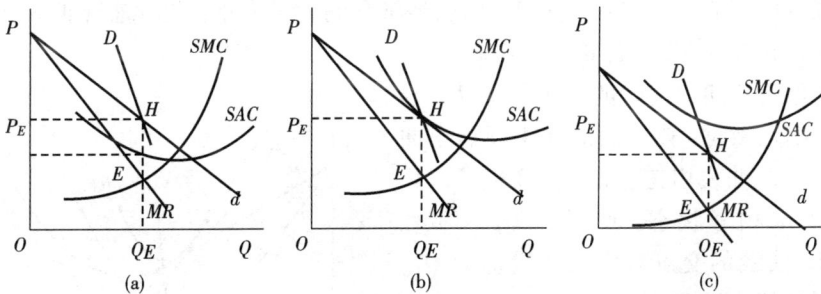

图 7－13　垄断竞争厂商的短期均衡

垄断竞争厂商实现短期均衡时的情形如图 7－13 所示。和垄断厂商、完全竞争厂商一样，垄断竞争厂商短期均衡时，可能获得经济利润，也可能经济利润为零，甚至是经济利润为负，如图 7－13(a)、(b)、(c)分别所示。这主要取决于该厂商短期均衡点与平均成本曲线的位置。如果该厂商的短期均衡点位于平均成本曲线的下方，即厂商的平均成本太高或者需求太低，则该厂商在短期内无论如何调整其价格和产量，都将出现亏损。

垄断竞争厂商短期均衡的条件为：

$$MR = SMC \quad AR \geq AVC \tag{7.8}$$

在图 7 - 13 中，短期均衡的产量点为 Q_E，同时存在一个与厂商均衡点 E 对应、d 曲线与 D 曲线的交点 H，这一现象意味着实现了市场供求相等，此时垄断竞争厂商可能获得了最大经济利润，也可能经济利润为零，甚至可能蒙受了最小亏损。但值得注意的是，在实现短期均衡而出现经济利润为负时，生产厂商若要继续生产就必须保证其经济损失要小于生产的总固定成本。

四、垄断竞争厂商的长期均衡

在长期中，垄断竞争厂商可以通过扩大或缩小其生产规模来与其他厂商进行竞争，也可以根据自己能否获得经济利润来选择是进入还是退出一个行业。这与完全垄断时只有一家厂商、不存在进入与退出的情形完全不同。

如图 7 - 13(a)所示，假设垄断竞争厂商具有完全相同的成本曲线，面临完全相同的需求曲线，在短期能够获得经济利润。在长期当中，经济利润会诱使既有厂商扩大生产规模，更会诱使新的厂商加入竞争，导致市场总供给量增加。在市场总的需求不变的情况下，代表性厂商的市场份额将减少，虽然主观需求曲线不变，但客观需求曲线将向左下方移动，从而厂商的产品的实际需求量低于利润最大化的产量。厂商为了实现长期均衡必须降低其价格以稳定市场份额来适应这种变化，致使主观需求曲线也向左下方移动。这一过程会逐步减少厂商的经济利润，直到厂商的经济利润为零为止，此时该行业不再会吸引新厂商的进入，也不会使旧厂商扩大生产规模。

代表性厂商长期均衡时的实现如图 7 - 14 所示。在长期均衡时，该厂商的 d 主观需求曲线与 D 客观需求曲线相交于 E 点，实现了该厂商的市场供求相等状态，产量为 Q_E，LMR、LMC 与 SMC 曲线的交点对应的产量也为 Q_E，同时实现了该厂商的利润最大化状态，并且 d 曲线与长期平均成本曲线 LAC 也相切于 E 点，此时的 $P = AR = LAC$，所以该厂商的经济利润为零。

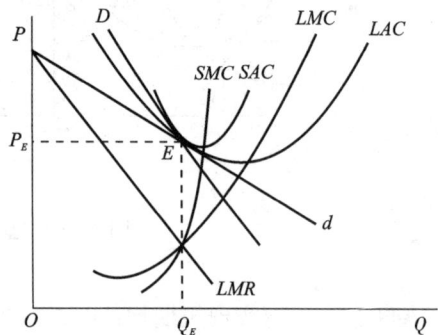

图 7 - 14　垄断竞争厂商的长期均衡

如果考虑行业内厂商亏损，则厂商退出行业或者减少产量的过程，与上述的分析过程类似，只不过两条需求曲线的移动方向相反而已，最终均衡的结果都是主观需求曲线与 LAC 曲线相切，经济利润为零。

总而言之，垄断竞争厂商的长期均衡条件为：

$$LMR = LMC = SMC$$

$$(7.9)$$

$$AR = LAC = SAC \tag{7.10}$$

从长期均衡的条件看，垄断竞争厂商与完全竞争厂商相同，但实际上却存在着很大差别，其差别在于：其一，完全竞争厂商有 d、AR、MR 曲线三线合一，同为水平线。而垄断竞争厂商有 AR 与 d 重合，厂商的产品仍然具有品牌等差异，其长期需求曲线仍然向右下方倾斜，且 $MR < AR$。其二，完全竞争条件下长期均衡时的产量，是平均成本最低点的产量水平。而垄断竞争下长期均衡时的产量，是低于其平均成本最低点的产量。其三，完全竞争条件下，长期均衡时价格低于垄断竞争下的均衡价格，且 $P = MC$。而垄断竞争条件下，长期均衡时价格较高，且有 $P > MC$。其四，完全竞争时的长期均衡的产量高于垄断竞争时的长期均衡产量。因此，在与完全竞争厂商进行比较时，垄断竞争厂商被认为是缺乏效率的。但是，垄断竞争厂商多样性的产品供给又会提高消费者的总福利水平。

五、垄断竞争厂商的供给曲线

如同完全垄断市场一样，在垄断竞争市场上，各厂商的产品之间具有某种差异，它们对市场的价格具有某种程度的垄断力，不再是市场价格的接受者，厂商的产量与价格之间也不存在一一对应的关系，也找不到具有规律性的供给曲线。

六、非价格竞争

如同完全垄断厂商一样，垄断竞争厂商之间的竞争通常使用两种手段，一是价格竞争，二是非价格竞争。价格竞争是厂商通过压低价格争夺市场。非价格竞争则是厂商通过产品策略(如提高产品的内在质量，改变产品的外观设计、包装甚至品牌名称，改进产品的服务，服务个性化等)、渠道策略(如构筑产品的分销网络与渠道联盟等)、促销策略(如通过大量的广告促销、人员促销以及公共关系等)等多样化策略来推销产品。比如说广告。众所周知，广告在我们的现实经济生活当中是普遍存在的，厂商利用广告可以帮助对产品的质量和功能进行更加全面的认识，进而扩宽销路。广告一方面增加了生产厂商的销售成本，另一方面也减少了消费者为寻求所需的产品信息花费的成本，这就有助于提高社会的经济效益。但在垄断竞争市场中，广告对厂商的影响远不止上述那么简单，但因其不是研究重点，所以在此不予详细说明。但总而言之，非价格竞争相对于价格竞争，具有相对无限的竞争空间，也更具有市场开拓创新能力，能增强厂商的局部垄断势力，因而是比价格竞争更高层次的一种竞争方式。价格竞争会影响对每一个厂商产品的需求曲线，非价格竞争会影响厂商的成本。但不管是这两种竞争中的哪一种，在长期当中都会消除厂商的经济利润。

第三节 寡头垄断市场

一、寡头垄断市场的特征

寡头垄断市场，简称为寡头市场，是指少数几个厂商控制整个市场的产品生产和销售的一种市场组织形式。例如汽车行业、电信行业、石油行业等行业的情况就是如此。

根据之前所学章节的内容，从市场中存在厂商数目的多少来说，垄断竞争市场是介于完全竞争市场和完全垄断市场之间的一种市场组织形式，而寡头市场则是介于垄断竞争市场和完全垄断市场之间的一种市场组织形式。一般而言，可将垄断竞争市场看作是寡头厂商市场力量不断变小时寡头市场的一种情形，所以形成寡头市场的原因与形成垄断竞争市场的原因也基本相同。与完全竞争、完全垄断、垄断竞争市场相比较，寡头市场的基本特征是：①厂商数目很少。市场上只有少数几个厂商(当厂商为两个时，叫双寡头垄断)，他们控制了行业的大部分市场份额，市场集中度高，每个厂商在市场中都具有举足轻重的地位都对其产品价格具有相当大的影响力。②厂商行为互不独立。各厂商之间既相互竞争又相互制约，任一厂商进行决策时，都必须把竞争对手对自己行动可能作出的反应考虑在内，因此，寡头厂商既不是价格的制定者，也不是价格的接受者，而是价格的寻求者，其需求曲线具有不确定性。③产品同质或异质。根据产品特征，当各厂商生产的产品没有差别，而彼此依存度很高时，称该行业为纯粹寡头行业，大多存在于钢铁、水泥等产业；而当各厂商生产的产品有差别，且彼此依存度较低时，称该行业为差别寡头行业，大多存在于汽车、重型机械、石油产品、电气用具、香烟等产业。④厂商进出市场不易。相比于垄断竞争市场，其他厂商进入市场相当困难。因为不仅在规模、资金、信誉、市场、原料、专利等方面，其他厂商难以与原有厂商匹敌，而且由于原有厂商相互依存、休戚相关，这些因素共同构成高成本进入门坎，并且其他厂商不仅难以进入，原有厂商也难以退出，这些进出壁垒都为垄断厂商在长期中赚取可观的经济利润提供了可能。

在上述基本特征中，最重要的一个特征是：寡头厂商间行为相互不独立，每一个寡头厂商都不得不关注竞争对手对自己行动可能作出的反应，因此，寡头厂商的需求曲线具有不确定性。一个寡头厂商在最优产量与价格决定时必须思考以下问题：与其他厂商是合作还是竞争？如果不能合作，又如何抑制竞争对手的竞争？如何抑制新的竞争者进入市场？如何获取竞争对手对自己竞争策略的反应？

因此，寡头厂商最优产量点与价格的选择实际上是在与其他寡头间的博弈中实现的。由于不同的寡头厂商在最优产量点与价格选择时面临的实际情况不同，因此，寡头厂商的需求曲线难以确定，要想建立一个单一的模型解释寡头厂商最优产量点与价格选择的所有可能形式是不可能的。在西方经济学中，目前还没有找到一个寡头市场模型，可以对寡头市场的价格和产量的决定作出一般性的理论总结，而事实上存在多种解释寡头厂商行为的模型。与在对完全垄断竞争市场进行分析时一样，在对寡头市场进行分析时也假定需求方面是完全竞争的，同时以"寡头厂商在相互给定竞争者行为后选择自己的最优产量与价格"的假定[①]为基础，在本节当中主要介绍几种典型的寡头市场模型，包括古诺模型、价格领导模型、斯威齐模型、卡特尔等，以近似地说明寡头厂商在博弈中的均衡实现。

二、古诺模型

古诺模型是所有寡头垄断模型中历史最为悠久的一个，是由法国经济学家奥古斯汀·古诺在 1838 年提出的。古诺模型是一个只有两个无勾结行为的寡头厂商的简单模型，该模型也被称为"双寡头模型"。其结论很容易推广到三个或三个以上的寡头厂商的情况中去。

古诺模型分析的是两个出售矿泉水的生产成本为零的寡头垄断厂商的情况。古诺模型的基本假设包括：市场上只有 A 和 B 两个寡头厂商，每个寡头生产和销售同质的矿泉水，他们的生产成本均为零，并追求利润最大化；他们共同面临的市场需求曲线是线性的，且 A 和 B 两厂商都能准确地了解市场需求曲线；两个寡头同时作出产量决策，即寡头间进行的是产量竞争而非价格竞争，产品的价格依赖于二者所生产的产品总量；双方无勾结行为；每次在做出产出决策时 A 厂商都把 B 厂商的产出决策视为既定，并据此确定自己的产量。

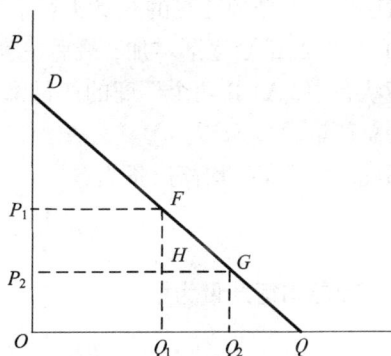

图 7-15　古诺模型

古诺模型下的产量和价格的决定可用图 7-15 来说明。图中 D 曲线为两个厂商共同面临的需求曲线。由于生产成本为零，故图中无成本曲线。

第一轮，A 厂商先进入市场。由于假定生产成本为零，故厂商的收益就等于利润。假定 A 厂商认为 B 厂商的产量为零，此时自己面临 D 曲线，据此将产量定为市场总容量的 1/2，将价格定为 P_1，从而实现了最大的利润 OP_1FQ_1（内接四边形面积最大）；然后，B 厂

---

①　当然，在现实中这一假设条件并不严格成立：寡头厂商间并不一定是相互竞争；竞争厂商的生产行为并不一定事先给定。但这并不妨碍本章对问题的讨论。这一假定亦即下一节要讨论的纳什均衡条件。

商进入市场，也按同样的方式选择产量，A 厂商已经生产了市场容量的 1/2，那么留给 B 厂商的市场容量就只有 1/2 了，B 厂商选择生产剩下的市场容量的 1/2，即生产 $\frac{1}{2} \times \frac{1}{2} = \frac{1}{4}$，A 和 B 两个厂商一共生产了 3/4 的市场容量，所以此时市场价格降至 P_2，B 厂商获得的最大利润为 Q_1HGQ_2，A 厂商的最大利润也因 P_1 降至 P_2 改变为 OP_2HQ_1。

第二轮，A 厂商看到 B 厂商生产了市场容量的 1/4，留下的市场容量就只有 3/4 了，为了赚取最大的利润，A 厂商将产量定为自己所面临的市场容量的 1/2，即生产 $3/4 \times 1/2 = 3/8$ 的市场容量，于是 A 厂商的产量略有减少，但最大利润相对于第一轮结束时的 OP_2HQ_1 有所增加；B 厂商又根据 A 厂商做出的生产决策，相应调整自己的生产决策，也生产自己所面临的市场容量的 1/2，即 $5/8 \times 1/2 = 5/16$ 的市场容量，于是 B 厂商的产量略有增加，最大利润自然也有增加。

以此类推。

在这样一个循环往复的双寡头竞争过程中，为追逐最大利润，A 厂商的产量会逐渐减少，B 厂商的产量会逐渐增加；最后，达到 A、B 两个厂商的产量都相等的均衡状态为止。在均衡状态中，A、B 两个厂商的产量都为市场总容量的 1/3，即每个厂商的产量为 $1/3OQ$，行业的总产量为 $2/3OQ$。

因此，A 厂商的均衡产量为：

$$OQ\left(\frac{1}{2} - \frac{1}{8} - \frac{1}{32} - \cdots\right) = \frac{1}{3}OQ$$

B 厂商的均衡产量为：

$$OQ\left(\frac{1}{4} + \frac{1}{16} + \frac{1}{64} - \cdots\right) = \frac{1}{3}OQ$$

行业的均衡总产量为：

$$\frac{1}{3}OQ + \frac{1}{3}OQ = \frac{2}{3}OQ$$

此时，任一寡头所生产的产量均为市场总容量的 1/3，均是给定竞争者产量时能实现最大利润的产量，任一方都不再会有改变产量的博弈冲动了。

还可以将古诺模型的结论进一步推广。令寡头厂商的数量为 m，则可以得到结论如下：

$$\text{每个寡头厂商的均衡产量} = \text{市场总容量} \cdot \frac{1}{m+1} \tag{7.11}$$

$$\text{行业的均衡总产量} = \text{市场总容量} \cdot \frac{m}{m+1} \tag{7.12}$$

　　古诺模型也可以用建立寡头厂商的反应函数的方法来说明(图7-16)。

　　首先，定义反应函数。假设寡头 A 的反应函数记为 $Q_A(Q_B)$，定义为：寡头 A 根据寡头 B 的产出水平，选择自己所能达到的利润最大化的产量。

　　其次，定义 Q 为两寡头厂商的总产量。假定给出市场线性需求的反函数为：

$$P = 1500 - Q = 1500 - (Q_A + Q_B) \qquad (7.13)$$

再次假定寡头厂商的生产成本为零。于是，寡头厂商 A 的利润函数为：

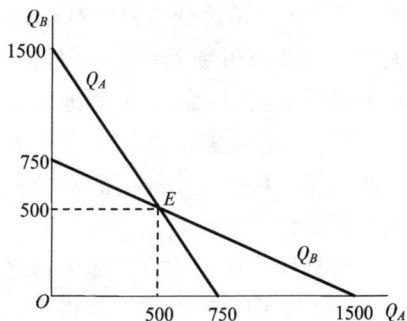

图7-16　古诺模型和反应函数

$$\pi_A = TR_A - TC_A = P \times Q_A$$

$$\pi_A = [1500 - (Q_A + Q_B)] \times Q_A = 1500Q_A - Q_A^2 - Q_A \times Q_B$$

寡头厂商 A 利润最大化的一阶条件为：

$$\frac{\partial \pi_A}{\partial Q_A} = 1500 - 2Q_A - Q_B = 0$$

$$Q_A = 750 - \frac{Q_B}{2} \qquad (7.14)$$

　　式(7.14)就是 A 寡头的反应函数，它表示 A 寡头的最优产量是 B 寡头的产量函数。也就是说，对 B 寡头的每一个产量 Q_B，A 寡头都会做出相应的反应，确定能够给自己带来最大利润的产量 Q_A。

　　同理对寡头厂商 B 而言，也可以得到：

$$Q_B = 750 - \frac{Q_A}{2} \qquad (7.15)$$

　　式(7.15)就是 B 寡头的反应函数，它表示 B 寡头的最优产量是 A 寡头的产量函数。

　　联立寡头 A 和寡头 B 的反应函数式(7.14)和式(7.15)，形成方程组，并解方程组可得，$Q_A = Q_B = 500$，即均衡时每一个寡头厂商的均衡产量是市场总容量的三分之一，市场总的供给量为 $Q_A + Q_B = \frac{2}{3}Q = 1000$，将 $Q_A = Q_B = 500$ 代入方程(7.13)可得市场的均衡价格为 $P = 500$。

三、价格领导模型

　　在对古诺模型进行研究时，我们假定其他企业的产量或价格不会随着寡头企业生产决策的改变而改变。而对价格领导模型的研究,是以其他企业会随寡头企业生产决策的改变而同时、同等程度地改变价格为基础的。即在一个市场上,存在很多企业,但其中只有一个较大的企业在该市场上具有举足轻重的支配地位,拥有制定市场价格的能力,该企业通常被称为领导企业(厂商);而其他较小的企业只能被动地接受市场价格,从而决定自己的产量,这些较小企业通常被称为追随企业(厂商)。因此,在该市场上,领导厂商可以首先决定产品价格,其他较小的厂商则会根据该领导企业制定的市场价格,同时对自己的产品价格做出同等程度的调整。

在对价格领导模型进行具体分析之前,我们必须先明确领导厂商和其他追随厂商之间的基本关系。它们之间的关系表现为:第一,整个市场所需求的产品产量由领导厂商和其他追随厂商共同提供。第二,领导厂商凭借自身的支配地位为市场制定价格,而追随厂商仅是市场价格的被动接受者。第三,在市场价格已经确定的情况下,追随厂商按照这一价格先行生产并销售任意数量的产品,而领导厂商则提供满足剩余的市场份额的产量,或者说,领导厂商的产量或销售量是由其他厂商的供给不足而产生的。当然,这里还包含了一些隐性的假设条件,即追随厂商的生产能力是有限的,追随厂商所能提供的产量并不能满足市场的全部需要,并且领导厂商一定可以预测到追随厂商在给定市场价格下所能提供的产量。

现在就对价格领导模型进行具体分析。在图 7 – 17 中,由于追随厂商没有价格的决定权,而只是市场价格的接受者,所以追随厂商具有供给曲线,用 S 曲线表示(总供给是所有追随厂商边际成本的水平加总)。用 D 曲线表示市场总需求,则 D 曲线与 S 曲线之间的水平差距就是领导厂商所要提供的产量。例如,当市场价格为 P_0 时,市场的需求量为 Q_0,此时,追随企业的供给量为 Q_1,领导厂商的供给量就可以表示为 $Q^* = (Q_0 - Q_1)$。从图中可以得出,当价格上升到 P_1 时,市场总需求与追随厂商愿意并能够提供的产量恰好相等,此时,领导厂商的生产量为 0。

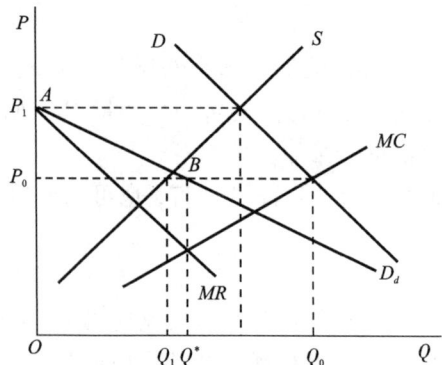

图 7 – 17　价格领导模型

由此可以连接 A、B 两点得到领导厂商面临的需求曲线 D_d,或者可以直接用市场总需求量减去追随厂商的总供给量得到领导厂商需求曲线 D_d,进而可以得到它的边际收益曲线 MR。根据边际收益等于边际成本的利润最大化产量原则,可以知道在 MR = MC 时,领导企业实现了利润最大化,此时的价格为 P_0,产量为 Q^*。

四、斯威齐模型

由于厂商在寡头市场当中是高度集中的，并且各厂商之间相互依存、互相影响，每一个厂商的行为决策都会对市场产生较大的影响，加之厂商的行为决策具有很大的不确定性，所以在寡头市场的竞争当中，垄断厂商就会尽可能地选择非价格竞争而不是价格竞争，这就导致了产品价格的相对稳定，即表现出产品价格的刚性。为解释垄断市场上产品价格的刚性现象，美国经济学家保罗·斯威齐于 20 世纪 30 年代提出斯威齐模型。该模型的假定是：当一个寡头厂商降低价格的时候，其他厂商会跟着降价；当一个寡头厂商提高价格的时候，其他厂商会保持价格不变。这样假定的原因是，当一个厂商降低他的产品的价格的时候，其他厂商如果不跟着降价，那么其他厂商的市场份额就会减少，从而需求量下降，利润下跌；而当一个寡头厂商提高它的产品价格的时候，如果其他厂商价格保持不变，那么提价的厂商的一部分市场份额将会自动被其他厂商瓜分，从而其他厂商的需求量会上升，利润会增加。这样一来该寡头厂商所面临的需求曲线呈现弯折的形状，因此也称为弯折的需求曲线。

如图 7-18。假定寡头厂商的生产原来处于 A 点，即产量为 Q_1，价格为 P_1。按照斯威齐的假定，寡头厂商提价的时候，其他厂商价格不变，因而寡头厂商的需求量将会下降很多，即产品的需求富有弹性，相当于图中 AE 段的需求曲线；当寡头厂商降价的时候，其他厂商的价格也下降，因而寡头厂商的需求量不会增加很多，从而产品的需求缺乏弹性，相当于图中 AD 段。与需求曲线相对应的边际收益曲线也标在图中，相应于寡头厂商面临的需求曲线 D 于 A 点被分为 EA 与 AD 两部分，它的边际收益曲线也被分为间断的两部分：与 EA 段相对应的边际收益曲线为 EH 段，与 AD 段相对应的边际收益曲线为 N 点之后的部分。可以看出，在 H

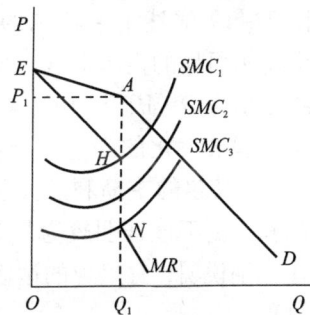

图 7-18　折弯的需求曲线

点与 N 点之间，边际收益曲线出现间断并有一个较大的落差。如果寡头厂商的边际成本为 SMC_2 所代表，利润最大化的产量和价格分别将是 Q_1 和 P_1；如果寡头厂商边际成本提高至 SMC_1，利润最大化的产量和价格仍然是 Q_1 和 P_1；如果厂商的边际成本降低到 MC_3，利润最大化的产量和价格仍然不变。由此可见，寡头厂商的边际成本的变动只要是在 H 和 N 之间，利润最大化的产量和价格仍将保持稳定，这就是寡头市场的价格刚性。

尽管斯威齐模型有助于说明寡头市场的价格刚性现象，但仍然有很多学者对其提出了批评。这些批评主要集中在两点：第一，如果按照斯威齐模型，寡头市场应该具有比垄断市场更为刚性的价格，但是实证的结论与此正好相反；第二，斯威齐模型只是解释了价格一旦形成，则不易发生变动，但对这个刚性价格是如何形成的却没有给出说明。

五、卡特尔

前面三个模型对于寡头厂商利润最大化的产量选择分析都包含这样一种假定：寡头厂商之间行为独立，没有共谋现象。然而在现实经济中，即使绝大多数市场经济国家都明令禁止寡头厂商相互勾结的行为，但是由于寡头厂商的数目很少，并且具有比较强的相互依存性，如果他们之间展开激烈的竞争势必两败俱伤，而如果寡头厂商之间进行公开结盟或者暗中勾结，则有可能共同得到较高的垄断利润，实现共赢。寡头厂商之间通过相互勾结以达到协调相互之间的产量和价格关系的一种组织形式就是建立卡特尔。一个卡特尔就是生产同类商品的厂商为了获取高额利润，在划分市场、规定产量、确定价格等方面中的某一个或某几个方面达成协定而形成的一种垄断联合。卡特尔一经建立，就类似于一个完全垄断组织，各个独立寡头厂商就是它的一个个成员，它通过协议或者默契固定产出、达成大大超出边际成本的高价，追求利润最大化，并对于有欺骗行为的成员进行惩罚。例如，石油输出国组织会采取联合行动，限制石油产量，提高石油价格，从而提高成员国利润。

图 7 – 19 描述了卡特尔的利润最大化产量与价格。卡特尔面临的需求曲线、边际收益曲线和边际成本曲线分别为 D、MR 与 MC，MR 与 MC 的交点决定了卡特尔利润最大化的产量与价格分别为 Q^*、P^*。可以证明，卡特尔的垄断利润大于其成员单独行动时的利润总和。由于该证明较为复杂繁琐，因此在本节当中不作详细说明，有兴趣的读者可以参阅其他文献的证明过程。

卡特尔往往最先出现在需求缺乏弹性的行业，并且日益朝着国际化方向演化。卡特尔成立时，一般会签订书面协议，由成员企业共同选出卡特尔委员会来

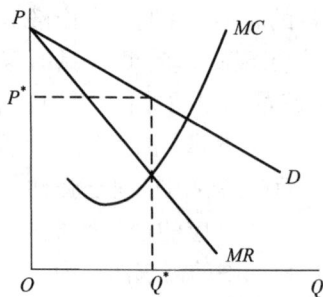

图 7 – 19　卡特尔的利润最大化

履行监督协议执行的职责，并保管和使用卡特尔基金等。假如一个卡特尔能够根据该行业产品的需求状况和各个厂商的成本情况，按照行业利润最大化原则确定行业产品的供应数量和销售价格，就可以使得寡头垄断的行为与完全垄断行业完全一致。但由于垄断勾结是非法的，并且每个成员企业都面临着降价以获取更大利润的诱惑，该组织还要面对国际竞争，所以卡特尔的垄断联合缺乏稳定性和持久性。

六、寡头厂商的供给曲线

如同完全垄断市场、垄断竞争市场一样，在寡头市场上，因为厂商的产量与价格之间也不存在一一对应的关系，加之寡头厂商行为的相互不独立，所以也找不到寡头厂商与市场具有规律性的供给曲线。

第四节　寡头厂商之间的博弈分析

前面各章节讨论的都是消费者或者厂商个人的决策，都认为个人效用与利润仅取决于自己的选择行为，都不需要考虑竞争对手的策略。然而，研究寡头垄断时的情形完全不同。如古诺模型所表现的，由于寡头厂商在寡头市场中的行为具有非独立性，其利润就不仅取决于自己的选择行为，还取决于他人的选择行为。每一厂商的决策行为必须要考虑此行为对于竞争对手的影响，否则会是两败俱伤；由于每一寡头厂商都追求自身利益的最大化，只要一有机会，就会出现机会主义倾向，寡头间存在策略性的相互依存。基于第一个行为特征，寡头之间常常出现共谋现象，例如国际上影响最大的卡特尔组织——欧佩克石油输出国组织的市场分割协定，例如中国九大彩电巨头 2000 年 6 月曾达成的价格联盟协定①。基于第二个行为特征，寡头之间又常常出现短期内就破坏协定的行为。博弈论(game theory)就是基于上述互动情形，将个人决策理论扩展到数个决策者们的行为互相影响的状况研究，也是对上一章寡头行为分析的继续和深入。

一、博弈的基本知识

所谓博弈是对多个行为主体在一个策略性互存的架构中相互作用情况的正式描述：每一行为主体的利益不仅依赖它自己的行动选择，而且有赖于别人的行动选择，以致它所采取的最好行动有赖于其竞争对手将选择什么行动。博弈论所研究的就是两个以上行为主体的互动决策及策略均衡。

(一)博弈的类型

经济学家从不同角度对博弈进行了分类。

(1)双人博弈和 n 人博弈。根据参与人的数量，博弈可以划分为双人博弈和 n 人博弈(本教材所描述的就是典型的双人博弈。)

(2)静态博弈和动态博弈。所谓静态博弈，是指参与人仅"相遇"一次，他们同时选择策略或非同时选择策略但不知道对手采取的具体行动，并且这种策略选择是一次性的，也

---

① 周巍，薛海燕.彩电联盟屡败屡战到何时. 经济日报, 2000 - 07 - 07.

就是说同时做出选择后博弈就出结果。动态博弈，是指参与人行动有先后顺序的博弈，后行动者能观察到先行动者的行动，博弈者可以反复进行策略决定。典型的动态博弈如"进入博弈"，市场中存在一个在位厂商 I 以及一个潜在进入的厂商 E。厂商 E 首先决定是否进入市场，然后厂商 I 决定是否发动价格战，最后厂商 E 再次行动，决定是否迎战。日常生活中动态博弈比比皆是，比如购物中的议价就是一个典型的动态博弈。

(3)零和博弈与非零和博弈。所谓零和博弈，是指博弈双方的支付结果加起来为零。这意味着双方的利益在博弈中是相互冲突的。从支付结果看，除了零和博弈外，还有正和博弈，即双方的支付结果加起来为一个正的常数。这意味着双方的利益冲突不再是那么激烈，有可能出现所谓双赢或共赢局面。至于负和博弈，如果假定参与人都是理性的，理论上没有人会参与这种博弈，尽管现实中不乏损人不利己的事。

(4)合作博弈与非合作博弈。互动的情况既可以在单个的个体之间开展，也可以是在团体之间展开，这样，从参与主体角度，我们可以把博弈划分为合作博弈和非合作博弈。具体来说，在非合作博弈中，分析的对象是个体参加者，考察的是单个的参与人在具体的博弈规则以及一定的信息条件约束下，面对其他人可能的反应将如何行动。在非合作博弈中，参与人之间通常无法达成有约束力的协议进行合作，以获得合作收益。非合作博弈强调的是个人理性、个人最优策略。但结果可能有效率，也可能无效率。而在合作博弈分析中，分析的对象经常是一个团体，用博弈论的术语称之为"联盟"。该联盟是由参与博弈的若干参与人通过达成有约束力的协议形成。合作博弈通常并不涉及具体的博弈规则，而集中于不同的人结盟将得到什么。合作博弈强调的是团体理性。本章讨论的博弈是指非合作博弈，合作博弈将在专门的博弈论课程中讨论。

(5)完全信息博弈与非完全信息博弈。完全信息博弈是指博弈人了解博弈的所有信息，不完全信息博弈则是指博弈人对博弈的至少某一个方面的信息是不确知的。博弈行为中的大多数是不完全信息博弈的情形。

(二)博弈的基本要素

任何一个博弈过程包括三个基本要素：

(1)局中人(players)。博弈中的每个参与者被称为局中人，他们是博弈策略的决策者。在具体的经济模型中，他们可能是单个的自然人，也可能是一些团体或组织，如厂商、国家。根据经济学的理性假定，局中人同样是以利益最大化为目标。在博弈的规则确定以后，各参与方都是平等的，大家都必须严格按照规则来办事。

(2)策略(strategies)。策略(也称作战略)是局中人为实现其目标而采取的一系列行动或行动计划，它规定在何种情况下采取何种行动。

(3)支付(payoffs)。支付是指博弈结束时局中人得到的利益。支付有时以局中人得到的效用来表示，有时以局中人得到货币报酬来表示。局中人的利益最大化也就是指支付或报酬最大化。

二、静态博弈的策略均衡

经济学中，均衡一般指某种稳定的状态。而博弈论中的均衡是指策略均衡，它是指由各个局中人所使用的策略构成的策略组合处于一种稳定状态，在这一状态下，各个局中人都没有动机来改变自己所选择的策略。这样，各人的策略都已给定，不再发生变化，博弈的结果必将确定。从而，每一个局中人从中得到的支付也就确定了，每个局中人的最优决策也就可以确定了。可见，要解一个博弈问题，首先需确定博弈的策略均衡。本章以完全信息条件为背景，先讨论静态博弈的策略均衡。

(一)静态博弈过程的策略均衡的基本形式

最基本的有两种：占优策略均衡和纳什均衡。

1. 占优策略均衡

占优策略是指无论局中其他参与者采取什么策略，每个参与者都有唯一的最优策略。具体来说，每一个博弈中的参与者通常都拥有不止一个竞争策略，其所有策略的集合构成了该参与者的策略集。在参与者各自的策略集中，如果存在一个与其他竞争对手可能采取的策略无关的、属于本参与者最佳选择的竞争策略，则称其为占优策略。博弈均衡是指博弈中的所有参与者都不想改变自己的策略的这样一种状态。如果所有参与者选择的都是自己的占优策略，该博弈均衡又被称为占优策略均衡。利用博弈论的矩阵工具可以容易地说明诸如卡特尔合谋行为的不稳定性，如图7－20所示。假设区域市场总容量为某一定额。甲乙作为寡头厂商经营同一产业。在合谋瓜分市场这一问题上，如果甲乙双方的个人决策为图中四种模式：①甲乙双方合作守信。此时，每一方

		甲厂商	
		合 作	不合作
乙厂商	合 作	10，10	6，12
	不合作	12，6	8，8

图7－20　占优策略均衡

可得到10单位的好处。②甲守信乙不守信。此时，乙可以得到12单位的好处，甲只得到6单位的好处。③甲不守信乙守信。此时，甲得到12单位的好处，乙只得到6单位的好处。④甲乙双方均不守信。此时，甲只得到8单位的好处，乙也只得到8单位的好处，低于双方均守信时各自得到的好处。现在首先来看甲的占优策略。当乙选合作时，甲的最优选择是不合作，因为12＞10。而当乙选不合作时，甲的最优选择是不合作，因为8＞6。显然，不管乙选什么策略，甲存在唯一的最优策略：不合作，因此，不合作是甲的占优策略。其次来看乙的占优策略，当甲选合作时，乙的最优选择是不合作，因为12＞10。而当甲选不合作时，乙的最优选择是不合作，因为8＞6。显然，不管甲选择什么策略，乙都存在唯一

的占优策略:不合作。综上所述,该博弈中,参与人甲和乙都存在占优策略,甲的占优策略是不合作,乙的占优策略也是不合作,因此,该博弈的占优策略均衡解是(不合作,不合作),此时乙和甲各自得到8个单位的好处。这里还可以看出两个问题:一是合作的确有必要性,这样双方的好处均会增大。二是在追求收益最大化的过程中,合作现象非常脆弱。如此案例中的分析,只要发现对己方有利,一定选择占优策略策略。

2. 纳什均衡

纳什均衡是指这样一组策略组合:如果给定B的选择,A的选择是最优的;并且给定A的选择,B的选择也是最优的。那么,这样一组策略组合就是一个纳什均衡。具体来说,第一,在该策略组合中,每个局中人的策略都是给定其他局中人的策略情况下的最佳反应。有一个局中人的策略发生变化,原来的策略组合就不再是纳什均衡。第二,每个局中人在必须选择自己的策略时,都不知道另一个局中人将会选择怎样的策略。但他会对另一个局中人将要选择的策略作出预期。这些预期使得当任何一个局中人的选择被揭示后,没有人愿意改变自己的行为。这一概念是由美国数学家约翰·纳什于1951年提出的,故称为纳什均衡。[1] 纳什均衡是非合作博弈均衡,是一种不完全信息下稳定的博弈结果,是给定竞争者行为时厂商会作出的给它带来最大可能利润的决策,是上一章所描述的古诺均衡的一般化形式。

可以用图7-21来说明纳什均衡。假设甲乙作为寡头厂商经营同一产业。在合谋态度这一问题上,甲乙双方的个人决策为图中四种模式:①当乙选择投入时,甲选择投入则可得到7单位的好处,甲选择不投入则可得到6单位的好处,此时甲肯定选择投入。②当乙选择不投入时,甲选择投入则可得到3单位的好处,甲选择不投入则可得到8单位的好处,此时甲肯定选择不投入。③当甲选择投入时,乙选择

		乙	
		投 入	不投入
甲	投 入	7 , 10	3 , 5
	不投入	6 , 8	8 , 9

图 7-21 纳什均衡

投入则可得到10单位的好处,乙选择不投入则可得到5单位的好处,此时乙肯定选择投入。④当甲选择不投入时,乙选择投入则可得到8单位的好处,乙选择不投入则可得到9单位的好处,此时乙肯定选择不投入。综合上述四种情况,可以得出:该博弈中存在两个纳什均衡(投入,投入)和(不投入,不投入),因此纳什均衡就是在给定别人最优的情况下,自己最优选择达成的均衡。它只要求任何一个参与者在其他参与者的策略选择给定的条件下,其选择的策略是最优的。也就是说,纳什均衡是有条件下的占优均衡,条件是其

---

[1] 纳什因此分享了1994年诺贝尔经济学奖。

他的参与者不改变策略。如果其他的参与者改变策略，己方就要改变策略。

3.两种均衡比较

占优策略均衡也是一种纳什均衡，但两者是有区别的：占优策略均衡要求任何一个参与者对于其他参与者的任何策略选择来说，其最优策略都是唯一的。而纳什均衡只要求任何一个参与者在其他参与者的策略选择已经给定的条件下，其选择的策略是最优的。所以占优策略均衡一定是纳什均衡，而纳什均衡不一定就是占优策略均衡。另外，纳什均衡并不是在所有的博弈模型中都会存在或者唯一存在，而且，它也不一定总是会导致帕累托最优的结果①。

(二)静态博弈的一个例子——囚徒困境

囚徒困境②是一个双人博弈，它描述的是这样一种假设情况：两个人因涉嫌犯罪而被捕，但警方没有足够的证据指控他们确实犯了罪，除非他们两个人中至少有一个坦白交代。他们被隔离审查并被告知：如果两人都不坦白，因证据不足，每人都将坐 1 年牢；如果两人都坦白，每人都将坐 6 年牢；如果只有一个人坦白，那么坦白者将立即释放，不坦白者将坐 9 年牢。图 7 - 22 列出了这个博弈的支付矩阵。这里我们用坐牢时间的长短表示局中人的支付。

在这个博弈中，对囚徒 1 来说，如果对方选择坦白，那么他也将坦白，两个人都坐 6 年牢(因为如果他不坦白的话，等待他的将是 9 年刑期)；如果对方选择不坦白，他也会坦白，这样他会立即释放，而对方将坐 9 年牢。因此，无论对方是否坦白，他都会基于自身利益的考虑选择坦白。以囚徒 2 来说，情况也是一样。这里，"坦白"就是两个囚徒的占优策略。

		囚徒2	
		不坦白	坦　白
囚徒1	不坦白	-1，-1	-9，0
	坦　白	0，-9	-6，-6

图 7 - 22　囚徒博弈

但是，如果两个囚徒都选择不坦白，这将是帕累托最优策略组合。可问题在于两个囚徒无法协调他们的行动，无法彼此信任。因此，在上述囚徒困境中，两个囚徒都将选择坦白。这样，博弈的结果将是(坦白，坦白)，这不仅是一个纳什均衡，而且也是一个占优策略均衡。

在囚徒博弈中，(坦白，坦白)这一策略组合构成一个占优策略均衡。但是，这一均衡给双方带来的支付低于策略组合(不坦白，不坦白)带来的支付。如果他们能聚在一起达成

---

① 更深入的讨论请参阅微观经济学中级版以上的教程。另外，帕累托最优问题将在第十章讨论。

② 首先由纳什的导师 A·W·图克教授于 1940 年提出来。现实中的例子如欧佩克组织成员国的产量决策、烟草企业的广告、大国军备竞赛等都是如此。

协议，并能有效威胁对方不违反协议，两人的情况会好得多——但这又是不可能的。这一结果被称为"囚徒困境"，它带给我们的启发是：基于个人利益的占优策略选择不等于集体的理性选择。现实生活中有很多"囚徒困境"的例子，如大国间的军备竞赛、欧佩克组织成员国的产量决策、烟草企业的广告、厂商间的价格战、公共物品的搭便车问题等。

三、动态博弈的策略均衡——寡头厂商的行为特征与校正

静态博弈情况下所有厂商的策略决定都是一次性同时作出的。囚徒困境是一个静态博弈。静态博弈的最大问题是难以避免机会主义现象的出现，它同时反映了占优均衡过程中的一个深刻问题：个人最优与团体最优行为选择的冲突。然而，现实经济生活中，厂商的产量与定价行为很多都是重复的。重复博弈中厂商的行为与静态博弈中厂商的行为显然会有差异。

（一）无限期重复博弈

在无限期重复博弈中，对于任何一个参与者的欺骗和违约行为，其他参与者总会有机会给予报复，如不再与其合作。这样一来，违约或欺骗方会遭受长期的惨重损失。因此，在其他条件不变时，每个参与者都不会采取违约或欺骗的行为，将来不再与其合作的威胁就足以使他们采取具有帕累托最优效率的策略，囚犯困境合作的均衡解是存在的。

（二）有限期重复博弈

如果是有限期的重复博弈，情况就有所不同了。用逆推法来分析博弈过程，可以表明，参与者若明确知道合作到了最后一期，以后不会再有重复博弈，那么，最后一期的博弈和一次性的博弈就没有区别，参与者的欺骗和违约行为是不可能被报复的，于是最后一期单个参与者的占优策略就是不合作的欺骗或违约。逆推到前一期，每个参与者都推知以后将不合作，所以也不会合作。如此等等，在有限期重复博弈中，囚犯困境博弈的纳什均衡是参与者的不合作。

其实，在有限期重复博弈中，如果每一个参与者都不知道哪一期是末期，因而，每一个参与者在每一期都认定下一期还要继续相互合作，这就和无限期重复博弈没有什么区别。所以在没有确定终止期的有限期重复博弈的模型中，纳什均衡的合作解是可以存在的。而确定终止期限的有限期重复博弈中，首先的行动、确实可信的威胁、信誉担保与承诺、阻止对手进入等就是有效手段。

下面我们以一双寡头厂商之间价格博弈的例子来讨论重复博弈的问题，如图 7 - 23 所示。

显然上述矩阵式表达的双寡头厂商之间的价格博弈也是一个"囚徒困境"的范例。如果该博弈只进行了一次的话，则（低价，低价）是其唯一的纯纳什均衡解。当然这是一个非合作的低效率的解，此时，各方只得利润 10。如果两厂商之间进行合作，都采取高价的策

略,则他们各自可以得到 50 的利润,这是一个效率原则的合作解。那么怎么实现这种合作解呢?

第一,该种博弈要重复无数次,或至少在博弈方有限的存续期间看不到该博弈结束的时间。

第二,博弈参与者在博弈中都采取一种"触发"式策略,该种策略的含义是:刚开始博弈双方都采取"合作"(高价)策略;在以后的竞争中,只要对方采取"合作"(高价)策略,另一方也会一直采取"合作"(高价)策略来应对;直到有一天发现

		厂商2	
		低价	高价
厂商1	低价	10，10	100，−50
	高价	−50，100	50，50

图 7−23　双寡头厂商之间的价格博弈

对方偷偷地实施了"不合作"(低价)策略,便也会转而一直采取"不合作"(低价)策略。

第三,人们在进行重复博弈时有长远的眼光;以后的活动有利可图。

在具备了这三个条件的情况下,我们假设两博弈方都采用触发式策略:在第一阶段都采用合作(高价)策略,如果前 $t-1$ 次的结果都是(高价,高价),则在 t 阶段继续采用高价策略,否则采用低价策略。双方的这种策略构成了无限次重复博弈的一个子博弈完美纳什均衡路径。

第五节　不同市场的经济效率比较

本节所讨论的经济效率是指资源配置的效率。[①] 微观经济学是研究稀缺资源有效配置的科学。一个经济社会,稀缺资源是否实现了有效配置,主要看它在现有技术与资源条件的约束下能否以最小的成本实现其最大的收益。那么,如何判断稀缺资源配置的效率呢?总结前面的讨论,可以从以下几个方面对不同市场下厂商资源配置情况进行静态比较。

(1)市场均衡时厂商平均成本高低。完全竞争市场上厂商可以零成本进入与退出一个行业(市场),长期均衡时,均衡点位于长期平均成本最低点上;非完全竞争厂商只能以非零成本进入与退出一个行业(市场),长期均衡时,均衡点并非位于长期平均成本最低点上。这一现象说明:完全竞争厂商的长期均衡成本最小。

(2)市场均衡时厂商价格水平高低。完全竞争市场上厂商长期均衡时,一定有平均收益等于边际收益等于价格的存在,且平均收益曲线平行于横轴,P 与 LAC 的最低点相切,即有 $LAR = LMR = P$。由于完全竞争市场上任一厂商都是价格的接受者而不是价格的决定者,因此,完全竞争厂商长期均衡的价格就是完全竞争市场均衡的价格;非完全竞争市场上厂商长期均衡时,一定有平均收益不等于边际收益存在,且平均收益曲线不平行于横轴,

---

① 在第十章将深入讨论经济效率问题。

P 与 LAC 的非最低点相切或相交。因此,非完全竞争厂商长期均衡的价格就不是完全竞争市场均衡的价格;说明非完全竞争厂商长期均衡时的价格水平非最低,有 $LAR \neq LMR < P$。

(3)市场均衡时厂商产量水平高低。完全竞争市场上厂商长期均衡时由于有 P 与 LAC 的最低点相切存在,非完全竞争市场上厂商长期均衡时由于有 P 与 LAC 的非最低点相切存在,一定就有完全竞争行业均衡产量大于非完全竞争行业情形的存在。

(4)市场均衡时厂商利润水平高低。完全竞争与垄断竞争市场上厂商长期均衡时,由于有 P 与 LAC 总是相等,厂商只有正常利润而无经济利润;完全垄断与寡头垄断竞争市场上厂商长期均衡时,由于有 P 通常大于 LAC,并且存在进入障碍,厂商可能就有经济利润的存在。

(5)市场均衡时厂商价格与边际成本的比较。完全竞争市场上厂商长期均衡时,有 $P = LAC = LMC$ 存在;非完全竞争市场上厂商长期均衡时,有 $P > LMC$ 存在。在不考虑外部性时,P 通常被看成是商品的边际社会价值,LMC 通常被看成是商品的边际社会成本,完全竞争市场长期均衡时 $P = LMC$ 的存在,表明厂商的资源配置效率最高。

可借助图 7 – 24 分析。图中 AR、MR 代表完全竞争厂商的平均收益与边际收益,AR_1、MR_1 代表垄断竞争厂商的平均收益与边际收益,AR_2、MR_2 代表完全垄断厂商的平均收益与边际收益。①完全竞争条件下厂商实现长期均衡时,价格 P_0 作为外生变量与 LAC 曲线的最低点相切,这时厂商的平均成本最低,不妨记做 $P = \min(LAC)$,经济利润为零,并且均衡价格最低,均衡产量最高。②垄断竞争厂商实现长期均衡时,和完全竞争厂商一样,其经济利润为零,但均衡价格 P 却位于 LAC 曲线最低点的左边,

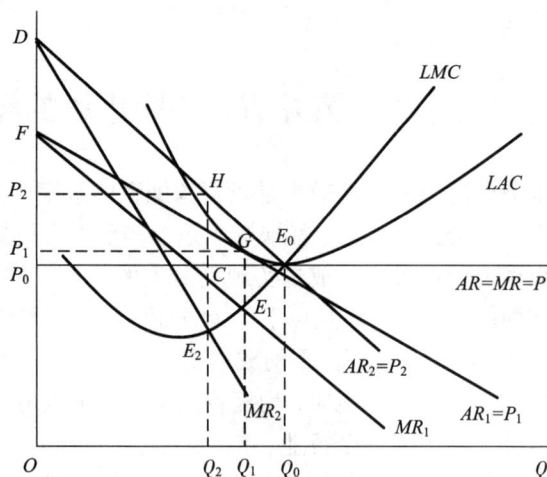

图 7 – 24 四种情况对比图

因而其平均成本比完全竞争厂商的平均成本高,其产量比完全竞争厂商的产量低。③寡头垄断和垄断厂商由于需求曲线的斜率更大,实现长期均衡时,价格作为内生变量位于 LAC 曲线最低点左边并高于垄断竞争点的价格,所以垄断程度越高,厂商的长期平均成本更高,产量却更低。从价格比较看,有 $OP_0 < OP_1 < OP_2$,从产量比较看,$OQ_0 > OQ_1 > OQ_2$。平均成本高、产量低,说明厂商生产的效率相对较低,价格高说明消费者要为此付出相对

更高的代价。综上所述，从全社会的角度看，垄断程度越高，资源配置的效率越低。

从图 7 - 24 还可以看出，完全竞争市场上，厂商长期均衡时，均衡价格与均衡产量均由 $MR = LMC$ 点引出，均衡点上有 $P_0 = Q_0 E_0 = LMC = LAC$，完全竞争市场的均衡使消费者剩余、厂商剩余以及市场总剩余最大，资源配置效率最高；非完全竞争市场上，厂商长期均衡时，均衡价格与均衡产量并不同时由 $MR = LMC$ 点引出，均衡点上没有 $P = LMC$、$P = LAC$。完全垄断市场上，均衡价格 $P_2 = Q_2 H$，$LMC = Q_2 E_2$；垄断竞争市场上，均衡价格 $P_1 = Q_1 G$，$LMC = Q_1 E_1$。非完全竞争市场上，厂商长期均衡时，均衡点上均有 $P > LMC$，[①]此时，消费者剩余与厂商剩余之和没有达到最大化，存在有总剩余的无谓损失。以完全垄断市场与完全竞争市场进行比较，所得出的结论对于其他非完全竞争市场的分析具有同样意义。在图 7 - 24 中，完全垄断厂商根据 $MR = LMC$ 原则确定其实现利润最大化的长期均衡点为 H（均衡产量为 Q_2，均衡价格为 P_2）；完全竞争厂商根据 $P = LMC$ 原则确定其利润最大化的长期均衡点为 E_0 点（均衡产量为 Q_0，均衡价格为 P_0）。在完全竞争市场，市场需求曲线 D 可由 AR_2 来表示，消费者剩余由 $E_0 P_0 D$ 的面积表示。在完全垄断市场，消费者剩余则由 $HP_2 D$ 的面积表示。与完全竞争市场比较，完全垄断市场厂商长期均衡时，$CHP_2 P_0$ 面积为消费者转移给厂商的剩余并构成完全垄断厂商的利润，三角形 $E_0 HC$ 的面积是消费者剩余的损失，$E_0 CE_2$ 的面积为厂商剩余损失。$E_0 HC + E_0 CE_2$ 的面积为完全垄断所造成的社会总福利损失。最后，在非完全竞争的三种市场结构中，完全垄断市场的总剩余无谓损失最大，资源配置效率最低。除非改变垄断者的价值判断并进行垄断行为调整。

既然四种市场结构中，不完全竞争市场中厂商定价通常要高于边际成本，完全垄断市场的资源配置效率最低，那是否能说垄断就一无是处呢？是否完全竞争市场就没有局限性呢？如果从动态比较看，还是有争论的。主要表现在如下几个方面：

第一，垄断与技术进步的关系。对于垄断给技术进步带来的影响，有两种不同的看法：第一种看法认为垄断会阻止技术进步。垄断程度越高，对技术进步的障碍越大。垄断厂商由于可以通过对市场的垄断而获取垄断利润，因而缺乏进行技术创新的动力；不但如此，垄断厂商还会想尽各种办法来阻止其他企业利用新技术、新工艺、新产品来威胁自己的垄断地位，千方百计地压制技术进步。这种看法有一定的事实依据，比如一些大的垄断厂商看到有新技术威胁到自己时，便会采用兼并、收购等公开的和非公开的手段，将新技术据为己有却使新技术闲置或者干脆挤垮潜在的竞争对手。第二种看法认为垄断会促进技术进步。垄断程度越高，对技术进步的促进越大。其理由有三：一是垄断厂商由于能得到垄断利润，因而最有条件来搞技术创新，并因此不断地提高产品质量、增进产品效用、增进社会福利，过程中降低它的生产成本。二是垄断厂商并非没有技术进步的动力。因为垄

---

① 　此处不考虑政府干预垄断厂商时出现 $P < LMC$ 的情况。

断并不消除竞争，只是改变了竞争的方式。垄断厂商时时会感到他人对自己这一充满了利润空间的市场的觊觎，技术上的一点漏洞都可能成为别人乘虚而入的切入点，技术上的一刻落后也可能导致满盘皆输的结局。三是由于存在制度上的障碍，事实上没有哪家厂商能够靠挤垮对手等手段来维持自己的市场地位，而只有靠不断的技术创新才有可能长期将潜在的竞争对手排斥在自己的市场之外。即使像微软公司这样垄断了操作系统市场80%以上份额的厂商也时时感受到竞争的压力也会不断地寻求组织效率，不断地寻求技术进步，花费大量人力物力进行技术创新。反之，在一个完全竞争的市场中，由于厂商与生产要素可以在此自由进出，当其他条件不变时，新技术、新产品可以很快地被竞争对手模仿，发明者的成本无法收回、预期收益不能实现；而且信息畅通使得技术创新日益具有公共产品的性质，其他生产者无需付费就可享用他人新技术发明带来的好处，导致完全竞争市场上创新者技术创新动力受挫。

第二，垄断与规模经济。垄断程度越高，规模经济的效益越大。完全竞争和垄断竞争行业都是小的厂商，因而厂商缺乏规模经济，成本较高，容易陷入恶性竞争，创新能力也受到抑制。寡头垄断厂商和垄断厂商可以进行大规模的生产，因而能够获得规模经济的好处，可以大大地降低成本和价格，创新能力也得到拓展。在很多行业如钢铁、冶金、汽车、石油化工等都是如此；而在有的行业中，引入竞争机制反而会造成社会资源的浪费或损害消费者的利益，比如城市居民的取暖、供电、供水等。

第三，垄断与商品差异。完全竞争厂商生产的都是同质的、无差异的产品，无法满足消费者对消费品的各种不同偏好，影响了社会福利水平的提高与最大化。而非完全竞争厂商丰富多彩的产品满足了消费者的不同偏好，因而能使他们的总福利水平提高。完全竞争厂商尽管可以以较低的价格提供消费者较大量的产品，但并不能满足消费者对多样化产品消费的需求，并不是消费者的理想选择。垄断竞争和寡头垄断市场上，尽管价格较之完全竞争市场高，生产的产品是多样化的，这些多样化的产品满足了消费者的不同偏好，能带给消费者更大的经济福利。因而有的经济学家认为，垄断竞争所带来的效率上的损失可以看作是经济社会为了产品的多样性所付出的必然的代价。

第四，关于广告支出。完全竞争市场由于产品是无差别的，因而也毋需做广告；而垄断竞争市场和差别寡头市场的厂商则为了避免激烈的价格竞争，更多地采用非价格竞争的形式，广告竞争就是其中一种最常用的方式。马歇尔将广告分为两类：建设性广告和竞争性广告。建设性广告传播有用的信息，它提供了消费者选择时所必须知道的价格、质量以及产品特色等信息，也使厂商的新产品为更多的消费者所知晓，因而能够扩大厂商的市场规模，增加产品的总需求量，因而是有益的。另外广告也为新厂商的产品进入市场提供了可能性，减少了进入的障碍，可能对产业结构产生有益的竞争性影响。竞争性广告是指一个固定的市场上不同厂商的产品为了市场份额而进行广告竞争。由于有的厂商做了竞争性广告，其他厂商也会被迫卷入这种竞争。这种竞争性广告仅仅是对消费者的视觉和听觉的"轰炸"，其作用不过是加深其产品在消费者头脑中的印象，自己的市场扩大就是别的厂商市场的缩小，所以如果所有厂商都全面减少这种广告，对总需求不会有影响，但如果某一个厂商从广告战中撤出，就会遭受损失。所以从全社会的角度看，这种广告只是提高了厂商的营运成本，从而提高了价格，所以对消费者是不利的。如果减少这种广告，节省出来的资源可以被用于生产其他产品，从而提高全社会的经济效率。

【本章小结】

1. 完全垄断市场中只有一个厂商，垄断厂商的需求曲线就是市场需求曲线。垄断厂商的需求曲线是向右下方倾斜的，这意味着垄断厂商可以通过调整产量水平来控制市场价格。垄断厂商的需求曲线与平均收益曲线重合，边际收益曲线位于平均收益曲线下方。垄断厂商的边际收益、商品价格以及商品的需求的价格弹性之间存在如下关系：$MR = P\left(1 - \dfrac{1}{e_d}\right)$。垄断厂商关于需求曲线和收益曲线的这些特征，对于其他不完全竞争市场结构中的厂商同样适用，只要这些厂商对市场价格有一定的控制力，那么这些厂商的需求曲线就是向右下方倾斜的。

2. 短期中，垄断厂商在既定的生产规模下，通过对产量和价格的调整来实现 $MR = MC$，以获取利润最大化。在 $MR = MC$ 这一均衡点，垄断厂商既可以是获得经济利润，也可以是获得正常利润，还有可能出现亏损。当垄断厂商出现亏损时，就要根据平均收益 AR 与平均可变成本 AVC 之间的关系来确定是否要继续生产。长期中，垄断厂商通过选择最优生产规模来实现 $MR = LMC = SMC$，以获取利润最大化。长期均衡时，垄断厂商的利润总是大于短期利润。

3. 完全垄断厂商的产量和价格之间不存在唯一的对应关系，因而不存在有规律性的供给曲线。这一结论可推广至不完全竞争市场的三种情况。

4. 价格歧视是垄断厂商获取更多利润的一种手段。价格歧视可以分为一级价格歧视、二级价格歧视和三级价格歧视。一级价格歧视下厂商占有了全部的消费者剩余，二级价格歧视下厂商占有的部分消费者剩余，这些消费者剩余最终转化为垄断厂商的垄断利润。从另外一个方面来看，一级价格歧视下的厂商实现了 $P = LMC$ 的资源有效配置原则，二级价格歧视下的厂商也接近实现了 $P = LMC$ 的资源有效配置原则。厂商实施三级价格歧视时，在不同的市场上根据 $MR_A = MR_B = MC$ 的原则来决定不同的产量与价格水平。

5. 垄断竞争市场既包含了垄断因素，又包含了竞争因素。垄断竞争厂商有两条向右下方倾斜的需求曲线，D 需求曲线和 d 需求曲线。D 需求曲线和 d 需求曲线的交点意味着商品市场上的供求相等。

短期中,垄断竞争厂通过 $MR = MC$ 的原则来实现利润最大化。在 $MR = SMC$ 这一均衡点,垄断竞争厂商既可以是获得经济利润,也可以是获得正常利润,还有可能出现亏损。当垄断竞争厂商出现亏损时,就要根据平均收益 AR 与平均可变成本 AVC 之间的关系来确定是否要继续生产。在垄断竞争厂商的短期均衡时,一定存在 d 需求曲线和 D 需求曲线的一个相交点,以表示商品市场的供求相等。

长期中,垄断竞争厂商通过选择最优生产规模来实现 $MR = LMC = SMC$,以获取利润最大化。由于垄断竞争的行业,厂商容易进入或者退出,长期均衡时,垄断竞争厂商只能获得正常利润。垄断竞争厂商长期均衡时,一定存在 d 需求曲线和 D 需求曲线的一个相交点,以表示商品市场的供求相等。

6.卡特尔是寡头厂商之间通过相互勾结以达到协调相互之间的产量和价格关系的一种组织形式。它往往最先出现在需求缺乏弹性的行业,并且日益朝着国际化方向演化。卡特尔的垄断利润大于其成员单独行动时的利润总和,但卡特尔也缺乏稳定性和持久性。

7.在寡头市场上,寡头之间的行为相互不独立。古诺模型说明了寡头市场上每一个寡头都消极地以自己的行动来适应竞争对手的行动时的市场均衡。威斯齐模型利用弯折的需求曲线解释市场上商品价格的刚性。

8.博弈论能够很好地用来分析寡头市场厂商博弈中的均衡行为。静态博弈的策略均衡包括占优策略均衡和纳什均衡。在寡头市场上,寡头出于自身利益的考虑,会达成一定共识,采用合谋的策略,但是也是出于对自身利益的考虑,寡头之间达成的共识往往是不稳定的。静态博弈可以用"囚徒困境"等博弈模型来说明。动态博弈中,威胁与承诺是有效的手段。

9.完全竞争市场下厂商的最优产量决定在价格等于边际成本的地方,非完全竞争市场下厂商的最优产量决定在价格高于边际成本的地方。从静态比较看,完全竞争市场实现了最有效的资源配置,非完全竞争市场都没有实现最有效的资源配置,其中垄断市场的资源配置的有效性是最低的。从动态比较看,则一直存在争论。

习 题

一、名词解释
完全垄断市场 垄断竞争市场 寡头市场 价格歧视 博弈 纳什均衡 占优策略均衡

二、选择题
1.对于垄断厂商来说,( )。

A.提高价格一定能够增加收益

B.降低价格一定会减少收益

C.提高价格未必会增加收益，降低价格未必会减少收益

D.以上都不对。

2.完全垄断的厂商实现长期均衡的条件是(　　)。

A. $MR = MC$

B. $MR = SMC = LMC$

C. $MR = SMC = LMC = SAC$

D. $MR = SMC = LMC = SAC = LAC$

3.完全垄断厂商的总收益与价格同时下降的前提条件是(　　)。

A. $E_d > 1$

B. $E_d < 1$

C. $E_d = 1$

D. $E_d = 0$

4.完全垄断厂商的产品需求弹性 $E_d = 1$ 时(　　)。

A.总收益最小

B.总收益最大

C.总收益递增

D.总收益递减

5.完全垄断市场中如果 A 市场的价格高于 B 市场的价格，则(　　)

A. A 市场的需求弹性大于 B 市场的需求弹性；

B. A 市场的需求弹性小于 B 市场的需求弹性；

C. A 市场的需求弹性等于 B 市场的需求弹性；

D. 以上都对。

6.以下关于价格歧视的说法不正确的是(　　)。

A.价格歧视要求垄断者能根据消费者的支付意愿对其进行划分

B.一级价格歧视引起无谓损失

C.价格歧视增加了垄断者的利润

D.垄断者进行价格歧视，消费者就必定不能进行套利活动

7.垄断竞争的厂商短期均衡时，(　　)。

A.一定能获得差额利润

B.一定不能获得经济利润

C.只能得到正常利润

D.取得经济利润、发生亏损和获得正常利润都有可能。

8.垄断竞争厂商长期均衡点上，长期平均成本曲线处于(　　)。

A.上升阶段

B.下降阶段

C.水平阶段

D.以上三种情况都有可能

9.垄断竞争厂商实现最大利润的途径有：(　　)。

A.调整价格从而确定相应产量

B.品质竞争

C.广告竞争

D.以上途径都可能用

10. 按照古诺模型下列哪一说法不正确（   ）。

A. 双头垄断者没有认识到他们的相互依耐性

B. 每一个寡头都认定对方的产量保持不变

C. 每一个寡头垄断者都假定对方价格保持不变

D. 均衡的结果是稳定的

11. 斯威齐模型是（   ）。

A. 假定一个厂商提高价格，其他厂商就一定跟着提高价格

B. 说明为什么每个厂商要保持现有的价格，而不管别的厂商如何行动

C. 说明为什么均衡价格是刚性的(即厂商不肯轻易的变动价格)而不是说明价格如何决定

D. 假定每个厂商认为其需求曲线在价格下降时比上升时更具有弹性。

12. 在斯威齐模型中，弯折需求曲线拐点左右两边的弹性是（   ）。

A. 左边弹性大，右边弹性小   B. 左边弹性小，右边弹性大

C. 两边弹性一样大   D. 以上都不对

13. 与垄断相关的无效率是由于（   ）。

A. 垄断利润   B. 垄断亏损

C. 产品的过度生产   D. 产品的生产不足

三、判断题

1. 垄断厂商可以任意定价。

2. 完全垄断企业的边际成本曲线就是它的供给曲线。

3. 一级价格歧视是有市场效率的，尽管全部的消费者剩余被垄断厂商剥夺了。

4. 寡头之间的串谋是不稳定的，因为串谋的结果不是纳什均衡。

5. 垄断厂商生产了有效产量，但它仍然是无效率的，因为它收取的是高于边际成本的价格，获取的利润是一种社会代价。

6. 完全垄断厂商处于长期均衡时，一定处于短期均衡。

7. 垄断竞争厂商的边际收益曲线是根据其相应的实际需求曲线得到的。

8. 由于垄断厂商的垄断地位保证了它不管是短期还是长期都可以获得垄断利润。

四、计算题

1. 已知某垄断者的成本函数为 $TC = 0.5Q^2 + 10Q$，产品的需求函数为 $P = 90 - 0.5Q$。试求：

(1)计算利润最大化时候的产量、价格和利润。

(2)假设国内市场的售价超过 $P = 55$ 时，国外同质的产品将输入本国，计算售价 $p = 55$ 时垄断者可以销售的数量和赚得的利润。

(3)假设政府根据 $P=MC$ 的原则制定的国内最高售价 $P=50$，垄断者会提供的产量和利润各为多少？国内市场是否会出现经济需求引起的短缺？

2. 垄断竞争市场中一厂商的长期总成本函数为：$LTC=0.001Q^3-0.425Q^2+85Q$；$LTC$ 表示长期总成本，Q 表示月产量，不存在进入障碍，产量由整个产品集团调整。若产量集团中所有的厂商按照相同比例调整价格，出售产品的实际需求曲线为：$Q=300-2.5P$，这里 Q 是月产量，P 商品的售价。求：

(1)计算厂商长期均衡产量和价格。

(2)计算厂商主观需求曲线上长期均衡点的弹性。

(3)若厂商的主观需求曲线是线性的，导出厂商的长期均衡时的主观需求曲线。

3. 垄断竞争市场中代表性厂商的长期成本函数为 $LTC=0.0025Q^3-0.5Q^2+384Q$，需求曲线为 $P=A-0.1Q$（其中 A 可认为是生产集团中厂商人数的函数），实现长期均衡时需求曲线与长期平均成本曲线相切。求：长期均衡条件下代表性厂商的均衡价格和产量，以及相应的 A 值。

4. 假设有两个寡头厂商的行为遵循古诺模型，它们的成本函数分别为：$TC_1=0.1Q_1^2+20Q_1+100000$，$TC_2=0.4Q_2^2+32Q_2+20000$，其市场需求曲线为 $Q=4000-10P$，根据古诺模型，试求：

(1)厂商 1 和厂商 2 的反应函数。

(2)厂商 1 和厂商 2 的均衡价格和均衡产量。

(3)厂商 1 和厂商 2 的利润。

5. 某垄断厂商在甲乙两地进行销售，在甲地的边际收益曲线是 $MR_1=37-3Q_1$，在乙地的边际收益曲线是 $MR_2=40-2Q_2$，该厂商的边际成本为 16，固定成本为 150。求：利润最大化时的两地销售量以及最大的利润为多少？

五、简答题

1. 垄断厂商一定能获得经济利润吗？如果短期内垄断厂商在最优产量处生产出现亏损，他仍然会继续生产吗？在长期内又如何呢？

2. 比较完全竞争厂商的长期均衡与垄断厂商的长期均衡的特点，并分析这两种市场组织的经济效率。

3. 垄断厂商实施三级价格歧视时的价格和产量是如何确定的？

4. 试述古诺模型的主要内容和结论。

5. 为什么需求的价格弹性较高，导致垄断竞争厂商进行非价格竞争？

6. 为什么垄断者生产的产量总会少于社会有效的产量呢？

7. 在博弈论中，占优策略均衡总是纳什均衡吗？纳什均衡一定是占优策略均衡吗？

六、作图分析题

1.作图分析垄断厂商短期亏损时的情况，并简要说明经济含义。

2.作图分析垄断竞争厂商长期均衡的状态。

3.作图说明弯折的需求曲线模型是如何解释寡头市场上的价格刚性现象的。

第八章　生产要素市场的需求理论

本章导读

　　第四章至七章都是讨论产品市场上厂商产量与价格的最优选择，都是假定要素市场的价格不变。事实上，产品市场上厂商产量与价格的最优选择必然要涉及要素市场的最优选择，要素市场的价格也不可能完全不变。这是因为产品市场的供求变化离不开生产要素市场——生产要素的供给量与价格决定了厂商的生产成本与消费者的收入水平，而厂商的生产成本与消费者的收入水平又决定了产品市场的供求变化。故第八章至第九章将进一步讨论生产要素市场上作为购买者的厂商与作为出售者的消费者对于生产要素供求数量与价格的最优选择。一般意义上的讨论，常常先分析厂商的最优要素需求选择，再分析消费者的最优要素供给选择；在分析厂商要素购买行为选择时，先分析一种要素是可变要素时的厂商均衡，再分析多种要素是可变要素时的厂商均衡；先分析完全竞争要素市场下的厂商均衡，再分析非完全竞争要素市场下的厂商均衡；先分析生产要素市场厂商的短期均衡，再分析厂商的长期均衡；先分析一种要素的厂商均衡，再分析一种要素的市场均衡。为简化问题讨论，本教材主要讨论一种要素作为可变要素、生产单一产品时厂商的短期均衡情形。本章从一种生产要素市场的需求开始，先引出问题，分析生产要素市场需求的特点，根据厂商对一种生产要素最优需求量决定的原则，分完全竞争与非完全竞争两种市场类型，分别讨论约束条件下厂商的要素需求曲线及市场的要素需求曲线。为了分析的方便，常常以劳动要素 L 为例。

基本概念

引致需求　联合需求　边际收益产品　边际产品价值　生产要素的需求曲线

本章重点及难点

1. 厂商对于生产要素的需求特点，以及影响需求的因素；
2. 厂商对于生产要素的需求原则；
3. 完全竞争厂商对于生产要素的需求曲线，以及市场对于生产要素的需求曲线；
4. 卖方垄断及买方垄断厂商的生产要素的需求曲线。

第一节　生产要素需求及其原则概述

一、生产要素的一般认识

厂商要组织生产活动以完成利润最大化的目标，就需要投入各种经济资源，从而形成对于生产要素的需求，这就涉及对于生产要素需求量的最优选择问题。通常将生产要素分为原始生产要素和中间生产要素两大类。

（一）原始生产要素

原始生产要素的所有者假定是消费者，消费者把原始生产要素提供给市场可以获得要素收入，而后将要素收入用于市场消费就可以给消费者带来效用。原始生产要素包括资本、劳动、土地及企业家才能四种，这四种要素在绪论部分已有论述。

（二）中间生产要素

中间生产要素是指厂商生产出来又投入到生产过程中去的产品。对于中间生产要素而言，一方面，假定中间生产要素的所有者是厂商，厂商提供中间生产要素的目的也是实现利润最大化；另一方面，对某一个厂商来说是中间产品的产品，对另一个厂商来说可能就是终端产品。比如，钢铁对于汽车生产厂商来说是中间产品，因为它构成了这个汽车生产厂的中间生产要素，但它对于钢铁厂来讲就是它出产的终端产品。

如不特别指明，本章所讨论的生产要素指的都是原始生产要素；原始生产要素的供给者指的都是消费者，而其需求者指的都是厂商。

二、生产要素的需求

（一）生产要素市场的需求特点

由于产品与生产要素具有不同的用途，所以生产要素市场上的需求与产品市场上的需求具有不相同的特点。

1. 引致需求

在产品市场上，产品的最终需求者是消费者，供给者是厂商，供求的相互作用形成均衡价格和均衡数量。尽管消费者有衣、食、住、行等不同类型不同层次的需求，但这些需求都具有一个共同的性质，即都是"最终"的或"直接"的需求。消费者希望能从产品的使用中得到满足，他所看中的是产品所具有的能够直接满足其欲望的属性，即效用。而在生产要素市场上，生产要素的最终需求是厂商的需求，生产要素的供给却是来自消费者。厂商为什么需要生产要素呢？显然不是为了从中获得最终的或直接的满足，而是为了利用生产要素生产并销售出产品，以实现利润最大化。与消费者对产品的直接需求相比，厂商对生产要素的需求是一种引致需求，即是由于消费者对最终产品的需求引致了厂商对生产要素的需求，厂商对生产要素的需求是建立在消费者对最终产品需求的基础上的。如果没有消费者对最终产品的需求，就不会有厂商从事生产和销售产品，也就不会有厂商去购买用于生产产品的生产要素。例如，消费者需要购买皮鞋，厂商才雇佣生产工人；消费者需要购买汽车，厂商才会去购买生产汽车的机器设备。

2. 服务需求

产品市场的需求是消费者对于最终产品本身的需求，生产要素市场的需求则不是对于生产要素本身的需求，而是对于生产要素所能提供的服务的需求。因此，产品的购买是对产品本身的购买，购买后即发生产品所有权的转移；而对于生产要素的购买则是对要素提供的服务的购买，购买后没有发生要素所有权的转移，只有要素使用权的转移。生产要素作为一种特殊的商品，除了与普通产品在需求本质上的不同之外，二者在价格上也有所不同，具体表现是普通产品的价格是单一的，即产品出售时的标价，而生产要素却具有两种价格：源泉价格与服务价格。源泉价格指的是买卖生产要素的服务"载体"（或称源泉）的价格，服务价格指的是买卖生产要素提供的服务本身的价格。本章讨论的生产要素价格指的是买卖生产要素提供的服务本身的价格（服务价格），而不是买卖生产要素的源泉的价格（源泉价格）。

3. 联合需求

任何产品的生产都是多种生产要素共同作用的结果，一个工人赤手空拳不能生产出任何产品；而各种自然物质，如果没有工人的劳动加于其上，也不能形成经济物品。从技术的角度看，各种生产要素在生产中往往不能单独地发挥作用，而是通过共同使用能发挥作用的。这种生产上的技术性要求，决定了厂商对生产要素的需求是一种联合需求。虽然我们不能断定、也不能区分出某种产品的生产多大部分是由哪一种生产要素起作用的结果，但在一定的技术条件下，各种生产要素之间实际上存在着一定比例、一定程度上的替代关系。例如，汽车厂商组织生产汽车，除了要有工人劳动，还要有机器流水线和钢板等材料，而劳动和机器等资本之间，在技术条件不变的情况下，在一定程度上可以互相替代，既可以多用劳动少用机器，也可以少用劳动多用机器。因此，严格来说，生产要素的需求理论应当是关于多种生产要素共同使用的理论。

由于同时分析多种生产要素过于复杂，考虑到讨论分析问题一般都是通过从简单到复杂的层层递进过程来完成的，所以本章只讨论单一生产要素投入下厂商对于生产要素的需求，即仅讨论只有一种要素为可变要素时厂商对生产要素的需求，并且厂商对生产要素的需求只是作短期分析，对长期中多要素为可变要素下厂商对于生产要素的需求不作展开讨论。

(二)影响单一厂商对一种生产要素需求的主要因素

从认识的逻辑看，只有先了解单个厂商对一种生产要素的需求，才能了解市场对一种生产要素的需求。单一厂商对一种生产要素的需求数量是由许多因素共同决定的。从"理性人"角度讨论①，主要因素有以下几个：

(1)生产要素的自身价格。一般来说，一种生产要素的价格越低则需求量越大；相反，价格越高则需求量越小。

(2)其他生产要素的价格。由于各种生产要素之间既可能互相依赖又可能存在一定程度的替代关系，因此，一种生产要素价格的变化就有可能导致对其他生产要素的需求量的变化。具体而言，要素 A 价格的变动对要素 B 的需求量的影响取决于它们在生产中是替代关系还是互补关系。

如果生产过程中的技术使劳动和资本可以相互替代，那么，一旦资本价格发生变化，对劳动需求的影响将是替代效应和产出效应两种相反效应的净结果。例如，假定机器(资本)价格下降，那么就将会产生以下效应：①替代效应：机器价格的下降促使企业用机器代替劳动，从而在工资率固定的情况下减少了对劳动力的需求。替代效应意味着厂商将增加使用价格相对下降的要素，减少使用价格相对上涨的要素。②产出效应：由于机器(资本)价格下跌，制造各种产品的成本也将下降，厂商可以通过扩大产量来增加利润，而产量的扩大增加了对包括劳动力在内的所有要素的需求。③净效应：当一种要素的价格发生变化时，会同时产生替代效应和产出效应，那么净效应就表示替代效应和产出效应之差。如果替代效应超过产出效应，要素 A 的价格变动会使替代要素 B 的需求发生同向变动；如果产出效应超过替代效应，要素 A 的价格变动将使对要素 B 的需求发生反向变动。

如果生产过程中的生产要素为互补性质，即一种要素用量增加的同时也会引起其他要素用量的增加。例如，假定一家小型金属制品制造商使用打孔机作为最基本的资本，机器不是自动化的，每台打孔机必须且只能由一位工人操作。若技术进步降低了打孔机的价格，由于生产过程中劳动力和资本必须保持固定比例，即一人操作一台机器，因此没有替代效应，资本无法替代劳动，但存在产出效应。在其他条件相同的情况下，资本品价格下降会使成本降低，从而厂商可以通过增加使用资本和劳动力扩大产量来增加利润。所以，只要资本与劳动这两种生产要素在生产当中表现为互补关系，那么，资本品价格的下降就会引起对劳动力要素需求的增加。因此，若两种要素为互补关系，则要素 A 价格的变动将

① 我们在分析厂商对于生产要素的需求时，只考虑其理性的需求，不考虑厂商的其他社会、政治的考虑，诸如名望、乡土感等。

导致对要素 B 的需求发生反向变动。

（3）消费者对产品的需求及产品的价格。以厂商追求利润最大化为出发点进行分析，消费者对产品的需求及产品的价格这两个因素将影响厂商产品的生产量与厂商的利润，进而也就会影响其对生产要素的需求。一般而言，消费者对某种产品的需求量越大，该产品的市场价格越高，厂商的利润越高，则厂商对生产这种产品所需要的各种生产要素的需求量就越大。

（4）生产技术状况。厂商生产的技术状况决定了他对某种生产要素需求的大小。如果技术是资本密集型的，则对资本的需求量会增大；如果技术是劳动密集型的，则对劳动的需求量会增大。

（5）生产要素的边际生产力。一种生产要素的边际生产力是指，在其他生产要素的投入保持不变时，厂商每增加一单位某种生产要素投入时所增加的产量或产值。西方经济学认为，厂商对各种生产要素的需求来自于每种生产要素的边际生产力。某生产要素的边际生产力越大，那么对该要素的需求量就越大。

三、厂商生产要素最优需求量决定的基本原则

同消费者对产品的需求相类似，厂商对一种生产要素的需求是指在一定要素价格水平下，厂商愿意并且能够购买的该生产要素的数量。厂商以追求利润最大化为目标，并且只使用一种生产要素生产单一产品的情况下，可以推出厂商不论在何种市场上都会遵循的最优生产要素需求量及价格决定的原则。

（一）厂商使用一种要素的边际收益

首先讨论单一要素投入下厂商对生产要素的需求。1899 年，美国经济学家 J. B. 克拉克在其《财富的分配》一书中首次提出并系统阐述了边际生产力理论。该理论认为，在其他条件不变和边际生产力递减的情况下，一种生产要素的价格高低取决于其边际生产力大小。[1]

生产要素的边际生产力有两种表示方式：一种是用实物形式表示，表现为该要素的边际产量，用 MP 表示；另一种是用价值形式表示，表现为边际产量的价值或该要素的边际收益，用 MRP 表示。

所谓一种要素的边际收益是指，在其他条件不变时，厂商增加一个单位的生产要素投

---

[1]　后来的经济学家对克拉克的这一理论作了改进。他们认为厂商对一种生产要素的需求既取决于其边际生产力，也取决于其边际成本。只有当该生产要素的边际生产力（边际收益）等于其边际成本时，厂商才能在生产要素使用上达到利润最大化。

入所带来的产出增量给厂商带来的货币收益增量。由于厂商的收益取决于产量,而产量又是生产要素的函数。所以,在假设厂商使用的生产要素为 L 和 K(K 为常量,L 为变量)时,有 $R = P \cdot Q$,$P = P(Q)$,$Q = Q(L)$,从而厂商收益是生产要素 L 的复合函数:$TR = R[Q(L)]$。根据复合函数求导法则即有:

$$MRP_L = \frac{\mathrm{d}TR}{\mathrm{d}L} = \frac{\mathrm{d}TR}{\mathrm{d}Q} \cdot \frac{\mathrm{d}Q}{\mathrm{d}L} = MR \cdot MP_L \tag{8.1}$$

其中,$\mathrm{d}TR/\mathrm{d}Q$ 为收益对产量的导数,即产品的边际收益 MR,表示为增加一单位产品销售所带来的总收益的增加;$\mathrm{d}Q/\mathrm{d}L$ 为产量对要素 L 的导数,即要素 L 的边际产量 MP_L,表示增加一单位生产要素 L 投入所带来的产品增量。MRP_L 即为增加一单位生产要素 L 的投入所带来的边际收益,称为边际收益产品。当然,也可以假设 L 不变,K 为可变,最终结果只是相应的标识改变而已。

边际收益产品与边际收益这两个概念是有区别的。边际收益产品是由于增加一单位某种生产要素的投入所引起的货币收益增量,而边际收益是由于增加一单位产品销售而引起的货币收益增量。前者是针对一种生产要素投入量增加而言的,后者是针对产品销售量增加而言的。

(二)厂商使用一种要素的边际成本

厂商在使用要素时,不仅要考虑增加生产要素所增加的收益,还要考虑增加生产要素所增加的成本。在讨论产品市场时,曾提出成本是产量的函数 $TC = C(Q)$,现在把讨论从产品市场转向生产要素市场。在生产要素市场,产量本身又是生产要素的函数 $Q = Q(L)$,故成本可以直接表示为生产要素的函数 $TC = C[Q(L)]$。

使用一种生产要素的边际成本是指,在其他条件不变时,厂商增加一单位生产要素投入所增加的成本。设 ΔL 为生产中投入要素的增量,所引起的成本增量为 ΔC,成本增量与投入要素增量之比 $\Delta TC/\Delta L$ 的极限,也就是成本对生产要素的导数 $\mathrm{d}TC/\mathrm{d}L$,即为边际要素成本 MFC(Marginal Factor Cost)。由 $C = C(Q(L))$ 可知:

$$MFC = \lim_{\Delta L \to 0} \frac{\Delta TC}{\Delta L} = \frac{\mathrm{d}TC}{\mathrm{d}L} = \frac{\mathrm{d}TC}{\mathrm{d}Q} \cdot \frac{\mathrm{d}Q}{\mathrm{d}L} = MC \cdot MP_L \tag{8.2}$$

假设要素 L 的价格为 W,则厂商使用要素 L 的成本就可以直接表示为:

$$TVC = W \cdot L \tag{8.3}$$

由于 $C = C[Q(L)] = W \cdot L$,W 是 L 的函数,于是

$$MFC = \lim_{\Delta L \to 0} \frac{\Delta TC}{\Delta L} = \frac{\mathrm{d}TVC}{\mathrm{d}L} = \frac{\mathrm{d}W}{\mathrm{d}L} \cdot L + W \tag{8.4}$$

需要注意的是，边际生产要素成本 MFC 和产品的边际成本 MC 是不同的，MC 是针对产品而言的，是产量的函数；而 MFC 是针对生产要素而言的，是生产要素数量的函数。

（三）厂商生产要素最优使用量决定的原则

假定厂商以追求利润最大化为目标，并且只使用一种生产要素生产单一产品。在这些假定之下，厂商生产要素最优使用量须遵循的原则为：

$$MRP = MFC \tag{8.5}$$

MRP = 使用要素的"边际收益"；MFC = 使用要素的"边际成本"。$MRP = MFC$ 原则其实就是 $MR = MC$ 原则在要素市场中的表现。当然，$MRP = MFC$ 原则在不同要素市场结构下的具体表现形式有所差别。

四、厂商最优生产要素的组合

现实中，厂商对生产要素的需求是多种多样的。为了追求最大利润，在投入等其他条件不变的情况下，厂商将会购买多种生产要素投入生产；在选择各种生产要素投入的数量组合时，厂商会使每一种投入要素的价格等于其边际收益产品。当每一单位货币投入的边际产品都相等时，此时的总收益最大。厂商的最佳生产要素组合的原则可以用公式表示为：

$$\frac{MP_{劳动}}{P_{劳动}} = \frac{MP_{资本}}{P_{资本}} = \frac{MP_{土地}}{P_{土地}} = \cdots = \frac{1}{边际收益}$$

在生产要素市场是完全竞争的前提下，上述原则既适用于完全竞争要素市场，也适用于非完全竞争要素市场。

五、生产要素市场的结构

在现实经济当中，作为购买者的各厂商在要素市场上的具体情况是不同的，因而式(8.5)表达的厂商均衡原则的具体实现形式也有所不同。其一，由式(8.1)可知，$MRP = MR \cdot MP_L$，由式(7.2)可知，$MR = \frac{\mathrm{d}P}{\mathrm{d}Q} \cdot Q + P(Q)$，则 MRP 不仅与要素的边际产量 MP_L 有关，还与使用这种要素生产的产品价格 P 有关，而产品价格 P 是否随厂商生产的产品的产量 Q 变化，又取决于产品的市场结构；其二，由式(8.4)可知，$MFC = \frac{\mathrm{d}W}{\mathrm{d}L} \cdot L + W$，则 MFC 与要素的价格 W 有关，而要素的价格 W 是否随厂商对要素雇佣量的变化而变化，又取决于要素市场结构。因此，厂商对一种要素最优使用量的决定——要素市场的厂商均衡，与不同的产品市场结构和不同的要素市场结构有关。如同产品市场可分为完全竞争与非完全竞争两类结构，要素市场也可分为完全竞争与非完全竞争两类结构。所不同的是，在产品市场中我们常常假定买方为完全竞争，卖方才有非完全竞争情况。但在生产要素市场中，买方与卖方都可以分为完全竞争与非完全竞争。由于生产要素市场必须依赖于产品市场才能有效运行，因而两类市场不同结构的交织又形成了四种市场组合：产品市场完全竞争—要素市场完全竞争、产品市场非完全竞争—要素市场完全竞争、产品市场完全竞争—要素市场非完全竞争以及产品市场非完全竞争—要素市场非完全竞争。这四种市场组合各自的极端情形又对应四种要素购买者的厂商——完全竞争厂商、卖方垄断厂商、买方垄断厂商和双垄断厂商。至此，引入要素市场的讨论后，对于市场结构的认识就深入了一步：完全竞争市场是指第六章介绍的满足四个条件且竞争不受任何阻碍和干扰的市场结构，非完全竞争市场是指买卖双方至少有一方拥有垄断势力的市场结构，包括第七章介绍的完全垄断市场、寡头垄断市场和垄断竞争市场；而完全竞争厂商则是指同时处于完全竞争产品市场和完全竞争要素市场的厂商。本章就这四种市场结构及其极端情形作一些初浅介绍。

第二节　产品市场完全竞争—要素市场完全竞争下要素需求量的决定

此种市场组合情形姑且称之为"双竞争"市场，对应的要素购买者为完全竞争厂商。

一、完全竞争厂商最优生产要素需求量的决定原则

(一)厂商使用一种要素的"边际收益"

如前所述，在要素市场中的"边际收益"含义与产品市场中的含义不同，且前者称之为边际收益产品；对于产品市场上的完全竞争厂商而言，由于产品价格 P 是由市场决定的常量，且 $P = MR$，因此，$MRP_L = MR \cdot MP_L = P \cdot MP_L$。在此，我们又将完全竞争市场条件下的要素边际收益称之为边际产品价值，用 VMP 表示，有 $VMP_L = P \cdot MP_L$，它是边际收益产品在完全竞争市场条件下的一种特殊形式。

根据第四章讨论的边际报酬递减规律可知，在其他条件不变的情况下，随着一种生产要素使用量的增加，其边际产量是递减的。所以有 MP_L 函数的几何图形向右下方倾斜；由 $P \cdot MP_L$ 组成的边际产品价值也是递减的，所以有 $P \cdot MP_L$ 函数的几何图形也是向右下方倾斜的。因此，随着一种要素投入的增加，该要素的边际产品价值 VMP_L 是递减的，在坐标图上就表现为一条向右下方倾斜的曲线。表 8－1 说明了完全竞争厂商使用要素的边际产品价值曲线是如何得出的，也表示出了边际产品价值的递减性。

表8－1　完全竞争厂商的边际产量和边际产品价值

要素产量(L)	边际产量(MP)	边际收益($MR = P$)	边际产品价值($VMP = P \cdot MP$)
1	10	2	20
2	8	2	16
3	6	2	12
4	4	2	8
5	2	2	4

根据表8－1所绘制出来的厂商边际产品 MP_L 曲线和边际产品价值 VMP 曲线都是向右下方倾斜的曲线，如图8－1。横轴表示生产要素 L 的使用量，纵轴表示相应的边际产品 MP 和边际产品价值 VMP，MP 曲线与 VMP 曲线一样向右下方倾斜。由于 $VMP_L = P \cdot MP_L$，VMP 曲线位置的高低取决于边际产品 MP_L 和产品价格 P，随着价格水平的上升或要素的边际产量上升，边际产品价值曲线向右上方移动。反之，即随着价格水平或要素边际产量的下降，边际产品

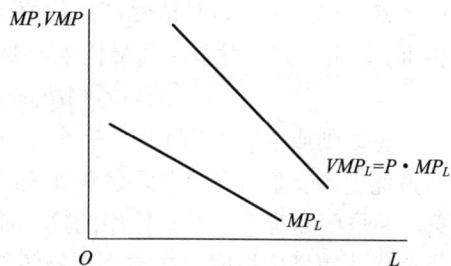

图8－1　完全竞争厂商的
边际产量和边际产品价值

价值曲线会向左下方移动。而边际产品 MP_L 曲线和边际产品价值 VMP_L 曲线位置的相对高低则取决于产品的价格是大于1、小于1还是等于1。如果产品价格大于1，则整个边际产品价值 VMP_L 曲线的位置高于边际产品 MP_L 曲线；如果产品价格小于1，则整个边际产品价值 VMP_L 曲线的位置低于边际产品 MP_L 曲线；如果产品价格等于1，则两条曲线恰好重合。

（二）厂商使用一种要素的"边际成本"

在完全竞争的要素市场上，由于要素买卖双方数量很多且要素毫无区别，任何一家厂商面临的要素供给曲线具有无穷大的弹性，其要素购买量的增减都不会影响该要素的市场价格，所以要素 L 的价格 W 为固定的常数，$\dfrac{\mathrm{d}W}{\mathrm{d}L} = 0$。根据式（8.4），厂商使用要素 L 的"边际成本"即成本函数对要素 L 的导数就等于要素的价格：

$$MFC = \frac{\mathrm{d}W}{\mathrm{d}L} \cdot L + W = W \tag{8.6}$$

由式（8.6）可知，在完全竞争条件下，厂商使用要素的边际成本是一个固定的常数，因

此要素边际成本曲线在图形上表现为一条水平的直线，此时，厂商的边际要素成本曲线与平均要素成本曲线、要素供给曲线、要素价格线重合，为一条水平的直线。如图8-2所示，横轴为要素 L 数量，纵轴为要素 L 边际成本，当要素 L 的价格为 W_0 时，劳动 L 的边际成本也为 W_0，并且 W_0 不随着劳动 L 数量的变化而变化，有 $MFC=AFC=W_0$。

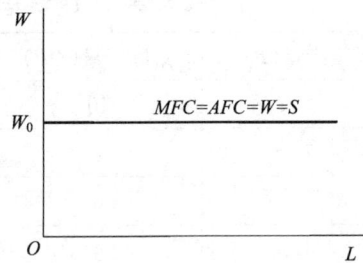

图8-2 完全竞争厂商的要素边际成本

（三）完全竞争厂商最优生产要素需求量的决定

根据上面的讨论，在完全竞争条件下，厂商使用生产要素 L 的边际收益是边际产品价值 VMP_L，使用生产要素 L 的边际成本等于生产要素价格 W，因此，完全竞争厂商最优生产要素使用量的原则可以表示为：

$$VMP_L = P \cdot MP_L = W \qquad (8.7)$$

当上述原则或条件被满足时，完全竞争厂商达到了利润最大化，此时使用的生产要素数量为最优生产要素数量，也即完全竞争厂商生产要素的最优需求量。要注意对式(8.7)的理解：一是厂商对生产要素使用的这一原则与产出量选择的原则完全相同；二是厂商一种要素最优使用量选择原则在完全竞争条件下的表现；三是可以用来解释厂商使用一种生产要素的数量边界。尽管在此我们假设的这种生产要素是劳动 L，但换成生产要素资本 K 或者其他任何一种生产要素，情况也是如此。

可对式(8.7)作如下说明。假定完全竞争厂商使用一种要素、生产一种产品，追求最大利润 π。此时有

$$\pi(L) = TR(L) - TC(L) = P \cdot Q(L) - W \cdot L$$

两边对 L 求导，有

$$\frac{\mathrm{d}\pi(L)}{\mathrm{d}L} = \frac{\mathrm{d}TR(L)}{\mathrm{d}L} - \frac{\mathrm{d}TC(L)}{\mathrm{d}L} = P \cdot \frac{\mathrm{d}Q(L)}{\mathrm{d}L} - W = 0$$

有 $P \cdot MP_L = W$（当要素为劳动 L），此时工资反映劳动的机会成本；或 $P \cdot MP_K = r$（当要素为资本 K），此时租金既反映资本的折旧成本又反映资本的机会成本。

如果 $VMP_L > W$，说明最后增加使用的一单位该要素所带来的收益超过其成本，厂商的该要素使用量小于最优要素使用量，厂商增加该生产要素的使用量可以提高利润。随着该生产要素使用量的增加，生产要素价格不变，而边际产品价值随着边际产量的递减而递减（产品价格不变），从而最终会使得 $VMP_L = W$；反之，如果 $VMP_L < W$，说明最后增加使用的一单位该要素所带来的收益不足以弥补其成本，厂商该要素使用量大于最优要素使用量，厂商减少该生产要素的使用量可以提高利润。随着该生产要素使用量的减少，生产要素

价格不变,而边际产品价值随着边际产量的递增而递增(产品价格不变),从而最终会使得 $VMP_L = W$。总之,不论是 VMP_L 大于还是小于 W,只要二者不相等,厂商都没有达到利润最大化,现有该生产要素使用量都不是最优要素使用量,厂商都将改变该要素使用量,直至二者相等为止。

二、完全竞争厂商对生产要素的需求曲线

完全竞争厂商对一种生产要素的需求其实就是厂商的短期要素需求,是指在其他条件不变时,完全竞争厂商对一种生产要素的需求量与要素价格之间的依存关系,如表8-2所示。表8-2与8-1相比,增加了表示要素价格的最后一列。根据表8-2的最后一列和第一列的数据描绘在坐标上的图形就表示厂商对要素 L 的需求曲线。

表 8 - 2 完全竞争厂商的要素需求表

要素数量(L)	边际产量(MP)	边际收益($MR = P$)	边际产品价值($VMP = P \cdot MP$)	要素价格(W)
1	10	2	20	20
2	8	2	16	16
3	6	2	12	12
4	4	2	8	8
5	2	2	4	4

其实,完全竞争厂商对单一生产要素需求曲线可以从式(8.7)中推导出来。为了更清楚地看出这一点,把式(8.7)稍作改写如下:

$$P \cdot MP_L = W \tag{8.8}$$

式(8.8)表示的是完全竞争厂商对单一生产要素最优需求数量的原则。从式(8.8)可以看出:$P \cdot MP_L$ 是要素使用量 L 的函数。由于此时 P 为常量,L 越大,MP_L 越小,$P \cdot MP_L$ 自然也越小,当其他条件不变时,若使式(8.8)成立,推出 W 也越小;反之,L 越小,MP_L 越大,$P \cdot MP_L$ 自然也越大,推出 W 也越大,于是有 W 与 L 的反向关系,要素需求曲线必向右下方倾斜,如图8-3的 D_L 曲线向右下方倾斜的图形。如同产品市场的需求曲线一样,生产要素市场上单一厂商对一种生产要素的需求曲线一般是一条向右下方倾斜的曲线。为了简化分析,我们一般也只分析线性需求曲线。

不仅如此,完全竞争厂商对单一生产要素的需求曲线与其边际产品价值曲线不仅都向右下方倾斜,而且二者还完全重合。

从式(8.7)已知,等式左边的边际产品价值 VMP 是已知要素 L 的函数,曲线向右下方

倾斜。如果把等式右边的要素 W 也看作 L 的
函数，则在产品市场和要素市场都处在完全
竞争的条件下，一方面，单个厂商对生产要
素的需求只占要素市场上全部供给量的极少
部分，其购买行为不会引起生产要素价格 W
的变动；而另一方面，单个要素供给者其供
给量也有限，也不可能影响要素的价格 W，
因此，要素价格曲线就转化为一条水平直线。
事实上，该价格线也就是单个厂商所面临的
要素供给曲线 S_L，由该价格线可知：不管厂
商的购买量是多少，它总能以当时的市场价
格 W_i 购买到他想要购买的生产要素数量，
有 $S_L = W_i$。厂商根据 $VMP = W$ 原则决定要素的使用量，如图 8-3 所示。

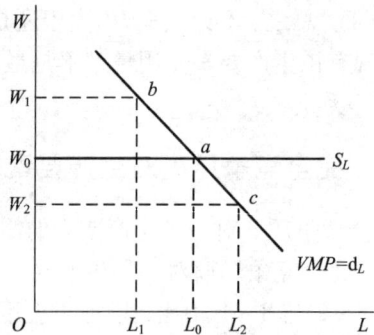

图 8-3　完全竞争厂商生产要素需求曲线

　　当要素价格为 W_0 时，厂商根据 $VMP_L = W$ 确定要素的需求量为 L_0，对应的要素边际收
益产品曲线 VMP_L 上的 a 点即为需求曲线上的点。当生产要素的价格上升至 W_1 时，于是有
$P \cdot MP(L_0) < W_1$，为了重新达到利润最大化，厂商必须调整要素的使用量，使 $P \cdot MP(L)$
上升，根据边际报酬递减规律，只有通过减少要素使用量才能达到这一目的，从而使要素
使用量从 L_0 减少到 L_1，此时由 W_1 和 L_1 对应着的 VMP_L 曲线上的 b 点就是要素需求曲线上
的一点。同理，当生产要素的价格下降至 W_2 时，厂商对生产要素的需求量增加至 L_2，则
W_2 和 L_2 对应着的 VMP_L 曲线上的 c 点也是要素需求曲线上的一点。因此可以得到如下结
论：生产要素的价格与其需求量是反方向变动的，随着生产要素价格的上升厂商对生产要
素的需求量是下降的，随着生产要素价格的下降厂商对生产要素的需求量是上升的。因
此，VMP_L 曲线上的点都是生产要素需求曲线上的点，厂商的边际产品价值曲线 VMP_L 和生
产要素需求曲线 d_L 重合。值得注意的是，生产要素需求曲线上的任意一点都满足厂商的利
润最大化目标。

　　这里要注意完全竞争厂商对生产要素的需求曲线与第六章讨论的完全竞争厂商的产品
需求曲线定义方式的区别。前者是厂商需要消费者的物品(要素)，后者是消费者需要厂商
的物品(产品)。在前者的图形中，消费者作为物品(要素)所有者是一个整体，要素出价是
由要素所有者整体力量决定的。要素出价高，则厂商对于要素的需求量就减少，反之就增
加。在后者的图形中，厂商的物品(产品)出价则不是由自己决定的。出价高出竞争者，产
品卖不出去；出价低于竞争者，不符合理性人的假定。注意这一区别有助于理解图 8-3 与
图 6-1(b)的图形区别。

　　要素需求曲线与边际产品价值曲线既有联系，又相互区别。两者的联系主要表现在：

①完全竞争厂商的要素需求曲线与边际产品价值曲线一样向右下方倾斜；②在完全竞争条件下，厂商对单一要素的需求曲线与其边际产品价值曲线完全重合，当要素价格变化时，要素需求量是沿着一条既定的边际产品价值曲线而变化的。两者的区别主要表现在两个方面：①包含的变量的含义不同。边际产品价值曲线中的 L 表示要素的使用量，而作为要素需求曲线，这个 L 却是表示最优要素使用量或要素需求量；②反映的函数关系不同。对边际产品价值曲线而言，自变量为要素的使用量 L，边际产品价值是要素使用量的函数。对要素的需求曲线而言，自变量是要素的价格 W，要素的需求量 L 是要素价格的函数。

三、完全竞争要素市场对生产要素的需求曲线

完全竞争市场对一种可变生产要素需求曲线可以由市场中所有厂商的要素需求曲线水平相加得到，可否因此认为，通过简单加总完全竞争市场上所有完全竞争厂商的边际产品价值曲线即可得到整个完全竞争市场的要素需求曲线呢？答案是否定的。

实际上，完全竞争厂商对单一要素的需求曲线分为两种情况：第一，单一生产要素价格变化时，假定其他厂商均不对该生产要素的需求进行调整，此时单个厂商的要素需求曲线就是边际产品价值曲线，即 $P \cdot MP_L = W$。第二，单一生产要素价格变化时，如果其他厂商均对该生产要素的需求进行调整，会导致整个产品市场的产量与价格的变动；产品价格的变动反过来又会使每一厂商的边际产品价值曲线改变，此时，厂商的要素需求曲线将脱离边际产品价值曲线。然而结合现实经济状况，在将单个厂商对生产要素的需求的研究转向整个市场对生产要素的需求的研究时，第一种情况显然是不成立的。所以，在此我们只对第二种情况进行研究。

在此，我们可利用图 8-4 来对第二种情况下单个厂商对生产要素 L 的需求曲线进行推导。如图 8-4 所示，横轴为生产要素 L 数量，纵轴为要素 L 的价格 W，设给定初始要素价格为 W_0，因为是完全竞争要素市场，厂商只能接受 W_0 而不能改变 W_0，相

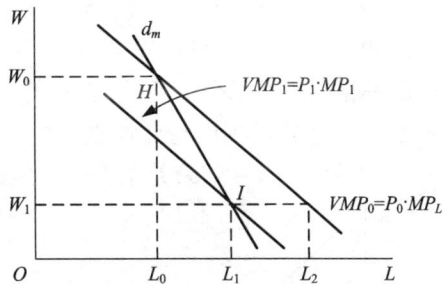

图 8-4 多个厂商调整时的
要素需求曲线

应地也只有一个产品价格 P_0，厂商基于既定的要素价格 W_0 购买生产要素 L_0 来组织生产，相应有一个 MP_L，从而有一条边际产品价值曲线 $P_0 \cdot MP_L$。根据该曲线可确定 W_0 下的要素需求量 L_0。于是点 $H(W_0, L_0)$ 为厂商生产要素需求曲线上一点。如果这时没有其他厂商对要素需求的调整，则 VMP_0 就可以看作是一条厂商对生产要素 L 的需求曲线。假定要素 L 的价格从 W_0 下降到 W_1，如果这时其他厂商对于生产要素的需求不作调整，则该完全竞争

厂商要素 L 的需求量就应增加到 L_2。但事实上，当生产要素价格下降至 W_1 时，其他厂商对要素的需求也会做出相应调整，该行业作为一个整体会增加对生产要素 L 的需求，这将导致行业内其他厂商的产量增加，在产品市场需求不变的情况下，产品市场供给的增加会导致产品价格的下降——例如从 P_0 下降到 P_1，于是单个厂商的边际产品价值曲线向左下方移动——例如从 $P_0 \cdot MP_L$ 移动到 $P_1 \cdot MP_L$，从而在生产要素价格 W_1 下，生产要素的需求量不再是 L_2，而是稍微减少一些的 L_1，于是又得到了要素需求曲线上一点 $I(W_1, L_1)$。重复上述过程，可以得到其他与 H、I 性质相同的点。将这些点连接起来，即可得到一条 d_m 曲线。该曲线表示在要素价格发生变化的情况下，多个厂商同时根据要素价格的变化对各自的要素需求量进行调整，从而可以得到经过多个厂商相互作用的调整之后，即经过行业调整之后，得到的第 m 个厂商对要素 L 的需求曲线。由图 8-4 可知，d_m 曲线仍然是向右下方倾斜的，但比边际产品价值曲线要更陡峭一些。

至此，我们一直讨论的是完全竞争市场上单个厂商对要素 L 的需求曲线。接下来我们将单个厂商的要素需求理论推广到整个市场。上面我们已经求得了在行业调整情况下的单个厂商的要素需求曲线 d_m，由此将很容易得到整个市场的要素需求曲线。

假定完全竞争要素市场中包含有 n 个厂商。其中每一个厂商经过行业调整后对要素 L 的需求曲线分别为 $d_1, d_2, \cdots, d_n$，整个市场对要素 L 的需求曲线 D 可以看成是该行业所有厂商对要素 L 的需求曲线的简单水平相加，即：

$$D = \sum_{m=1}^{n} d_m \qquad (8.9)$$

式(8.9)中，d_m 是该行业任意一个厂商对要素 L 的需求曲线。特别值得注意的是，此处被简单水平相加的是每个厂商的"真正的"要素需求曲线，即在考虑了多个厂商共同调整各自的要素需求之后得到的行业调整曲线 d_m，而不是原来的边际收益产品价值 VMP 曲线。如图 8-5 所示，图 8-5(a)是某个厂商经过行业调整之后对要素 L 的曲线 d_m，图 8-5(b)

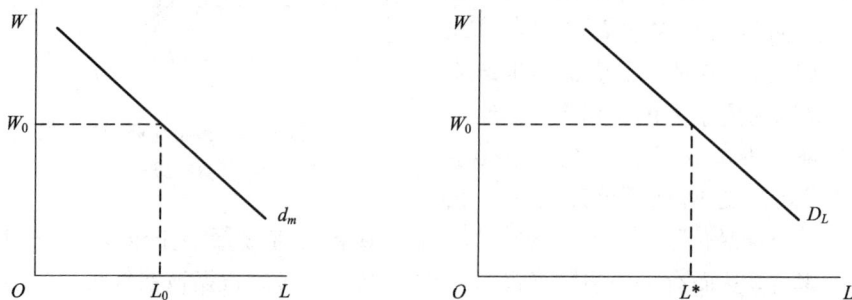

(a) 单个厂商的要素需求曲线   (b) 市场的要素需求曲线

图 8-5　单个厂商和市场对要素 L 的需求曲线

是整个市场对要素 L 的需求曲线 D_L，有 $D_L = \sum d_m$。当要素 L 的价格为 W_0 时，单个厂商的要素需求量为 L_0，整个市场的要素需求量 L^* 是各个厂商在价格为 W_0 时要素需求量的水平相加，尽管这种加总过程及该要素市场需求曲线的导出是非常复杂与困难的。

第三节　产品市场卖方垄断—要素市场完全竞争下要素需求量的决定

此种市场组合的极端情形姑且称之为"卖方垄断"市场，对应的要素购买者为卖方垄断厂商。

一、卖方垄断厂商最优生产要素需求量的决定原则

这里的卖方垄断市场指的是：假定在产品市场上厂商具有一定的垄断力量，那么，该厂商就是一个产品卖方非完全竞争者（垄断者）；而在要素市场上，假定该厂商在组织生产的过程中只使用劳动 L 这一单一生产要素，那么，该厂商在要素市场上就是一个完全竞争者。这是因为，整个社会在进行生产时，需要 L 要素的厂商都往往不只一个，而存在多个，所以单个厂商对 L 要素需求的增减对整个要素市场而言是微不足道的。同样，对于要素 L 的供给方也是如此。因此，L 要素市场就是一个完全竞争市场。总而言之，卖方垄断厂商就是指，厂商在产品市场非完全竞争，而在要素市场完全竞争。例如航空公司招聘员工时是完全竞争的，而出卖产品时是是非完全竞争的。

（一）厂商使用一种要素的边际收益

由于收益是产量的函数，产量又是生产要素的函数。设卖方垄断产商使用的生产要素为 L，则存在这样的函数关系：$R = R(Q)$，$Q = Q(L)$，$R = R[Q(L)]$。

R 对 L 求一阶导数，得卖方垄断厂商使用要素的边际收益公式：

$$MRP_L = MR \cdot MP_L$$

由于厂商在产品市场上具有一定的垄断势力，此时，厂商的产品价格不再是给定的常量，而是会随着产量与销售量的变化而变化的变量；由式（7.2）及式（7.5）可知，$P > MR$，$MR = P\left(1 - \dfrac{1}{e_d}\right)$，因此，卖方垄断厂商使用要素的边际收益为

$$MRP_L = MR \cdot MP_L = P\left(1 - \frac{1}{e_d}\right) \cdot MP_L$$

根据表 8 – 3 所绘制出来的卖方垄断厂商使用要素的边际收益产品 MRP_L 曲线是一条向右下方倾斜的曲线，如图 8 – 6 所示。由于 $MRP_L = MR \cdot MP_L$，随着要素使用量的增加，一方面，要素的边际产品 MP 会下降，另一方面，产品的边际收益 MR 也会下降。相比于完全

竞争条件下厂商产品价格不变的情况,这就会导致在卖方垄断市场下,该要素的边际收益产品 MRP_L 的递减比在完全竞争条件下更加严重。

表8－3　卖方垄断厂商的边际产量和边际收益产品

要素数量	边际产量	边际收益(MR)	边际收益产品($MRP = MR \cdot MP$)
1	10	5	50
2	8	4	32
3	6	3	18
4	4	2	8
5	2	1	2

(二)厂商使用一种要素的边际成本

由于卖方垄断厂商在要素市场上作为要素的买方仍然是完全竞争者,所以该厂商使用要素的"边际成本"等于在完全竞争市场上使用该要素的价格。又因为 $MFC_L = W$,所以要素边际成本曲线在图形上就表现为一条水平的直线。当要素价格为一常数 W_0 时,要素的边际成本也为 W_0,并且 W_0 不随着一家卖方垄断厂商对劳动数量需求的变化而变化,而是随着要素市场供给曲线的变化而变化。

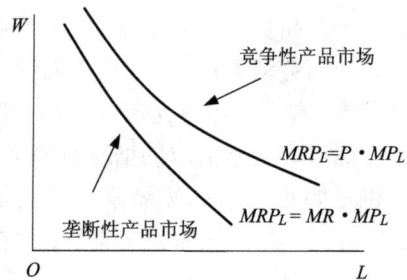

图8－6　卖方垄断厂商的边际收益产品曲线

(三)卖方垄断厂商最优生产要素需求量的决定

卖方垄断厂商最优生产要素需求量原则为边际收益产品等于要素边际成本,$MRP_L = MFC_L = W_0$。在产品市场垄断的情况下,该厂商边际收益产品曲线 MRP_L 向右下方倾斜,而要素边际成本曲线 MFC 是一条平行于横轴的直线。图8－7给出了一家卖方垄断厂商的最优要素需求量是怎样决定的:当要素市场的供给曲线变化引发垄断

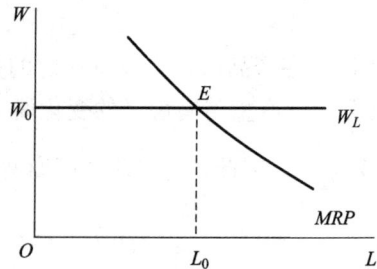

图8－7　卖方垄断厂商要素需求量的决定

厂商面临的要素价格为 W_0 时，则由图可知在 E 点有 $MRP_L = MFC_L = W_0$，此时的 L 要素需求量 L_0 就是该垄断厂商对 L 要素的最优需求量。

二、卖方垄断厂商的要素需求曲线

卖方垄断厂商面临的单一要素需求曲线可以从 $MR \cdot MP_L = W$ 式中推导出来。按照卖方垄断厂商使用要素的 $MRP = MR \cdot MP_L = W$ 的原则，当要素价格是 W_1 时，厂商对其需求量为 L_1；要素价格下降到 W_2 时，此时 $MRP_L > W_2$，即边际收益大于边际成本，厂商为了获得更大利润，必然增加要素 L 的使用量，假设厂商对要素的需求增加到 L_2；相反，当要素价格由 W_1 上升到 W_3 时，对要素的需求将减少到 L_3。最后，将 (W_1, L_1)、(W_2, L_2)、(W_3, L_3) 等点在用横轴代表要素需求 L、纵轴代表要素价格 W 的坐标图上描绘出来，就是卖方垄断厂商面临的单一要素的需求曲线。

与完全竞争的情况相似，卖方垄断厂商对单一生产要素的需求曲线与其边际收益产品曲线完全重合，如图 8-8 所示。

在图 8-8 中，$MRP_L = MR \cdot MP_L$ 为边际收益产品曲线。当要素价格为 W_0 时，根据要素使用原则，要素需求量必须调整到使 $MRP_L = W_0$，即要素量为 L_0，显然点 $A(W_0, L_0)$ 作为需求曲线上的点，也在 MRP_L 曲线上。如果给定另一要素价格 W_1，同样道理，要素需求量为 L_1，点 $B(W_1, L_1)$ 作为需求曲线上的点也在 MRP_L 曲线上。因此，需求曲线上的任一点都在边际收益产品曲线上，两条曲线完全重合。由此可以得到以下结论：由于边际生产力递减和产品的边

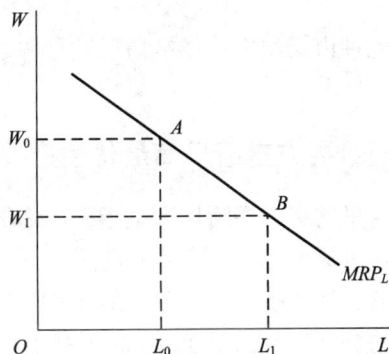

图 8-8　卖方垄断厂商的要素需求曲线

际收益递减规律，卖方垄断厂商对单一生产要素的需求会随着要素价格的上升而下降，也即是单个厂商要素需求曲线是一条向右下方倾斜的曲线。

以上得到的是单个厂商需求曲线的情况，现在来考虑卖方垄断市场对单一生产要素的需求曲线。知道了单个厂商的要素需求曲线后，我们只要将市场内所有厂商对单一生产要素的需求曲线水平相加，便可得到卖方垄断市场对该要素的市场需求曲线。在分析完全竞争下的要素市场需求曲线时，我们曾经指出，单一要素价格改变时，由于市场内所有厂商都会调整自己对该要素的使用量，必然会影响到产品市场的情况，导致产品市场中产品价格的变化，因此在对各厂商的该要素需求曲线水平相加时，必须先对其进行调整，进行水平相加的单个厂商需求曲线必须是各个厂商对该要素的"真实的"要素需求曲线。显然，在

卖方垄断市场下,这种情况也是可能存在的。在卖方垄断市场下,行业调整就是调整产品价格,但如果各个厂商在各自的产品市场中都是唯一的垄断者,那么尽管要素价格变化时,所有厂商都会调整对该要素需求,但这并不影响每个厂商在各自产品市场上对自己所生产出来的产品的定价,因此,行业调整曲线就仍然是 MRP_L 曲线,市场需求曲线也就是各厂商 MRP_L 曲线的水平相加。

如果有一些厂商共同垄断着某个产品市场,那么它们的行业调整曲线就不再是原有的 MRP_L 曲线,市场需求曲线就应该是各个厂商的行业调整曲线 d_m 的水平相加,即:

$D = \sum_{m=1}^{n} d_m$,在此,d_m 是任何一个厂商经行业调整后的对该要素需求曲线。

第四节　产品市场完全竞争—要素市场买方垄断下要素需求量的决定

此种市场组合的极端情形姑且称之为"买方垄断"市场,对应的要素购买者为买方垄断厂商。

一、买方垄断厂商最优生产要素需求量的决定原则

这里的买方垄断厂商是指,厂商在产品市场上作为产品的卖方是一个完全竞争者,而在要素市场上作为生产要素的买方是一个垄断者。虽然在现实经济中很少有纯粹的买方垄断厂商,但是却有一些厂商在对生产要求进行购买时具有某些垄断势力。例如:某旅游景区招聘特型身材男员工(身高不高于 1.5 米或者不低于 1.95 米),那么,该企业在买方市场是垄断厂商,在卖方市场是完全竞争厂商。对于厂商在生产要素市场上的垄断购买行为的分析,我们可以类比于对不完全竞争条件下产品市场上厂商行为的分析,将生产要素市场分为完全垄断市场、寡头垄断市场以及竞争垄断市场这三种情况来进行讨论。由于对单个买方垄断者进行分析比同时对若干个买方垄断者进行分析更为容易和清楚,也基于本教材属于初级微观经济学教材的定位,因此,本教材只对生产要素市场单个购买者的完全垄断这种极端情况进行讨论。

(一)使用一种生产要素的边际收益

同卖方垄断市场一样,因为收益是产量的函数,产量又是生产要素的函数。所以在假设卖方垄断厂商只使用单一的生产要素 L 时,则有函数关系:$R = R(Q)$,$Q = Q(L)$,$R[Q(L)]$。

首先,基于 $R = R[Q(L)]$ 对 L 求一阶导数得:

$$MRP_L = MR \cdot MP_L$$

其次，由于买方垄断厂商在产品市场上是完全竞争者，所以他使用要素的边际收益称之为边际产品价值，如同本章第二节中的分析，有 $P = MR$。由此可以得到买方垄断厂商使用要素的边际收益公式为：

$$VMP_L = P \cdot MP_L$$

(二)厂商使用一种生产要素的边际成本

买方垄断厂商的成本函数为 $C(L) = L \cdot W(L)$，其中 $W(L)$ 为厂商所面临的要素供给函数，则买方垄断厂商的边际要素成本为：

$$MFC_L = [L \cdot W(L)]' = W(L) + L \cdot \frac{\mathrm{d}W(L)}{\mathrm{d}L} \tag{8.10}$$

买方垄断厂商的边际要素成本由两部分组成：第一部分是要素价格 $W(L)$，是买方垄断厂商面临的要素供给曲线，表示厂商为增加使用要素而必须支付给新增要素的价格，是由于增加要素使用而引起的成本增加，$W(L)$ 大于零并向右上方倾斜；第二部分 $L \cdot \frac{\mathrm{d}W(L)}{\mathrm{d}L}$ 为要素价格上涨而引起的成本增加，其中，$\mathrm{d}W(L)/\mathrm{d}L$ 反映了由于增加使用要素而引起的要素价格变动。由于 $W(L)$ 向右上方倾斜，所以 $L \cdot \frac{\mathrm{d}W(L)}{\mathrm{d}L}$ 必大于零，进

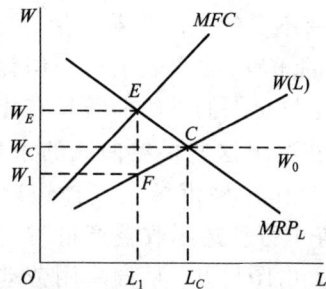

图 8-9　买方垄断厂商要素的使用原则

而得到 $MFC_L > W(L)$，所以，MFC_L 在图 8-9 上是一条向右上方倾斜且位于 $W(L)$ 之上的曲线。

(三)买方垄断厂商最优生产要素使用量原则

买方垄断厂商使用要素的边际收益和边际成本分别等于要素的边际产品价值和边际要素成本。因此，买方垄断厂商最优生产要素使用量的原则为：

$$VMP_L = MFC_L \tag{8.11}$$

于是，当 $VMP_L = MFC_L$ 时，买方垄断厂商最优生产要素的使用量由 VMP_L 曲线和 MFC_L 曲线的交点 E 所形成的 L_1 来确定，要素价格则由供给曲线 $W(L)$ 来确定，即为 W_1。从式(8.10)可以看出，与完全竞争厂商的要素使用原则相比，买方垄断厂商的边际要素成本不再等于完全竞争厂商时要素价格 W。原因是：在买方垄断的情况下，厂商每增加一单位要素投入都会提高所有已雇用要素的价格，边际成本总是高于要素价格。

从图 8-9 中我们还可以看到，买方垄断厂商雇用的生产要素比完全竞争厂商雇用的生产要素要少许多。在一个完全竞争的要素市场上，使用要素的边际成本曲线为水平的

W_0，它与边际收益曲线相交于 C 点，将有 L_C 的要素被雇用；而在买方垄断市场上，仅有 L_1 的生产要素被雇用，且买方垄断者支付给要素所有者的报酬是 W_1，低于完全竞争要素市场上支付给要素所有者的报酬 W_C。

二、买方垄断厂商的劳动用工歧视

如果买方垄断厂商能把一种要素的供给细分成两个或多个不同的市场，以此为基础进行歧视性要素需求，他就可以使利润增加。比如对男工与女工的雇用进行工资歧视。如图 8 - 10，设男工与女工具有相同的生产能力，并且不论雇用多少劳动，厂商具有不变的边际收益产量，则可以用水平的 MRP_L 曲线表示这一假设。图中，男工与女工的供给曲线具有相同的纵轴。在给定这些供给曲线的条件下，厂商就会在每种市场上选择边际费用（ME）等于劳动边际收益产量时的劳动的数量。由图可知，厂商雇用劳动力的最终结果是从男工市场雇用 L_M，从女工

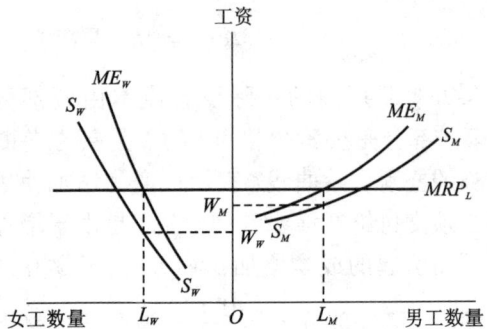

图 8 - 10　买方垄断厂商的雇佣劳动歧视

市场雇用 L_W。此时两个市场的工资率分别为 W_M 与 W_W，且 L_M 大于 L_W，即男工的工资高于女工。造成这种结果的原因是女工的供给曲线相对男工而言更加缺乏弹性。

三、买方垄断厂商的要素需求曲线

通过以上分析，我们得到了买方垄断厂商的一个要素需求点，即当要素需求量为 L_1 时，要素价格为 W_1。能否通过进一步的分析得到买方垄断厂商的要素需求曲线呢？答案是否定的。就像产品市场上的垄断厂商不存在确定的供给曲线一样，要素市场上的买方垄断也不存在确定的要素需求曲线。

虽然买方垄断厂商在产品市场的需求状况是既定的，但要素市场上的供给状况却是买方垄断厂商不可控制的。如果厂商的边际要素成本和边际产品价值状况是确定的，则厂商可以根据两者相等的原则确定其最优要素使用量及价格，但是由于边际要素成本的可变性，决定了要素需求量与价格之间不存在一种一一对应的关系。如图 8 - 10 所示，买方垄断厂商只能决定一对要素价格和要素需求量。一旦要素市场供给状况发生变化，厂商的边际要素成本也会随之变动，从而会出现一个价格对应多个需求量或一个需求量对应多个价格的情况，如图 8 - 11 所示。

在图 8-11(a) 中，假设起初的 MFC_1 曲线和 VMP_L 曲线的交点 E_1 点是边际要素成本与边际产品价值相等点，此时所决定的厂商最优需求数量为 L_1，所确定的供给价格为 W_0。若当要素市场供给状况发生变化使得供给曲线由 S_1 变动到 S_2，相应地，MFC_1 变动到 MFC_2，此时，MFC_2 曲线与 VMP_L 曲线相交于 E_2 点，所决定的厂商最优要素需求数量为 L_2，由 L_2 所确定的要素供给价格仍为 W_0，这样就出现了同一个要素价格 W_0 对应两个不同的最优要素需求量 L_1 和 L_2 的情况。在图 8-11(b) 中则出现了同一个最优要素需求量 L_0 对应两个要素价格 W_1 和 W_2 的情况。MFC_1 曲线与 VMP_L 曲线的交点和 MFC_2 与 VMP_L 曲线的交点都位于 E_1 点上，但由于 MFC_1 与 MFC_2 所对应的要素供给曲线分别是 S_1 曲线和 S_2 曲线，所以两者所对应的供给价格分别是 W_1 和 W_2。对于买方垄断厂商而言，由于不存在最优要素需求量和要素价格的一一对应关系，所以，买方垄断厂商的最优要素需求曲线是不存在的。

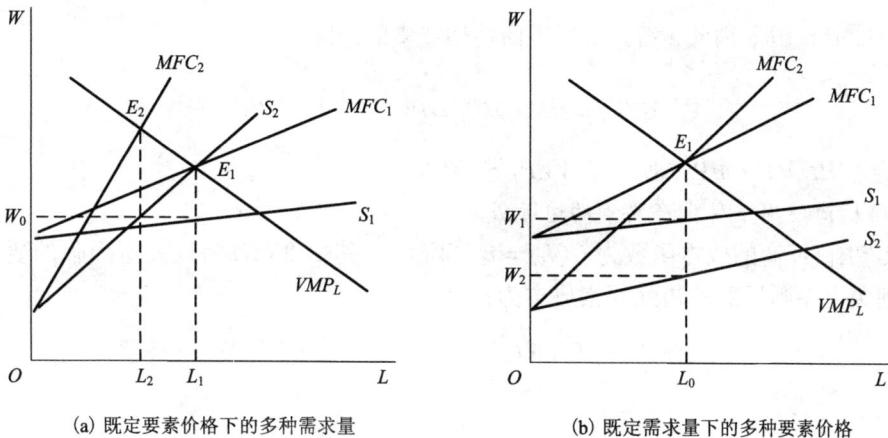

(a) 既定要素价格下的多种需求量　　　　(b) 既定需求量下的多种要素价格

图 8-11　买方垄断厂商同一边际产品价值曲线下的不同需求

第五节　产品市场非完全竞争—要素市场非完全竞争下要素需求量的决定

此种市场组合的极端情形姑且称之为"双垄断"市场，对应的要素购买者为"双垄断"厂商。

一、"双垄断"厂商最优生产要素需求量的决定原则

这里的"双垄断"厂商是指，厂商在产品市场上作为产品的卖方是一个完全垄断者，而

作为产品市场的买方是完全竞争的; 在要素市场上作为生产要素的卖方是一个完全垄断者, 而作为要素市场的买方则是完全竞争的。当厂商在产品市场和生产要素市场均处于完全垄断时, 则兼有产品市场不完全竞争—要素市场完全竞争和产品市场完全竞争—要素市场不完全竞争两种情况的特点。

(一)厂商使用一种生产要素的边际收益

"双垄断"厂商使用要素的边际收益也是其收益函数对要素的一阶导数, 它表示为增加一单位要素使用量所增加的收益, 在卖方垄断条件下称为要素的边际收益产品, 用公式表示为:

$$MRP_L = MR \cdot MP_L$$

同样, 由于厂商在产品市场上具有一定的垄断力量, 此时, 厂商的产品价格不再是给定的常量, 而是随着产量与销售量的变化而变化的变量。由(7.5)式可知, $MR = P\left(1 - \dfrac{1}{e_d}\right)$, $P > MR$, 因此, 卖方垄断厂商使用要素的边际收益为:

$$MRP_L = MR \cdot MP_L = P\left(1 - \frac{1}{e_d}\right) \cdot MP_L$$

因为 $VMP_L = P \cdot MP_L$, 所以有 $VMP_L > MRP_L$。

(二)厂商使用一种生产要素的边际成本

"双垄断"厂商的成本函数为 $C(L) = L \cdot W(L)$, 其中 $W(L)$ 为厂商所面临的要素供给函数, 则买方垄断厂商的边际要素成本为:

$$MFC_L = \left[L \cdot W(L)\right]' = W(L) + L \cdot \frac{\mathrm{d}W(L)}{\mathrm{d}L}$$

$$MFC_L > AFC$$

"双垄断"厂商的边际要素成本也是由两部分组成: 第一部分是要素价格 $W(L)$, 表示厂商为增加使用要素而必须支付给新增要素的价格, 是由于增加要素使用而引起的成本增加, $W(L)$ 大于零并向右上方倾斜; 第二部分 $L \cdot \dfrac{\mathrm{d}W(L)}{\mathrm{d}L}$ 为要素价格上涨而引起的成本增加, 其中, $\mathrm{d}W(L)/\mathrm{d}L$ 反映了由于增加使用要素而引起的要素价格变动。由于 $W(L)$ 向右上方倾斜, 所以 $L \cdot \dfrac{\mathrm{d}W(L)}{\mathrm{d}L}$ 必大于零, MFC_L 自然也大于零且大于 $W(L)$, 因此, MFC_L 在图8－12 上是一条向右上方倾斜且位于 $W(L)$ 之上的曲线。

(三)"双垄断"厂商最优生产要素使用量决定原则

"双垄断"厂商使用要素的边际收益和边际成本分别等于要素的边际收益产品和边际要素成本。因此, "双垄断"厂商最优生产要素使用量决定的原则为:

$$MRP_L = MFC_L$$

于是，如图 8 - 12 所示，当 $MRP_L = MFC_L$ 时，双垄断厂商最优生产要素的使用量由 MRP_L 曲线和 MFC_L 曲线的交点上所形成的 L_1 确定，要素价格则由供给曲线 $W(L)$ 与均衡点 E 向横轴的垂直交点 F 来确定，即为 W_1。

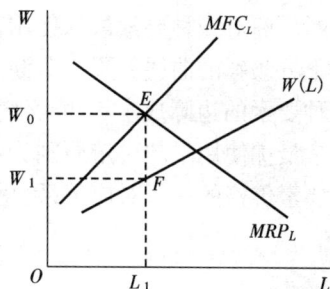

图 8 - 12　双垄断厂商要素的使用原则

【本章小结】

1. 生产要素分为原始生产要素和中间生产要素两类，作为本教材讨论的原始生产要素又可以分为四种小类，即资本、劳动、土地以及企业家才能。原始生产要素由消费者提供，而其在要素市场上提供生产要素时可以获得收入，而收入本身也可以给消费者带来效用。

2. 生产要素市场上的需求和产品市场上的需求有很大的不同。在产品市场上，需求来自消费者，是对最终产品的直接需求；在要素市场上，需求来自于厂商，而厂商对生产要素的需求是一种引致需求，是对生产要素服务的需求，也是对生产要素联合的需求。

3. 厂商对一种生产要素最优使用量的决定受利润最大化原则的指引。厂商最优生产要素使用量决策的基本原则是：一种要素的边际收益产品等于其边际要素成本。这一原则也同样适用于不同的市场结构。

4. 引入要素市场的讨论后，对于市场结构的认识就深入了一步：产品市场分为完全竞争与非完全竞争两种结构，要素市场也分为完全竞争与非完全竞争两种结构，两类市场不同结构的交织又形成了四种市场组合，即产品市场完全竞争—要素市场完全竞争、产品市场非完全竞争—要素市场完全竞争、产品市场完全竞争—要素市场非完全竞争以及产品市场非完全竞争—要素市场非完全竞争。而这四种市场组合各自的极端情形又对应着四种不同的要素购买者的厂商。因此厂商对一种生产要素最优需求量决定的原则也就表现为不同形式。

5. 完全竞争条件下厂商作为要素市场的购买者不能影响到一种要素市场的价格，而在不完全竞争市场上，厂商可以通过改变一种要素使用的数量来影响要素价格，从而获得利润。对完全竞争厂商来说，它使用一种要素的边际收益等于要素的边际产品和产品价格的乘积，而边际要素成本等于要素价格，因此，完全竞争厂商对一种要素最优使用量决策的原则是：边际产品价值等于要素价格。由完全竞争厂商的一种要素使用原则可以推导出他对该要素的需求曲线。静态地看，完全竞争厂商的一种要素需求曲线向右下方倾斜，即要素需求量随要素价格的下降而增加。卖方垄断厂商在要素市场上是完全竞争者，因此其对一种要素最优使用量决策原则与完全竞争厂商一样，也是边际收益产品等于要素价格。由卖方垄断厂商对一种要素最优使用量决策原则可以推导出他对该要素的需求曲线，也是一条向右下方倾斜的曲线。买方垄断厂商面临的一种要素供给曲线向右上方倾斜，因此，他使用一种要素的边际成本不再等于要素价格，而是等于边际要素成本，即买方垄断厂商对一种要素最优使用量的决定原则为：边际收益产品等于边际要素成本。由于不存在要素使用量和要素价格的一一对应关系，所以，买方垄断厂商不存在确定的一种要素需求曲线。

习　题

一、名词解释

引致需求　联合需求　边际产品价值　边际收益产品　边际要素成本　完全竞争要素市场　买方垄断　卖方垄断

二、选择题

1. 下列各项中不属于生产要素的是(　　)。

A. 企业管理者的管理才能　　　　　B. 农民拥有的土地

C. 用于生产的机器厂房　　　　　　D. 在柜台上销售的服装

2. 完全竞争厂商对生产要素的需求曲线向右下方倾斜的原因在于(　　)。

A. 要素的边际成本递减　　　　　　B. 要素的边际产量递减

C. 要素生产的产品的边际效用递减　D. 要素参加生产的规模报酬递减

3. 在产品 X 市场和要素 K、L 的市场都是完全竞争市场的厂商，利润最大化的条件是(　　)。

A. $P_X = MC_X$，且 MC_X 上升　　　　B. $\frac{MP_L}{P_L} = \frac{MP_K}{P_K}$

C. $\frac{MP_L}{P_L} = \frac{MP_K}{P_K} = \frac{1}{MC_X}$　　　　D. $\frac{MP_L}{P_L} = \frac{MP_K}{P_K} = \frac{1}{MC_X} = \frac{1}{P_X}$

4. 对于一个垄断企业(其所处要素市场是完全竞争的)，投入品 M 的价格为20元，边际产量为5，产品价格是4元，则这个企业的产量(　　)。

A. 未达到利润最大化，应减少产量

B. 未达到利润最大化，应扩大产量

C. 生产出利润最大化，但是成本未达到最小化

D. 在成本最小条件下实现利润最大化产量

5. 市场中单个厂商对某种生产要素的需求曲线同全体厂商对该种生产要素的需求曲线之间的关系表现为(　　)。

A.两者是重合在一起的   B.前者较后者平坦

C.前者较后者陡峭   D.无法确定

6.在一个完全竞争的市场中,追求利润最大化的厂商的产品价格上升时,将引起劳动的边际产品价值( ),从而导致劳动的需求曲线( )。

A.降低,右移   B.增加,左移

C.增加,右移   D.降低,左移

7.完全竞争产品市场与不完全竞争产品市场两种情况下的生产要素的需求曲线相比( )。

A.前者比后者平坦   B.前者与后者重合

C.后者比前者平坦   D.均有可能

8.假定生产要素 A、B、C 的边际产量分别是 20、16、8,它们的价格分别是 10、8、4,那么这一生产要素的组合( )。

A.不是最小成本的组合

B.是最小成本的组合

C.是否为最小成本组合,视不同的要素市场而定

D.是否为最小成本组合,视不同的产品市场和要素市场而定

9.假定两种生产要素 X 和 Y 的价格为30元,18元,产品的边际收益是3元,那么当这两种要素的边际产量为( )时,该生产商才能获得最大利润。

A.7.5,3   B.10,6

C.30,18   D.10,8

10.若劳动的边际产品价值大于工资率,则其属于下列哪种情况? ( )

A.产品市场的垄断   B.要素市场的垄断

C.产品市场的竞争   D.产品市场垄断或要素市场垄断

三、判断题

1.生产要素包括劳动、土地和货币。

2.如果均衡工资增加了,劳动的边际产量值就必定增加了。

3.提高一种要素边际产量的唯一方法是用这种要素生产的物品的价格上升。

4.完全竞争厂商在其最后雇用的那个工人所创造的收益大于其雇用的全部工人的平均收益时,它必定没有实现利润最大化。

5.卖方垄断市场上不存在要素需求曲线。

6.完全竞争市场中要素需求曲线与边际产品价值曲线重合是因为要素市场的变化对产品市场没有影响。

四、计算题

1. 在完全竞争的市场上，某厂商的生产函数为 $Q = 10L - 0.5L^2$，假定产品市场上的价格为5，劳动的工资率 W 为10，求厂商利润最大化的劳动使用量。

2. 假设某卖方垄断厂商只使用一种生产要素 L 生产单一产品，该生产要素的价格为5，产品的需求函数为 $P = 85 - 3Q$，生产函数为 $Q = 2\sqrt{L}$。分别求出该垄断厂商利润最大化时使用的劳动量、产品数量和产品价格。

3. 假设某买方垄断厂商只使用一种生产要素 L 生产单一产品，生产出来的产品价格为2，生产函数为 $Q = -0.02L^3 + 3L^2 + 6L$，厂商所面临的劳动供给函数为 $W = 60 + 3L$，求利润最大化时的劳动量、产品数量和劳动价格。

五、简答题

1. 简述在完全竞争条件下，产品的价格 P 和相应要素的边际产量 MP 对厂商的要素需求曲线变动的影响。

2. 产品的边际收益和要素的边际收益有什么不同？

3. 试述各种市场中厂商的要素使用原则。

六、作图分析题

1. 推导完全竞争市场的要素需求曲线，并简要说明其经济含义。

2. 分析说明为什么卖方垄断厂商的要素需求曲线与边际收益产品曲线重合。从厂商的要素需求曲线推导出市场的要素需求曲线，要不要经过"行业调整"？为什么？

3. 用图形说明为什么在买方垄断的情况下不存在要素需求曲线。

第九章　生产要素市场的供给理论

本章导读

上一章从生产要素的购买者角度讨论了一种要素的最优需求。本章则将从生产要素供给者方面来研究一种要素的最优供给，并把要素的供给和需求结合起来，分别讨论完全竞争与非完全竞争两种情况下，一种要素最优市场供给量和均衡价格的决定原则，从而完成对生产要素市场局部均衡问题的分析。本章分析的基本思路是：从一种生产要素的市场供给讨论开始，在得出一种要素最优供给量决定的一般原则与供给曲线之后，分完全竞争与非完全竞争两种情况分析不同生产要素的最优市场供给数量与均衡价格的决定问题，并以诸要素市场供给的不同特点以及对其均衡价格的决定为基础，分析生产要素的收入分配问题，同时提出收入分配不公平的度量方式：洛伦兹曲线和基尼系数。

基本概念

要素供给　收入分配　利息率　工资率　地租　欧拉定理　洛伦兹曲线　基尼系数

本章重点及难点

1. 一种要素最优供给量决定的原则
2. 劳动供给曲线的特征与工资的决定
3. 土地供给曲线的特征与地租的决定
4. 资本供给曲线的特征与利息的决定
5. 洛伦兹曲线和基尼系数

第一节　要素供给及其原则

一、要素价格与收入分配

生产要素价格是生产要素的市场需求与市场供给矛盾运动的结果。然而，根据第八章的讨论，一种要素价格又并不是单独可以由要素市场决定的，还必须结合产品市场来分析；厂商使用不同生产要素的价格取决于不同生产要素的边际生产力。值得注意的是，生产要素价格与产品价格的功能不同。产品价格是在消费者之间协调稀缺性产品的分配。生产要素的价格最终以工资、利息、租金或者其他一些形式支付给要素所有者，在要素价格已经确定的情况下，要素的供给数量多少也就决定了要素所有者收入的多少。换而言之，当各种生产要素的供给数量确定时，生产要素的价格水平就反映了国民收入在要素所有者之间的初次分配状况。以完全竞争市场为例：一方面，我们知道产品与生产要素的价格是由相应市场的供求均衡决定的，所以单一产品的生产厂商与生产要素所有者都是市场价格的被动接受者而不是价格的决定者，产品价格是一个常量；另一方面，在技术进步等其他条件不变时，产出 Q 是由生产要素的投入量决定的，即有生产函数 $Q = AF(K, L)$。由此可以得到厂商生产出来的总产值为：$P \cdot Q = P \cdot AF(K, L)$。所以厂商所得利润可以表示为：利润 $= P \cdot AF(K, L) - RK - WL$，从而有 $P \cdot AF(K, L) =$ 利润 $+ PK + WL$。一般情况下，我们将利润视同为企业家才能的报酬，利息视同为资本的报酬，工资视同为劳动力的报酬，租金视为土地使用的报酬并包含在资本之中讨论，因此生产要素所有者向市场供给生产要素的数量和价格决定了生产要素所有者从国民收入总量中取得的份额。既然国民收入来源于诸生产要素的共同创造，那么国民收入自然也应归全体要素所有者所有。由以上分析可知，在生产者购入要素投入生产的过程中，在决定生产要素的均衡价格时也决定了生产要素所有者取得收入的高低，所以，生产要素价格和最优市场供给量的决定理论构成收入分配理论的主要内容，也被称为收入分配理论。

二、要素供给者与要素供给的基本界定

相比于要素的需求，在要素的供给方面，问题稍稍复杂一些：生产要素所有者既可以是厂商，也可以是消费者。厂商作为生产要素所有者，他将生产出许多会再次投入生产过程的"中间产品"或"中间生产要素"，因而厂商是中间生产要素的所有者。而消费者作为生产要素所有者，他却向市场提供诸如劳动、土地等"原始生产要素"，通过储蓄提供生产性资本，通过个人教育投资与健康投资提供人力资本，因而消费者是原始要素的所有者。正因为要素所有者的身份不同，所以它们的行为目的也不相同。一般假定作为生产要素供给者的厂商和消费者的行为目的分别是利润最大化和效用最大化。

要素所有者及其行为目标的非单一性会影响到对要素供给的分析。最重要的影响便是要素供给原则肯定不会如要素需求原则那样一致，因为不同的行为目标将导出不同的行为决策原则，进而影响到分析的方法、形式甚至某些结论。因此，从理论上来说，要素供给理论需分成两个并列的部分分别加以讨论：根据厂商的利润最大化行为目标来讨论其对中间要素的供给，根据消费者的效用最大化行为目标来讨论其对原始要素的供给。

但是，上述两个部分中的第一部分即中间要素的供给与一般产品的供给并无任何实质

区别，因为中间要素即中间产品本身就是一般的产品，而关于一般产品的供给理论在产品市场，特别是在完全竞争产品市场的分析中已经详细讨论过了，因此在这里不再对中间生产要素的供给行为进行分析，而将要素供给理论的探讨完全局限于要素所有者为消费者、要素供给行为目的为效用最大化这一范围内，即从消费者的效用最大化行为出发来构建其要素供给量与要素价格之间关系的理论。

在作如此限定后，要素供给问题就有了一个明显的特点：消费者拥有的生产要素数量在一定时期内总是既定不变的。比如，消费者拥有的时间一天只有 24 小时，其可能的劳动供给不可能超过这个时间量；又比如，消费者拥有的土地量在既定时间也是固定的，则他可能提供的土地供给也将会是固定的，等等。

由于一定时期内资源总量是既定的，消费者只能将其拥有的全部既定资源的一部分作为生产要素来提供给市场。全部既定资源中除去供给市场的生产要素外，剩下的部分可称为"保留自用"的资源。因此，所谓要素供给问题可以看成是：消费者在一定的要素价格水平下，将其全部既定资源在"要素供给"和"保留自用"两种用途之间进行选择以获得总效用最大的问题。

三、消费者生产要素最优供给量决定的基本原则

（一）效用最大化的条件

消费者生产要素供给的目的是通过提供要素得到收入从而获得效用。那怎样才能实现效用最大化呢？显然，为获得最大的效用，消费者的要素供给量必须满足如下条件：作为"要素供给"的资源的边际效用要与作为"保留自用"的资源的边际效用相等。如果要素供给的边际效用小于保留自用的边际效用，则消费者会通过将原来用于"要素供给"的资源转移一部分到"保留自用"上去从而增加总的效用。反之，如果要素供给的边际效用大于保留自用的边际效用，消费者则会将原来用于"保留自用"的资源逐步转移到"要素供给"上去，直到两者的边际效用相等，最终实现要素供给的总效用最大目标。

（二）要素供给的边际效用

什么是要素供给的边际效用？显然，把资源作为生产要素供给市场本身对消费者来说并无任何效用。消费者之所以在市场上供给生产要素是为了获得大于要素经济成本的收入，也正是这种要素供给带来的收入对该要素所有者而言具有效用，因此，要素供给的效用是所谓的"间接效用"：要素供给通过收入与效用相联系，一种要素供给的效用是该要素供给量的复合函数：$U = U(Y(L))$。假设要素供给增量为 ΔL，由此引起的收入增量为 ΔY，而由收入增量所引致的效用增量为 ΔU，则通过对要素 L 求极限可以得到：

$$\frac{dU}{dL} = \frac{dU}{dY} \cdot \frac{dY}{dL}$$

　　式(9.1)中：dU/dL 为要素供给的边际效用，它表示要素供给量每增加一单位所带来的消费者效用增量；$\partial U/\partial Y$ 和 dY/dL 则分别为收入的边际效用和要素供给的边际收入。其中，要素供给的边际收入取决于要素间的最优组合与要素自身的质量。比如劳动要素供给的边际收入，既取决劳动与资本等要素的最优组合，又取决于劳动者自身教育训练等人力资本积累形成的质量状况。因此，式(9.1)表示：要素供给的边际效用等于要素供给的边际收入与收入的边际效用的乘积。

　　当要素市场为完全竞争的市场时，式(9.1)会有一些变化。因为此时单个消费者作为要素市场上众多要素所有者之一，是要素市场上的完全竞争者。它多提供或少提供一点要素供给量并不影响要素的市场价格。或者说，要素所有者所面临的要素需求曲线是一条水平直线。显然，在这种情况下，其要素供给的边际收入就等于要素的价格，即有：

$$\frac{dY}{dL} = W$$

　　由此，可以得到完全竞争条件下消费者要素供给的边际效用公式：

$$\frac{dU}{dL} = W \cdot \frac{dU}{dY} \tag{9.2}$$

　　(三)保留自用资源的边际效用

　　与要素供给提供间接效用相比，保留自用资源的情况稍稍复杂一些：它既可带来间接效用，亦可带来直接效用，其中更为重要的是直接效用。例如，对于消费者拥有的时间资源而言，如果不把时间作为劳动要素去供给市场，则可以将它用来做家务、看电影或干脆休息。显然，自用时间在这里是通过不同的途径产生效用的。在第一种情况下，它节省了本来需请别人来帮忙做家务的劳务开支，因而和要素的供给一样，可以说是间接地带来了效用，即通过节约开支相对增加收入从而间接增加效用；在后一种情况下，它则直接地增加了消费者的效用，因为它直接地满足了消费者的娱乐和健康的需要。

　　为了分析的简单，以后假定自用资源的效用都是直接的，即不考虑类似于上述时间可以用来干家务这类现象。若用 l 表示自用资源数量，则自用资源的边际效用就是效用增量与自用资源增量之比在自用资源增量趋于无穷小时的极限值 dU/dl，它表示增加一单位自用资源所带来的效用增量。

　　(四)消费者要素最优供给量决定的基本原则

　　借助于前面提到的要素供给的间接效用和保留自用资源的直接效用的概念，完全竞争条件下，可以将效用最大化条件表示为：

$$\frac{dU}{dl} = \frac{dU}{dY} \cdot W \tag{9.3}$$

或

$$\frac{\dfrac{\mathrm{d}U}{\mathrm{d}l}}{\dfrac{\mathrm{d}U}{\mathrm{d}Y}} = W \tag{9.4}$$

如果考虑有所谓的"收入的价格"W_y，则显然有$W_y = 1$。于是可以将式(9.4)写成：

$$\frac{\dfrac{\mathrm{d}U}{\mathrm{d}l}}{\dfrac{\mathrm{d}U}{\mathrm{d}Y}} = \frac{W}{W_y} \tag{9.5}$$

上式左边为资源与收入的边际效用之比；右边则为资源和收入的价格之比。注意这个公式与完全竞争条件下产品市场分析中的式(3.19)比较，背景与原理是完全一致的。

上述要素最优供给量决定的基本原则可以推导如下：设消费者拥有的单一既定资源总量为$\bar{L}$，资源价格为W，在该要素价格下，消费者的保留自用资源数量为l，从而其要素供给量为$\bar{L} - l$，从要素供给中得到的收入为$Y = W(\bar{L} - l)$。消费者的效用来自两个方面，即自用资源带来的直接效用和要素供给所获收入带来的间接效用，所以消费者的效用函数为$U(Y, l)$。消费者资源数量既定的条件下决定资源在要素供给和保留自用两种用途之间分配，所以约束条件为$(\bar{L} - l) + l = \bar{L}$，或者可以写成收入与要素供给量的关系，即：$Y + W \cdot l = W \cdot \bar{L}$。

于是消费者最优供给量决定的问题可以表述为：在约束条件$Y + W \cdot l = W \cdot \bar{L}$下使效用函数$U = U(Y, l)$达到最大。

建立拉格朗日函数：$U = U(Y, l) + \lambda(Y + W \cdot l - W \cdot \bar{L})$

求拉格朗日函数的一阶偏导数，并分别令其等于零，得到如下三个等式：

$$\frac{\partial U}{\partial Y} = \frac{\partial U}{\partial Y} + \lambda = 0 \tag{1}$$

$$\frac{\partial U}{\partial l} = \frac{\partial U}{\partial l} + \lambda W = 0 \tag{2}$$

$$\frac{\partial U}{\partial \lambda} = Y + W \cdot l - W \cdot \bar{L} = 0 \tag{3}$$

联立等式(1)、(2)并求解，即有

$$\frac{\dfrac{\partial U}{\partial l}}{\dfrac{\partial U}{\partial Y}} = W$$

上式意味着消费者既定的一种要素资源总量在保留自用与市场供给之间的最优配置的条件是：自用资源的边际效用与收入消费的边际效用之比必须等于要素的价格。

非完全竞争条件下，实现总效用最大化的要素供给量决定原则留给读者自己去推导。

四、生产要素供给曲线

(一)完全竞争条件下的讨论

1. 完全竞争厂商面临的生产要素供给曲线

在第六章完全竞争条件下产品市场的分析中已知，单个厂商只是市场价格的接受者而不是市场价格的制定者，所以，给定市场价格 P，单个厂商所面临的产品需求曲线是一条水平线。完全竞争条件下要素市场中的分析具有相似性。从完全竞争条件下要素市场的基本属性看，单个厂商只是既定要素价格的接受者，不能够影响生产要素的价格，面临的生产要素供给曲线具有无穷大的弹性，是一条水平供给曲线。图 9-1(b)中的 AE 为平均支出曲线(average expenditure curve, AE)，代表了厂商为每单位可变要素支付的价格，ME 为边际支出曲线(marginal expenditure curve, ME)，代表了厂商为购买额外一单位可变要素的支出。AE 曲线就是当要素市场价格为 P_e 时完全竞争厂商所面临的一条要素供给曲线，是一条与横轴平行的水平线，并且显然有 $ME = AE$。

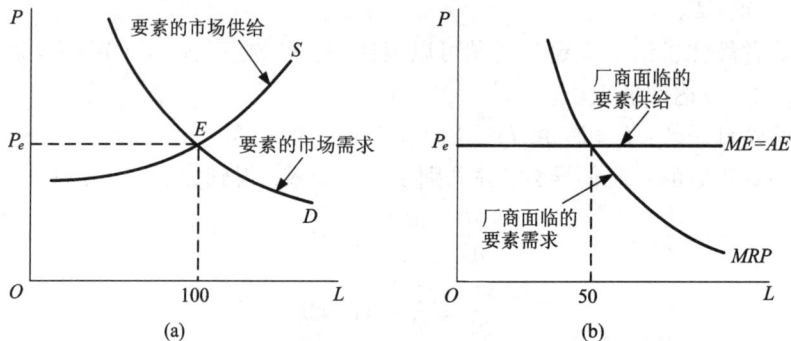

图 9-1 完全竞争条件下的要素供给曲线

虽然 AE 曲线是水平线，但不代表它的水平位置是不变的。AE 曲线水平位置的变化取决于市场要素需求行为(D 曲线移动)与市场要素供给行为(S 曲线移动)的变化。如果市场的要素供给曲线 S 或要素需求曲线 D 的位置发生移动，就会形成新的要素市场均衡价格，相应地会形成另一条从新的均衡价格引出的平行于横轴的厂商面临的要素供给曲线。在图 9-2 中，如果要素市场需求曲线 D_1 增加至 D_2 而要素供给曲线 S_1 不变，市场均衡点便

由 E_1 移至 E_3，均衡价格由 P_1 升至 P_3，AE_1 曲线随之向上平行移动至 AE_3；如果要素市场供给曲线 S_1 左移至 S_2 而要素需求曲线 D_2 不变，市场均衡点便由 E_3 移到 E_2，均衡价格由 P_3 升至 P_2；AE_3 曲线随之上平行移动至 AE_2。反过来的情况，读者也可以自己推出。不管怎么变化，完全竞争条件下单个厂商面临的要素供给曲线 AE 总是呈水平线状况。

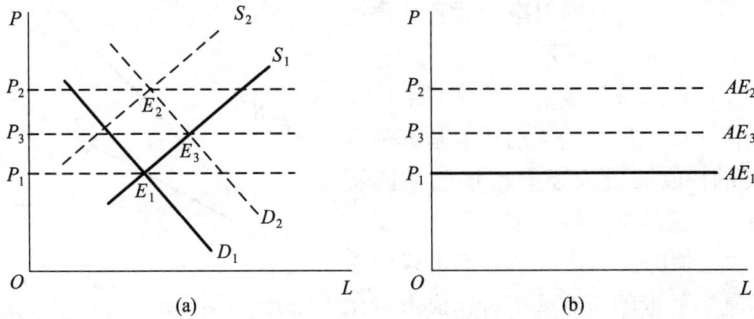

图 9 – 2　完全竞争条件下要素价格变动与厂商面临的要素供给曲线变动

2. 完全竞争市场的生产要素供给曲线

如图 9 – 1(a) 所示，完全竞争市场面临的生产要素供给曲线不同于完全竞争厂商面临的生产要素供给曲线。完全竞争厂商面临的生产要素供给曲线是水平的，而在长期内，一般认为一种要素供给和要素的价格是正相关的，即完全竞争市场面临的生产要素供给曲线通常是向右上方倾斜的①。为什么前者会向右上方倾斜呢？第六章的讨论已经提到，完全竞争的产品市场中，一种商品的供给曲线随着生产的边际成本递增而向右上方倾斜，具有正的斜率。在完全竞争条件下的要素市场，一种生产要素的供给同样也以递增的边际成本生产，其供给曲线同样向右上方倾斜，同样具有正的斜率。

(二)非完全竞争条件下的讨论

如同第八章对要素市场结构的分析，非完全竞争条件下的要素供给也需要分几种情况进行讨论。

1. 买方垄断要素市场厂商面临的生产要素供给曲线

由于买方垄断的要素市场中厂商具有唯一性，因此，买方垄断厂商面临的生产要素供给曲线就是买方垄断市场的生产要素供给曲线。此时，厂商所面临的要素供给曲线在现行价格水平下并不具有完全弹性。在图 9 – 3 中，S_L 曲线表示买方垄断厂商所面临的要素供给曲线，它是一条向右上方倾斜的曲线，它表示要素的市场供给量随要素价格的上升而

---

①　实际上，一种要素的市场供给曲线可以向上倾斜或垂直，甚至可能斜率为负，后面会有所涉及。

增加。

如果要素供给函数为线性的，即可表示为：

$$W = a + bL$$

则 $$MFC = W + L \cdot (dW/dL) = a + bL + bL = a + 2bL$$

因此，要素边际成本曲线与要素供给曲线在
纵轴上的截距相等，但前者的斜率为后者斜率的
2倍。

买方垄断厂商的形成主要有三个来源：一是
厂商业务专业化。如果厂商购买的要素是其他厂
商所不能购买的，他即成为要素市场的垄断买
主。二是厂商在区域的唯一性。如果厂商在某一
个区域是唯一的，他即成为该区域要素市场的垄
断买主。三是某一要素的所有购买者达成卡特尔
式垄断协议。

2. 卖方垄断要素市场厂商面临的生产要素供
给曲线

包括"只雇用内部会员"行业的工会、生产特
种资本装备的卡特尔以及控制稀缺资源供给的厂
商。如图9－4所示，水平线 S_L 表示某个厂商面临
的要素供给曲线，也即厂商的要素边际成本曲线。
由于卖方垄断厂商在产品市场是垄断者，但在要
素市场是完全竞争的，因此，S_L 同时为卖方垄断市
场厂商面临的生产要素供给曲线。

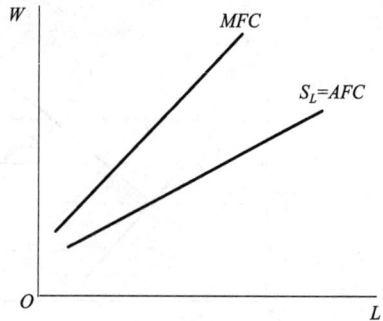

图 9－3　买方垄断市场的要素供给

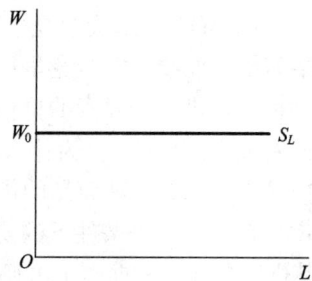

图 9－4　卖方垄断市场的要素供给

五、完全竞争要素市场供求均衡和价格决定

当一种投入生产要素的价格使得要素的需求数量等于供给数量时，该竞争性的要素市
场便达到均衡。我们可以用图9－5(a)来表示劳动市场上的这种均衡。如图9－5(a)所
示，在完全要素竞争市场条件下，在均衡点 A 处，均衡工资是 W_C，均衡供给数量是 L_C，在
完全竞争市场条件下，所有的被雇用劳动者都会得到相同的工资，并且产生相同的劳动边
际收益产品(MRP_L)。

如果产品市场也是完全竞争的，那么生产要素投入品的需求曲线即该产品消费者的收
益，这是消费者对生产要素投入品在生产过程中额外使用的收益。工资还反映厂商和社会

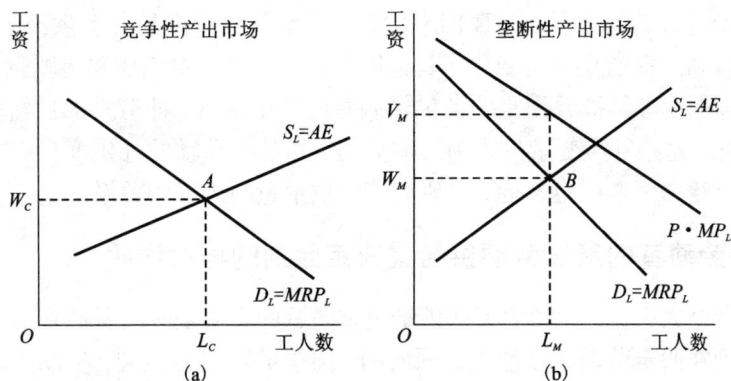

图 9 – 5　劳动市场的均衡

使用一额外单位投入品的生产成本。因此，图 9 – 5(a)中的 A 点也表示一小时劳动的边际收入等于其边际成本。

　　当产品市场和要素市场都是完全竞争时，资源得到了有效利用，因为总收益与总成本之间的差额扩大了。厂商雇用一额外单位劳动得到的额外收入(劳动的边际收益产品 MRP_L)等于额外产出的社会收益，它由产品的价格乘以劳动的边际产出 $P \cdot MP_L$ 给出。

　　当产品市场不是完全竞争时，条件 $MRP_L = P \cdot MP_L$ 不再成立。于是在图 9 – 5(b)中，代表产品价格乘以劳动边际产量 $P \cdot MP_L$ 的曲线处在边际收益产品曲线 MRP_L 的上面。点 B 是均衡工资 W_M 和均衡劳动 L_M 的点。但是，$P \cdot MP_L$ 是消费者对额外劳动投入的估价。因此，当 L_M 的劳动者被雇用时，厂商的边际成本 W_M 小于社会的边际收益 V_M。厂商使其利润最大化了，但是由于其产出小于有效水平，厂商使用的投入品也小于有效水平。如果有更多的劳动者被雇用，经济效率将上升，最终产出会增加。

第二节　劳动供给曲线和工资的决定

　　劳动是消费者拥有的第一种原始生产要素。劳动供给是指劳动服务的供给，是作为劳动者的消费者愿意在有收益的活动中工作的时数。上一节厂商面临的劳动要素供给曲线不是指某一劳动要素所有者的个人供给，而是指厂商面临的全部劳动要素所有者的供给。为什么呢？就劳动要素所有者个人而言，劳动力是一种特殊的要素商品，这种商品潜藏于劳动者个人身上，其供给是由劳动力本身决定的而不是由厂商决定的，如果从劳动要素所有者个人角度出发来考虑要素供给，那么此时最优劳动要素供给量决定的原则就是消费者效用最大化而不是厂商利润最大化。

在影响劳动者劳动供给量的主要因素中，工资水平被看作是劳动供给函数的自变量，即劳动的供给量随工资的变化而变化。其他因素包括劳动者对工作和闲暇选择的偏好、人口规模、受教育程度等都被看作是劳动供给函数的外生变量，即劳动的供给量不随这些因素的变化而变化，这些外生变量只作为影响劳动供给曲线移动的外生变量。在此我们假定其他影响劳动供给的因素固定不变，只研究劳动供给量与工资的关系。

一、单个劳动者的最优劳动供给量决定原则的再次说明

对于劳动者个人来说，劳动要素的供给决定问题的实质是时间资源在劳动和闲暇之间的分配问题。现在假定劳动在技能上是同质的，岗位的吸引力相同，劳动力市场是完全竞争的，消费品价格不变，劳动者个人花费自己的全部收入，因而收入的增加直接转化成消费的增加。式(9.3)及其推导式体现的是基数效用分析思想，还可从假设条件更加宽松的序数效用思想角度再进行分析。

(一)劳动和闲暇的假定

在劳动者个人既定的时间资源中，假定他每天可以自由支配的时间为 16 小时(24 小时 - 8 小时睡眠)，且这 16 小时只使用于劳动与闲暇两种用途。劳动是有报酬的活动，而闲暇是无报酬的活动，经济学家将闲暇定义为一个人可以自由支配的时间，如看电视剧、玩电子游戏、外出旅游等。闲暇是个人特色培育、生活质量提升的源泉。对于闲暇时间的分配取决于个人偏好，但在此假设所有的闲暇都是纯消费性质的，即所有的闲暇都是可以直接带来效用的。

在上述假定之下，消费者的劳动供给，实质上就是消费者依据效用理论如何决定其既定的全部时间资源在闲暇和劳动供给两种用途之间进行分配。这两种时间分配转化为进行两种"消费品"的消费，即"享受工作"和"享受闲暇"。"享受工作"可以带来收入，收入可购买商品，商品消费可以给消费者带来效用。所以"享受工作"带来的效果是间接效用，而"享受闲暇"带来的效果是直接效用，消费者通过对这两种"消费品"进行合理组合，以实现总效用最大化目标。

(二)单个劳动者的最优要素供给量决定原则的再次说明

享受闲暇是有代价的，放弃工资收入就是闲暇的机会成本。这可以用实际工资率来度量。如闲暇 1 小时，就失去 1 小时收入，而这些收入就是实际购买力，可购买商品用于消费。用无差异曲线与预算线工具，通过图 9-6 可进一步说明式(9.3)表明的单个劳动者最优要素供给量决定的原则，亦即单个劳动者的工作和闲暇时间分配的最优选择。设横轴 l

为每日闲暇时间，纵轴 Y 为货币收入或商品消费①，$\overline{Y}$ 为非劳动要素收入，U_0、U_1、U_2 为劳动者关于收入与闲暇之间的无差异曲线，$U_0 < U_1 < U_2$，即较高的无差异曲线代表较高的效用水平。假设个人每天有 $\overline{L}$ 单位的时间和 $\overline{Y}$ 单位的固定非要素收入，且通货膨胀率为零。如果 l 为 0，即全部时间用于劳动的供给，将得到的要素收入则为 $\overline{L} \cdot W$，从而全部收入为 $K = \overline{L} \cdot W + \overline{Y}$；如果 $l = \overline{L}$，则全部收入为 $\overline{Y}$，因此，连接 K、E 线，就是消费者关于收入与闲暇的预算线。在切点 G^* 上，有无差异曲线的斜率等于预算线的斜率。

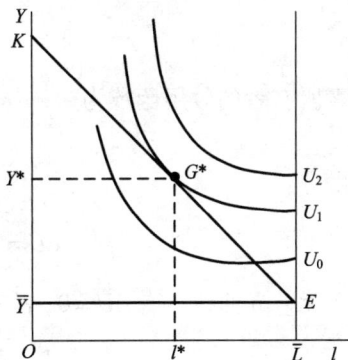

图 9 - 6 要素市场供给的原则：无差异曲线分析

根据预算线斜率的定义，切点 G^* 上，该预算线的斜率为 $-\dfrac{K - \overline{Y}}{\overline{L}} = -W$；无差异曲线的斜率可以表示为 $\dfrac{\mathrm{d}Y}{\mathrm{d}l}$；这是因为无差异曲线是二元函数 $U = U(Y, l)$，当 $U = U^0$ 时，$Y = U^0 \varphi(l)$ 在坐标图中的表示。切点 G^* 上，"无差异曲线的斜率等于预算线的斜率"可以表示为：

$$\frac{\mathrm{d}Y}{\mathrm{d}l} = -W \quad \text{改写为} \quad -\frac{\mathrm{d}Y}{\mathrm{d}l} = W \tag{9.6}$$

这一推导式的含义是消费者为增加一单位自用资源所愿意减少的收入量等于必须减少的收入量 W。如果 $\left|\dfrac{\mathrm{d}Y}{\mathrm{d}l}\right| > W$，则意味着消费者增加一单位自用资源的边际效用超过"供给市场"的边际效用；如果 $\left|\dfrac{\mathrm{d}Y}{\mathrm{d}l}\right| < W$，则意味着消费者增加一单位自用资源的边际效用小于"供给给市场"的边际效用。

单个劳动者的时间在劳动与闲暇之间的最优分配，或者可以称之为"时间预算"，这种"时间预算"受到的限制要比收入预算严格得多，因为每天只有 $\overline{L}$ 小时可供自由支配。在预算约束条件下，时间的最优分配即总效用最大化的条件是：预算线的斜率 = 无差异曲线的斜率。也就是说，预算线和无差异曲线的切点 G^* 是最优组合点。此时，闲暇对收入的边

① 纵轴为什么不同横轴一样设置成"工作时间"而是设置成为收入 Y？这是因为序数效用条件下，消费者劳动要素要在保留自用与市场供给之间效用最大化目的下进行配置时，保留自用的边际效用是直接与时间挂钩；市场供给的边际效用是直接与收入挂钩，收入再与时间挂钩。基于直接挂钩的思考，纵轴选用 Y 表示，横轴选用 l 表示。

际替代率 MRS 等于劳动者能挣得的工资率 W。可以证明，在切点 G^* 上，有：

$$W = -\frac{dY}{dl} = \frac{\partial U}{\partial l} \bigg/ \frac{\partial U}{\partial Y} = \frac{MU_l}{MU_Y}$$

设要素所有者的效用函数为

$$U = U(Y, l)$$

求全微分：

$$dU = \frac{\partial U}{\partial Y} \cdot dY + \frac{\partial U}{\partial l} \cdot dl$$

由于在无差异曲线上有 $dU = 0$，故有

$$\frac{\partial U}{\partial Y} \cdot dY + \frac{\partial U}{\partial l} \cdot dl = 0$$

解之即得

$$-\frac{\partial U}{\partial l} = \frac{\partial Y}{\partial l} \bigg/ \frac{\partial U}{\partial Y}$$

与式(9.6)的结论一致。

例如：闲暇对收入的边际替代率 $MRS = 2$，即消费者为增加 1 单位的闲暇愿意放弃 2 单位的收入。如果某一工人的实际工资为 4 单位，即多工作 1 单位时间可挣得 4 单位收入，然而，因为多工作 1 小时可多得到 2 单位(4−2)的收入，即此时的工资率是 MRS 的 2 倍，这不符合总效用最大化的要求。因为，多工作 1 小时可多得到 2 单位(4−2)的收入。在此情况下，闲暇变得昂贵了。所以该工人会减少闲暇，直到工资率等于边际替代率为止，此时才能实现要素供给总效用的最大化。

二、单个劳动者的劳动供给曲线推导

劳动供给曲线可以分为个人的劳动供给曲线与市场的劳动供给曲线两种。若以成年劳动者为例，那么个人的劳动供给曲线就可以通过个人对工作和闲暇的选择过程来推导。

从比较静态分析看，单个劳动者的收入水平并不是既定的，在其他条件不变时，取决于其愿意付出的劳动时间和劳动强度的大小。这样，单个劳动者就面临着如何在收入与闲暇之间取舍的问题。在图 9−6 的基础上，用图 9−7 找出长期中单个劳动者多个工作和闲暇的最优组合点，这一系列最优组合点的连线称之为价格扩展线 PEP，在此基础上进一步利用图 9−8 推导出劳动供给曲线。

如图 9−7，假设纵轴为收入 Y，横轴为休闲量 H。假定劳动价格即工资为 W_0，$\bar{L} = 16$，则最大可能的收入为 $K_0 = 16 \cdot W_0 + \bar{Y}$，于是 EK_0 就是消费者在工资为 W_0 条件下的预算线，EK_0 与无差异曲线 U_0 相切于 A 点，最优闲暇量为 H_0，如果工资上涨到 W_1，再上涨到 W_n，则

预算线绕着 E 点顺时针转动到 EK_1 和 EK_2，分别与无差异曲线 U_1 和 U_2 相切于 B 点和 N 点，所对应的最优闲暇量分别为 H_1 和 H_n，把一系列诸如 A、B、N 等均衡点连接起来形成的曲线叫价格扩展线，它表明了工资变化过程中，消费者对工作和闲暇选择的最优组合的变化。

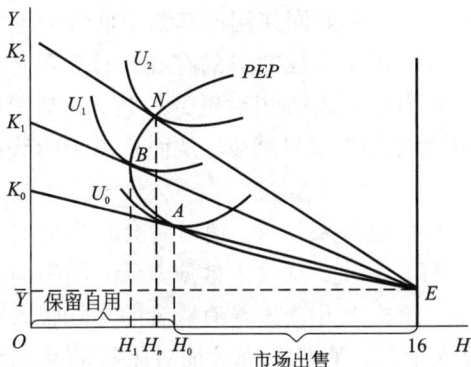

图 9 – 7　时间在闲暇与工作之间的分配

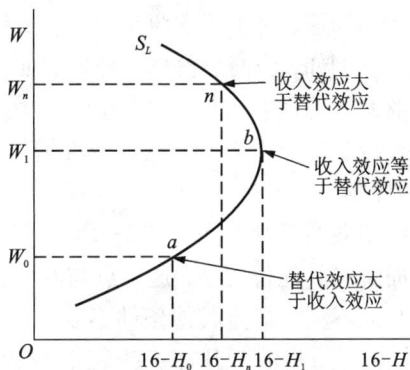

图 9 – 8　长期劳动供给曲线

进一步，可利用价格扩张线推导长期中单个劳动者劳动供给曲线。当工资从 W_0，W_1，……，W_n 的变化过程中，消费者的最优闲暇量为 H_0，H_1，……，H_n，则相应剩下的时间就是用于工作的时间，于是劳动供给就是 $(16-H_0)$，$(16-H_1)$，……，$(16-H_n)$，另建纵轴为工资 W、横轴为 H 的图 9 – 8，于是可在图 9 – 7 中得到劳动供给曲线上的 a 点 $(W_0, 16-H_0)$，b 点 $(W_1, 16-H_1)$，……，n 点 $(W_2, 16-H_n)$，把 a、b、n 这样的既定工资下的最优劳动量供给的点连接起来，称劳动供给曲线，它表明了工资变化过程中，满足消费者总效用最大化的最优劳动供给量的变化。

单个劳动者的劳动供给曲线与一般商品的供给曲线不同。图 9 – 8 描述的劳动者短期供给曲线有一正的斜率，然而长期中的劳动供给曲线有一段"向后弯曲"的部分。当工资较低时，随着工资的逐步上升，劳动者会逐步减少闲暇，逐步增加劳动供给量。但是，当工资涨到一定程度后，劳动的供给量不但不会逐步增加，在临界点 b 后反而会逐步减少。劳动供给曲线的这个特点也可以从图 9 – 7 中看出，工资从 W_0 上涨到 W_1 的过程中，消费者的闲暇量从 H_0 减少到 H_1，但是当工资从 W_1 进一步上涨到 W_n 的过程中，消费者的闲暇量反而从 H_1 增加到 H_n 了，闲暇量的先减后增，也就意味着劳动量的先增后减。

长期中单个劳动者劳动的供给曲线为什么会向后弯曲？劳动的供给曲线向后弯曲其实也就是闲暇商品的需求曲线为什么向前上斜。我们可以换一个角度来研究这个问题，首先，劳动的供给就是闲暇的需求的反面。在时间资源总量既定的情况下，劳动供给的增加就是闲暇需求的减少，两者之间存在着反方向变化关系。其次，劳动的价格——工资就是闲暇的机会成本，增加了一单位时间的闲暇，意味着失去本来可以得到的一单位劳动的收入——工资，于是工资也就是闲暇的价格；所以，劳动供给量随工资的变化而变化的关系即劳动供给曲线，也可以用闲暇需求量随闲暇价格的变化而变化的关系即闲暇需求曲线来加以说明。

我们知道，对于正常商品而言，替代效应和收入效应的共同作用使其需求曲线向右下方倾斜。例如，当商品价格上涨时，如其他条件不变，由于替代效应的存在，消费者对该消费商品的选择会增加；而由于收入效应的存在，消费者会变得相对更穷一些，于是消费者就会减少甚至不买该商品。两种情况的共同作用都使得需求量减少，从而其需求曲线向右下方倾斜。

但闲暇商品则不同。首先，当工资上涨时，从替代效应来分析，消费者会减少对它的购买而转向其他替代品，这一点与其他正常商品一样。其次，从收入效应来看，闲暇商品完全与众不同。假定其他条件不变，对于一般商品，价格上升意味着消费者的实际收入下降，但闲暇价格的上升却意味着消费者的实际收入上升，消费者将增加对闲暇商品的消费。结果，由于收入效应，闲暇需求量与闲暇价格的变化相同。这样一来，在一般正常商品场合在同一方向起作用的替代效应和收入效应，在闲暇商品场合却起相反的作用。因此，在工资上涨时，随着闲暇价格的上升，闲暇商品的需求量究竟是下降还是上升要取决于两种效应强度的大小比较。如果替代效应大于收入效应，则闲暇商品需求量随其价格上升而下降，于是单个劳动者的劳动供给曲线会向右上方倾斜；如果收入效应大于替代效应，则闲暇需求量随其价格上升而上升，于是单个劳动者的劳动供给曲线会向右下方倾斜；如果收入效应等于替代效应，则闲暇需求量不随其价格变化而变化，于是单个劳动者的劳动供给曲线不会受到工资变化影响。而收入效应与替代效应哪种效应强度更大，又取决于劳动者个人价值判断的变化。经验数据表明，在较低的收入水平阶段，当工资上涨时，人们一般会增加工作时间，从而挣得更多工资，工资上升时闲暇的替代效应会大于收入效应；在较高的收入水平阶段，当工资上涨时，人们一般会减少工作时间，从而赢得更多休闲，工资上升时闲暇的收入效应会大于替代效应。中国改革开放的 35 年中，工资水平有了巨大的增加，但人们的工作时间却并没有多大变化，就是一个例证。需要再次说明的是，前述中提到的"其他条件不变"这一前提条件很重要。如果其他条件发生了变化——比如说消费品的价格发生变化，则单个劳动者向后弯曲的供给曲线就不成立了。综合几种不同情况的结果，就可以得到向后弯曲的单个劳动者的劳动供给曲线，如图 9 - 8 所示。

三、完全竞争条件下劳动市场均衡及工资的决定

完全竞争条件下，将所有单个劳动者的劳动供给曲线水平相加，即得到整个市场的劳

动供给曲线。尽管许多单个劳动者的劳动供给曲线可能会向后弯曲，但劳动的市场供给曲线却不会如此。因为劳动总供给量受以下因素影响而变动：单个劳动者愿意工作的时数、愿意工作的劳动者数量以及劳动力地区流动(移民)状况。在较高的工资水平上，现有工人也许不肯提供较多的劳动，但高工资会吸引新的工人进来，20 世纪下半叶以来，由于科技进步加快，人们在接受教育与培训过程中日益积累起更多的有价值的技术与知识——人力资本积累加快，工资有了较大的提高，但同时妇女与未成年人参加劳动的比重也大幅度提高，劳动总供给量增加，因而总的市场劳动供给曲线仍然是向右上方倾斜的，如图 9-9 的 S_L。

　　将图 8-5(b)描绘的向右下方倾斜的一种可变生产要素 L 的市场需求曲线 D_L 和本章描绘的向右上方倾斜的劳动市场供给曲线 S_L 综合起来，即可决定均衡工资水平及其变化。如图 9-9，劳动市场需求曲线 D_L 和劳动市场供给曲线 S_L 的交点 E 点为市场均衡点，此时的均衡工资为 W_0，均衡劳动数量为 L_0。当工资水平高涨至 W_1 时，劳动供给超过了劳动需求；当工资水平下跌至 W_2 时，劳动供给不能满足劳动需求。两种情况都会导致工资水平的变化，进而引起劳动供给变化，最终达到均衡状态。

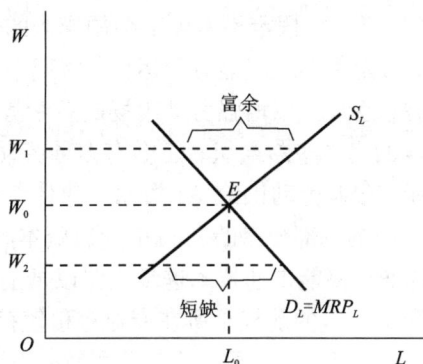

图 9-9　均衡工资的决定

四、非完全竞争条件下劳动市场均衡与工资的决定

　　非完全竞争条件下的劳动者工资决定取决于劳动者在劳动供求市场的实际地位，而实际地位主要取决于劳动力市场的总量供给及劳动者作为卖方在劳动市场中的组织化程度，并通过劳动供给曲线的斜率变化表现出来。非完全竞争条件下的劳动市场有两种极端类型：产品市场完全竞争时劳动市场买方垄断与卖方垄断；产品市场非完全竞争时劳动市场买方垄断与卖方垄断。本章只讨论前一种情况。

　　(一)买方垄断情况

　　买方垄断市场下，假设市场只有一个买主，如图 9-10，这时唯一买方面对着一条向右上方

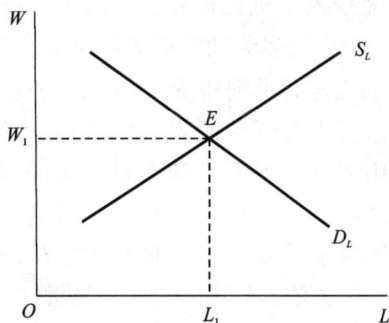

图 9-10　买方垄断市场下的劳动均衡

倾斜的劳动供给曲线 S_L。但买方垄断厂商并没有单一的要素需求曲线，买方垄断市场的劳动要素需求就是买方垄断厂商的劳动要素需求，也就没有严格意义上的劳动要素需求曲线，而只存在大致向右下方倾斜的劳动要素需求曲线。若此时的均衡点为 E，则劳动要素的均衡价格与均衡产量分别为 W_1、L_1。

(二)卖方垄断情况

在欧、美等西方一些市场经济发达国家，劳动市场的卖方垄断是以工会组织出现并有效运作为标志的。工会的主要手段是组织工人罢工，以实施集体退出劳动要素市场的威胁。尽管工会组织的势力一直呈下降之势，但是只要有工会组织的存在就会在一定程度上形成劳动要素的卖方垄断。在对要素市场卖方垄断情况进行分析之前，我们先要做以下两个假定：第一，假定不考虑工会领导人的个人抱负，他们只是表达全体会员意愿的代言人；第二，假定工会组织能有效运作，短期中他们能将劳动者团结起来，以集体的形式向劳动市场提供劳动，以增强劳动市场的垄断势力。因此，可以将一些西方国家的工会看作是劳动市场的卖方垄断组织。工会有多种劳动供给点的选择，短期它常常通过迫使厂商增加劳动需求、限制劳动供给、工资水平集体谈判甚至通过政治程序等来提高劳动工资水平，以夺走厂商的一部分垄断利润和(或)资本收益，帮助实现工人的收入水平与就业水平的最大化，除非厂商能走通技术进步之路以抵消工会组织有效运作的影响。但工会组织通过上述方式争取利益的前提是所在产业有租值存在[①]，获得的短期利益却是以工作岗位长期损失为代价的。但是，中国工会现阶段暂时没有西方国家工会那样的职能和作用。一般情况下，工会组织可以通过以下四个途径来影响劳动供给，并与劳动需求方共同决定均衡工资水平。

(1)增加对劳动的需求。如图 9-11 所示。劳动的初始需求曲线 D_0 与劳动的供给曲线 S 相交于 E_0 点，决定了均衡工资水平为 W_0，均衡就业水平为 L_0。在劳动供给不变的情况下，在厂商已经投入了机器设备、厂房等沉没成本的情况下，工会代表劳动者集体与雇主谈判：增加对劳动的需求，否则将受到罢工等手段的威胁与制裁。雇主对劳动的需求增加后，劳动的需求曲线由 D_0 向右平行移动到 D_1，新的劳动需求曲线 D_1 与劳动供给曲线 S 相交于 E_1 点，决定了均

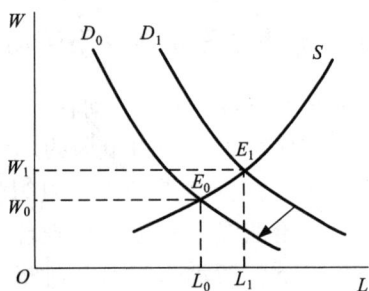

图 9-11　工会增加劳动需求

衡的工资水平为 W_1，就业水平为 L_1，工人的目标得以实现。现实中工会迫使资方增加劳动需求的方法有以下几种：一是增加出口，限制进口；二是反对用机器替代工人，反对失

---

① 有关租值的讨论见本章第三节。

业；三是限定工作时间，使一人做的工作分出部分给他人做而增加就业量。

（2）减少对劳动的供给。如图 9 - 12 所示。劳动的初始供给曲线 S_0 与劳动的需求曲线 D 相交于 E_0 点，决定了均衡工资水平为 W_0，均衡就业水平为 L_0。现在的工会可以代表劳动者集体与雇主谈判，从而可以通过增加对劳动者用工的约束来减少对劳动的供给。一般可以通过以下几种方式来对劳动者进行约束：一是强制退休；二是禁止使用童工；三是限制移民；四是减少工作时间。如果工会与雇主进行谈判时雇主不愿与工会达成一致意见，那么雇主就将受到罢工等手段的威胁与制裁。劳动的供给减少后，劳动的供给曲线由 S_0 向左平行移动到 S_1，新的劳动供给曲线 S_1 与劳动需求曲线 D 相交于 E_1 点，决定了均衡的工资水平为 W_1，就业水平为 L_1，结果就业工人的工资水平上升，就业水平却下降。工人的目标部分得以实现。

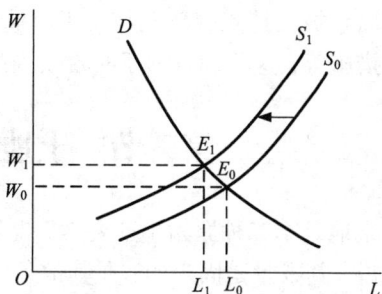

图 9 - 12　工会减少劳动供给

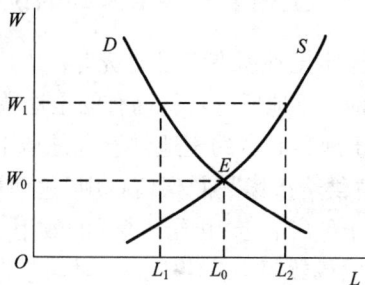

图 9 - 13　工会工资集体谈判

（3）工资水平集体谈判。这种谈判有两个层面的含义：一是工会代表劳动者集体与雇主谈判；二是工会迫使政府通过立法规定最低工资，将工资维持在一定水平上。由工会组织代表劳动者集体与雇主谈判比单个劳动者与雇主一对一谈判更具有的优势，凭借这种优势就可以形成垄断势力，从而有利于为劳动者争取更大的福利。如图 9 - 13 所示。劳动的初始供给曲线 S 与劳动的需求曲线 D 相交于 E 点，决定了均衡工资水平为 W_0，均衡就业水平为 L_0。现工会代表劳动者集体与雇主谈判。如果工资率低于 W_1，雇主将得不到任何劳动力；而在 W_1 的工资水平上，将可以得到 L_1 的劳动力；当工资水平高于 W_1 时，雇主可以得更多的劳动力。但也容易在某程度上忽略劳动者的个体差异而把工资平均化，会直接导致在议定的工资水平之上愿意提供劳动的 L_1L_0 的劳动者被挤出劳动市场，同时还吸引 L_0L_2 的劳动者加入劳动市场，两部分的迭加将导致数量为 L_1L_2 的劳动者失业；不仅如此，由此引发的劳动供给大于劳动需求，排队找工作、委托中介等交易费用就可能增加，并因此抵消工资增加的一部分，实际工资并没有因为最低工资法而得到意愿中的提高幅度，充分就业问题变得更加严峻。

（4）通过政治程序。第一，工会可以组织其会员积极参与要求提高最低工资的斗争；

第二,工会可以积极呼吁要求更加安全的工作条件和高就业政策的出台与实施;第三,工会可以积极支持限制童工与女工就业门坎的运动和打击非法用工、限制移民、限制进口的政策措施等,这些都有利于实现工人的收入水平与就业水平的最大化和最优化。

第三节　土地的供给曲线与地租的决定

土地是第二种原始生产要素,也是厂商经营活动的最基本要素。就一个国家的全部土地来说,其数量是固定的,在其他条件不变时,土地的"自然供给"量固定不变,不会随着土地价格的变化而变化,对价格完全缺乏弹性。但是土地的"市场供给"量也是否与土地价格无关呢?答案是肯定的。

一、土地要素供给原则的说明及其供给曲线

假定土地所有者是消费者,其行为目的仍然是效用最大化。在不考虑围海造地等人为情况时,土地所有者所拥有的土地数量在一定时期内也是既定的。和劳动的供给问题相类似,土地所有者的土地供给也是指土地服务的供给,也是要解决如何将既定数量的土地资源在"供给市场"和"保留自用"这两种用途上进行分配从而获得最大的效用。

土地所有者"供给市场"的效用也是间接效用:通过供给土地获得收入,收入用于商品消费取得效用。若用 Y 表示供给土地能带来的收入,q 表示自用土地数量,则土地所有者的效用函数为:

$$U = U(Y, q) \tag{9.7}$$

土地所有者"保留自用"的土地可以用来建造花园或游泳池等,这些消费性使用能增加土地所有者的效用,但一般来说,土地的消费性使用只占土地的一个微小部分,不像时间的消费性使用占去全部时间的较大部分。如果不考虑土地消费性使用这个微小部分,即不考虑土地的保留自用的效用,则自用土地的边际效应为零,土地要素的用途全部为"供给市场",土地所有者的效用函数只取决于土地供给市场带来的收入(随之用于消费),即效用函数为:

$$U = U(Y) \tag{9.8}$$

在这种情况下,土地所有者为了获得最大效用就必须使土地收入达到最大(这里显而易见,效用函数为收入的递增函数),而为了土地收入最大就必须尽可能多地供给土地。由于土地所有者拥有的土地数量是固定的,由于假定只有一种用途,即该用途的机会成本为 0,所以不论土地价格 R 为多少,土地所有者都会将他全部的土地 $\overline{Q}$ 都供给出去,单个土地所有者的供给曲线将垂直于横轴。如图 9 – 14,横轴表示土地数量,纵轴表示地租,其供给曲线表现为一条垂直线,土地的供给曲线完全没有弹性。

图 9-14 中的供给曲线也可以通过 9-15 中的无差异曲线分析方法得到。图 9-15 中，横轴 Q 表示自用土地数量，纵轴 Y 表示供给土地可以获得的收入，土地所有者拥有的全部土地数量为 $\overline{Q}$，非土地收入为 $\overline{Y}$。由于自用土地的边际效用为零，当自用土地数量增加时，土地所有者的总效用水平不变；土地所有者会尽可能减少土地自用量，于是设土地自用量为零。此时，可借用图 9-7 来近似地描述，只是 H 改为自用土地量：效用无差异曲线与预算线的切点均落在纵轴上，所以无差异曲线为水平状态。当土地价格为 R_0 时，预算线为 EK_0，最大效用水平为 U_0，自用土地数量为零，供给市场的数量为 $\overline{Q}$；当土地价格提高到 R_1 时，预算线顺时针转动到 EK_1，与更高的无差异曲线 U_1 相交于 K_1 点，自用土地数量仍然为零，供给市场的数量仍然为 $\overline{Q}$。所以不论土地价格为多少，土地供给量总是 $\overline{Q}$，所以土地供给曲线是垂直的。

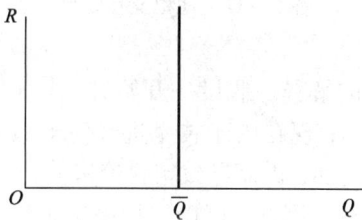

图 9-14 土地的供给曲线

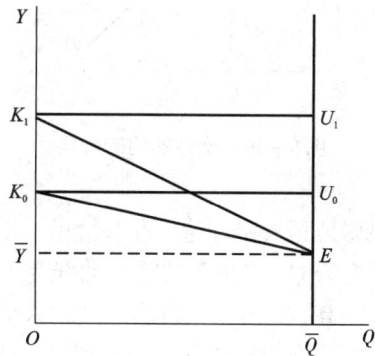

图 9-15 土地供给的无差异曲线分析

值得注意的是，在上面的讨论中，土地供给曲线之所以垂直，并不是因为自然赋予的土地数量是固定不变的，而是因为假定了土地的自用效应为零。由于土地只有一种用途，则在该种用途上的土地供给曲线是垂直的。这个结论不仅适用于土地，对于任何其他资源也同样适用，即某种资源若只有一种用途，则其机会成本为零，那么这种资源对该种用途的供给曲线就一定是垂直的。

二、地租的决定

将所有单个土地所有者的土地供给曲线水平相加，即得到整个市场的土地供给曲线。再将向右下方倾斜的土地的市场需求曲线与土地的供给曲线结合起来，即可决定使用土地服务供给的均衡价格。图 9-16 中，土地需求曲线 D 与土地供给曲线 S 的交点是土地市场的均衡点。该均衡点决定了土地服务的均衡价格 R_0。

当土地供给曲线垂直时，它与土地需求曲线的交点所决定的土地服务价格具有特殊意义：人们常常称之为"地租"。参见图 9 – 17 的 R_l。由于此时土地的供给曲线垂直且固定不变，故地租完全由土地的需求曲线决定，而与土地的供给曲线无关。也就是说，地租随着土地需求曲线的上升而上升，随着土地需求曲线的下降而下降。如果需求曲线下降到 D'，则地租将消失，即地租等于 0。

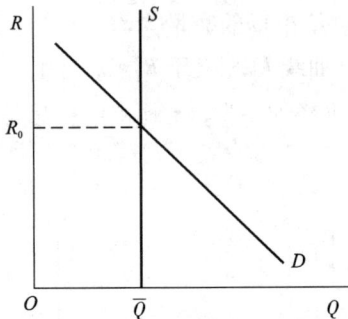

图 9 – 16   土地的均衡价格   图 9 – 17   地租及其成因

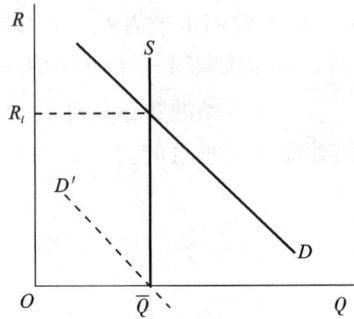

根据地租决定理论，可以给出一个关于地租产生的解释。假设一开始时，土地供给量固定不变为 $\overline{Q}$，对土地的需求曲线为 D'，从而地租为 0；现在由于技术进步使土地的边际生产力提高，或由于人口增加使得人们对粮食的需求增加，进而导致粮食价格上升，此时，对土地的需求曲线便开始向右移动，从而地租开始出现。因此，可以这样来说明地租产生的技术原因：地租产生的根本原因在于土地稀少，供给不能增加；而如果给定了不变的土地供给，则地租产生的直接原因就是土地需求曲线的右移。土地产品（如粮食）的需求增加使产品价格提高，而产品价格的提高就会导致租金的上涨。这也是关于要素需求是一种派生需求的极好说明。

三、租金、准租金与经济租金

（一）租金

一般意义上，租金是指供给数量固定不变的一般资源的使用或服务价格。如上所述，地租是当土地供给量固定时的土地服务价格，因而地租只与固定不变的土地供给量有关。其实不仅土地资源的供给量是固定不变的，其他许多资源的供给量也是固定的，竞争者并非可以自由进入这些行业、买卖这些资源而从事相关经营。首先，由于自然的原因，并非每一块土地都适合于做成如北京王府井商业门面，因而并非每一个投资者都能够买到北京王府井地段的商业门面从事商业经营；并非每一个从事声乐训练的学生都能成长为歌唱家,因而并非每一个音乐爱好者都能够举办个人演唱会。由于只有少数的土地、少数的学生具有上述潜能,那么其他人就只能租用具有上述潜能的他人资源从事商业经营。其次,由于后天的原因,并非每一台私家车都可以从事出租经营,并非每一个门店都可以经营烟酒,只有经过地方政府批办执照后才有可能。因为执照资源有限,任何人想进入这个行业,在依托自有资源直接从事商业经营不太可能时,租赁他人资源来从事商业经营不失为一条途径。这些数量固定不变的资源在出租时也有相应的服务价格,这种服务价格显然与土地的地租是相似的。为与特殊的地租相区别,可以把这类供给数量同样固定不变的一般资源的服务价格叫做"租金"。因此,地租只表示当所考虑的资源为土地时的租金,只是租金的一种;而租金则是一般化的地租。

(二)准租金

准租金概念由马歇尔于 19 世纪末提出,是指在短期内供给量固定不变的生产要素的服务报酬,这些生产要素的素质通常较高。

地租、租金都是与资源的供给量固定不变的情形相联系的。这里的固定不变显然对短期与长期都适用。但现实经济中,有的生产要素并非短期与长期都固定不变。例如,在短期内,工厂的数量或机器设备的供给量是固定不变的,因为要建造一座新的工厂或增加一部分新的机器设备都需要一段时间。因此,在这段时间内,如果经济社会对这些生产要素的需求增加了,这些生产要素所得到的服务报酬就要提高,这部分增加的报酬就是准租金。但是,在长期内,这些生产要素的供给量不是固定不变的。因此,在长期中,准租金将随着这些生产要素供给量的增加而消失。这种生产要素报酬之所以被称为"准租金",是因为它在短期内和地租的特点相似,属于一种租金,但又不是真正的租金,因为在长期中它将逐渐消失。

因此,准租金与租金的区别在于:准租金是在长期内供给量会随着价格变化而发生变化的生产要素所取得的服务收入,尽管短期内这些生产要素的供给量不随其价格变化而变化;租金则是在长、短期内供给量都不会随着价格变化而发生变化的生产要素所取得的服务收入。

图 9 – 18 是准租金的一个示意图。该图表示了一个完全竞争厂商的短期决策情况。在价格为 P_0 时,按照厂商利润最大化的原则 $MR = SMC$,厂商的均衡点为 C,均衡产量为 Q_0,因此厂商的总收益为 OP_0CQ_0 的面积。

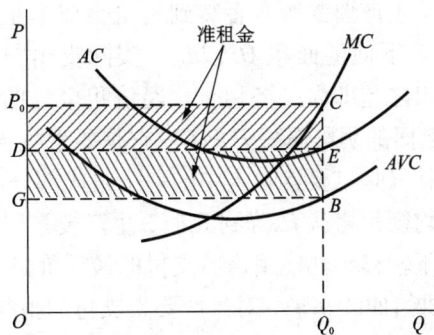

图 9 – 18 准租金

由于"短期、供给量固定"，$OGBQ_0$可以看做是对可变要素支付的成本，因而固定要素的总收益就可以表示为P_0CBG的面积，如图中的阴影部分所示，这一部分的收入就是固定要素所获的准租金。可以看出，准租金等于固定成本与经济利润之和。如果准租金大于固定成本，表示厂商盈利，利润为准租金与固定成本的差；如果准租金小于固定成本，表示厂商亏损，亏损额也等于准租金与固定成本的差。

（三）经济租金

在生产要素市场，经济租金是指支付给某生产要素的服务报酬与为得到使用该要素所必须支付的最低报酬之间的差额，这个最低报酬等于该要素使用的机会成本。经济租金产生的原因是生产要素供给量的有限性与长期内一切生产要素的可流动性。如果一种生产要素的供给量有限，那么就表示该生产要素的供给曲线缺乏弹性，生产要素供给曲线便向右上方倾斜；由于长期内一切生产要素均可流动，厂商要想留住这些供给量有限的生产要素，付给它们的报酬必需超过它们转移到其他地方次优机会中所能得到的最大报酬——即机会成本，这个超过的部分就是经济租金。租金实际上是经济租金的一种特例，即当要素供给曲线垂直时的经济租金，而经济租金则是更为一般的概念。

可用图 9-19 加以说明。假设在一个完全竞争的要素市场上，一种要素的需求曲线 $D_L = \sum MRP_L$，该要素市场的供给曲线为 S。当 $S = S_2$ 时，生产要素供给曲线有一定的弹性，供给曲线向右上方倾斜。该要素的均衡价格为 P_0，均衡供给量为 L_0。此时，雇用该要素量 L_0 时的最低支出为 OP_1EL_0。而在此均衡价格 P_0 下，雇用该要素量 L_0 时的实际支出——生产要素所有者得到的机会成本是曲线 P_0E 下面的面积 OP_0EL_0。实际支出与最低支出之差即为经济租金。经济租金是曲线

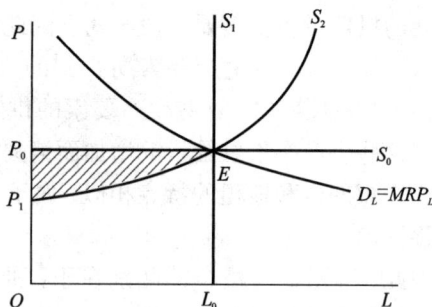

图 9-19　经济租金

P_lE 上面的阴影面积 P_0P_lE。它是要素收入超过其机会成本的部分。可以看出，此时经济租金就只是该要素收入中的一个组成部分而不是全部。当该要素市场供求发生变化，生产要素均衡价格从 P_0 降到 P_l 时，生产要素供给量在减少。所以 P_lE 线是使不同数量的生产要素不转移到其他用途所支付的最低价格。当 $S = S_0$ 时，生产要素的供给曲线 S_0 完全有弹性，供给曲线水平，对生产要素支付的报酬全部都是机会成本，即为防止该要素转移到别的用途而必须支付的报酬。这意味着如果对这种生产要素不按 P_0 支付，就不能得到这种生产要素。此时经济租将为零。当 $S = S_1$ 时，生产要素的供给曲线 S_1 完全没有弹性，供给曲线垂直，此时对生产要素支付的报酬全部是经济租金，这意味着即使把这种生产要素的价

格降到接近于零，也不会导致它的供给量的减少。一个经常被引用的例子是土地。因此，经济租金的大小取决于要素供给曲线的形状。供给曲线越陡，经济租金越大。当供给曲线垂直时，全部要素收入均变为经济租金，它恰好等于租金或地租。

在现实生活中，一些职业运动员的收入中有一部分就是经济租金。例如，俱乐部支付英国足球明星贝克汉姆 2009 年年薪为 660 万欧元，他之所以能得到如此高的收入是因为像他这样的专门人才的供给量是相对固定的，而球市对他的需求却增长得很快，最高出价已达 655 万欧元。曼联队为了留住这位球星，付给他的收入超过了其他俱乐部的最高出价，那么他的经济租金就是 5 万欧元。他实际得到的报酬与他的机会成本（他从事次优工作的价值）之差就是经济租金。经济租金是与个人供给无关、完全由需求决定并且长期存在的报酬。

第四节　资本的供给曲线与利息的决定

厂商组织生产经营活动不仅需要使用劳动力、土地等生产要素，而且需要机器、设备等实物形态的资本要素。

一、资本和利息

（一）资本

如绪论所述，资本品是由经济制度本身生产出来并被用作投入要素以便未来生产更多商品和劳务的物品。资本是资产的市值，它使得间接生产成为可能，它大幅度地提高了一个国家的总产出。资本供给整体上是由消费者家庭提供的，资本借入整体上是厂商进行的，只不过是消费者把自己收入的一部分借贷给厂商（虽然个体上消费者家庭由借入，虽然单个厂商也进行资本提供），厂商再用这笔借入的资金去购买或租用资本。资本作为投入或生产要素，其本身又是过去产出的积累，它包括机器、设备、原材料、燃料、产出的存货等，以及厂商的无形资产，如品牌。

（二）利息

利息是厂商使用资本的市场价格。对资本提供者来说它是一种收入，对资本使用者来说它则是一种成本。与此对应，资本本身的价格是指资本所有权的价格，比如一台机器售价 1000 元，那么购买这台机器所需的 1000 元就是用来购买该机器所有权的，而资本的使用价格是指资本作为生产服务，在使用期内使用者所支付的价格，其通常用年利息率来表示。例如，一台价值为 1000 元的机器被使用一年得到的利息收入为 100 元。用这个年收入来除以机器本身的价值即得到该机器每单位价值服务的年收入：$100/1000 = 10\%$。这就是该机器服务的价格或利率，即 $r = 10\%$。因此，资本服务的价格或利率等于资本服务的

年收入与资本价值之比,用公式表示即为:

$$r = \frac{Z}{P} \tag{9.9}$$

式中: Z 为资本服务的年收入; P 为资本价值。

如果在使用资本的期间内,资本价值本身发生了变化,例如,机器的市场价格在一年中上升或下降了,则在计算利率时应当将这个资本价值增量部分与资本服务的收入同样看待。因此,利率的决定公式应修改为:

$$r = \frac{Z + \Delta P}{P} \tag{9.10}$$

式中: ΔP 为资本价值增量,它可以大于、等于或小于零。

仅有利息还不足以引导消费者资本品的供给与厂商借入资本品投资的取舍,资本的边际收益递减规律也是一个影响因素,实践中,厂商的投资决策往往采取净现值法则来进行。① 另外,对于不同的资本品来说,具有不同的资本价格和资本服务收入,但不同资本品得到的利率却具有趋同的趋势。如果资本 A 具有较高的利率,则大家都会购买它,使得该资本品价格上升,于是利率会下降,一直会下降到资本 A 与其他资本品得到的利率相等为止。

二、资本供给特点

作为与劳动和土地并列的一种生产要素,资本的供给具有不同于土地与劳动供给的几个特点:其一,资本的数量是可以改变的,即它可以通过人们的储蓄行为生产出来,而土地和劳动数量则是"自然给定"的,其供给主要取决于市场以外的因素。单个人不可以增加劳动的供给量;土地的供给量虽然可以增加,但是单个土地供给量的增加一定是别人的供给量的减少。然而单个人却完全可以在不影响他人拥有的资本量的情况下,通过储蓄——即保留收入的一部分不用于当前的消费而增加自己的资本资源。因为当一个人以货币而非资产形式保存资本时是有机会成本的,持有货币会牺牲利息收入;当个人进行储蓄而非消费时,那么他可以利用自己的储蓄去生产新的资本,也可以利用自己的储蓄去购买股票、债券等资本所有权。当储蓄者用储蓄购买股票或债券时,其他人则得到一笔所需要的资金去建造厂房或购买机器设备。其二,由于劳动与土地数量是"自然给定"的,其供给就有一个保留自用与市场供给之间的最优选择;而资本是可以被生产出来的,于是就要先讨论一个消费者最优资本生产量的选择问题,也即最优储蓄选择问题,然后才有既定总量下的最优供给问题的讨论。其三,资本之所以被生产出来,是为了未来能够以此获得更多的商品

---

① 净现值法则将在宏观经济学部分进行讨论。

和劳务消费。而且从投入与产出的角度来看，我们一般假定资本要素在投入生产后可能要在多年后才能取得收入。然而对于劳动、土地等生产要素而言，则假定它们投入生产过程后立即可取得收入。因此，就有一个即期消费与跨期消费的最优选择以实现总效用最大的问题。由于第一个特点，使资本与劳动、土地区别开；而由于后两个特点，使资本与一切非生产要素的东西区别开来。

　　资本为什么具有市场价格？经济学家认为，消费者在现期消费与未来消费中更偏好于现期消费。货币转化为资本并成为生产要素的过程实质是将现期消费转化为未来消费的过程。未来是不确定的，因此，资本要素所有者放弃即期消费就应得到利息作为报酬。而资本为什么能带来利息呢？是因为迂回生产能够提高生产效率。而资本的出现并提供服务使迂回生产成为可能，自然就应获得利息。因此，那种静态条件下边际生产力的要素定价理论运用于资本与投资市场的分析是有局限性的，所以对于资本与投资市场的分析还需要引入时间维度，对厂商的跨期投入行为进行比较详细的分析。利息的出现，使市场机制配置资源多了一个杠杆工具。

三、消费者资本要素最优供给原则及其供给曲线

　　厂商生产产品所使用的资本与劳动力一样，其供给者也假定只是消费者家庭，当然，消费者家庭并不是向厂商直接提供这些资本，而是通过购买厂商的股票或债券方式，或通过银行储蓄，再由银行向厂商发放贷款等方式提供。厂商就是用消费者家庭提供的这些货币资本来购买或租用生产所需的物质资本。确切地说，消费者家庭提供给厂商的资本是他们的收入中去掉消费后的剩余部分，也就是消费者的储蓄。因此，资本供给理论实际上是消费者的储蓄决策理论。

　　完全竞争条件下，消费者个人的储蓄决策受储蓄偏好、文化因素等诸多因素的影响。个人进行储蓄决策，实际上也就是在做关于何时消费的决策。消费者现在消费越少，储蓄越多，将来消费就越多。因此，消费者的储蓄决策可以看作是现在消费和未来消费之间的选择，就是消费者对于消费和储蓄的一种跨时期决策，而消费者对土地和劳动的决策则是一种即期决策。如果消费者直接把收入消费掉，当然就可以直接增加他的效用；如果该消费者把收入的一部分储蓄起来用于以后消费，那么他就可以得到一个额外的收入即利息，这些利息收入就可以提高他以后的效用水平。消费者跨期消费的目的是在预算约束下实现他的总效用最大化，也就是要实现现在效用和以后的效用的总和最大化。下面我们运用无差异曲线作为工具来具体分析消费者在即期消费与跨期消费间最优选择的决策。

　　假定将研究的时间限定为今年和明年两年，图9-20描述消费者的跨期决策情况。设横轴为今年的消费 C^0，纵轴为明年的消费 C^1，w 表示今年的工资。为简便起见，假定消费者的生命周期只有今年与明年两个时期。假定他在今年将工资全部用掉，不为明年留一分

钱,此时有极端点 B;假定他在今年将工资全部不用,全留给明年,此时储蓄与积累的利息有极端点 A;用 r 表示利息率,在点 A,他在明年的消费就是 $w(1+r)$。连接 A、B 的直线就是消费者今明两时期的预算约束线。

消费者会根据他的偏好在预算约束线上的点进行选择。现设 D 为消费者的初始状态点,即他今年的消费量(或收入)为 C_0^0,明年的消费量(或收入)为 C_0^1。消费者的预算线 AB 通过 D 点,显然,预算线 AB 的斜率是 $-(1+r)$。此时需要对以下两种情况进行讨论:一种是当利率 r

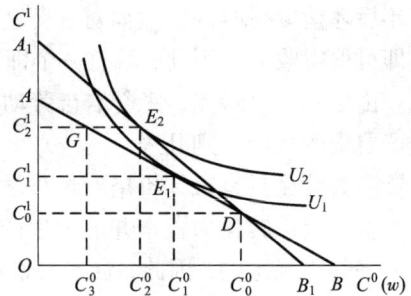

图 9-20　消费者的长期消费选择

不变的情况,D 点说明消费者今年花费得比较多,其今年额外消费的边际效用比较低,而未来消费的边际效用比较高。因此,他渴望为明年储蓄更多的钱以增加他的总效应。反之,如消费者的初始状态为 G 点,则说明他今年消费很少,今年的任何额外消费都有很高的边际效用,他渴望用今年消费来替代明年消费以增加他的总效应。所以最终他会在 G、D 两点之间选一点——例如 E_1 点,在 E_1 点实现他的今年的效用和以后的效用的总和的最大化。另一种是当利率 r 改变的情况,此时总效用最大化的点会发生相应变化。现仍假设消费者的初始状态点为 D 点,则当利率 r 提高时预算线会绕着 D 点顺时针转动到 $A_1 B_1$;反之,当利率 r 降低时,则预算线绕着 D 点逆时针转动。图中 U_1、U_2 是消费者的效用无差异曲线,$U_1 < U_2$,它反映了消费者对今年消费与明年消费之间的偏好,它与普通的无差异曲线一样,为了保证总效用水平不变,消费者增加今年消费量就必须减少明年消费量,所以 U_1、U_2 曲线均向右下方倾斜,今年消费对明年消费的"边际替代率"递减,所以曲线凸向原点,并且位置较高的无差异曲线代表较高的效用水平。消费者的无差异曲线 U_1 与预算线 AB 相切于 E_1 点,E_1 是消费者的均衡点,所以消费者在均衡点 E_1 选择的是今年消费 C_1^0、明年消费 C_1^1,消费者把一部分收入储蓄起来,储蓄额是 $(C_0^0 - C_1^0)$。

假设市场的利息率提高,预算线将沿着收入组合点 D 顺时针旋转,假定旋转到 $A_1 B_1$。新的预算线与无差异曲线 U_2 相切于 E_2 点,因此 E_2 点就是新的消费者均衡点。均衡点为 E_2 时消费者选择今年消费 C_2^0、明年消费 C_2^1。可见,由于利息率的提高,消费者减少了今年的消费,增加了储蓄。从这个简单的模型可以看出,在总效用最大化的追求中,利息率提高使消费者减少当前消费,增加储蓄;利息率降低使消费者增加当前消费,减少储蓄。

上述现象也可以由利率变化所引起的替代效应和收入效应得到解释。利率的改变相当于改变了今年消费和明年消费的相对价格,即提高利率相当于提高今年的消费价格,降低明年的消费价格;相对价格的提高使得消费者将减少今年消费,增加明年消费。也就是说,利率提高的替代效应使消费者增加储蓄；利率提高的收入效应使得消费者的实际收入提高。所以利率提高时，储蓄是增加还是减少取决于替代效应和收入效应的总效应。如果替代效应大于收入效应，储蓄将增加；如果收入效应大于替代效应，储蓄将减少。一般情况下，利息收入只占消费者个人收入的一个很小的比例，所以替代效应往往是大于收入效应。但是，当利息率提高到一定程度的时候，收入效应就可能超过替代效应，消费者会增加消费从而使储蓄减少。

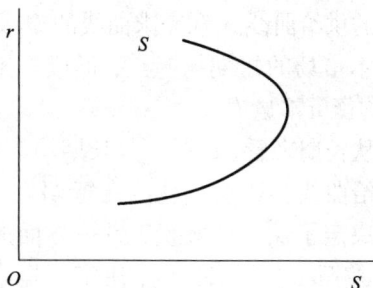

图 9 - 21　单个消费者的储蓄曲线

从以上论述可知，单个消费者的储蓄(资本供给)曲线是一条向后弯曲的曲线，与图 9 - 8 描述的单个消费者的劳动供给曲线极其类似，如图 9 - 21 所示。曲线的下半部分向右上方倾斜，是正常的供给曲线形状；而上半部分向左上方倾斜，是利率很高时收入效应大于替代效应出现的异常的供给曲线。

将单个消费者的储蓄曲线水平加总就可以得到市场的储蓄曲线，但市场的储蓄曲线是正常的向右上方倾斜的曲线，没有出现向后弯曲的现象。原因在于，虽然利率很高时，就单个消费者来讲有可能出现收入效应大于替代效应的情况，但就整个经济社会而言，替代效应仍大于收入效应，储蓄仍是增加的。所以，市场的储蓄曲线并不向后弯曲。

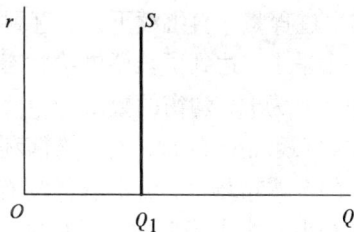

图 9 - 22　短期资本供给曲线

储蓄是资本供给的源泉，资本数量的变化是储蓄的结果。但储蓄是一个"流量"，要通过储蓄来显著地改变资本这一"存量"通常需要经过相当长的时间。从短期来看，储蓄能增加资本存量，但增加的数量与原有的资本存量相比可能是微不足道的，特别是从一个时点上来考察，储蓄流量就趋向于零，所以我们常常假定短期资本存量固定不变，同时假定资本的自用价值为零，于是在短期里，资本供给曲线为一条垂直于横轴的直线，如图 9 - 22 所示。

四、资本市场的均衡和利息决定

由以上分析可知，储蓄与投资的均衡是通过资本市场进行的。在完全竞争条件下，短期资本供给曲线垂直于横轴，资本供给 Q 与利率 r 的高低无关。由第八章要素需求理论可知，资本的需求曲线 D 向右下方倾斜。如图 9 - 23 所示，横轴表示资本数量 Q，纵轴表示

利率 r，S 是资本供给曲线，D 是资本需求曲线，资本的供给曲线 S_1 和需求曲线的 D_1 交点 E_1 表示了资本市场的短期均衡点，形成短期均衡利率 r_1 和均衡资本量 Q_1。

从长期来看，E_1 是不是长期均衡点，要看资本供给曲线会不会变化。在短期均衡点上，利率 r_1 决定了储蓄的数量，另一方面短期资本存量 Q_1 按照一个折旧比例，决定了资本折旧的数量，如果储蓄数量与资本折旧数量不相等，则资本存量会发生变化。如果储蓄大于折旧，则净投资大于零，资本存量增加；如果储蓄小于折旧，则净投资小于零，资本存量减少。

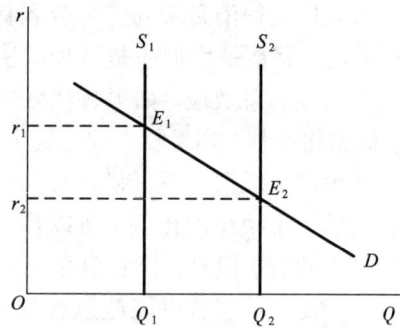

图 9 – 23　资本市场的均衡

假设短期均衡点 E_1 所决定的利率 r_1 是较高的利率水平，会产生较高的储蓄量，而 Q_1 是较低的资本存量水平，会产生较低的折旧量，则资本存量会增加，资本供给曲线会向右移动，利率将下降，结果储蓄会下降而折旧会增加，资本供给曲线向右移动的距离会越来越小，这个过程将一直继续下去，直到储蓄与折旧之间的距离缩小为零，资本供给曲线固定在某一水平上，达到了长期供给状态，如图达到 S_2 时，实现了资本市场的长期均衡，长期均衡的利率为 r_2，均衡的数量为 Q_2。

在此必须指出的是，关于均衡利率的讨论仅仅适应于理想资本借贷市场的情形。在这种理想的资本市场上，资本借贷没有任何风险，也没有任何交易费用，因而，利率水平的高低完全由资本市场上的需求和供给决定。然而，实际的资本借贷市场的利率的影响因素比均衡利息率的影响因素要复杂得多，二者并不完全一致。由于不同的资本借贷市场的特点不同，它们对资本的需求和供给也不同，利率就会表现出一定的差异，其差异主要是由下述因素造成的：

第一，风险程度。借入者不能偿还贷款的可能性越大，贷出者为了弥补风险所要求的利息率就越高。例如，公司债券的利率一般高于政府债券的利率，其原因是购买政府债券的风险要小于购买公司债券的风险，政府的信誉度高且按期还本付息一般能够保证，而购买公司债券要承担风险，一旦公司倒闭，贷出者将遭受损失。

第二，借贷时间长短。在其他条件不变的情况下，贷款的时间越长，利率就越高。这是因为贷出者一旦发放了长期贷款，即使在这段时间内存在更有利可图的机会，他也不能收回这部分贷款。为了弥补这种可能受到的损失，他将要求更高的利率。而借入者也由于他能在较长的时间内使用这笔贷款以应付他的需要，他也愿意支付较高的利率。

第三，管理成本。贷出者在发放贷款时要做簿记等项工作，因而要付出一定的成本。

管理的成本越高，利率也越高。假如其他条件不变，贷款不论多少，管理成本却相差不大，所以数额较小的贷款利率要高于数额较大的贷款利率。

第五节　欧拉定理

本章开篇即提出了生产要素价格与收入分配的关系，在此将对生产要素价格与收入分配之间的关系进行更深入的研究。由瑞士数学家欧拉的研究可知：如果产品市场和要素市场都是完全竞争的，而且厂商生产的规模报酬不变，那么在市场均衡的条件下，所有生产要素实际所取得的报酬总量正好等于社会所生产的总产品。该定理被称为欧拉定理。如上所述，要素的价格是由于要素的市场供给和市场需求共同决定。在完全竞争的条件下，厂商和消费者都被动地接受市场形成的价格。现在的问题是：要素所有者按照市场形成的要素价格获得收入，全部要素收入是否等于社会总产品呢？

在完全竞争的条件下，厂商最优要素使用量的原则是：一种要素的边际产品价值等于该要素价格。即：

$$P \cdot MP_L = W \tag{9.11}$$

$$P \cdot MP_K = R \tag{9.12}$$

由式（9.11）和（9.12）可得：

$$MP_L = \frac{W}{P} \tag{9.13}$$

$$MP_K = \frac{R}{P} \tag{9.14}$$

P 为产品的价格，W/P 和 R/P 分别表示了劳动和资本的实际报酬。因此在完全竞争的条件下，单位劳动、单位资本的实际报酬分别等于劳动、资本的边际产量。假定整个社会的劳动总量和资本总量为 L 和 K，而社会产品总量为 Q，那么，在长期均衡的条件下，规模报酬不变时，所有生产要素取得的报酬总量等于社会的总产出。即有：

$$Q = F(L, K) = L \cdot MP_L + K \cdot MP_K \tag{9.15}$$

式（9.15）又称为欧拉分配定理。

可以对欧拉定理进行证明：

假设只使用两种生产要素，生产函数为：$Q = f(L, K)$。由于规模报酬不变，所以生产函数为一次齐次方程，因此有：

$$\frac{Q}{L} = f\left(\frac{L}{L}, \frac{K}{L}\right) = f(1, k) = \varphi(k)$$

有：
$$Q = L \cdot \varphi(k), \quad k = \frac{K}{L}$$

式中:k 为人均资本,Q/L 为人均产量,人均产量是人均资本 k 的函数。现设法用新函数 $\varphi(k)$ 及其导数 $\varphi'(k)$ 来表示劳动及资本的边际产品,则:

劳动的边际产品:

$$\frac{\partial Q}{\partial L} = \frac{\partial [L \cdot \varphi(k)]}{\partial L} = \varphi(k) + L \cdot \frac{d\varphi(k)}{dk} \cdot \frac{dk}{dL} = \varphi(k) + L \cdot \varphi'(k) \cdot \frac{dk}{dL}$$

$$= \varphi(k) + L \cdot \varphi'(k) \cdot \left(\frac{-K}{L^2} \right) = \varphi(k) - k \cdot \varphi'(k)$$

资本的边际产品:

$$\frac{\partial Q}{\partial K} = \frac{\partial [L \cdot \varphi(k)]}{\partial K} = L \cdot \frac{\partial \varphi(k)}{\partial K} = L \cdot \frac{d\varphi(k)}{dk} \frac{\partial k}{\partial K} = L \cdot \varphi'(k) \cdot \frac{1}{L} = \varphi'(k)$$

把上面两式代入式(9.15),即可证明欧拉定理:

$$L \cdot \frac{\partial Q}{\partial L} + K \cdot \frac{\partial Q}{\partial K} = L \cdot [\varphi(k) - k \cdot \varphi'(k)] + K \cdot \varphi'(k)$$

$$= L \cdot \varphi(k) - K \cdot \varphi'(k) + K \cdot \varphi'(k) = L \cdot \varphi(k) = Q$$

然而,在规模报酬递增情况下,如果按照边际生产力分配,则产品不够分配给各个生产要素,即:

$$L \cdot \frac{\partial Q}{\partial L} + K \cdot \frac{\partial Q}{\partial K} > Q \tag{9.16}$$

在规模报酬递减情况下,如果按边际生产力进行分配,则产品在分配给各个生产要素之后还有剩余,即:

$$L \cdot \frac{\partial Q}{\partial L} + K \cdot \frac{\partial Q}{\partial K} < Q \tag{9.17}$$

证明如下:

如果生产函数 $Q = f(L, K)$ 为 r 次齐次式[①],则有:$Q = L^r \cdot \varphi(k)$,[②]此处仍有 $k = \dfrac{K}{L}$,因此有:

$$\frac{\partial Q}{\partial K} = [L^r \cdot \varphi(k)]' = L^r [\varphi(k)]' = L^r \varphi'(k) \left(\frac{1}{L} \right) = L^{r-1} \cdot \varphi'(k)$$

---

① 此处不讨论非齐次式。

② 因为生产函数为 r 次齐次式,根据齐次式的定义有:

$$Q = F(K, L) = \alpha K^a L^{r-a} + \beta K^r + \gamma L^r = L^r \left[\alpha \left(\frac{K}{L} \right)^a + \beta \left(\frac{K}{L} \right)^r + \gamma \right]$$

令中括弧为 $\varphi(k)$,$k = \dfrac{K}{L}$,有 $Q = L^r \cdot \varphi(k)$。

$$\frac{\partial Q}{\partial L} = [L^r \cdot \varphi(k)]' = rL^{r-1} \cdot \varphi(k) + L^r [\varphi(k)]' = rL^{r-1} \cdot \varphi(k) + L^r \varphi'(k) \left(-\frac{K}{L^2} \right)$$

$$= rL^{r-1} \cdot \varphi(k) + L^r \varphi'(k) \left(-\frac{1}{L} \right) \left(\frac{K}{L} \right) = rL^{r-1} \cdot \varphi(k) - L^{r-1} k \varphi'(k)$$

$$L \cdot \frac{\partial Q}{\partial L} + K \cdot \frac{\partial Q}{\partial K} = L \cdot [rL^{r-1} \cdot \varphi(k) - L^{r-1} k \varphi'(k)] + K[L^{r-1} \cdot \varphi'(k)]$$

$$= rL^r \cdot \varphi(k) - L^r k \varphi'(k) + KL^{r-1} \cdot \varphi'(k)$$

$$= rL^r \cdot \varphi(k) - L^r k \varphi'(k) + (kL)[L^{r-1} \cdot \varphi'(k)]$$

$$= rL^r \cdot \varphi(k) - L^r k \varphi'(k) + kL^r \cdot \varphi'(k) = rL^r \varphi(k) = rQ$$

显然在规模报酬递增时，$r > 1$，所以有[①]：

$$L \cdot \frac{\partial Q}{\partial L} + K \cdot \frac{\partial Q}{\partial K} > Q$$

在规模报酬递减时，$r < 1$，所以有：

$$L \cdot \frac{\partial Q}{\partial L} + K \cdot \frac{\partial Q}{\partial K} < Q$$

第六节　洛伦兹曲线和基尼系数

　　生产要素市场的均衡问题实质上就是生产要素的收入分配问题。然而，要素市场的均衡是否意味生产要素的收入分配均等——最终表现为社会收入在国民之间的分配也是均等的呢？测定社会收入在国民之间的分配的不均等程度的情形，人们通常采用洛伦兹曲线与基尼系数来度量社会收入在国民之间的分配的不均等程度。其中，基尼系数也是联合国用来测定各国和各地区、各种族、各行业收入分配的不均等程度的统计指标之一，同时许多国家用基尼系数来衡量财政政策、税收政策对社会收入分配的影响程度。

一、洛伦兹曲线与基尼系数

　　洛伦兹曲线是用来描述社会收入分配状况的一种曲线，它由美国统计学家洛伦兹提

---

　　① 设生产函数 Q 为 r 次齐次式标准式为 $Q = \alpha L^r + \beta L^a K^{r-a} + \gamma K^r$，为简化讨论，设 $\alpha, \beta, \gamma = 1$，则 $Q = L^r + L^a K^{r-a} + K^r$，则有 $Q(\lambda L, \lambda K) = \lambda^r (L^r + L^a K^{r-a} + K^r) = \lambda^r Q$。比较 $Q(\lambda L, \lambda K)$ 和 $\lambda Q(L, K)$，讨论规模报酬与 r 的取值间的关系：

　　若规模报酬递增，根据其定义有 $Q(\lambda L, \lambda K) > \lambda Q(L, K)$，即 $\lambda^r Q > \lambda Q$，即有 $\lambda^r > \lambda$（规模报酬理论中 $\lambda > 1$）故有 $r > 1$，即规模报酬递增时 $r > 1$。

　　若规模报酬递减，根据其定义有 $Q(\lambda L, \lambda K) < \lambda Q(L, K)$，即 $\lambda^r Q < \lambda Q$，即有 $\lambda^r < \lambda$（规模报酬理论中 $\lambda > 1$）故有 $r < 1$，即规模报酬递增时 $r < 1$。

　　若规模报酬不变，根据其定义有 $Q(\lambda L, \lambda K) = \lambda Q(L, K)$，即 $\lambda^r Q = \lambda Q$，即有 $\lambda^r = \lambda$（规模报酬理论中 $\lambda > 1$）故有 $r = 1$，即规模报酬递增时 $r = 1$。

出,用累积的人口数占总人口中的百分比(按收入由低到高排队)与这部分人口所获得的收
入占总收入中的百分比状况来表示。将人口累计
百分比和收入累计百分比的对应关系描绘在图形
上,形成的轨迹即为洛伦兹曲线。如图 9 - 24 中
的 45°对角线 OL 称为绝对平等线,由横轴和纵
轴组成的折线 OHL 称为绝对不平等线。实际收入
分配曲线 OKL,即洛伦兹曲线,则是介于两者之
间的一条向下弯曲的曲线,曲线的弯度反映了一
个经济社会收入分配的平等与不平等程度:该曲
线向横轴凸出的程度越大,越靠近折线 OHL,表
示经济社会收入分配不均的程度就越严重;反
之,该曲线越靠近对角线 OL,则表示经济社会的
收入分配就越接近于平均。

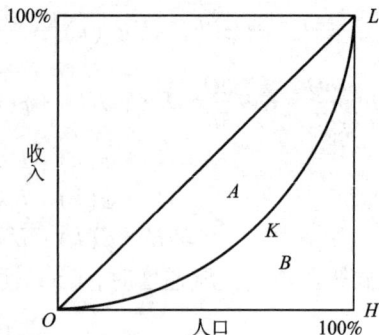

图 9 - 24　洛伦兹曲线

1912 年,意大利统计学家基尼根据洛伦兹曲线提出了判断收入分配平均程度的量化指
标,被称为基尼系数。它是由图 9 - 24 中的 45°对角线与洛伦兹曲线之间的面积 A 和对角
线与折线之间的面积 A + B 之比来测度的。若以 G 表示基尼系数,则 $G = \dfrac{A}{A+B}$,G 的取值
在(0,1)之间,G 值越大,收入分配越不平均;反之,收入分配越接近平均。

二、洛伦兹曲线和基尼系数的应用

洛伦兹曲线和基尼系数的应用主要通过赋予洛伦兹曲线以不同的含义来进行,主要体
现在三个方面:

(1)赋予洛伦兹曲线为不同国家收入分配的平
均程度。如图 9 - 25,a、b、c 分别代表 A、B、C 三
个不同国家的洛伦兹曲线,可以看出,就国家的收
入分配的平等程度看,有 A > B > C。

(2)赋予洛伦兹曲线为同一国家不同时期收入
分配的平均程度。a、b、c 分别代表一个国家 A、B、
C 三个不同时期的洛伦兹曲线,可以看出,从时期
的收入分配的平等程度看,有 A > B > C。

(3)赋予洛伦兹曲线为同一国家实施收入分配
政策前后的收入分配平均程度。a、b、c 分别代表一
个国家某时期准备出台的 A、B、C 三种不同收入分

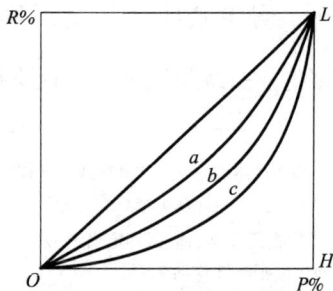

图 9 - 25　洛伦兹曲线的运用

配调整政策测算的洛伦兹曲线，可以看出，从三种不同收入分配调整政策测算的平等程度看，有 $A > B > C$。

　　基尼系数是国际上应用较为普遍的用于衡量"贫富差距"的指标之一。当一国的基尼系数超过 0.4 时，国际社会公认这个国家的贫富差距很大。[①] 将基尼系数某一测算值作为监控贫富差距的警戒线，应该说，是对许多国家实践经验的一种抽象与概括，具有一定的意义。但是，各国国情千差万别，原始统计数据的真实性也不尽相同，社会价值观念也不尽相同，基尼系数的高低与一个国家的社会经济结构、收入分配政策以及所选择的发展战略等因素的关系更为直接。经验统计表明，实行进口替代工业化战略的发展中国家与实行出口导向型战略的发展中国家相比，其分配不平等程度要高得多。所以，这种数量界限只能用作各国宏观调控的参照值，在分析应用时还需要结合其他因素进行统筹考虑，而不能将洛伦兹曲线和基尼系数的应用绝对化。

【本章小结】

　　1. 生产要素价格是生产要素的市场需求与市场供给的矛盾运动的结果。生产要素的价格决定着国民收入分配。生产要素供给是消费者在一定的要素价格水平下，将其全部既定资源在"要素供给"和"保留自用"两种用途之间进行选择以获得最大效用的行为。

　　2. 生产要素供给的一般原则运用于劳动市场，就是消费者的时间资源在劳动与闲暇之间的最优选择。单个劳动者劳动供给曲线具有向后弯曲的特点，劳动市场的劳动供给曲线则不具这一特点。最终结合劳动需求曲线，可以分析劳动市场的均衡工资的决定。

　　3. 生产要素供给的一般原则运用于土地市场，就是消费者的土地资源在土地出租与自用土地之间的最优选择。自用土地可以忽略不计，单个土地所有者及其土地市场的供给曲线是一条垂直线。将向右下方倾斜的土地的市场需求曲线与垂直的土地供给曲线结合起来决定的使用土地的均衡价格被称为地租。租金则是指供给数量固定不变的一般资源的使用或服务的价格。准租金是指在短期内供给量固定不变的生产要素的报酬。经济租金是指支付给某生产要素的报酬与为得到使用该要素所必须支付的最低报酬之间的差额。

　　4. 生产要素供给的一般原则运用于资本市场，就是消费者的储蓄资源在当期消费与跨期消费之间的最优选择。短期资本供给曲线垂直于横轴，资本供给 Q 与利率 r 的高低无关。

　　5. 欧拉定理是在完全竞争以及厂商生产规模报酬不变的条件下，当市场实现均衡时，所有生产要素实际所取得的报酬总量正好等于社会所生产的总产品的数学说明。洛伦兹曲

---

　　① 国家统计局公布了我国 2003 年至 2012 年全国居民收入基尼系数，分别为：0.479、0.473、0.485、0.487、0.484、0.491、0.490、0.481、0.477、0.474。http：//politics. people. cn/n/2013/0118/c1001 - 20253603. html

线是用来描述社会收入分配状况的一种曲线，它由累积的一定人口数占总人口中的百分比与这部分人口所获得的收入占总收入中的百分比状况来表示；基尼系数则是根据洛伦兹曲线提出的判断收入分配平均程度的指标。它们共同构成衡量收入分配公平程度的度量指标。当然，在现实经济生活中也不能将洛伦兹曲线和基尼系数的应用绝对化。

习 题

一、名词解释

要素供给原则　租金　准租金　经济租金　资本的服务价格　基尼系数　洛伦兹曲线欧拉定理

二、选择题

1. 边际生产力理论认为(　　)。

A. 总产值等于所有要素的报酬之和

B. 要素报酬取决于所生产的边际产量

C. 如果所有市场都是完全竞争的，那么，资源配置就是有效率的

D. 上述结论都准确

2. 既想要提高工资，又想避免失业的增加，这样的希望在(　　)时，比较容易实现。

A. 劳动的需求富有弹性　　　　　B. 劳动的供给富有弹性

C. 劳动产品的需求富有弹性　　　D. 劳动产品的需求缺乏弹性

3. 准租金与厂商的总利润相比(　　)

A. 相等　　　B. 前者大　　　C. 后者大　　　D. 均有可能

4. 假设某京剧演员的年薪为20万元，但若他从事其他职业，最多只能收入7万元，则该京剧演员所获得的经济租金是(　　)。

A. 10万元　　B. 13万元　　　C. 7万元　　　D. 均有可能

5. 工资率上升所导致的替代效应是指(　　)。

A. 工作同样长的时间可以得到更多的收入

B. 工作较短的时间也可以得到同样的收入

C. 工人愿意用更长的工作时间来替代闲暇

D. 工人愿意用更长的闲暇时间来替代工作

6. 某工人在工资率为100元/天时，每月挣2000元，工资率为110元/天时，每月挣2800元，由此可以判断(　　)。

A. 收入效应起着主要作用

B. 替代效应起着主要作用

C. 收入效应和替代效应都没有发生作用

D. 无法判断两种效应作用的大小

7. 当科技迅速发展,人们越来越倾向于采用资本密集型生产方式,则会导致( )。

A. 劳动的供给曲线向左移动   B. 劳动的供给曲线向右移动

C. 劳动的需求曲线向左移动   D. 劳动的需求曲线向右移动

8. 下列关于经济租金与准租金的论述正确的是( )

A. 经济租金无论短期还是长期都存在,而准租金只在短期才存在

B. 经济租金是对某些特定要素而言,而准租金存在于所有要素

C. 经济租金是指对供给暂时固定的生产要素的支付

D. 经济租金与租金没什么区别

9. 如果收入分配是平均分配的,则洛伦兹曲线将会( )。

A. 与纵轴重合   B. 与横轴重合   C. 与45°线重合   D. 无法判断其位置

三、判断题

1. 一个竞争性的厂商,在其最后雇用的那个工人所创造的产值大于其雇用的全部工人的平均产值时,他必定没有实现最大的利润。

2. 在一个竞争性的劳动市场上,如果最低工资高于均衡工资,必然引起失业。

3. 劳动市场的供给曲线是向后弯曲的。

4. 土地供给曲线垂直的原因是土地供给的数量是固定的。

5. 如果一个垄断厂商在完全竞争的劳动市场上同时雇用了熟练劳动力和非熟练劳动力,那么厂商支付给他们的工资将与他们的边际生产力成比例。

6. 买方垄断市场的要素供给曲线是一条具有完全弹性的水平线。

7. 劣等土地永远不会有地租。

四、计算题

1. 假设某劳动者每天的时间资源24小时用于两种用途:工作时间 L,闲暇时间 H,工作的工资率用 W 表示,劳动的收入用 Y 表示(即 $Y = WL$),其总效用函数为:$U = 48H + HY - H^2$,求:

(1) 该劳动者的劳动供给曲线。

(2) 该劳动者的工资率与工作时间会不会呈反方向变化?

(3) 不管工资率有多高,工作时间不会超过多少?

2. 假设某一厂商生产的 A 产品,其价格为 10 元,产量为 250 单位,每单位的成本为 9 元,可变成本为 6 元。求该厂商的准租金和经济利润。

3. 假定某一具体地区的汉堡市场是竞争性的。在汉堡的竞争价格下,对于汉堡工人的需求为:$L = 168 - 12W$,其中 W 为支付给汉堡工人的工资。假定该地区汉堡工人的供给取

决于其工资水平：$L = -24 + 6W$。求：

(1)画出汉堡工人的需求与供给曲线。

(2)假定劳动力市场是竞争性的。找到汉堡工人的均衡工资水平和就业水平。

(3)现在假定该地区的汉堡商店进行了合并，形成了一个实体。汉堡的市场仍然是竞争性的，因为人们可以到别的市场去购买汉堡。但汉堡工人的市场则是买方垄断的。请找出这种情形下的均衡工资和就业水平。

4.假定劳动市场供给曲线为 $S_L = 1000W$，需求曲线为 $D_L = 800000 - 1000W$。试求：

(1)该劳动市场的工资为多少？

(2)假如政府对劳动所有者收取个人所得税，税率为单位劳动课 10 元，那么，新的均衡工资为多少？

(3)实际上对单位劳动征收的 10 元税收由谁支付？

(4)政府征收到的总税收额是多少？

五、简答题

1.简述要素供给的一般原则。

2.为什么单个劳动者的供给曲线向后弯曲？试用收入效应和替代效应加以说明。

3.为什么土地的供给曲线是垂直的？

4.简要说明什么是租金、准租金与经济租金。

六、作图分析题

1.运用无差异曲线分析方法推导出单个劳动者的劳动供给曲线，并说明其经济含义。

2.运用无差异曲线分析方法推导出单个土地所有者的土地供给曲线，并说明其经济含义。

3.如何从要素供给原则推导出要素供给曲线？请作图加以说明。

第十章　一般均衡理论与福利经济学

本章导读

前九章对于微观经济活动的分析都属于局部均衡分析，都集中于单个(产品或要素)市场中微观主体基于利益最大化的最优经济行为选择与剩余(福利改进)情况。本章在此基础上，仍以完全竞争为背景，从产品市场与要素市场间相互联系的角度进行研究拓展：一是将微观主体最优经济行为选择理念从单个市场意义上升到一般市场意义，从局部均衡分析上升到一般均衡分析，讨论无交易费用下一般均衡的存在性；二是采用规范分析的方法，对市场机制配置资源实现的一般均衡是否有经济效率进行分析，提出完全竞争市场的一般均衡最具资源配置效率的特性；三是引出福利经济学的若干讨论，提出完全竞争下资源配置效率的最大化只是社会福利最大化的必要条件，不等于社会福利最大化的充分条件。

基本概念

一般均衡　帕累托最优　生产可能性曲线　边际转换率　阿罗不可能性定理

本章重点及难点

1. 经济社会所有市场之间的相互关系，整个经济体系的各种变量的相互作用和影响；
2. 经济社会资源配置效率最优与社会福利最大化的关系；
3. 社会福利最大化的必要条件；
4. 社会福利最大化的充要条件。

第一节　一般均衡理论

一、一般均衡问题的提出

前九章都是关于局部均衡分析。局部均衡是在假定其他市场条件不变的情况下，单个经济行为者所实现的均衡，或者某一特定产品市场或要素市场所达到的市场均衡。分析过程是按照由简单分析到复杂分析设计的,将注意力集中在完全竞争条件下单个微观主体的最优行为选择,由消费者均衡(及均衡变动)推导出市场需求曲线。由生产者均衡和成本收益均衡推导出供给曲线。竞争性的供给与需求共同作用决定了市场均衡:某一产品(即商品)供给等于需求,则这一产品市场实现均衡;生产要素(劳动、资本、土地)供给等于需求,则这一要素市场实现均衡。

局部均衡问题讨论建立在两个假定基础上:①经济社会的商品市场或者要素市场是相互独立的。②在一个独立的商品市场或者要素市场中,该市场商品或要素的需求与供给仅仅取决于其本身价格的变化,其他变量(如其他互替互补商品与要素的价格、交易费用等)则被假定为不变。在此基础上,得出了基本结论:在单个市场上,在单个微观主体的自由行为选择中,竞争、供求等市场机制的有效作用会在供求双方形成一个均衡价格,使供求双方在各自利益最大化的行为选择基础上实现局部均衡。

然而,现实中经济体系中的单个微观主体、单个产品市场或者单个要素市场间存在广泛的相互依赖关系。在单一市场上的每一种商品,其需求和供给不仅取决于该商品本身的价格,而且也取决于所有其他相关商品的价格。因为一种产品的需求与供给常常与其他商品存在互补、互替或派生关系;其他商品价格的变化会引起厂商要素投入的变化,进而引起要素价格的变化;单个要素供求与价格的变化又会通过使商品供给曲线的移动而影响商品市场供求与价格的变化。因此,仅有基于单个微观主体最优行为选择下的单个产品市场或者单个要素市场的局部均衡分析还不足以全面认识市场经济的运行,还要有基于所有微观主体最优行为选择下的一般市场的均衡分析。

二、案例引入

设有一个简化的经济,它包括四个市场:钢材市场、汽车市场、汽油市场、劳动市场,每一个市场都是完全竞争的,见图 $10-1$。四个市场最初假定都处于均衡状态,四个市场的供给曲线在图中表示为 S_A、S_B、S_C、S_D,四个市场的需求曲线分别为 D_A、D_B、D_C、D_D,前三个市场的均衡产量分别为 Q_A、Q_B、Q_C,劳动市场的均衡劳动使用量为 L_D,四个市场的均衡价格分别为 P_A、P_B、P_C、W_D。

现在假设由于铁矿石原料趋紧导致钢材的供给减少,即供给曲线 S_A 向左移动至 S_{A1},见图 $10-1(a)$。钢材供给的减少将导致钢材市场的均衡价格上升为 P_{A1},均衡产量将下降为 Q_{A1}。由于钢材是汽车工业的原材料,钢材价格的上涨会直接导致汽车工业的成本上升,这样汽车的供给也将减少,供给曲线 S_B 向左移动至 S_{B1},从而汽车的均衡价格将上升至 P_{B1},均衡产量将下降至 Q_{B1},见图 $10-1(b)$。由于汽车和汽油是互补品,汽车市场的均衡变动将会导致汽油市场的均衡变动。从图 $10-1(c)$ 可以看出,由于汽车的需求量下降,汽油的需求将下降,需求曲线 D_C 向左移动至 D_{C1},从而汽油的均衡价格下降至 P_{C1},均衡产量

将下降至 Q_{C1}。由于钢材、汽车、汽油等行业的产量都是下降的，在技术水平和其他因素不变的前提下，这就会导致市场对劳动等要素需求的下降，从而影响到要素市场的均衡变动，见图 10-1(d)。由于市场对劳动需求的下降，需求曲线 D_D 向左移动至 D_{D1}，结果均衡的工资水平就由 W_D 下降到 W_{D1}，均衡的劳动供给量也由 L_D 下降到 L_{D1}。

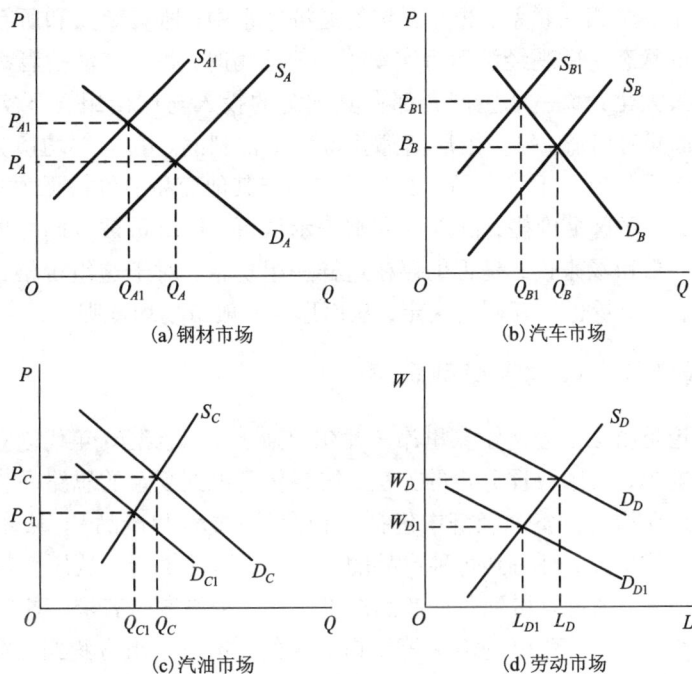

(a)钢材市场　(b)汽车市场

(c)汽油市场　(d)劳动市场

图 10-1　各个市场之间的相互联系

可以预测，要素市场的均衡变化还会反过来影响产品市场的均衡变化。由于劳动的工资水平下降，厂商的生产成本将下降，从而钢材、汽车、汽油等产品的供给还会有一定的上升，均衡价格还会有所下降，均衡产量还会有一定上升，直到达成一组新的价格出现，所有的市场都又重新达成均衡为止。此时，各市场会重新建立一系列新的均衡价格，在这些价格上，每一个市场的需求量都会等于供给量，竞争市场的均衡将导致消费者和厂商的总利益达到最大值。因此，一个市场均衡发生的变动，会引起其他市场一系列的均衡变动，而其他市场均衡的变动，又会反过来导致最初发生变动的市场均衡再次发生变动，直至达成一组新的均衡为止。

从上述例子分析中可以得出以下结论：经济体系中的商品与要素是相互联系、相互影响的；各微观主体利益最大化的行为选择中，某一局部市场的非均衡变化会引起其他局部市场的均衡变化，从而引起整个市场的一般均衡及其变化。每一个局部均衡都只是真实存在的一种近似，局部均衡的意义在于通过无数次的近似然后把真实存在的一般均衡逼近出来。本章我们要将局部均衡分析发展为一般均衡分析，即要将所有相互联系的各个市场看成一个整体来加以研究。

一般均衡是指一个相互联系、相互影响的经济体系中，所有商品和所有要素市场的供求同时达到均衡的状态。微观经济运行实现了一般均衡时，每一个消费者都在其既定的收入下实现了效用最大化，每一个生产者都在其既定的投入与产出组合下实现了利润最大化，所有的市场都同时出清，每一个厂商都获得了正常利润。在局部均衡分析中，我们假定某种商品的供求都只取决于该商品本身的价格而与其他商品的价格无关，而且也可以找到这样一个价格，对于这个价格，供求双方都表示认可，供求量被其同时决定，从而形成局部均衡。对于一般市场来说，是否也存在这样一组价格，对于这组价格，各市场供求双方也均表示认可，供求量也被其同时决定，从而形成一般市场均衡呢？

三、瓦尔拉斯的一般均衡模型思想

一般均衡理论是由法国经济学家里昂·瓦尔拉斯于 19 世纪 70 年代创立的。他以完全竞争市场为假设前提，运用数理分析的方法，按照从简单到复杂的思路一步一步地构建自己的一般均衡理论模型。设整个经济中包括 n 种商品(要素和产品)。从家户基于效用最大化的最优行为选择出发，可得到每种产品的需求和要素的供给。从厂商基于利润最大化的最优行为选择出发，则可以得到每种产品的供给和每种要素的需求。这些需求与供给都是价格体系的函数。于是，令市场需求等于市场供给，构筑一组方程组，求解方程组，即可找出这一价格组。为此，他把所描述的经济区分为两个部分，即供给生产要素而需求产品的家户和需求生产要素供给产品的厂商。还假设该经济有 1, 2, …, m 种资源(要素)，并作如下设定：

X_1, X_2, …, X_n 代表每种商品的数量

P_1, P_2, …, P_n 代表每种商品的价格

Q_1, Q_2, …, Q_m 代表每种生产要素的产量

W_1, W_2, …, W_m 代表每种生产要素的价格

瓦尔拉斯一般均衡模型由四组方程共同组成，其中两组需求方程，两组供给方程。

(1)对商品(最终产品)的需求方程(一共有 n 个方程)。

$$X_1 = f_1(P_1, P_2, \cdots, P_n; W_1, W_2, \cdots, W_m) \tag{1}$$

$$X_2 = f_2(P_1, P_2, \cdots, P_n; W_1, W_2, \cdots, W_m) \tag{2}$$

$$\vdots$$

$$X_n = f_n(P_1, P_2, \cdots, P_n; W_1, W_2, \cdots, W_m) \qquad (n)$$

上列方程组假定，每个家户对所有各种商品的偏好是既定的，这就可以写出每个家户对每种商品的需求方程，对每种商品的家户需求量不仅取决于该商品的价格，还取决于其余所有商品的价格(假如其中某一商品的价格如 P_2 对该商品如商品 1 的需求不发生影响，则 P_2 之值为 0)；；$W_1, W_2, \cdots, W_m$ 是生产要素的价格，因而代表生产要素所有者的收入，它表示人们对一种商品的需求还取决于人们的收入。在局部均衡分析中，我们把商品 2 的需求函数记为 $X_2 = f(P_2)$ 时，实际上是假定影响人们对商品 2 的需求量的诸因素中，除该商品的价格 P_2 以外，其他因素如消费者偏好，其他商品的价格以及需求者的收入都是已知和既定不变的，因而商品 2 的需求数量 X_2 及其变化唯一地取决于该商品的价格及其变化。

(2)对生产要素的需求(一共有 m 个方程)。

$$Q_1 = a_{11}X_1 + a_{12}X_2 + \cdots + a_{1n}X_n \qquad (1)$$

$$Q_2 = a_{21}X_1 + a_{22}X_2 + \cdots + a_{2n}X_n \qquad (2)$$

$$\vdots$$

$$Q_m = a_{m1}X_1 + a_{m2}X_2 + \cdots + a_{mn}X_n \qquad (m)$$

上述方程组假定：①生产技术是既定不变的，即生产系数 a_{ij}(亦称技术系数)是已知和固定不变的；②规模报酬不变，意指投入要素增加一倍，产量也增加一倍。

a_{11} 表示生产一个单位的商品 1 所需耗用的要素 1 的数量，故 $a_{11}X_1$ 表示产出 X_1 所消耗的要素 1 的数量。

a_{12} 表示生产一个单位的商品 2 所需耗用的要素 1 的数量，故 $a_{12}X_2$ 表示产出 X_2 所消耗的要素 1 的数量。

其余依次类推。

故第一个方程表示生产出 $X_1, X_2, \cdots, X_n$ 等 n 种商品各一定数量所消耗的要素 1 的数量。

同理，$a_{21}X_n$ 表示生产 X_1 商品量所使用的要素 2 的数量；$a_{2n}X_n$ 表示生产 X_n 商品量所消耗的要素 2 的数量。

故第 2 个方程表示生产出 $X_1, X_2, \cdots, X_n$ 等 n 种商品各一定量所消耗的要素 2 的数量。

最后一个方程表示生产出 $X_1, X_2, \cdots X_n$ 等 n 种商品各一定量所消耗的要素 m 的数量。

如果把方程右边代表厂商对要素的需求，方程式左边的 $Q_1, Q_2, \cdots, Q_m$ 代表每种生产资源的供给，每个方程式表示该要素的供求平衡。所以 $Q_1, Q_2, \cdots, Q_m$ 表示每种生产要素的均衡值。这里实际上假定每种要素都被使用，即不存在失业和资源闲置未用的情况。

上列方程组的每一(横)行实际上表示所有产品对某一种生产要素的需求和供给的平衡。每一(纵)列表示每种产品所耗用的各种生产要素(假如某种产品没有使用某一生产要素则其生产系数之值为 0)。

（3）成本（包括正常利润）方程（厂商的供给方程）（一共有 n 个方程）。

$$P_1 = a_{11}W_1 + a_{12}W_2 + \cdots + a_{m1}W_m \tag{1}$$
$$P_2 = a_{12}W_1 + a_{22}W_2 + \cdots + a_{m2}W_m \tag{2}$$
$$\vdots$$
$$P_n = a_{1n}W_1 + a_{22}W_2 + \cdots + a_{mn}W_m \tag{n}$$

上列第一方程式的右边表示生产出一个单位的商品 1 所耗费的成本。这是因为 a_{11} 表示生产一个单位的商品 1 所耗费要素 1 的数量，W_1 表示生产要素 1 的价格，故 $a_{11}W_1$ 表示生产一个单位商品 1 在要素 1 方面所耗费的成本；$a_{21}W_2$ 和 $a_{m1}W_m$ 分别表示生产一单位的商品 1 在要素 2 和要素 m 方面所费成本。同理，第二个方程的右边表示生产出一个单位的商品 2 所费成本。最后一个方程右边表示生产出一个单位的商品 n 所费成本。

由于假定产品市场是完全竞争，因而长期均衡的产品价格 $(P_1, P_2, \cdots, P_n)$ 等于各种产品每一单位的成本，所以 $P_1, P_2, \cdots, P_n$ 实际上是表示每种产品的均衡价格。

（4）生产要素的供给方程（一共有 m 个方程）。

这里假定，任何一种生产要素的供给决定于该要素的价格，其他要素的价格和各种商品的价格，记为下列方程组：

$$Q_1 = g_1(P_1, P_2, \cdots, P_n; W_1, W_2, \cdots, W_m) \tag{1}$$
$$Q_2 = g_2(P_1, P_2, \cdots, P_n; W_1, W_2, \cdots, W_m) \tag{2}$$
$$\vdots$$
$$Q_m = g_n(P_1, P_2, \cdots, P_n; W_1, W_2, \cdots, W_m) \tag{m}$$

以上对商品的需求，对生产要素的需求，商品的供给、生产要素的供给共四个方程组合计为 $2n+2m$ 个。方程式的未知数也是 $2n+2m$ 个（n 种商品的数量 $X_1, X_2, \cdots, X_n$ 和 n 种商品的的价格 $P_1, P_2, \cdots, P_n$，m 种要素的数量 $Q_1, Q_2, \cdots, Q_m$ 和 m 种要素的价格 $W_1, W_2, \cdots, W_m$）。

瓦尔拉斯的一般均衡模型是想说明完全竞争的市场经济中，所有微观主体最优行为选择的结果使市场可以自动趋于稳定的均衡状态。在完全竞争的市场经济中存在着这样一套价格系统，它能够使每个消费者都能在给定价格下提供自己所拥有的投入要素，并在各自的预算约束下购买产品来达到自己的消费效用最大化；能够使每个企业都会在给定价格下决定其产量和对投入的需求，来达到其利润的最大化；能够使每个子市场（产品市场和投入市场）都会在这套价格体系下自动达到总供给与总需求相等（均衡），市场对所有商品的超额需求的总和为零。当经济具备上述这样的条件时，就是一般均衡。于是消费者可以获得最大效用，厂商可以获得最大利润，生产要素的所有者可以得到最大报酬。此时，资源配置的效率最高。但他的模型也存在着缺陷。它对一般均衡价格的存在性的说明缺乏说服力：即使体系中未知价格变量个数和方程的个数相等，也无法保证得到一个解。事实上，未知价格变量的个数等于方程个数的条件,既不是一组方程有解的必要条件,也不是充分条件。即使有解,也无法断定这些解一定是正数值。对此,瓦尔拉斯不得不推演出一种方式,即:通过一系列连续的近似来逼近均衡解。这种方式,瓦尔拉斯称之为退约调整过程,并用这种程序来模拟市场实际发生的交换过程。根据这一方法,市场机构通过反复试验来"感觉"和"摸索"逼近均衡的途径。假定市场中存在一个拍卖者来组织交易的进行。商品的交换中,由拍卖者喊价,由交易者随着喊出的价格调整供求,直到供求相等而成交。首次喊价是随意的,随后就在喊价的基础上,比较供给与需求的意愿,如果二者不一致,则第二次喊价根据供求意愿的相对情况,对有超额需求意愿的商品提高价格,对有超额供给意愿的商品减低价格,从而逐步接近均衡。这就是瓦尔拉斯一般均衡的"试探过程"。

当然,在现实的经济中根本不存在瓦尔拉斯所设想的拍卖者,瓦尔拉斯本人对一般均衡的存在性也没有给出让后人认可的严格的证明。针对瓦尔拉斯一般均衡分析所存在的上述问题,经济学家们包括帕累托、希克斯、诺依曼、萨缪尔森、阿罗、德布鲁等人对一般均衡理论给予了改进和发展。20 世纪五六十年代,阿罗和德布鲁利用集合论与拓扑学等数学工具对一般均衡存在性给出了严格假设条件下的证明,奠定了现代西方经济学中一般均衡理论分析的基础[①]。

第二节　福利经济学

一、福利经济学概述

本章第一节在局部均衡讨论的基础上讨论了一般均衡的存在性,运用的是实证分析方法。但运用实证分析方法并不能说明所实现的一般均衡是否具有最好的资源配置效率。本节就资源配置的效率这一问题进行讨论,该问题的研究属于福利经济学的内容。

福利经济学研究整个经济社会的资源配置与个人福利的关系,特别是市场经济体系的资源配置与福利的关系,以及与此有关的各种政策问题。它要回答以下几个重要问题:①实现社会福利最大化的必要条件是什么?②实现社会福利最大化的充分条件是什么?③社会福利最大化能不能实现?简言之,福利经济学就是研究经济社会资源的最优配置问题。由于是在一定价值判断的基础上提出社会福利目标和判断福利大小的标准,用以评判经济运行和资源配置的优劣,因此,福利经济学属于规范经济学分析的范畴。

---

① 　读者可参阅《价值理论:经济均衡的理论分析》(杰拉德·德布鲁著,刘勇、梁日杰译,北京经济学院出版社 1988 年 5 月版)。阿罗和德布鲁也分别于 1972 年、1983 年获诺贝尔经济学奖。鉴于证明过程超出本科课程教学范围,本教材不对其展开讨论。

　　"福利经济学"这一命题最初是由英国经济学家霍布森在20世纪初提出的。他认为经济学的中心任务在于增进人类的经济福利。所谓经济福利，是指人们的各种欲望或需要获得满足和由此感受到的生理幸福或快乐。而社会福利无非是社会成员个人福利的总和。社会中可直接或间接用货币来衡量的部分，就成为经济福利。福利经济学按其发展阶段可以分为旧福利经济学和新福利经济学。庇古是旧福利经济学的创始人。他的福利经济理论以基数效用论为基础，包括两个基本命题：第一，国民收入总量越大，社会的经济福利就越大；第二，国民收入分配越平均，社会的经济福利就越大。根据第二个命题，庇古认为，如果把富人的部分收入转移给穷人，就会增加社会福利总量。20世纪30年代以后出现了以意大利经济学家帕累托为代表人物的新福利经济学，新福利经济学摒弃了旧福利经济学的基数效用论，以序数效用论为基础，避开收入分配问题，采用一般均衡分析方法，研究在一定收入和价格水平下如何实现最大限度的社会福利问题，以效率作为福利分析的唯一的目标。本章的讨论以新福利经济学的理论为基础。

二、社会福利最大化的必要条件

　　福利经济学的一般观点认为，社会福利最大化的必要条件是资源配置的效率最优。于是我们先要讨论判断资源配置效率的标准是什么。

　　资源配置效率是由经济效率的讨论引出的。什么是经济效率？不同的人认识不同。就技术意义而言，经济效率是指投入单位社会必要劳动时间所能获得的价值量。计量经济效率的条件是价值。改变令价值增加，就是有效率的改变；改变令价值减少，就是无效率的改变。20世纪30年代以后，西方经济界提出并开始重视资源配置效率，这是指在一定的技术水平下各投入要素在各产出主体的分配所产生的效益。就福利经济学而言，经济效率是指经济社会资源配置的优与劣。但是，如何定性优与劣，人们的看法又不一致。用不同的条件衡量，资源配置有效率的情况可能变得没效率。所以，这是一个规范经济学的问题。那如何判断各种不同的资源配置的优劣，以及确定所有可能的资源配置中的最优资源配置呢？

　　（一）单一的个人的判断标准

　　现有单个人甲对两种资源配置状态 A、B 判别其优劣。只有三种情况：

$$A > B;\ A < B;\ A = B$$

　　式中，符号">"、"<"、"="分别表示甲的"优于"、"劣于"和"无差异于"三种看法。同样地，单个人乙对两种资源配置状态 A、B 判别其优劣也只有三种情况：

$$A >' B;\ A <' B;\ A =' B$$

　　式中，符号" >′"、" <′"、" =′"分别表示乙的"优于"、"劣于"和"无差异于"三种看法。

（二）从社会来看的判断标准

社会是人的集合体。从整个社会（至少两人以上）来看，这两种资源配置状态 A 和 B 谁优谁劣呢？由于甲有三种可能的选择，乙也有三种可能的选择，因此从整个社会来看就存在九种可能的选择情况：

(1) $A > B$, $A >' B$ (2) $A > B$, $A =' B$ (3) $A > B$, $A <' B$

(4) $A = B$, $A >' B$ (5) $A = B$, $A =' B$ (6) $A = B$, $A <' B$

(7) $A < B$, $A >' B$ (8) $A < B$, $A =' B$ (9) $A < B$, $A <' B$

这九种可能的选择情况，按甲和乙的不同态度可分为三大类型。第一类型是甲和乙的意见完全相反，这包括上述第 3 和第 7 两种情况；第二类型是甲和乙的意见完全相同，这包括第 1、第 5 和第 9 三种情况；第三类型是甲和乙的意见基本一致。这包括剩余的第 2、第 4、第 6 和第 8 四种情况。

首先来看第一类型。如甲和乙的意见完全相反，则是否能够从社会的角度对状态 A 和 B 的优劣作出明确的说明呢？这里显然遇到了麻烦。除非能够假定甲的意见（或者乙的意见）无关紧要，从而可以不加考虑，否则不能判断 A 与 B 的优劣。换句话说，在这种情况下，从社会的观点看，状态 A 与 B 是"不可比较的"，即没有任何"客观"的标准对它们进行判断。

如果去掉不可比较的第一类型的两种情况，则剩下的其余两种类型共七种情况均可看成是可以比较的。这七种可以比较的情况，按它们形成的社会观点可以重新分类如下：

A 优于 B：如果甲和乙中至少有一人认为 A 优于 B，而没有人认为 A 劣于 B，则从社会的观点看有 A 优于 B。

A 与 B 无差异：如果甲和乙都认为 A 与 B 无差异，则从社会的观点看有 A 与 B 无差异。

A 劣于 B：如果甲和乙中至少有一人认为 A 劣于 B，而没有人认为 A 优于 B，则从社会的观点看有 A 劣于 B。

（三）基于多数一致原则的标准——帕累托最优标准

在研究如何判断各种不同的资源配置的优劣这一问题上，19 世纪意大利经济学家与社会学家韦尔福雷多·帕累托等学者进行了可贵的探索。他们认为，以一定的资源配置状态作为考察的起点，在其他条件不变的情况下，如果现有资源配置状况的改变能使所有人的处境有好的改进，那这种改变就是有利的，它能增进社会福利；如果它能使一部分人的处境变好，同时没有人因此而处境变坏，则这种变化也是有利的，也能增进社会福利。资源配置的这两种改变，都是在不损害任何一人利益的情况下去至少改进某一个人的处境，资源配置这类改变被称为"帕累托改进"（Pareto improvement）。当某一资源配置状态不存在任何帕累托改进，则这时候的资源配置状态被认为是最优的，社会经济福利可能达到最大化,这种状态被称为"帕累托最优"①状态。在还没有达到帕累托最优状态情况下,通过改变资源配置状况来增进社会福利的办法称为"帕累托改进"(Pareto improvement)。

上述问题可以简单地表述为:如果两人中至少有一人认为 A 优于(或劣于)B,而没有人认为 A 劣(或优)于 B,则从社会的观点看有 A 优(或劣)于 B。如果两人都认为 A 与 B 无差异,则从社会的观点看,亦有 A 与 B 无差异。

推论:如果至少有一人认为 A 优于 B,而没有人认为 A 劣于 B,则从社会的观点看有 A 优于 B。这就是帕累托最优状态标准,简称帕累托标准。

按照帕累托最优标准所作的改进叫帕累托改进。对于经济社会某种既定的资源配置状态,如果所有的帕累托改进都不存在,则称这种资源配置状态为帕累托最优状态。西方经济学把帕累托最优标准作为判断资源配置效率的标准。资源配置满足帕累托最优状态就是具有经济效率的,否则就是缺乏经济效率的。帕累托改进是推进社会福利最大化的必要条件,存在于多种情况之中。

三、资源配置帕累托最优状态的实现条件

瓦尔拉斯认为,一般均衡的实现,资源配置效率一定最优。为此,他按照上一节提出的思路进行论证:首先给出一般均衡的实现条件,然后论证完全竞争的一般均衡一定具有资源配置的帕累托最优。他认为经济社会市场机制对于资源的配置是通过交换、生产以及生产与交换联动过程来实现的。资源配置帕累托最优状态的实现条件包括交换的最优条件、生产的最优条件及交换和生产的最优条件。完全竞争的市场下,一般均衡实现的条件在三个分析角度中都能得到满足。但是,瓦尔拉斯对于图 10-1 进行的关于一般均衡的实现条件及其资源配置效率最优的数理分析的方法,是在边际效用的基础上建立的一般均衡模型,虽然论证精确,但却不够直观。后人运用序数效用论,无差异曲线等概念,采用埃奇沃斯盒状图建立更为简单直观的一般均衡模型,分三个层次来实证分析一般均衡的帕累托最优实现条件。

(一)交换的帕累托最优条件

大多数经济中都会发生三种基本的经济活动:生产、交换和消费。本节先忽略生产,把视野局限于交换和消费。

一个交换经济是指社会生产状况既定、收入分配状况既定的经济。这种经济中的行为者是那些持有产品的初始存量或禀赋的消费者。经济活动包括交易和消费。可能进行商品互利交易的最简单经济形式是两种商品和两个消费者的经济。产品在两个消费者之间的自

---

① 帕累托是最先考察这一概念的学者之一。经济实践中,二手房市场的交易可以近似地表现出帕累托改进这一概念。当然,帕累托改进的前提条件,一是理性人假定,二是不存在交易费用,三是资源初始配置合理性。

愿交换过程就是一种资源再配置的过程。为简化起见，以两个消费者的两种产品交换为例进行说明。在这里，每一个消费者也可以理解成一种类型的消费者，两个消费者可以理解成两类消费者。一般来说，两个交易主体之间自愿的交换总是互利的。假定不同消费者的效用可比，两种既定数量的产品在两个消费者之间的自愿交换如能使各自达到效用的最大化，就被称为交换的帕累托最优①。或者说，交换的帕累托最优是这样一种资源配置状态，在这种状态下，任何使得某些消费者效用状况变好的变化都会使得另一些消费者的效用状况变坏。

为此，先要作一些假定：假定两种产品分别为 X 和 Y，其既定数量为 $\overline{X}$ 和 $\overline{Y}$，两个消费者分别为 A 和 B；假定两个消费者都知道对方的产品需求偏好，都是产品价格的接受者；假定交易成本为零；假定 A、B 的初始配置为：A 有产品组合 (X_A, Y_A)，B 有产品组合 (X_B, Y_B)；假定 A 由于对 Y 产品更为偏好、估价更高，B 由于对 X 产品更为偏好、估价更高，或者假定 A 拥有较多的产品 X，B 拥有较多的产品 Y，如果一开始消费者各自的效用水平不一致，他们就有进行互惠贸易的余地。最初，A 提出用 1 单位 X 换 1 单位 Y，B 同意交换，因为此时两人都会提高各自的总效用水平。如果一次交易结束后，A、B 各自的偏好并没有显著改变，两人的边际替代率仍不相同，于是两人会继续交换，直到两个消费者的边际替代率相等为止。此时，总效用水平提高，交易双方的福利都得到了最大改善。

上述两种产品在两个消费者之间的交易过程可以用一种叫埃奇沃斯盒状图②的工具来模拟，参见图 10－2。

图 10－2 表示的交换的埃奇沃斯盒状图是由两个分别表示两个消费者对两种产品的消费数量的坐标图对扣组合在一起形成的。盒状图的水平长度表示整个经济中第一种产品 X 的数量 $\overline{X}$，盒状图的垂直高度表示第二种产品 Y 的数量 $\overline{Y}$。O_A 为第一个消费者 A 的坐标原点，O_B 为第二个消费者 B 的坐标原点。从 O_A 水平向右测量消费者 A 对第一种商品 X 的消费数量 X_A，垂直向上测量它对第二种商品 Y 的消费数量 Y_A，从 O_B 水平向左测量消费者 B 对第一种商品 X 的消费数量 X_B，垂直向下测量它对二种商品 Y 的消费数量 Y_B。

现在考虑盒中任意一点，如点 a。a 点代表两种产品在两个消费者间的初始配置。初始配置并不考虑消费者的个人偏好。在 a 点上，对应于消费者 A 的消费数量 (X_A, Y_A) 和消费者 B 的消费量 (X_B, Y_B)。下式成立：

$$X_A + X_B = \overline{X}; \quad Y_A + Y_B = \overline{Y} \tag{10.1}$$

---

① 说明：(1)有的教材将交换的帕累托最优命名为交换的一般均衡(general equilibrium of exchange)。(2)交换的帕累托最优也是一种主观评价。这里需要我们深入讨论的问题是对于最优的理性认识、短期最优与长期最优、经济利益最优与社会利益最优。

② 该图以英国经济学家弗兰西斯·埃奇沃斯(1845—1926)命名，他是首次使用这种分析工具的经济学家之一。

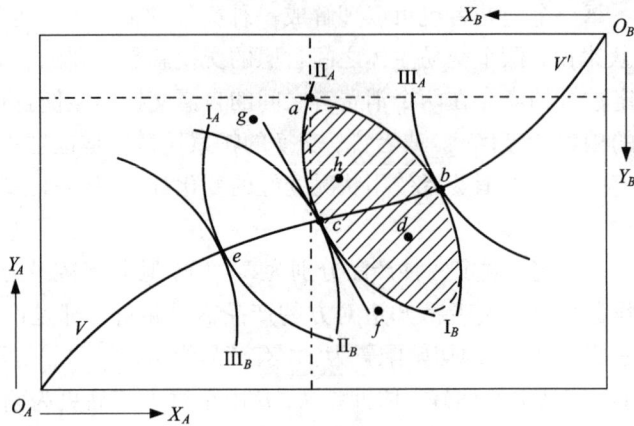

图 10 - 2   交换的帕累托最优

换句话说，盒中任意一点确定了一套数量，表示每一个消费者对每一种产品的消费，且满足式(10.1)。因此盒子(包括边界)确定了两种产品在两个消费者之间的所有可能的分配情况。特别是，在盒子的垂直边上的任意一点，表明某个消费者不消费 X；在盒子的水平边上的任意一点，表明某个消费者不消费 Y。

现在的问题是，在埃奇沃斯盒状图中的全部可能的产品再分配状态点中，哪一些是帕累托最优状态呢？为了分析这一点，需要在埃奇沃斯盒状图中根据假定的偏好加入每个消费者的无差异曲线。由于 O_A 是消费者 A 的坐标原点，故 A 的无差异曲线向左下方倾斜且向 O_A 点凸出。图中 I_A、II_A 和 III_A 是消费者 A 的三条代表性无差异曲线。其中 III_A 代表较高的效用水平，而 I_A 代表较低的效用水平。一般来说，无差异曲线从 O_A 点向右移动越远，标志着消费者 A 的效用水平越高。另一方面，由于 O_B 是消费者 B 的坐标原点，故 B 的无差异曲线向右下方倾斜，且向 O_B 点凸出。图中，I_B、II_B 和 III_B 是消费者 B 的三条代表性无差异曲线。其中，值得注意的是，III_B 代表较高的效用水平，而 I_B 代表较低的效用水平。一般来说，无差异曲线从 O_B 点向左移动越远，标志着消费者 B 的效用水平越高。

现在在埃奇沃斯盒状图中任选一点表示两种产品在两个消费者之间的一个初始分配。例如，选择一点 a。由于假定效用函数是连续的，故点 a 必然处于消费者 A 的某条无差异曲线上，同时也处于消费者 B 的某条无差异曲线上，即消费者 A 和 B 分别有一条无差异曲线经过 a 点。因此，这两条无差异曲线或者在 a 点相交(如图 10 - 2 所示，点 a 是无差异曲线 II_A 和 I_B 交点)。容易看出，a 点不可能是帕累托最优状态。这是因为，通过改变两种产品的初始分配状态，例如从 a 点变动到 b 点，则消费者 A 的效用水平从无差异曲线 II_A 提高到Ⅲ$_A$，而消费者 B 的效用水平并未变动，仍然停留在Ⅰ$_B$上。因此，a 点不是总效用最大点，在点 a 仍然存在效用水平帕累托改进的余地。由此得到结论：在交换的埃奇沃斯盒状图中，任意一点，如果它处在消费者 A 和 B 的两条无差异曲线的交点上，则它就不是帕累托最优状态，因为在这种情况下，总存在两种产品配置的帕累托改进的余地，即总可以改变该状态，使至少有一个消费者的效用状况变好而没有使其余的消费者的效用状况变坏。而消费者 A 和 B 的所有的无差异曲线的切点的轨迹连接起来构成的一条曲线，称为交易的契约曲线，即图 10 - 2 中的 VV′曲线。

当然，初始自愿交换使双方的利益得到改进不等于能使双方都感到高兴。因为改进与高兴是两个不同的效用满足层次，高兴不等于实现了效用最大化。现在对初始的产品分配状况通过贸易进行再改进。假定一次自愿交易结束后 A、B 的资源配置为 h 点，可以看出，h 点仍存在帕累托改进余地。进一步研究可以发现，在图 10 - 2 椭圆形图中不在 VV′曲线上的任一点，都存在帕累托改进余地。于是 A、B 之间再自愿贸易，并朝着 VV′曲线方向改进。最终配置处于无差异曲线的切点 c 上。此时，A 的满足程度无损，B 的满足程度达到最大化，不存在任何帕累托改进的余地，此点已为帕累托最优状态点。因为改变 c 点状态只有如下几种可能：向右上方移到消费者 A 的较高的无差异曲线上，则 A 的效用水平提高了，但消费者 B 的效用水平却下降了；向左下方移到消费者 B 的较高的无差异曲线上，则 B 的效用水平提高了，但消费者 A 的效用水平却下降了；剩下来的唯一一种可能则是消费者 A 和 B 的效用水平都降低。例如，从 c 点移到 g 点或 f 点，都属于此种情况。由此可以得到结论：在交换的埃奇沃斯盒状图中的任一点，如果它处在消费者 A 和 B 的两条无差异曲线的切点上，则它就是交换的帕累托最优状态点。在切点上，不存在两种商品配置效用水平的帕累托改进的余地，即任何改变都不可能使至少一个消费者的效用状况变好而没有使其余的消费者的效用状况变坏。

当然，消费者 A、B 基于初次配置点 a 作的贸易改进，最终配置点不一定是 c 点，也可能是 b 点，或者是如图 10 - 2 中 b、c 连线上的任何一点。这表明了自愿交易的双方各自效用改进大小的不同，取决于贸易双方各自讨价还价的能力。但这些改进点入选的条件是因此形成的交易双方的无差异曲线的边际替代率相等。从初始的配置开始，交易双方通过互惠的贸易可以达到许多可能的有效配置。由于交易的契约曲线上的任何一点都是消费者 A 和 B 各自相应的无差异曲线的相切点，都是帕累托最优点；通过这一点的切线的斜率，便是双方相应的无差异曲线的边际替代率。

从上面的分析可知，偏离交易契约曲线的点都是无效率的配置点，交易双方的无差异曲线的边际替代率均不相等，因此，交易双方没有达到帕累托最优状态，这时，继续自愿交易，可以改善双方的总效用境况，增加双方的福利，直到双方商品组合的边际替代率相等，交易点落在契约曲线之上为止。交易的契约曲线是两个交易者不可能再进行互利贸易的帕累托最优配置点的集合，它包含了所有消费者无差异曲线相切的位置。交易双方的无差异曲线的边际替代率相等，交易达到帕累托最优状态。由此可见，如果要使两种商品 X 和 Y 在两个消费者 A 和 B 之间的分配达到帕累托最优状态，则对于这两个消费者来说，这两种商品的边际替代率都相等。这就是交换的帕累托最优状态的实现条件。如果消费者 A 和 B 的 X 代替 Y 的边际替代率分别用 MRS_{XY}^A 和 MRS_{XY}^B 来表示，则交换的帕累托最优状态条件的公式就是：

$$MRS_{XY}^A = MRS_{XY}^B \tag{10.2}$$

可以证明：

用 $U_A(X_A, Y_A)$ 表示消费者 A 的效用函数，用 $U_B(X_B, Y_B)$ 表示消费者 B 的效用函数，给定 B 的效用水平既定为 $\overline{U}$，我们要在 B 的效用水平既定的条件下求 A 的效用最大化。约束条件是：

$$U_B(X_B, Y_B) = \overline{U} \tag{10.3}$$
$$X_A + X_B = \overline{X}$$
$$Y_A + Y_B = \overline{Y}$$

其中 $\overline{X} = X_A + X_B$ 是 X 产品总量，$\overline{Y} = Y_A + Y_B$ 是 Y 产品总量。根据目标函数与约束条件，建立拉格朗日函数

$$L = U_A(X_A, Y_A) - \lambda [U_B(X_B, Y_B) - \overline{U}] - \mu_1(X_A + X_B - \overline{X}) - \mu_2(Y_A + Y_B - \overline{Y}) \tag{10.4}$$

其中：λ 是效用约束的拉格朗日乘子，μ_1、μ_2 是禀赋约束的拉格朗日乘子。就式 (10.4) 对变量 X_A、X_B、Y_A、Y_B 求一阶偏导数，并令偏导数值等于 0，得到：

$$\frac{\partial L}{\partial X_A} = \frac{\partial U_A}{\partial X_A} - \mu_1 = 0 \tag{10.5}$$

$$\frac{\partial L}{\partial Y_A} = \frac{\partial U_A}{\partial Y_A} - \mu_2 = 0 \tag{10.6}$$

$$\frac{\partial L}{\partial X_B} = -\lambda \frac{\partial U_B}{\partial X_B} - \mu_1 = 0 \tag{10.7}$$

$$\frac{\partial L}{\partial Y_B} = -\lambda \frac{\partial U_B}{\partial Y_B} - \mu_2 = 0 \tag{10.8}$$

由式 (10.5)、(10.6)、(10.7)、(10.8) 得到：

$$\frac{\partial U_A}{\partial X_A} = \mu_1 \tag{10.9}$$

$$\frac{\partial U_A}{\partial Y_A} = \mu_2 \tag{10.10}$$

$$-\lambda \frac{\partial U_B}{\partial X_B} = \mu_1 \tag{10.11}$$

$$-\lambda\,\frac{\partial U_B}{\partial Y_B}=\mu_2 \tag{10.12}$$

由式(10.9)、(10.10)、(10.11)、(10.12)得到:

$$MRS_{XY}^A=\frac{\dfrac{\partial U_A}{\partial X_A}}{\dfrac{\partial U_A}{\partial Y_A}}=\frac{\mu_1}{\mu_2} \tag{10.13}$$

$$MRS_{XY}^B=\frac{\dfrac{\partial U_B}{\partial X_B}}{\dfrac{\partial U_B}{\partial Y_B}}=\frac{-\lambda\,\dfrac{\partial U_B}{\partial X_B}}{-\lambda\,\dfrac{\partial U_B}{\partial Y_B}}=\frac{\mu_1}{\mu_2} \tag{10.14}$$

结合式(10.13)与式(10.14),便得到交换的帕累托最优条件:

$$MRS_{XY}^A=MRS_{XY}^B$$

(二)生产的帕累托最优条件

生产的帕累托最优是指在技术既定、社会生产资源总量既定的情况下,既定数量的生产要素在厂商之间的配置使各自达到产量的最大化的状况。

既定数量的生产要素在厂商之间的自愿交换过程就是资源再配置过程。这一过程实际上就是生产过程。可能进行生产要素互利配置的最简单经济形式是两种生产要素和两个生产者的经济。在这里,每一个厂商也可以理解成一种类型的厂商,两个厂商可以理解成两类厂商。因此,分析生产的帕累托最优条件的方法与分析交换的帕累托最优条件的方法相似,仍采用埃奇沃斯框图来分析。假定经济社会社会只有两家厂商 C 和 D,他们使用数量既定的 L 与 K 两种要素,C 生产 X 产品,D 生产 Y 产品;假定两个厂商都知道对方的要素需求偏好,都是要素价格的接受者;假定 C 拥有较多的要素 L,D 拥有较多的要素 K,他们就有进行互惠交易的余地;假定交换两种生产要素的交易成本为零。即有:

$$\overline{L}=L_X+L_Y;\qquad \overline{K}=K_X+K_Y$$

图 10-3 表示两个厂商 C 与 D 将两种生产要素 L、K 分别用于生产两种产品 X、Y 的可能情况。图 10-3(a)中的 I_X、II_X 和 III_X 是厂商 C 生产 X 产品的三条代表性的等产量曲线;图 10-3(b)中的 I_Y、II_Y 和 III_Y 是厂商 D 生产 Y 产品的三条代表性的等产量曲线。现将图 10-3(b)旋转 180^0 并与图 10-3(a)结合,便得到图 10-4 表示的生产的埃奇沃斯盒状图。

图 10-4 表示的生产的埃奇沃斯盒状图是由两个分别表示两个厂商对两种产品的生产数量的坐标图对扣组合在一起形成的。盒状图的水平长度表示整个经济中总的劳动投入数量 $\overline{L}$,盒状图的垂直高度表示整个经济中总的资本投入数量 $\overline{K}$。O_C 为第一个厂商 C 的坐标

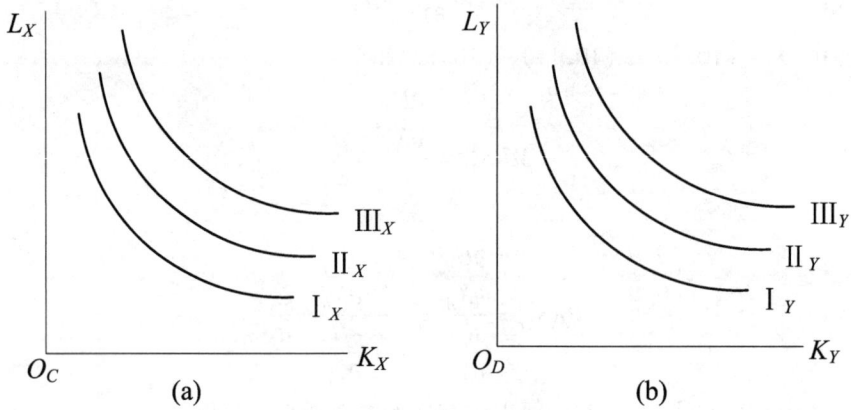

图 10 - 3　厂商 C 与 D 的生产情况

原点，O_D 为第二个厂商 D 的坐标原点。从 O_C 水平向右测量厂商 C 对劳动要素 L 的消费数量 L_X，垂直向上测量它对资本要素 K 的消费数量 K_X；从 O_D 水平向左测量厂商 D 对劳动要素 L 的消费数量 L_Y，垂直向下测量它对资本要素 K 的消费数量 K_Y。

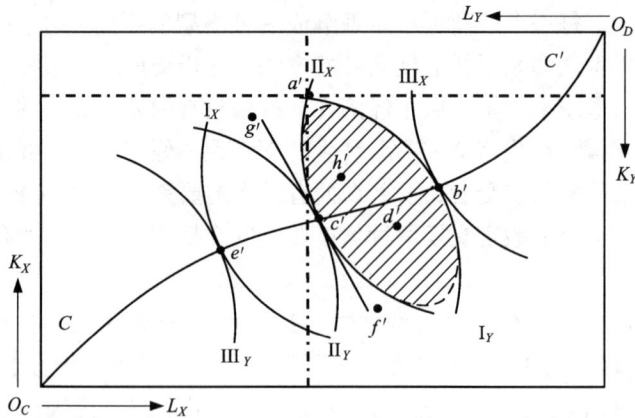

图 10 - 4　生产的帕累托最优

在图 10 - 4 中，产品 X 的等产量曲线 III_X、II_X、I_X 分别与产品 Y 的等产量曲线 III_Y、II_Y、I_Y 相切于 e'、c'、b' 点，把这些点连接起来，便得到 CC' 曲线，这条 CC' 曲线，称为生产契约曲线。

现在假定生产是在完全竞争条件下进行。如果生产要素的初始配置不在生产契约曲线上，而在契约曲线以外的任何一点，例如 a' 点上，虽然生产要素已经耗尽，但点 a' 仍然存在生产的帕累托改进余地，因为两种生产要素的报酬不一致。例如，厂商可将 a' 点调整至 c' 点，则可以在不减少 X 的产量 II_X 的前提下，将 Y 的产量由 I_Y 增加到 II_Y。或者将 a' 点调整至 b' 点，则可以在不减少 Y 的产量 I_Y 的前提下，将 X 的产量由 II_X 增加到 III_X。最终使得总产量最大化。由此得到结论：在生产的埃奇沃斯盒状图中，生产要素配置的任意一点，如果它处在厂商 C 和 D 的两条等产量曲线的交点上，则它就不是生产的帕累托最优状态，因为在交点上，总存在两种要素配置的帕累托改进的余地，结果使至少有一个厂商的产量增加而没有使其余的厂商的产量下降。而厂商 C 和 D 的所有的等产量曲线的切点运动的轨迹连接起来构成的一条曲线，称为生产的契约曲线。即图 10 - 4 中的 CC' 曲线。

现在对 C、D 间初始的要素分配通过贸易进行改进。假定一次交易结束后 C、D 的要素配置为 h' 点，可以看出，h' 点仍不是最终配置点，因为此点上仍存在生产的帕累托改进余地。进一步研究可以发现，在图 10 - 4 椭圆形图中不在 CC' 曲线上的任一点，都存在帕累托改进余地。C、D 之间再自愿贸易，并朝着 CC' 曲线方向改进。最终配置点处于两条等产量曲线的切点 c' 上。此时，C 的产量水平无损，D 的产量水平达到最大化，不存在任何帕累托改进的余地，此点已为生产的帕累托最优状态点。因为改变 c' 点状态只有如下几种可能：向右上方移到厂商 C 的较高的等产量曲线上，则 C 的产量水平提高了，但厂商 D 的产量水平却下降了；向左下方移到厂商 D 的较高的等产量曲线上，则 D 的产量水平提高了，但厂商 C 的产量水平却下降了；剩下来的唯一一种可能则是厂商 C 和 D 的产量水平都降低。例如，从 c' 点移到 g' 点或 f' 点，都属于此种情况。由此可以得到结论：在生产的埃奇沃斯盒状图中，任意一点，如果它处在厂商 C 和 D 的两条等产量曲线的切点上，则它就是生产的帕累托最优状态点。因为在切点上，不存在两种要素配置的帕累托改进的余地，即任何改变都不可能使至少一个厂商的产量增加而没有使其余的厂商的产量下降。

当然，厂商 C、D 基于生产要素初次配置点 a' 作的贸易改进，最终配置点不一定是 c' 点，也可能是 b' 点，或者是如图 10 - 4 中 c'、b' 连线上的任何一点。这取决于生产要素贸易双方各自讨价还价的能力。但这些改进点入选的条件是因此形成的交易双方的等产量曲线的边际技术替代率相等。从生产要素初始配置的开始，交易双方通过互惠贸易可以达到许多可能的有效配置。由于生产的契约曲线上的任何一点都是厂商 C 和 D 各自相应的等产量曲线的相切点，都是帕累托最优点；通过这一点的切线的斜率，便是双方相应的等产量曲线的边际技术替代率。

因此，图 10 - 4 中最有效率的生产要素的配置点，应该在两条等产量曲线的切点上。生产契约曲线上所有的点都是两条等产量曲线的切点，是两个厂商不可能再进行生产要素互利贸易的帕累托最优配置点的集合，所以生产契约曲线是既定数量的生产要素在最有效率地利用时所能生产的不同产品的最大产量的组合。

生产的帕累托最优条件，对于用来生产两种产品的两种生产要素来说，它们的每一种组合的边际技术替代率相等。如前所述，边际技术替代率是指保持产量水平不变时，两种生产要素的边际产量之比。只要两个厂商的两种生产要素投入量的边际技术替代率不相等，就可以进行要素投入量的替代，这样就能增加一种产品的产量而不减少另一种产品的产量，甚至两种产品的产量同时增加。只有当两个厂商的每一组生产要素投入量的边际技术替代率相等时，这种替代才会停止，这时便达到最有效率的生产，实现了生产的帕累托最优条件。对于厂商 C 和 D 来说，L 代替 K 的边际技术替代率分别用 $MRTS_{LK}^C$ 和 MRS_{LK}^D 表示，则生产的帕累托最优状态条件的公式就是：

$$MRTS_{LK}^C = MRTS_{LK}^D \tag{10.15}$$

(三)生产与交换的帕累托最优条件

生产与交换的帕累托最优是指经济社会生产与交换同时达到帕累托最优的情况。在讨论交换的帕累托最优条件时，我们考虑的经济是一个纯粹的自愿交换经济，没有涉及生产的问题，也就是交换的帕累托最优并不能保证生产的帕累托最优，或者说两者之间没有必然的联系。而在我们讨论生产的帕累托最优条件时，考虑的经济中又完全抽象掉了商品的交换，同样，生产的帕累托最优也不保证交换的帕累托最优。之前的讨论中，我们实际上是将交换和生产分开来独立地进行分析。现在我们将上述交换和生产这两方面分析综合起来，考虑在完全竞争条件下如何得到交换和生产的帕累托最优条件。为此，先要作引入分析。

1. 生产可能性曲线的引出

图 10-4 中的生产契约线 CC′代表了所有生产的帕累托最优状态的集合；CC′上的每一点均表示两种投入在两个生产者之间的分配为最优，即表示最优投入。但仔细观察后可发现，生产契约线 CC′还向我们提供了另一些有用的信息：

(1)在该曲线上的每一点也表示了一定量投入要素在最优配置时所能生产的一对最优产出。曲线上的每一点对应一对相切的等产量曲线：一条曲线代表 X 的最优产量，另一条与之相切的曲线代表 Y 的最优产量。

(2)这一对最优产出还是帕累托意义上的最优产出。即此时要增加某一产出的数量，就不得不减少另一种产出的数量。

(3)遍取生产契约线 CC′上的每一点(设为 n_i)，可得到相应的所有点 n_i 的 X、Y 的最优产出组合量；利用另一坐标图，可以画出 X、Y 最优产出组合的轨迹。

图 10-5 中横轴表示最优产出组合中 X 的数量，纵轴表示最优产出组合中 Y 的数量。利用该图可以画出最优产出量的轨迹。例如，对应于图 10-4 中生产契约曲线上的点 c′，最优产出量为(II_X，II_Y)，该产出量在图 10-5 中就是图中的 P_2 点。同样，对应于生产契

约曲线上的 e' 点，最优产出量为（I_X，III_Y），该产出量在图 10-5 中就是 P_1 点；对应于生产契约曲线上的 b' 点，最优产出量为（III_X，I_Y），该产出量在图 10-5 中就是 P_3 点。将生产契约曲线上每一点均通过这种方法"变换"到图 10-5 中来，便得到曲线 BB'。曲线 BB' 就是生产可能性曲线（或称产品转换线）。

如前所述，生产可能性曲线是表示在既定的技术水平下，经济系统中既定要素投入都得到有效使用时能够生产出的两种商品的各种最大数量组合。生产可能性曲线可用转换函数 $T(X, Y) = 0$ 表示。它用以说明在既定要素投

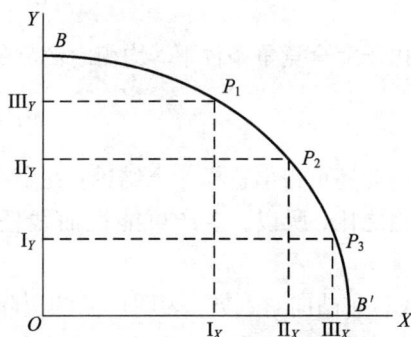

图 10-5　生产可能性曲线图

入都得到有效使用时，社会从 X 商品生产转换为 Y 商品生产的可能性。因此，生产可能性曲线上的任何一点都是生产的帕累托最优状态点，而曲线内的任何一点都不是生产的帕累托最优点。

2. 生产可能性曲线的特点

生产可能性曲线 BB' 具有两个特点：

（1）它向右下方倾斜。表示在最优产出量中，两种最优产出的变化是相反的。这种反方向变化说明两种最优产出之间的一种"转换"关系，即可以通过减少某种产出数量来增加另一种产出的最大数量。这也是所以称为生产可能性曲线的原因。如果设产出 X 的最大变动量为 ΔX，产出 Y 的变动量为 ΔY，则他们的比率的绝对值 $|\Delta Y/\Delta X|$ 可以衡量 1 单位 X 商品转换为 Y 商品的比率。该比率的极限则定义为 X 商品对 Y 商品的边际转换率 MRT_{XY}，亦即：

$$MRT_{XY} = -\frac{\Delta Y}{\Delta X} \quad 或者 \quad MRT_{XY} = -\frac{dY}{dX} \tag{10.16}$$

因此，产品的边际转换率就是生产可能性曲线的负斜率，它是指在资源数量和技术水平既定的条件下，增加一个单位某种商品的生产所必须放弃的另一种商品的最大生产数量。由（10.16）式，可以得出生产可能性曲线的第一个特点。

由于经济中资源总是既定的，或者说当一种产品的产量增加，另一种产品的产量相应减少时，经济中的资源总量并不发生变化，因此有：

$$|\Delta X \cdot MC_X| = |\Delta Y \cdot MC_Y| \longrightarrow -\frac{\Delta Y}{\Delta X} = \frac{MC_X}{MC_Y} \tag{10.17}$$

所以，产品的边际转换率就是两种产品的边际成本之比，即

$$MRT_{XY} = -\frac{\Delta Y}{\Delta X} = \frac{MC_X}{MC_Y} \tag{10.18}$$

由于完全竞争条件下,均衡时商品的边际成本等于商品的价格,因此:

$$MRT_{XY} = \frac{MC_X}{MC_Y} = \frac{P_X}{P_Y} \tag{10.19}$$

由此还可得出这样一个结论:在商品价格既定条件下,边际产品转换率等于两种商品的价格之比,所以,生产可能性曲线任何一点的斜率的绝对值都等于两种商品的价格之比。

(2)它凸向右上方,表明产品的边际转换率递增。由于生产要素适合于某种产品的生产总是有限度的。例如,假定一个社会只生产两种产品:棉布和面包。如第四章第二节所述,在技术水平和其他要素投入不变时,如果把越来越多的一种要素(如土地)投入棉布的生产(相应的越来越少的土地投入面包的生产),则每单位要素的边际生产率就会出现递减,因此,生产棉布的要素边际生产率是递减的,或者说边际成本是递增的。对于面包生产的情况也可作类似的分析,它的边际生产率也是递减的。这里我们可以将生产 X 和 Y 所需要的两种要素 L、K 捆梆起来视同一种生产要素($L+K$),这样,在其他条件不变时,捆梆要素在生产 X 和 Y 时的边际报酬也是递减的。可以证明,当一种产品如 X 增加而另一种产品如 Y 减少时,X 的边际生产率是递减的,同时,Y 的边际生产率是递增的。

设有联合要素($L+K$),$\dfrac{\mathrm{d}y}{\mathrm{d}(L+K)}$、$\dfrac{\mathrm{d}x}{\mathrm{d}(L+K)}$ 分别为该联合要素生产 X 和 Y 的边际生产力。随着产出 X 的增加,从而产出 Y 减少;根据使用要素的边际生产率递减原理,定有 $\dfrac{\mathrm{d}x}{\mathrm{d}(L+K)}$ 减少,$\dfrac{\mathrm{d}y}{\mathrm{d}(L+K)}$ 增加,从而有

$$MRT = \left| \frac{\mathrm{d}y}{\mathrm{d}x} \right| = \left| \frac{\mathrm{d}y}{\mathrm{d}(L+K)} \cdot \frac{\mathrm{d}(L+K)}{\mathrm{d}x} \right| = \left| \frac{\dfrac{\mathrm{d}y}{\mathrm{d}(L+K)}}{\dfrac{\mathrm{d}x}{\mathrm{d}(L+K)}} \right|$$

由此可以推算出产品的边际转换率递增,从而生产可能性曲线凸向右上方。

3. 生产与交换的帕累托最优条件

可能同时进行商品互利交易与生产要素互利配置的最简单经济形式是经济社会只有一个消费者和一个厂商,只有两种产品(消费者的劳动或闲暇与厂商生产的消费品)的经济。假定消费者和厂商都知道对方的要素需求偏好,都是价格行为的接受者;假定交易成本为零。在图 10 – 6 中的生产可能性曲线上任选一点例如 E 点。由生产可能性曲线的性质可知 E 点是生产契约曲线上的一点,故满足生产的帕累托最优条件。从 E 点出发分别引一条垂直线到 $\overline{X}$ 和一条水平线到 $\overline{Y}$,则得到一个矩形 $O\,\overline{Y}E\,\overline{X}$。该矩形形同图 10 – 2 交换的埃奇

沃斯盒形图:它的水平长度和垂直长度分别表
示两种产出的给定数量 $\overline{X}$、$\overline{Y}$,且埃奇沃斯盒形
图中的交换契约曲线为 VV'。VV' 曲线上任意
一点均为交换的帕累托最优状态点。因此,给
定生产契约曲线上一点,即给定一个生产的帕
累托最优状态。由此构建一条交换的契约曲
线,即有无穷多个交换的帕累托最优状态点与
之对应。在这无穷多个交换的帕累托最优状
态点中,任意一个点,例如 c 点,都表示交换
在单独看来时已经处在帕累托最优状态,但并
不一定表示在与生产联合起来看时亦达到了
帕累托最优状态。

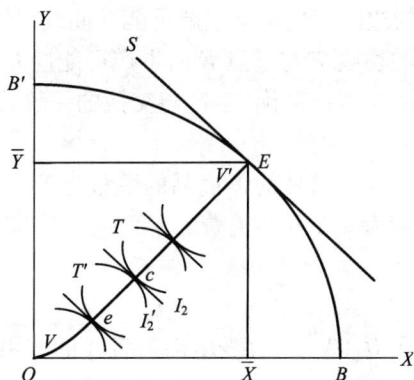

图 10 - 6　生产和交换的帕累托最优

在图 10 - 6 中,生产可能性曲线上 E 点的
切线 S 的斜率的绝对值是产品 X 对 Y 的边际转换率 MRT_{XY},交换契约曲线上 c 点是无差异
曲线 I_2 和 I_2' 的切点。I_2 和 I_2' 的共同切线 T 的斜率的绝对值是产品 X 对 Y 的边际替代率
MRS_{XY}。切线 S 和 T 可能平行,也可能不平行,即产品 X 对 Y 的边际转化率与 X 对 Y 的边
际替代率可能相等,也可能不等。如果边际转化率与边际替代率不相等,则可以证明这时
并未达到生产和交换的帕累托最优状态。[①]

假设产品的边际转换率为 2,边际替代率为 1,即边际转换率大于边际替代率。边际转
换率等于 2 意味着厂商通过减少 1 单位 X 的生产可以增加 2 单位的 Y。边际替代率等于 1
意味着消费者愿意通过减少 1 个单位 X 的消费来增加 1 单位 Y 的消费。在这种情况下,如
果厂商少生产 1 单位 X,从而少给消费者 1 单位 X,但却多生产出 2 个单位的 Y。从多增加
的两个单位 Y 中拿出 1 个单位给消费者即可以维持消费者的满足程度不变,从而多余的 1
单位 Y 就代表了社会福利的净增加。这就说明了如果产品的边际转换率大于边际替代率,
则仍然存在帕累托改进的余地,即仍然未达到生产和交换的帕累托最优状态。同理可以分
析出,如果产品的边际转换率小于于边际替代率,则仍然存在帕累托改进的余地(仍然未
达到生产和交换的帕累托最优状态)。

给定生产可能性曲线 BB' 上一点 E 和相应构建的交换契约曲线 VV' 上一点 c,只要 E 点
的产品的边际转换率不等于 c 点的产品边际替代率,则 c 点就仅表示交换的帕累托最优状
态,而非生产和交换的帕累托最优状态。由此可得生产和交换的帕累托最优条件:

$$MRS_{XY} = MRT_{XY} \tag{10.20}$$

---

① 可以证明在 VV' 曲线上一定存在唯一的一点 c 使得该点所代表的边际替代率等于 E 点的边际转化率。

即产品的边际替代率等于边际转换率。例如,在图 10-6 中的交换契约曲线 VV' 上,点 e 的边际替代率与生产可能性曲线 BB' 上 E 点的边际转换率相等,因为过点 e 的无差异曲线的切线 T' 与过点 E 的生产可能性曲线的切线 S 恰好平行。因此,点 e 同时满足生产和交换的帕累托最优(生产与交换的一般均衡点)。

可以证明:

令 A 所消费的 X 商品的数量为 X_A,A 所消费的 Y 商品的数量为 Y_A,B 所消费的 X 商品的数量为 X_B;B 所消费的 Y 商品的数量为 Y_B,有下列关系式:

$$X = X_A + X_B \tag{10.21}$$
$$Y = Y_A + Y_B \tag{10.22}$$

用 $U_A(X_A, Y_A)$ 表示消费者 A 的效用函数,用 $U_B(X_B, Y_B)$ 表示消费者 B 的效用函数,给定 B 的效用水平既定为 $\overline{U}$,有

$$U_B(X_B, Y_B) = \overline{U}$$

我们要在给定的转换函数 $T(X, Y) = 0$ 与 B 的效用水平既定的条件下[1]求 A 的效用最大化。根据所求目标函数与约束条件,可得拉格朗日函数:

$$L = U_A(X_A, Y_A) - \lambda[U_B(X_B, Y_B) - \overline{U}] - \mu[T(X, Y) - 0] \tag{10.23}$$

其中,λ、μ 为拉格朗日乘子。对变量 X_A、Y_A、X_B、Y_B 求一阶偏导数,并令偏导数值等于 0,得到四个一阶条件:

$$\frac{\partial L}{\partial X_A} = \frac{\partial U_A}{\partial X_A} - \mu \frac{\partial T}{\partial X} = 0 \tag{10.24}$$

$$\frac{\partial L}{\partial Y_A} = \frac{\partial U_A}{\partial Y_A} - \mu \frac{\partial T}{\partial Y} = 0 \tag{10.25}$$

$$\frac{\partial L}{\partial X_B} = -\lambda \frac{\partial U_B}{\partial X_B} - \mu \frac{\partial T}{\partial X} = 0 \tag{10.26}$$

$$\frac{\partial L}{\partial Y_B} = -\lambda \frac{\partial U_B}{\partial Y_B} - \mu \frac{\partial T}{\partial Y} = 0 \tag{10.27}$$

整理式(10.25)、(10.26)、(10.27)、(10.28),得到:

$$\frac{\partial U_A}{\partial X_A} = \mu \frac{\partial T}{\partial X} \tag{10.28}$$

$$\frac{\partial U_A}{\partial Y_A} = \mu \frac{\partial T}{\partial Y} \tag{10.29}$$

$$-\lambda \frac{\partial U_B}{\partial Y_B} = \mu \frac{\partial T}{\partial X} \tag{10.30}$$

---

[1]　"给定"就是假定;转换函数的点就是生产的帕累托最优点;"B 的效用水平既定"就是效用最大。

$$-\lambda \frac{\partial U_B}{\partial Y_B} = \mu \frac{\partial T}{\partial Y} \qquad (10.31)$$

用式(10.28)比式(10.29),用式(10.30)比式(10.31),得到:

$$\frac{\dfrac{\partial U_A}{\partial X_A}}{\dfrac{\partial U_A}{\partial Y_A}} = \frac{\dfrac{\partial T}{\partial X}}{\dfrac{\partial T}{\partial Y}} \qquad (10.32)$$

$$\frac{\dfrac{\partial U_B}{\partial X_B}}{\dfrac{\partial U_B}{\partial Y_B}} = \frac{\dfrac{\partial T}{\partial X}}{\dfrac{\partial T}{\partial Y}} \qquad (10.33)$$

本章第二节有 $MRS_{XY}^A = \dfrac{\dfrac{\partial U_A}{\partial X_A}}{\dfrac{\partial U_A}{\partial Y_A}}$,$MRS_{XY}^B = \dfrac{\dfrac{\partial U_B}{\partial X_B}}{\dfrac{\partial U_B}{\partial Y_B}}$,且有 $MRT_{XY} = \dfrac{\dfrac{\partial T}{\partial X}}{\dfrac{\partial T}{\partial Y}}$

结合式(10.32)与式(10.33),得到交换与生产的帕累托最优条件。[①]

$$MRT_{XY} = MRS_{XY}^A = MRS_{XY}^B \qquad (10.34)$$

四、完全竞争与帕累托最优状态的实现

完全竞争的经济社会在市场机制配置资源实现了一般均衡时,实现资源配置的帕累托最优的必要条件是具备的,只是前面关于经济社会资源配置的帕累托最优条件是在两个消费者、两种产品、两个厂商、两种投入要素的最简单情况下推导出的,显然可以将之推广到多个消费者、多种商品、多个厂商、多种要素的一般情况。

(一)帕累托最优的三个条件

(1)交换的帕累托最优条件。任何两种产品的边际替代率对所有使用这两种产品的消费者都相等。用公式表示即是:

$$MRS_{KY}^A = MRS_{XY}^B$$

式中:X 和 Y 为任意两种产品;A 和 B 为任意两个消费者。

(2)生产的帕累托最优条件。任何两种要素的边际技术替代率对所有使用这两种投入要素的厂商都相等。用公式表示即是:

$$MRTS_{LK}^A = MRTS_{LK}^B$$

[①] 参见朱善利所著《微观经济学》(第3版)第372-374页(北京大学出版社2007版)。更深入的证明参阅高级微观经济学教程。

式中：L 和 K 为任意两种要素；A 和 B 为任意两个厂商。

（3）生产和交换的帕累托最优条件。任何两种产品的边际转换率等于它们的边际替代率。用公式表示即是：

$$MRS_{XY} = MRT_{XY}$$

式中：X 和 Y 为任意两种产品。

当上述三个条件均得到满足时，我们就说整个经济达到了帕累托最优。

（二）完全竞争市场条件下的帕累托最优状态的实现

现在考虑完全竞争中，帕累托最优状态是怎么实现的。我们知道，完全竞争经济在一些假定条件下存在着一般均衡，即存在一组价格，使得所有商品的需求和供给都恰好相等。设这一组价格为 P_X，P_Y，…；P_L，P_K，…。其中，P_X，P_Y，…分别为商品 X，Y，…的价格；P_L，P_K…分别表示要素 L，K，…的价格。在完全竞争条件下，每个消费者和每个厂商均是价格的接受者，他们将在既定的价格条件下来实现自己的效用最大化和利润最大化。换句话说，均衡价格体系 P_X，P_Y，…；P_L，P_K…对所有消费者和厂商均是相同的。

首先，来看消费者。任意一个消费者例如 A 在完全竞争经济中的效用最大化条件是：对该消费者来说，任意两种商品的边际替代率等于这两种商品的价格比率，即：

$$MRS_{XY}^A = P_X/P_Y$$

同样，其他消费者如 B 在完全竞争条件下的效用最大化条件亦是：对 B 而言，任意两种产品的边际替代率等于这两种产品的价格比率，即：

$$MRS_{XY}^B = P_X/P_Y$$

将以上两式整理可得：

$$MRS_{KY}^A = MRS_{XY}^B$$

这就是交换的帕累托最优条件。因此，在完全竞争条件下，产品的均衡价格实现了交换的帕累托最优状态，此时，消费者剩余也实现了最大化。

其次，来看厂商的情况。在完全竞争经济中，任意一个厂商 C 的利润最大化条件之一是：对该厂商来说，任意两种要素的边际技术替代率等于这两种要素的价格比率，即：

$$MRTS_{LK}^C = P_L/P_K$$

同样，其他厂商如 D 的在完全竞争条件下的利润最大化条件亦是：对 D 而言，任意两种要素的边际技术替代率等于这两种要素的价格比率，即：

$$MRTS_{LK}^D = P_L/P_K$$

将以上两式整理可得：

$$MRTS_{LK}^C = MRTS_{LK}^D$$

这就是生产的帕累托最优条件。因此，在完全竞争条件下，要素的均衡价格实现了生产的帕累托最优状态，此时，生产者剩余也实现了最大化。

最后,来看厂商和消费者综合在一起的情况。现在的问题是要说明完全竞争经济如何满足生产和交换的帕累托最优状态,即在完全竞争条件下,产品的边际转换率是如何与边际替代率相等的。为此,先对产品的边际转换率再作一点解释。我们知道,X 产品对 Y 产品的边际转换率就是:

$$MRT_{XY} = |\Delta Y / \Delta X|$$

它表示增加 ΔX 就必须减少 ΔY,或者增加了 ΔY 就必须减少 ΔX。因此,ΔY 可以看出是 X 的边际成本(机会成本);同样,ΔX 也可以看成是 Y 的边际成本。如果用 MC_X 和 MC_Y 分别表示产品 X 和产品 Y 的边际成本,则 X 产品对 Y 产品的边际转换率可以定义为两种产品的边际成本的比率:

$$MRT_{XY} = |\Delta Y / \Delta X| = |MC_X / MC_Y|$$

在完全竞争条件下,厂商利润最大化的条件是产品的价格(边际收益)等于其边际成本,于是有:

$$P_X = MC_X; \quad P_Y = MC_Y$$

再由消费者效用最大化条件及式(3.30)和式(3.33)推导式,在完全竞争条件下,消费者效用最大化的条件是产品的价格等于其边际效用,于是有:

$$P_X = MU_X; \quad P_Y = MU_Y$$

$$MRS_{XY} = P_X / P_Y$$

整理即得:

$$MRS_{XY} = P_X / P_Y = MRT_{XY} \tag{10.35}$$

其中,MRS_{XY} 表示每一个消费者的共同的边际替代率。式(10.35)就是生产和交换的帕累托最优条件。因此,在完全竞争经济中,产品的均衡价格实现了生产和交换的帕累托最优,它使自愿同意市场机制重新配置资源的消费者的效用达到最大,厂商的利润达到最大,消费者和生产者的剩余总和达到最大,市场上没有一种产品存在过度供给或过度需求,市场自动出清。完全竞争经济会达到瓦尔拉斯一般均衡,瓦尔拉斯一般均衡在资源配置上最有效率的结论[①]被描述为福利经济学第一定理。

第三节 社会福利函数

根据上一节的讨论,完全竞争条件下,经济社会的一般均衡能够实现资源配置的帕累

---

① 资源配置有效率的结果也可以通过其他手段来达到,比如通过中央政府集权的计划经济体制。但这种手段常常需要更多的附加条件,如操作者的道德水平、充分的信息、科学的宏观管理技术与管理投入,因而操作起来比较困难。

托最优。但是，资源配置的帕累托最优是否能够同时实现社会福利最大化？经济学的一项重要任务就是研究如何增进社会福利。社会福利的增进体现在社会每一个成员效用水平的提高上。如果按照某一标准，社会每一个成员的效用水平都提高了，我们就可以说社会福利增进了。如果能够通过某一途径使社会福利达到最大，当然是一件幸事。但是什么是社会福利最大化？用什么标准来测度社会福利？

完全竞争的市场经济在一定假设条件下可以满足一般均衡下实现帕累托最优的三个条件，从而实现社会福利最大化。但帕累托最优只是社会福利最大化的必要条件，只是表明社会的经济福利最大而不是社会福利最大。仅凭帕累托最优状态条件本身还不能决定在哪一点社会福利最大。由之前对生产和交换的帕累托最优状态的条件分析，我们知道帕累托最优状态不是一个而是无数个。一个社会的经济福利不仅依赖于它的总量，还依赖于这一总量在个人之间的分配状态，因此，检验社会福利的标准应包括资源配置的效率标准和收入分配的公平标准两个方面。合理分配是社会福利最大的充分条件。只有同时解决效率和公平问题，社会福利才能达到唯一最优状态。帕累托最优状态表达的是在既定的收入分配状况下实现生产资源有效配置所具备的条件，只解决了经济效率问题，并没有解决合理分配问题。为解决社会福利唯一最优状态问题，西方经济学引入社会福利函数。

一、效用可能性曲线的引出

根据帕累托最优状态所要求的三个边际条件，萨缪尔森提出了效用可能性曲线与效用可能性边界的概念。

如图 10 - 6 所示，生产可能性曲线 BB' 上任意一点都表示生产的帕累托最优状态，对于 BB' 曲线上任意一点如 E 都存在一个相应的埃奇沃斯盒形图，图中交换契约曲线 VV' 上的每一点都表示既定的产量分配下消费者 A、B 所得到的各种不同效用的组合。如果将这些组合点在以横轴表示消费者 A 的效用水平、纵轴表示消费者 B 的效用水平的坐标系中表示出来，就可以得到一条如图 10 - 7 所示的效用可能性曲线 $U_i(i=1, 2, 3, \cdots, n)$，反映了两个消费者同时处在契约曲线上时的满意程度。由于帕累托生产最优

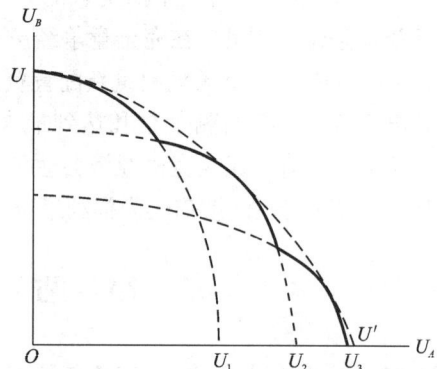

图 10 - 7　效用可能性曲线边界

可以有无数个组合，每一个组合点，即生产可能性曲线上的每一点，都相应产生一条效用可能性曲线，因此，可以在效用图形中做出无数条效用可能性曲线。每一条效用可能性曲

线都表示消费者 A、B 利用既定的 X、Y 产品所能得到的效用组合。又在每一条效用可能性曲线上都可以找到这样一点 e_i（$i=1,2,3,\cdots,n$），该点同时满足生产与交换的帕累托最优条件。连接各条效用可能性曲线上所有满足生产与交换的帕累托最优条件的点，所得到的图 10-7 中的 UU' 被称为最大效用可能性曲线或社会福利界限。①

从图中可以看出，UU' 曲线将整个效用空间划分为三个部分。UU' 曲线以内的各点表示现有资源和技术条件下可以达到但却不是最大的效用组合，因而是低效率的配置点；而 UU' 曲线以外的各点都表示现有资源和技术条件下无法达到的效用组合，因而是无法实现效率的配置点；而 UU' 曲线上各点都符合帕累托最优状态所要求的三个边际条件，是效用最大的可能性区域，因而是最有效率的配置点。但是，有效率的配置点就一定是公平的点吗？无效率的配置点就一定是不公平的点吗？仅从图 10-7 中效用可能性边界线 UU' 上的点不能给出回答。福利经济学的目的是在效用可能性区域中寻找使社会福利达到最大的点，但由于 UU' 曲线还无法说明社会福利在哪一点达到最优，为此，还要引入社会福利函数。

二、社会福利函数的引入

为了解决上述问题，必须要知道在效用可能性曲线上每一点所代表的社会福利的相对大小，或者更一般地说，必须要知道效用可能性区域或整个效用空间中每一点所代表的社会福利的相对大小，于是首先要定义社会福利及其函数。社会福利及其函数是许多复杂因素相互作用的结果，常用来评价政策对于不同的人产生不同的影响。严格地说，任何一种社会福利函数都与一种有关公平的特定观点相联系。但是，不同的经济学家对于社会福利有不同的理解，对社会福利函数的使用也不同②。但为便于分析，社会福利函数通常被简化为反映社会所有个人的效用水平的函数，并且赋予每个人的效用相同的权数，于是社会福利函数是个人效用函数的增函数。假设社会中共有 n 人，社会福利函数可以记做：

$$W=f(U_1,U_2,\cdots,U_n) \tag{10.36}$$

社会福利函数可以看作一组无差异曲线，用以描述整个社会的福利而非一个人的福利。为了使问题简单化，假定经济中只有两个人，其效用水平分别为 U_A 和 U_B，社会福利水平为 W，那么，社会福利函数可以写为：

$$W=W(U_A,U_B) \tag{10.37}$$

给定上式，由一个效用水平组合（U_A，U_B）可以求得一个社会福利水平。如果我们固定

① 效用可能性曲线向右下方倾斜，但其他性质不能确定。
② 几种有代表性的社会福利函数为平均主义的社会福利函数、功利主义的社会福利函数、罗尔斯社会福利函数、阿尔金森社会福利函数、柏格森—萨缪尔森社会福利函数。

社会福利水平为某个值，例如另 $W = W_1$，则社会福利函数成为：

$$W_1 = W(U_A, U_B) \tag{10.38}$$

上式表明，当社会福利水平为 W_1 时，两个消费者之间的效用水平 U_A 和 U_B 的关系。该关系的几何表示就是图 10 – 8 中的曲线 W_1。曲线 W_1 被称为社会无差异曲线。在该曲线上，不同的点代表不同的效用组合，但所表示的社会福利却是一样的。故从社会的角度来看，这些点均是"无差异的"。同样地，如果令社会福利水平为 W_2 和 W_3，亦可以得到相应的社会无差异曲线 W_2 和 W_3。通常假定这些社会无差异曲线与单个消费者的无差异曲线一样，也是向右下方倾斜且凸向原点，并且较高位的社会无差异曲线代表较高的社会福利水平。

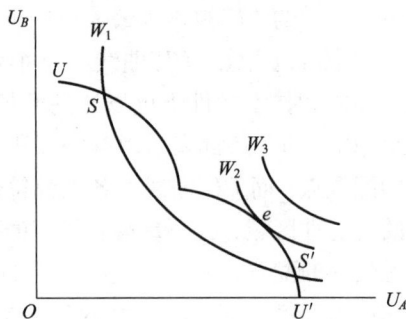

图 10 – 8　最大社会福利

三、社会福利最大点的寻找

如果将社会无差异曲线(即社会福利函数)与效用可能性曲线 UU' 结合便可确定最大社会福利点。从图 10 – 8 中可以看到，最大社会福利显然在总效用可能性曲线 UU' 和社会无差异曲线 W_2 的切点 e 上达到。这一点被称为"限制性条件下的最大满足点"。这是能导致最大社会福利的生产和交换的唯一点。其所以称为限制条件下的最大满足点，是因为它不允许为任何可能值，即不能任意选择，而要受到既定的生产资源、生产技术条件等的限制。UU' 曲线和社会无差异曲线 W_1 交于 S 和 S' 点。这些点所代表的社会福利都低于 W_2，因而不是最大社会福利；W_3 是比 W_2 更高的社会无差异曲线，也就是超出了现有条件下所能够达到的最大水平。

如果确实存在上述所谓的社会福利函数，则可以在无穷多的帕累托最优状态中进一步确定那些使社会福利最大化的状态点，那么，资源配置问题便可以看成是彻底解决了。社会福利函数只有在社会偏好关系满足类似于单个消费者的理性和连续性假定时才存在。但这丝毫不意味着社会福利函数能体现个人的福利标准。美国经济学家肯尼斯·约瑟夫·阿罗在 1951 年证明的所谓"不可能定理"表明，如果众多的社会成员具有不同的偏好，而社会又有多种备选方案，那么在民主的制度下不可能得到令所有的人都满意的结果，即不可能从满足理性消费者的偏好关系中形成具有同样性质的社会福利偏好。

四、社会福利函数不存在的讨论——阿罗"不可能定理"

社会福利函数明确表明，社会福利是建立在个人的效用函数基础之上，而个人的效用水平又是取决于不同的个体的价值判断，这就意味着社会的偏好顺序取决于不同的个体的偏好顺序。那么，能否通过一种社会机制把不同的个人偏好顺序综合为一种社会偏好顺序，从而编制出一个统一的全体社会成员都可以接受的社会福利函数呢？阿罗对此给予了否定的回答。

阿罗首先假定社会中的每个人都能够根据自己的偏好标准对一切可能的社会经济安排做出优劣排序。社会福利函数就是综合所有个人的排序信息，将其综合成全社会的排序。为了保证社会福利函数能被普遍接受，它必须满足以下五条性质：

（1）与个人的偏好一样，社会的偏好也必须能用无差异曲线或直接用偏好来排定其顺序，并且排列的原则始终一致。

（2）如果情况是社会偏好 A，不是偏好 B，那么当一个人或更多的人将其对 A 的偏好置于对 B 的偏好之上时，此时社会必须保持对 A 偏好胜于对 B 的偏好。

（3）假定某人对 A 的偏好胜于 B，对 B 的偏好胜于 C，并且 A 是社会的最大偏好。如果该人的偏好发生了一定的变化，认为 A 胜于 C，C 胜于 B，那么不管社会对 C 和 B 的偏好是否变化，A 仍然是社会的最大偏好。

（4）对于任意两种情况 A 和 B，如果所有的个人对 A 的偏好都胜于对 B 的偏好，那么社会对 A 的偏好就胜于对 B 的偏好。

（5）社会对 A 的偏好胜于对 B 的偏好，不能只是因为一个人对 A 的偏好胜于对 B 的偏好，即不存在独裁。任何一个人的偏好都不能自动地占据统治地位而成为社会的偏好。

阿罗证明，上述几个条件彼此之间是无法调和的。如果一个社会不满足以上所有的条件，就有可能无法从个人偏好顺序得到社会偏好顺序。换一种说法就是，在某些条件下，社会福利函数的形成必然要违反以上的五个条件中的某几条。

阿罗的基本思想可以用一个普遍流行的例子来加以阐述：

假设经济中有甲、乙、丙三个人，他们分别对三种情况（经济安排）A、B、C 进行投票用以确定社会对这三种情况的偏好。我们知道社会的偏好是融合了个人偏好信息的，即以个人的偏好为基础。因此，先假定甲对 A、B、C 三种情况的偏好顺序 $A > B > C$，乙对 A、B、C 三种情况的偏好顺序是 $B > C > A$，丙对 A、B、C 三种情况的偏好顺序是 $C > A > B$。

首先，甲、乙、丙三人先对 A、B 两种情况进行社会投票，一人一票。那么，按照少数服从多数的原则，可知此时社会的偏好顺序是 $A > B$。然后，甲、乙、丙三个人再对 B、C 两种情况进行社会投票，同样采取少数服从多数的原则得出社会的偏好顺序是 $B > C$。最后，让甲、乙、丙三个人对 C、A 这两种情况进行投票，按少数服从多数的原则得出社会的偏好

顺序又是 $C > A$。

显而易见，自由投票的三个结果中存在自相矛盾：对 A、B 两种情况进行全社会投票得到的结论是社会对 A 的偏好胜于对 B 的偏好，对 B、C 两种情况进行全社会投票得到的结论是社会对 B 的偏好胜于对 C 的偏好，那么此时根据"传递性假设"应该可以得出社会对 A 的偏好胜于对 C 的偏好。但是，我们知道社会对 C、A 这两种情况投票的结论却是社会对 C 的偏好胜于对 A 的偏好。于是矛盾产生了。

这个例子说明了按照民主投票的方式，依少数服从多数的原则，无法得出社会的偏好顺序，也就是无法得到公认的社会福利函数。该例子是选取了一种相互冲突的个人偏好顺序，故无法得到社会的偏好排序，除非采取独裁的方法即以某一个人的偏好代表社会的偏好。

结论：在不满足前述五个条件下，"不可能存在"适用于所有个人偏好类型的社会福利函数①，社会福利最大点也就不存在。既然社会福利函数不存在，既然通过图形也难以说明，公共福利集体决策中采取多数一致的原则就成为必然。

第四节　效率与公平

前面用实证分析方法讨论了资源配置效率的各种可能性，提出了完全竞争的经济社会资源配置的效率最优的福利经济学第一定理，论证了完全竞争市场资源配置的效率最优不等于社会福利最大化的实现。本节将效率与公平问题联系起来，继续进行一些讨论。

一、关于公平的理解

社会福利不仅涉及效率问题，也涉及公平问题。因为资源配置的效率是以公平为前提的，公平涉及经济社会同时期的主流价值判断，也是一个社会所追求的目标。然而经济社会里，效率是属于实证分析的范畴，公平则是属于规范分析的范畴。对公平问题的讨论主要是在收入分配的框架内进行的。如本书第一章所述，实证分析很难与规范分析绝对割裂，对公平的不同理解必然会导致不同的社会福利函数。也恰是在这一点上，经济学界分歧最大。关于公平的认识，按照从平均主义到不平均主义的顺序排列，有以下主要观点：

（1）罗尔斯主义的公平观：代表人物是罗尔斯。罗尔斯侧重于提高社会劣势群体的福利，他不相信自由竞争的市场具有创造和维持社会正义的作用，相反，他强调市场竞争的结果经常而不是偶然与社会正义相矛盾，这就需要不断调整和纠正不可避免的偏离社会正

---

① 其实，从式(10.36)中就可以得出社会福利函数 W 不存在。由于个人的偏好因为价值观不同都不一样，因而个人的福利都不一样，不能简单地拿个人所得进行加总构造社会福利函数。这又如何来衡量社会福利总量呢？

义的各种制度安排。他认为，最公平的配置是使一个社会里境况最糟的人的效用最大化。罗尔斯主义并不意味着平均主义。

(2)功利主义的公平观：代表人物是庇古。认为实现"最大多数人的最大幸福"就是公平。他以基数效用假设和边际效用递减规律为基础，认为随着货币收入的增加，货币的边际效用递减。贫穷阶级由于货币收入很少，所以他们的货币边际效用很大。与此相反，富裕阶层由于货币收入较多，所以他们的货币边际效用很小。因此，货币收入从富裕的人手中转移到贫穷的人手中，一定会增加社会福利（满足）的总量。从分配方面来说，要增加社会经济福利，就必须实现收入分配的均等化。功利主义收入公平观的实质是平均主义的分配。

(3)古典自由主义的公平观：集中体现在他们对追求分配结果公平的批判和对自由市场竞争中的机会平等的推崇。这种观点认为公平的分配不是以社会经济活动的结果如社会产品或者效用水平为标准，而是以获得某种东西的权利（获取、转让和矫正）为标准。因此，他们推崇市场机制的功能，认为市场机制是实现社会公平的根本保证；否定国家和政府在促进社会分配公平中所起的作用。按照这种观点，可能会导致产品分配的极大的不均。

本教材中，公平被理解为收入的更加平等分配。

二、关于效率的理解

最早的经济学书籍采用的是生产效率这一概念，它的涵义是多投入多产出，有投入才能有产出。

20世纪30年代后，人们感到生产效率的观点不能够全面反映经济现象，于是出现第二种效率观念，即资源配置效率。它是指投入不变，配置得好效率就会增长。资源配置效率观念使经济理论发生了很大变化。比如过去认为生产第一线的人是产生效率的人，因为多投入就有多产出。现在则认为，做组织管理工作的人从事资源配置工作，他们把资源配置得好也是出效率的，而且提高效率。

20世纪60年代以后，人们对效率的解释又有进一步发展，认为效率有两个基础：一个是效率的物质技术基础，一个是效率的道德基础。企业有多少先进的设备和多少熟练劳动力，这就构成了效率的物质技术基础。但要认识到，仅仅有效率的物质技术基础，只能产生常规效率。而有了效率的道德基础，就能产生超常规效率。比如说，从理论上讲，有多少投入就应该有多少产出，但实际是产出往往与投入不符，或多了或少了，大部分情况是少了。为什么会发生这种情况？经济学研究发现，出现低效率的原因有三：一是单位的目标与成员的目标不一致，由此产生低效率。二是成员与成员不协调，效率互相抵消。三是每一个成员周围都有一个惰性区域，在他的周围总有惰性大的人，这会影响他的效率进而影响整体效率。这就需要从效率的道德基础来研究。又比如说,当一个国家遇到外来侵略时(如中国抗日战争时期),国民有巨大的凝聚力、高昂的战斗力和工作热情,这个效率就是来自效率的道德基础。

本教材中效率被理解为资源配置的效率,亦即资源配置的更加优化。

三、公平与效率的矛盾

市场完全竞争结果是具有资源配置的帕累托最优效率的,但资源配置具有效率并不必然带来收入分配的公平。完全竞争条件下,仅有帕累托改进带来的资源配置效率最优,可能会产生垄断,会产生经济社会主流价值判断下无法容忍的收入分配,会导向寻租猎獭甚至社会堕落。因此,社会就必须依靠政府进行干预,以实现主流价值观下的公平目标,比如政府出台个人收入的累进税、遗产税、强制医疗保险、低收入子女的免费教育和培训、社会保障计划、失业救济等调节手段。但是,政府的干预也会给资源配置效率带来某种程度的损害,比如厂商为了避税所采取的一些措施可能导致产量的减少。因而,收入分配的公平并不必然带来资源配置效率的提升,政府也要出台相关调节手段以推进资源配置的效率目标。比如推进按生产要素进行分配。但这些手段同样也会给社会公平带来某种程度伤害,比如加剧两极分化。因此,需要政府在公平与效率之间作出权衡。

公平与效率的矛盾可以从两个方面来说明。

首先,资源配置效率的提高不一定意味着收入分配公平的增进。如图 10-9 所示,横轴 Q_a 与纵轴 Q_b 分别代表两个社会成员所得到的产出量,该社会可能生产的最大产量为 Q。Q 要在两个社会成员间进行分配,其分配方式有多种多样。假定实际的分配方式如 A 点所示,仔细观察 A 点的分配情况,可以发现有 $Q_1 > Q_2$、$Q_1 + Q_2 < Q$ 两种情况存在。说明分配既不公平,又缺乏资源配置效率,存在资源配置效率的帕累托改进空间。在实际帕累托改进的诸方案中,选取有四种有代表性的情况进行讨论。

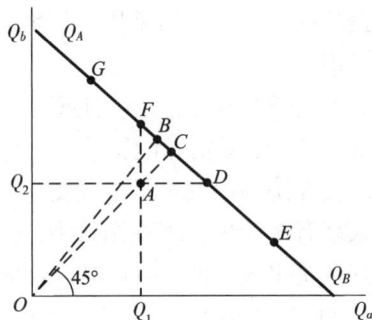

图 10-9　缺乏公平的效率提高

从资源配置的效率看,图 10-9 中,从 A 点移动到 $Q_A Q_B$ 曲线上任意一点都代表效率的提高。从收入分配的公平看,①从 A 点向 B 点的移动。点 B 位于过原点引出的 45°线上,代表的产出分配是完全平等的,说明分配的公平程度随效率的提高而改善;②从 A 点向 C 点的移动。点 C 位于过原点引出的射线上,代表的产出分配比例是与 A 点是完全相同的,因此分配的公平程度没有改变。③从 A 点到 D 点

或 E 点的移动。一个社会成员的收入量有提高，另一个的收入量不变或者绝对下降，说明分配的公平程度随效率的提高而恶化；④从 A 点到 F 点或 G 点的移动。一个社会成员的收入量有了提高，另一个社会成员的收入量不变或者绝对下降。收入分配的公平程度先改善后恶化。

其次，收入分配公平的增进也不一定有利于资源配置效率的提高。有以下几种情况：

（1）平等化的直接效率损失。实现公平会增加维护公平的成本，导致效率损失。

（2）平等化的间接效率损失。"打土豪、分田地"的导向，挫伤了高产出要素投入者的积极性，会引发资源配置间接效率损失。比如说，容易引诱人们从工作转为闲暇；引导生产从地上经济转入地下经济；引起产业链的震荡与波动等。

四、"效率优先"和"兼顾公平"

效率与公平的矛盾是一对永恒的亟待解决的矛盾，对此，西方学者并无一致的答案。经济发展水平越低的国家，这一对矛盾越突出；严重时还往往引发各种各样的社会与政治问题，这些问题最终又会恶化投资环境。在解决这一对矛盾时，政策制定者常常面对一个两难的选择：收入分配越是偏向公平，经济效率越难提高，总产出也就越难做大；资源配置越是偏向效率，社会公平也就越难达成。福利经济学对这一问题的解决提供了有用的分析框架。现阶段解决这一问题的基本思路：一是坚持效率优先原则。于是就要承认一切合法和合理的差别，并把这些差别与它们的收入联系起来，以此鼓励经济效率的提升。二是坚持兼顾公平的原则。于是就要通过累进税、转移支付以及对低收入阶层补贴等手段努力减少过高收入和消除不合理的收入。三是限制垄断。要减少因垄断而形成的寻租收入，限制垄断性收入；促进竞争与机会均等，努力实现生存权利和消灭贫穷等等。

【本章小结】

1.完全竞争条件下，微观主体基于自身利益最大化的行为选择中，经济社会的一般均衡能够实现。在一般均衡的分析中，每一个商品的需求和供给不仅取决于该商品本身的价格，而且也取决于所有其他商品的价格。当整个经济的价格体系恰好使所有自由交换商品的供求都相等时，市场就达到了一般均衡。一般均衡理论是建立在一系列更加严格的假设条件之上的，而这些条件在现实经济生活中往往并不存在。

2.完全竞争条件下，经济社会的一般均衡能够实现资源配置的帕累托最优。帕累托最优状态的标准是：假如任何重新改变现有既定资源配置的方法已经不可能在无损于任何一人的处境的条件下较前变好。帕累托最优概念常常用来评估资源配置的各种方法。

3.完全竞争条件下，经济社会的一般均衡只是实现资源配置帕累托最优的必要条件，不一定能够同时实现社会福利最大化。福利经济学的两大基本定理：任何竞争均衡都是帕累托最优状态，同时任何帕累托最优状态都可以由一组竞争价格来实现。帕累托最优状态要满足交换的最优条件、生产的最优条件、交换和生产的最优条件这三个条件。在完全竞争市场条件下，帕累托最优的三个条件均能得到满足。但完全竞争条件下的帕累托最优只是社会福利最大化的必要条件而不是充分条件，因为社会无差异曲线与效用可能性曲线的切点代表了可能达到的最大社会福利。阿罗不可能性定理说明，在非独裁的情况下，不可能存在有适用于所有个人偏好类型的社会福利函数。

4.完全竞争条件下，经济社会实现资源配置的效率最优不等于社会公平的实现。帕累托改进代表的只是资源配置效率的改进，不代表交易双方收益分配公平的改进。本教材中，效率被理解为资源配置的帕累托更加优化，公平被理解为收入的更加平等分配。公平与效率是一对永恒的矛盾。福利经济学对这一对矛盾的解决提供了有用的分析框架，"效率优先，兼顾公平"是现阶段解决这一矛盾的基本出发点。

习 题

一、名词解释
一般均衡分析　契约曲线　帕累托最优　生产可能性曲线
二、选择题
1.一般均衡理论试图说明的是（　　）。

A.单个产品或单个要素市场的均衡

B.劳动市场的均衡

C.产品市场和货币市场的均衡

D.所有产品市场和要素市场的均衡

2.下列哪种情况是帕累托最优（　　）。

A.每个人都在消费契约曲线上

B.不使社会中某些成员福利变差就无法使其他成员福利改善

C.每个人都处在他们的效用可能性曲线上

D.对每个消费者而言商品的边际替代率都相等

3.边际转换率是（　　）的斜率。

A.需求曲线　　　　　　　　B.边际产品曲线

C.生产函数　　　　　　　　D.生产可能性曲线

4.生产契约曲线上的点表示厂商（　　）。

A.获得了最大利润

B. 支出了最小成本

C. 通过生产要素的重新配置提高了总产量

D. 以上均正确

5. 如果社会达到生产可能性边界时，$MRS_{XY}^A = MRS_{XY}^B < MRT_{XY}$，则应该（　　）。

A. 增加 X 　　　　　　　　　　　　B. 减少 Y

C. 增加 X，减少 Y 　　　　　　　　D. 增加 Y，减少 X

6. 对于福利最大化来说，完全竞争的长期一段均衡是（　　）

A. 必要的，但不是充分的 　　　　　　B. 必要的，也是充分的

C. 充分的，但不是必要的 　　　　　　D. 既非充分，也非必要

7. 下列（　　）不能由帕累托效率引出。

A. 交换的效率 　　　　　　　　　　　B. 生产的效率

C. 生产和交换的效率 　　　　　　　　D. 所有人平等地分享收入

8. 完全竞争市场的一般均衡是满足（　　）条件的一组价格体系。

A. 所有商品和要素市场上的总供给等于总需求

B. 每个厂商追求利润最大化

C. 每个消费者追求效用最大化

D. 以上都是

9. 生产契约曲线与转换曲线之间的关系是（　　）。

A. 生产契约曲线导出转换曲线 　　　　B. 转换曲线导出生产契约曲线

C. 两者之间不存在导出关系 　　　　　D. 两者可以相互推导

10. 在一个存在 X、Y 两种商品和 L、K 两种要素的经济体中，达到生产的帕累托最优的条件为（　　）。

A. $MRTS_{LK} = P_L/P_K$ 　　　　　　B. $MRT_{LK} = MRS_{XY}$

C. $MRT_{XY} = MRS_{XY}$ 　　　　　　D. $MRTS_{LK}^X = MRTS_{LK}^Y$

三、简答题

1. 为什么完全竞争的市场机制可以实现帕累托最优状态？

2. 为什么说交换的帕累托最优条件加生产的最优条件不等于交换和生产的最优条件？

3. 生产可能性曲线为什么向右下方倾斜？为什么向右上方凸出？

4. 假设所考虑的经济体系由 m 个消费者、n 个厂商、r 种资源和 s 种产品组成。并设每一消费者对每一种产品都有所消费，而每一厂商利用各种资源去生产各种产品。资源进入消费者的效用函数，试表述该经济体系下帕累托最优的必要条件。

第十一章　市场失灵与微观经济政策

本章导读

前十章对于完全竞争的局部均衡与一般均衡分析是以私人成本与私人收益为前提条件的，可是，现实世界并非完全竞争的，当市场中存在不完全竞争、外部影响、公共物品和不完全信息时，私人经济活动会出现边际私人成本与边际社会成本、边际私人收益与边际社会收益的不同，微观主体最优行为的选择就会受到影响，市场机制会出现失灵，就会导致较高的价格和较低的产量，就不能自动达到帕累托最优状态。本章将从市场失灵这一前提出发，讨论不完全竞争、公共物品、外部性和不完全信息的概念、表现、成因以及它们的存在对市场资源配置效率的影响，总结出消除市场失灵、增进社会总福利的微观经济政策。

基本概念

市场失灵　垄断　外部性　公共物品　不完全信息　科斯定理

本章重点及难点

1. 市场失灵的主要原因、种类及表现形式；
2. 各种市场失灵的解决方式；
3. 不完全信息对市场资源配置效率的影响。

前面十章致力于论述所谓"看不见的手"的原理：在完全竞争经济中，供求的自由变化通过价格杠杆的自动变化可以导致整个经济达到一般均衡，即市场均衡处于供求曲线的交点，均衡价格反映了消费者个人从额外一单位商品消费中获得的边际效用，也反映了厂商生产额外一单位商品获得的边际收益与边际成本，因此在协调生产与传递资源稀缺性方面发挥着重要的作用。均衡点上有约束条件下的社会福利最大化，有各项经济活动中边际成本与边际收益处于相等的状态，可以导致社会资源配置自动达到帕累托最优状态[①]，并以福利经济学第一定理进行定义。但是，上述分析是建立在完全竞争、信息充分、市场微观主体行为没有交易费用、无外部性、产品仅具私人物品属性、仅对私人成本与私人收益讨论等诸多假设条件之上的。实际上，从整个经济看，并不完全具备完全竞争经济设想的上述条件。当这些条件不完全具备时，经济当事人的行为并不全部通过市场交易的种种方式传达出来并影响其他当事人，或者使其利益增减，或者使其效用增减；以价格杠杆为基础的市场机制只能保证资源配置的边际私人收益等于边际私人成本，微观主体在实现个体行为最优选择的同时实现个体资源配置最优，而无法保证资源配置的边际社会收益等于边际社会成本；微观主体在实现个体行为最优选择的同时不能实现社会资源配置最优；帕累托最优状态在某些领域通常不能自动地实现。一般均衡理论的提出一方面证明了完全竞争下市场机制实现资源最优配置的可能性，另一方面又提出了条件约束，反证市场机制的非万能性。这是因为市场机制并不能解决经济社会的目标与价值判断的选择问题。对于市场机制在某些领域不能向微观主体提供全部、正确的信号，不能自动地实现资源配置的帕累托最优情形，称之为市场失灵。推进资源配置帕累托最优状态的实现、努力消除市场失灵需要政府等其他的经济制度发挥作用。

第一节　垄断与市场失灵

一、垄断导致市场失灵

如前述，垄断是非完全竞争的极端表现形式。[②] 垄断是指对某种产品市场的垄断，是通过对某种产品的生产和销售进行控制来获取高额利润的行为或状态。垄断是某个行业集中在一个操纵者手中，可以有多种区分方式，比如自然垄断与行政垄断的区分。

（一）垄断与资源配置低效率

垄断一旦形成，市场的竞争性就会被削弱，从而使市场机制配置资源的有效性受到一定的限制而出现效率损失。这主要表现在：第一，资源配置的低效率。垄断厂商为获得最大利润，一定会按 $MR = MC$ 原则控制产量和价格，其产品定价通常会高于完全竞争条件下的均衡价格，其均衡产量则会低于完全竞争条件下的均衡产量。如果是卖方垄断者，会人

---

① 资源配置的合理性体现在配置是否实现了均衡。所谓资源配置的均衡在经济学上本来是指各项经济活动中边际要素投入所得到的边际收益相等的状态，也就是说将有限的稀缺资源按边际投入所产生的边际收益相等的原则分配到各项经济产业活动中去，这时整个经济产业活动的资源配置所得的收益最大，经济活动处于帕累托最优状态。

② 为节省篇幅，非完全竞争的其他表现形式本章不讨论。

为提高产品价格，剥夺消费者剩余，损害消费者的利益来获得厂商超额利润增加；如果是买方垄断者，会人为压低生产要素价格，损害要素所有者的利益来获得厂商超额利润增加。从而，资源的配置难以达到帕累托最优状态。第二，会引发技术进步停滞、价格歧视、产品质量与管理服务质量的低效率衍生出现，造成社会福利净损失。第三，寻租行为产生。由于垄断利润是由垄断地位带来的，垄断厂商必然设法阻止其他厂商进入垄断市场，比如向说客或政客赠款等，一部分实际资源被用于赢得有利规则等非生产性活动中，以寻求垄断地位的保护，维持业已存在的垄断利润。由于垄断利润又被称为垄断租金，因此，这一活动被称为"寻租"。寻租出现必定浪费资源，导致官僚腐败，导致资源配置效率下降，并使消费者处境恶化。

(二)垄断造成资源配置低效率的图形分析

先看代表性垄断厂商长期中的利润最大化情况。在图 11 – 1 中，横轴表示产量，纵轴表示价格。为简单起见，假定垄断厂商的平均成本和边际成本相等且固定不变，由图中的水平直线 $AC=MC$ 表示。又假定垄断厂商面临的需求曲线为 D，平均收益曲线为 AR，$D=AR$ 且位于其边际收益曲线 MR 上方。垄断厂商按照 $MR=MC$ 原则确定均衡产量为 q_m。由于垄断厂商的供给代表垄断市场的供给，在均衡产量为 q_m 时，厂商定价为 p_m，并有 $p_m>MC$。厂商

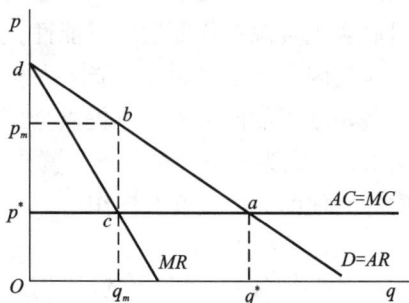

图 11 – 1　垄断和市场失灵的表现

获得经济利润 p^*cbp_m，消费者剩余为 p_mbd。此时存在帕累托改进：如果让垄断厂商再多生产一单位产量，让消费者以低于垄断价格但大于边际成本的某种价格购买该单位产量，则垄断厂商的总利润可进一步提高，消费者剩余也可进一步增加。但在垄断的市场结构中，帕累托改进难以实现。

为什么垄断的市场结构中帕累托改进难以实现？在理论上，消费者和厂商可以通过协议将三角形 abc 进行分割，以实现双方利益的增加，即依据一定标准降低定价而增加更多产量，从而消费者可以提高消费者剩余水平，垄断厂商可以实现更多利益。但在实际生活中，由于各人的价值判断不同，一方面消费者和厂商在如何分配增加产出所得到的收益问题上很难达成一致意见，或者说，各方达成一致意见的交易费用高；另一方面消费者之间在如何分摊支付给厂商的利润损失问题上也很难实现统一，甚至出现某些消费者不分摊支付给厂商的利润损失而享受低价格的好处，出现"免费乘车者"，所以选择谈判达成一致的难度很大；即使能够达成一致意见，在执行中不存在一种有效的转移支付机制，常常存在边际改进收益小于边际改进成本情况而导致改进事实无效率。

上述关于完全垄断情况的分析，同样适用于垄断竞争或寡头垄断等其他非完全竞争的情况。因为如果市场是不完全竞争的，那么厂商面临的需求曲线一定向右下方倾斜，虽然厂商的利润最大化原则仍然是边际收益等于边际成本，但此时的边际成本不再等于价格，当价格大于边际成本时，就出现了资源配置的低效率状态，存在帕累托改进；而由于厂商与消费者之间达成协议存在各种困难，潜在的帕累托改进难以实现，于是整个经济偏离了帕累托的最优状态，市场均衡处于低效率之中。

二、寻租活动分析

根据上述分析，垄断会造成资源配置低效率，造成社会福利的净损失。然而进一步分析可知，垄断造成的经济损失可能被低估，因为社会的纯损不仅包括图 11－1 中的三角形 abc 面积，而且还包括了厂商经济利润中的一部分，这是因为有了寻租活动。

"租"，或者叫"经济租"，如第九章所述，是指一种生产要素的所有者提供该要素服务获得的收入中，超过这种要素的机会成本的剩余。本来，在经济社会处于一般均衡状态时，每种生产要素在各个产业部门中的使用和配置都达到了使其机会成本和要素收入相等的状态点。如果某个产业中要素收入高于其他产业的要素收入，这个产业中就存在着该要素的经济租。在完全竞争的条件下，租的暂时存在必然吸引该要素由其他产业流入有租存在的产业，增加该产业的供给，压低产品价格。在规模报酬不变的前提下，要素的自由流动最终使要素在该产业中的收入与在其他产业中的收入一致，从而使得租值消失、经济社会的资源配置最终达到一般均衡。所以，按照一般均衡理论，只要市场是完全竞争的，只要要素在各产业之间自由流动，任何要素在任何产业中提供服务获得的经济租都不可能长久稳定地存在；只要市场是非完全竞争的，租值就可能长久稳定地存在。在一个动态的经济结构中，某要素在一个产业中的经济租既可以是个正量，也可以是个负量，这是社会经济在动态发展过程中，不断调整、不断适应的正常现象。

当一个厂商成功地开发了一项新技术用来生产新产品、当一个消费者成功地培育了一种新要素能力并能在一段时间内处于保护状态，它就能在这一段时间享受高于其他厂商、其他要素拥有者的超额收入。这种活动可以称为"创租活动(rentcreation)"，或者可称为"寻利(profit-seeking)活动"。当其他厂商看到应用这一新技术或生产这一新产品有利可图，就会通过购买专利、利用技术外溢等方式纷纷改进技术、生产新产品而加入这一市场竞争，从而使该产品的价格逐步降低，经济利润(租)渐渐消散。后者的行为，也属"寻利"范畴。寻利活动是正常的市场竞争机制的作用表现，其作用是帮助厂商降低成本、开发新技术最终生产新产品。寻利活动的特征是对于新增社会经济利益的追求，它的结果因而会增进社会的总福利。

完全垄断并没有、也不能消灭竞争。当垄断不能被打破时，当一个经济人或采用公共权力等非生产性手段、或通过付费获得垄断权力并因此获得超过付费的经济利益时，其活动的性质就变成了"寻租"。因此，寻租活动是指人类社会中非生产性的追求经济利益的活动，或者说是指那些维护既得的经济利益或是对既得利益进行再分配的非生产性追求利益的行为。现代社会中最多见的非生产性追求利益的行为就是通过公共权力或者付费等手段影响行政法律来阻碍生产要素在不同地区、不同产业、不同企业之间的自由流动的办法来维护或获取既得利益。而经济社会监控机制的缺失会助长寻租行为的发生。比如在一个本来充满竞争的行业中，一些厂商通过竞标方式，购买获得垄断特许；一些厂商通过游说、寻求政府干预并对现有政策作出改变，创造获得垄断特许；一些厂商为了获取公共财政支出而向官员游说甚至行贿，违规获得垄断特许；或争取提高门槛防止其他竞争对手从事类似生产活动而产生竞争等。结果是该行业的垄断化，同时一部分应该属于垄断者的利润会转移到政府官员手中。其中也有一些失德的政府公职人员利用行政干预的办法来设租，来增加目标私人厂商的潜在利润，以诱使目标私人厂商向他们行贿作为得到这种利润的条件；或者故意提出某项会使目标私人厂商既有利益受损的政策作为威胁，迫使目标私人厂商割舍一部分既得利益让与政府公职人员从而保障厂商既有利益不受根本损失，助长了寻租活动。

因此，一切利用公共权力或付费等手段为自己谋私利的活动都可以称之为寻租活动。寻租及其诱发的设租活动会导致市场失灵。首先会导致供求、竞争、价格等市场信号的非正常发出，造成经济资源配置的扭曲，直接减少原来可以用同样的资源在其他用途中带来的更多收入与财富，阻止更有效的生产方式的实施；其次耗费了大量的社会经济资源，表现为垄断厂商为获得和维持垄断地位从而享受垄断的好处而必须付出一定的代价，使本来可以用于生产性活动的资源浪费在对社会无益的非生产性活动中，部分经济利润丧失，是一种社会的净损失。再次会导致其他层次的寻租活动或"避租"活动：如果寻租者在寻租活动中获得了特殊利益，社会成员的心理与行为会受到扭曲，因为这些特殊利益的存在会引发一轮浪费性寻租竞争；同时，利益受到威胁的企业也会采取行动"避租"，与之抗衡，从而耗费更多社会经济资源。

只要市场的非完全竞争长期存在，租值就长期存在；只要寻租活动的边际成本小于其边际收益，寻租活动就难以遏制。寻租者总是把寻租活动的水平推进到其边际成本与边际收益相等为止。因此，单个寻租者的寻租费用底线是要小于或者等于垄断地位带来的经济利润，即图11-1中bcp^*p_m面积。

三、消除垄断对市场失灵影响的对策

本节主要讨论消除自然垄断问题。

消除自然垄断对市场失灵的影响常采用的方法是进行政府管制。政府管制是指政府制

定条例和设计市场激励机制，控制自然垄断厂商的价格、销售与生产决策等，以提高资源的配置效率。政府管制分经济管制与社会管制两类。经济管制是指对厂商产品价格、市场进入与退出条件、产品与服务标准等方面进行的管制。社会管制①是对经济活动所引起的各种派生后果和外部性问题进行管制，例如规定垄断厂商生产时要保护环境以及维护劳工与消费者的健康和安全。消除非自然垄断问题则主要是减少行政审批项目、改革行政审批制度。政府对自然垄断的经济管制是多种多样的。

（一）对于自然垄断厂商的价格管制

政府对自然垄断厂商常采取的价格管制方法主要有以下几种：①边际成本定价法。即让产品价格降至为边际成本，然而这时厂商将有可能出现亏损。为了避免自然垄断厂商退出这一行业，政府通常会对垄断厂商进行一定的补助。②平均成本定价法。让自然垄断厂商的产品价格降至为平均成本。此时，垄断厂商的经济利润为零，然而社会福利却有可能推进至最大。③控制资本收益率。比如让自然垄断厂商的利润水平控制在社会平均利润率的水平。但对于不同成本曲线特点的垄断厂商，管制选择及其效果不同。

图 11-2 反映的是具有递增成本曲线的垄断厂商情况。曲线 $D=AR$ 为平均收益曲线，MR 是边际收益曲线。曲线 AC 和 MC 是其平均成本曲线和边际成本曲线。值得注意的是，图 11-2 的平均和边际成本曲线回到了不完全竞争市场的一般形状，而不是图 11-1 中被抽象出的水平直线 $AC=MC$。同时，这里的平均成本曲线 AC 具有向右上方倾斜的部分。在没有管制的条件下，自然垄断厂商生产其利润最大化时，边际收益曲线与边际成本曲线的交点 A_1 决定了最优产量 q_m 及最优垄断价格 p_m。这

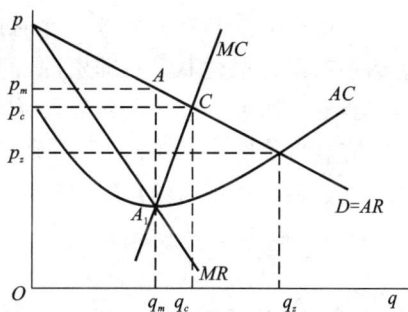

图 11-2 对成本递增的垄断企业的管制

种垄断均衡一方面缺乏"效率"，因为在垄断产量 q_m 上，价格高于边际成本；另一方面缺乏"公平"，因为在垄断产量 q_m 上，垄断厂商已经获得了超额垄断利润，即经济利润不等于零，或者说，全部利润大于正常利润，得到了在完全竞争市场中他本不该得到的利润，此时政府要实现价格管制。但政府具体如何控制价格还要结合实际要求来具体分析。如果政府的目标是提高资源配置效率，则应当将价格控制在 p_c 的水平上。当价格为 p_c 时，根据 $p_c=MC$，产量为 q_c，该点实现了帕累托最优状态，即增加的成本可以从产品销售中正好得到补偿。从理论上说，这不论对厂商还是消费者都是最好的状态。而且，当政府将价格控

①　因社会管制的具体手段比较复杂，在此不做赘述，主要讲述经济管制。

制在p_c，从而实现了帕累托最优时，自然垄断厂商仍然可以得到一部分经济利润，即为平均收益$p_c = AR$超过平均成本AC的部分。如果政府的目标是消除厂商经济利润，则应当将价格控制在p_z的水平上。在价格定为p_z时，产量为q_z。此时，平均收益恰好等于平均成本$p_z = AR = AC$。因此，p_z可称为零经济利润价格。但是，在零经济利润价格水平上，违反了帕累托最优条件，因为此时边际成本MC大于价格p_z。因此，按帕累托最优标准衡量的效率来比较，在自然垄断厂商自行定价的情况下，厂商的最优产量太低、价格太高，而在政府管制下的零经济利润情况，均衡结果正好相反：最优价格太低、产量太高。

图11－3反映的是具有递减成本曲线的自然垄断厂商情况。由于平均成本曲线AC一直下降，故边际成本曲线MC总位于其下方。在不存在政府管制时，自然垄断厂商的均衡产量和价格分别为q_m和p_m。从图形上看出，此时自然垄断厂商有经济利润。当政府进行价格管制、目标是提高资源配置效率时，则应当将价格控制在p_c水平，此时产量为q_c，达到帕累托最优状态，即资源配置效率最佳。但是，如果目标是制定零经济利润

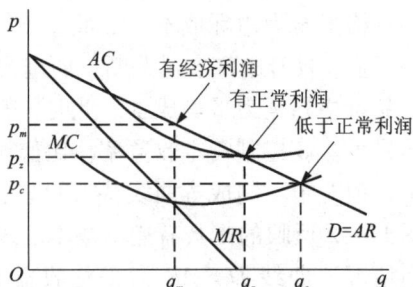

图11－3 对成本递减的垄断企业的管制

价格，则应当将价格控制在p_z水平，则在这种情况下，p_z不是小于p_c，而是要稍高一些。值得注意的是，在自然垄断场合的帕累托最优价格p_c和最优产量q_c上，垄断厂商的平均收益AR小于平均成本AC，从而出现亏损。因此，在这种情况下，政府必须补贴垄断厂商的亏损。

（二）反垄断法的制定和实施

市场经济国家，都不同程度地制定有反垄断的法规或条款，旨在防止厂商自然垄断地位的形成，约束厂商从事限制竞争的行为，铲除寻租滋生的土壤。在这些条款下，大厂商的收购、合并或兼并行为均要事前得到政府的批准。以美国为例，其反垄断法的基本框架主要由三个法律组成：①1890年出台的《谢尔曼法》。其目标是控制经济权力，消除竞争限制，保护自由竞争。②1914年出台的《克莱顿法》，对《谢尔曼法》作了强化反垄断控制的重要补充，进一步扩展了禁止垄断和竞争限制的范围。③《联邦贸易委员会法》（1914年修正案）。补充前面两法中未包括的条款，进一步完善了禁止垄断及限制竞争的措施。此后，反垄断立法经过不断修改和补充，其内容也不断完善。

美国反托拉斯法的实施包括三个途径：第一是通过司法部的反托拉斯处；第二是通过联邦贸易委员会的行政程序；第三是个人或公司可以控告他们自己的经营或财产受到损害。尽管反托拉斯的基本法律很明确，但要在具体的经济活动中加以应用却并非易事。中

国于 2007 年 8 月 30 日首次颁布了《反垄断法》，是立法建设的一个里程碑。中国的反垄断
法吸收了国际反垄断法的有益经验，在总体框架和主要内容上，和大多数国家的反垄断法
基本一致，确立了禁止垄断协议、禁止滥用市场支配地位以及控制经营者集中三大制度；
同时又立足于中国国情，每一项制度都体现了鲜明的中国特色，反映了中国目前经济发展
阶段和发展水平、市场竞争状况、市场主体成熟程度等实际情况的要求。当然，中国反垄
断法的有效实施还任重道远，还需要不断调整与完善，以应对新时代市场经济发展形势的
变化。

（三）征税

对自然垄断厂商征税，目的是将自然垄断厂商凭借自己的垄断地位所获得的超额利润
转移到政府手中，然后政府再将这笔税收收入投入到社会公益事业中去，使资源进行再配
置。主要有两种形式：一是定额税。在一定时间内政府对垄断厂商征收的一定数量的税。
采用征收定额税的手段，政府可以在不改变垄断厂商的生产量和价格的情况下，将该厂商
的垄断利润完全征收。二是定率税。定率税也称"单位税"，就是对每一个单位的产量或单
位价格所征收的税。定率税一般分为两种：第一种是"从量税"，即根据产品数量对每一个
产品所征收的一定量的税；第二种是"从价税"，即根据产品的价格按一定的百分比所征收
的税。

政府采用定额税方法和价格管制方法是有区别的。一是价格管制可以将自然垄断厂商
的利益直接转移给消费者，即消费者可以享受到低价的利益。而征收定额税，价格不变，
消费者不能立即享受到政府干预的好处。但政府可以通过财政支出的方式为人们提供福
利。二是价格管制可以促进自然垄断厂商增加产量供人们消费。而定额税则不会促使该厂
商提高产量。

（四）控制市场结构

市场结构指的是某一市场中各种要素之间的内在联系及其特征，包括市场供给者之
间、需求者之间、供给和需求者之间以及市场上现有的供给者、需求者与正在进入该市场
的供给者、需求者之间的关系。一个市场的结构属性依赖于买者和卖者的数量以及产品差
别的大小。有效地控制市场结构，主要是指控制市场买者与卖者的数量，有效地消除市场
进入障碍，以增强市场的竞争性，避免垄断的市场结构产生。例如，当某种产品市场形成
了垄断或已经具有垄断的趋势时，对垄断厂商进行分拆就是一种很好的选择。因为把一个
垄断厂商分拆为若干个相互独立竞争的厂商，就可以打破垄断，形成竞争性的市场。

（五）国有化

国有化是将私人企业的生产资料收归国家所有的过程，是政府依照法令并运用财政资
源新建国有公司或者收购私人公司的全部或部分股权。对自然垄断厂商实行国有化，也是
一种反垄断的选择。例如，英国和法国就曾经对各自国家的电力公司、电话公司以及像煤

气公司、自来水公司这样的公用事业部门实行国有化。但是，这种做法也因缺乏竞争而带来企业运行效率的相对低下。因为政府并非经济组织，行为目标并非利润最大化，被国有化的企业常常缺乏降低成本和谋求最大利润的内在动力。

（六）其他

有的国家让私人公司经营自然垄断行业，但对其经营行为进行规制，比如收费标准、产品订价、产量决定等，以限制自然垄断企业的垄断利润。

第二节　外部性与市场失灵

一、外部性的含义及其分类

如本章开篇所述，完全竞争的一般均衡实现包含一系列假定。其中无外部性假定是指个人独立决策、不受他人影响，产品生产的成本及收入全部归厂商，产品消费的效用及购买成本全部归消费者。但在实际经济中，这个假定往往不能成立。经济活动主体的经济行为常常对未参与市场交易的第三方当事人产生影响。外部性指的就是经济活动主体由于自身市场活动而给那些未参与市场交易活动的第三方当事人强加的成本或收益，而第三方当事人并没有因此得到补偿或进行支付的情况。这一概念最早由马歇尔在其《经济学原理》一书中提出。比如常见的厂商生产活动中产生的技术新发明，所排放的废水、废气、废渣等废弃物。这类行为与直接通过市场发生的效应是相反的。如一个消费者领袖购买某一款手机时，他的购买需求会对其他消费者的购买产生影响。但这种影响并不是真正的外部性，因为它并不影响市场有效配置资源的能力。而厂商废弃物的排放则与之不同，这种行为不能通过厂商产品的市场价格体现出来，所以市场价格并不能精确地反映厂商产品的社会成本，于是，通过市场价格传递的信息并不是准确的，会导致资源的误配置。

因此，可以从三个方面理解外部性：一是外部性是一种人为的活动。二是外部性是在某项活动的主要目的以外派生出来的、对生态环境等与社会福利有关的一切生物或非生物影响。三是这种影响以不反映在市场交易之中的种种方式体现出来。根据经济活动主体的不同，可将外部性分成生产的外部性与消费的外部性；根据外部影响的正负不同，可将外部性分为外部经济与外部不经济。四种情况讨论如下。[①]

（1）生产的外部经济。当一个厂商采取的经济行动对他人产生了有利的影响，而自己却不能从中得到报酬时，则产生了生产的外部经济。例如，某厂商对其员工进行培训，而这些员工可能因故跳槽到其他厂家。该厂商并不能从其他厂商索回培训费用或其他形式的

---

① 还有一种情况是经济活动主体既给他人带来外部性又接受外部影响。限于篇幅，本章对这一情况不讨论。

补偿。这就是生产的外部经济。在存在外部经济的生产性活动中,厂商得到的私人利益小于社会利益。

(2)消费的外部经济。当一个消费者采取的经济行动对他人产生了有利的影响,而自己却不能从中得到补偿时,则产生了消费的外部经济。例如,当某个人对自己的私人房宅和草坪进行了保养而美化了小区环境时,他的隔壁邻居也从中得到了不用支付报酬的好处。

(3)生产的外部不经济。当一个厂商的经济行动给他人带来了损害而又未给他人支付足够的补偿时,则产生了生产的外部不经济。例如,一个厂商可能因为排放废水而污染了附近的河流,或者因为排放烟尘而污染了空气。这种行为使附近的居民与社区都遭到了损失,而厂商并没有支付对他人损失的补偿,也没有将外部成本反映在市场价格中。

(4)消费的外部不经济。当一个消费者的经济行动使他人付出了代价而未给他人以补偿时,则产生了消费的外部不经济。和厂商造成污染的情况类似,消费者也可能造成污染而损害他人利益。例如,凌晨放大音量听音乐会使邻居无法安睡;吸烟者的行为危害了被动吸烟者的身体健康,但行为者并未因此而付出任何代价。上述各种外部性可以说是无处不在,无时不在。尽管就个别厂商或消费者而言,他造成的外部经济或外部不经济对整个社会来说,或许微不足道,但所有这些厂商和消费者的行为加总起来所造成的外部经济或外部不经济的总的影响是巨大的。例如,空气和水污染的问题现在已经严重危及人类自身的生存环境。

二、外部性对资源配置的影响

外部性问题讨论的基础价值判断。在既定价值判断下,当存在外部性时,竞争均衡不再是帕累托最优的,市场对资源的配置是缺乏效率的。原因是厂商在决定生产多少产品时,它只考虑私人成本而并不考虑社会成本。或者说,在其他条件不变时,只遵循边际私人收益等于边际私人成本的基本原则,而不会考虑边际私人收益与边际社会成本之间的均衡关系。而外部性的存在常常使私人成本与社会成本出现差异。这样,厂商均衡价格与均衡产量就会异于考虑了社会成本的价格与产量。可分两种情况讨论。

(一)外部经济情况

可用图11-4具体说明。图11-4中 D 是某完全竞争厂商面临的需求曲线,同时也是其边际收益曲线,MC 为厂商的边际成本曲线,它度量厂商增加一单位的产出时带来的厂商自己所增加的总成本;MEB 为边际外部收益(marginal external benefit)曲线,它度量厂商增加一单位的产出时带来的社会其他人所增加的总收益;MSB 为边际社会收益(marginal social benefit)曲线。边际社会收益是指厂商增加一单位的产出时带来的社会总收益,它等于边际私人收益与边际外部收益之和,$MSB = D + MEB$。假设厂商治理厂区容貌而给邻居

带来外部经济。在此假设下，厂商每增加一单位
的治理量时的边际私人收益下降，带来的外部总
收益也相应减少，故曲线 D、MEB、MSB 均向右
下方倾斜；由 $MSB = D + MEB$ 可知，厂商该行为
的边际社会收益高于边际私人收益，从而边际社
会收益曲线位于边际私人收益曲线的上方，它由
曲线 MSB 表示。MSB 与边际私人收益曲线 D 的
垂直距离，亦即 MEB，可以看成所谓边际外部经
济。有效产出水平 q_1（使社会利益达到最大的产
出量）应当服从边际社会收益等于边际私人成本
的原则，位于 MSB 与 MC 的相交处。如果边际外
部收益能够回报给厂商，$MSB = D$，完全竞争厂

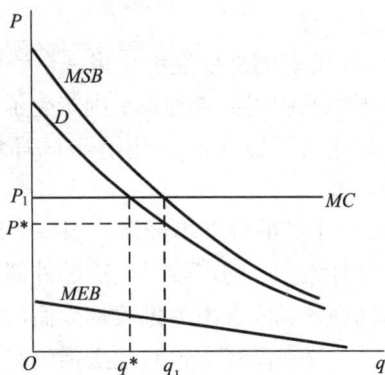

图 11-4　资源配置失灵与外部经济

商的产出量选择即为 q_1。可是现在边际外部收益并没有回报给厂商，厂商的实际产出量的
选择为 q^*。要达到 q_1 产出量，就需要较低的价格 P^*，而 P^* 却不能实现厂商的利润最大
化。因此，在政府不干预下，生产的外部经济造成厂商的产出量低于帕累托效率所要求的
产量水平 q_1，缺口为 $(q_1 - q^*)$。

（二）外部不经济情况

可用图 11-5 具体说明。图 11-5(a) 中水平直线 $d = MR$ 是某完全竞争厂商的需求曲
线和边际收益曲线，MC 为厂商（私人）边际成本曲线，它度量厂商增加一单位的产出时带
来的厂商自己所增加的总成本；MEC 为边际外部成本(marginal external cost)曲线，它度量
厂商增加一单位的产出时带来的社会其他人所增加的总成本；MSC 为边际社会成本

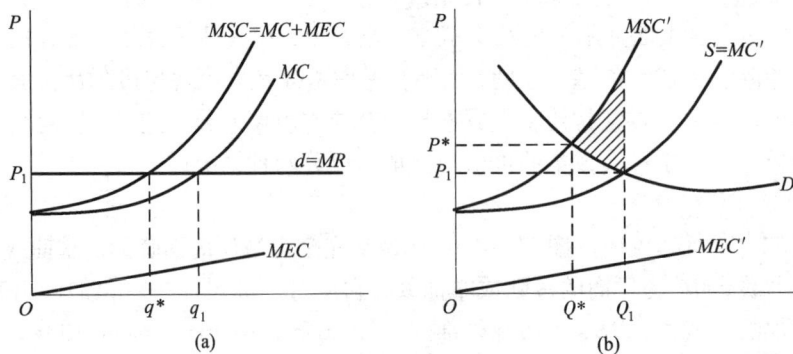

图 11-5　资源配置失灵：生产的外部不经济

（marginal social cost）曲线。边际社会成本是指厂商增加一单位的产出都会带来外部成本，它等于边际生产成本与边际外部成本之和，$MSC = MC + MEC$。由于存在着生产上的外部不经济（例如生产商排放废水造成的河流污染），厂商每增加一单位的产出时带来的外部总成本也相应增加；故边际社会成本高于边际私人成本，从而边际社会成本曲线位于边际私人成本曲线的上方，它由虚线 $MC + MEC$ 表示。虚线 $MC + MEC$ 与私人边际成本曲线 MC 的垂直距离，亦即 MEC，可以看成所谓边际外部不经济。如果边际外部成本能够反映在产品的价格中，完全竞争厂商使社会利益达到最大的产量应当服从社会的边际收益（可以看成价格）等于社会的边际成本，即应为 q^*。可是现在边际外部成本并没有反映在产品的价格中，边际私人成本小于边际社会成本，厂商的产出偏离了社会利益最大化的均衡条件，厂商的实际产量选择为 q_1。因此，生产的外部不经济造成厂商产量超过了帕累托效率所要求的产量水平 q^*，造成过度供给（$q_1 - q^*$）。

再考虑所有厂商外部不经济的情形。图 11-5(b) 中，MC' 为该完全竞争行业的供给曲线，MEC' 为该完全竞争行业的边际外部成本曲线，它是由该行业的所有私人厂商各增加一单位的产出时带来的社会其他人所增加的总成本；MSC' 为该完全竞争行业的边际社会成本曲线，它等于该行业所有厂商的边际生产成本与边际外部成本总和。当外部不经济现象不存在时，该行业的均衡产量为 Q_1，均衡价格为 P_1。当外部不经济现象存在时，如果边际外部成本能够反映在产品的价格中，该行业的均衡产量应为 Q^*，均衡价格为 P^*。可是现在边际外部成本并没有反映在产品的价格中，行业的产出偏离了行业均衡条件，行业的实际产量选择为 Q_1。因此，生产的外部不经济首先是造成行业产量过多，超过了帕累托效率所要求的产量水平 Q^*，造成行业的过度供给（$Q_1 - Q^*$）。其次是造成了无效率的社会成本增加。从图 11-5(b) 中可以读出，对于每一单位 Q^* 以上的产出，社会成本由社会边际成本 MSC' 与边际收益（需求曲线 D）的差额给出。结果，社会总成本就是由图 11-5(b) 中 MSC'、D 和产出 Q_1 之间的阴影三角形。

（三）外部性导致市场失灵

总结上述两种分析，在存在外部经济的条件下，社会边际成本低于私人边际成本，私人活动的水平常常要低于社会所要求的最优水平，造成资源投入不足；而在存在外部不经济的情况下，社会边际成本高于私人边际成本，私人活动的水平常常要高于社会所要求的最优水平，造成资源过度使用。

如第一节描述的假定：完全竞争市场中微观主体的经济行为不存在外部性。但是，在实际经济中，这个假定往往不成立。在完全竞争的市场中，$MR = P$ 反映的只是私人成本。因外部性的存在，一种商品的价格对提供给第三方的额外成本或收益的反映不精确，不一定反映它的社会价值，边际私人收益与边际社会收益、边际私人成本与边际社会成本相背离，社会福利不可能达到最大，因而使得资源配置无法达到最优。如图 11-4、图 11-5 的分析,当存在只增加社会福利而不增加私人收益的正外部性时,厂商的产量可能会低于社会最优产量;而当存在只增加社会成本而不增加私人成本的负外部性时,厂商的产量可能会超过社会最优产量。因此,外部性的影响会造成私人成本和社会成本之间,或私人收益和社会收益之间的不一致,微观主体的经济活动给他人带来的影响却不能因此获得收益或支付赔偿,资源配置偏离社会帕累托最优状态。并且,这种偏离难以依靠市场机制自身的力量自动改进,最终导致社会总福利达不到最大化。①

三、消除外部性对市场失灵影响的对策

如何消除外部性造成的资源配置低效率?一般有两类方法:一类是有政府直接干预的解决方案,另一类是没有政府直接干预的解决方案。

(一)政府干预性方案

政府干预的方法主要有三种:使用税收和津贴杠杆、颁布污染标准、合并企业,目的是防止具有负外部性的商品过度生产,激励具有正外部性的商品按社会需求生产。

(1)使用税收和津贴杠杆。税收和津贴政策是一种手段,目的是刺激厂商以社会收益和社会成本进行决策,使外部效果的产生者自行负担其外部成本或享有外部收益。造成外部不经济的厂商,政府应向其征税,使该厂商均衡时的税后私人成本恰好等于边际社会收益。反之,对造成外部经济的厂商,政府则可以给予津贴,使该厂商均衡时的津贴后边际私人成本恰好等于边际社会收益。这一手段又被称为外部性内生化。

以图11-6进行说明。假定厂商 Y 的边际成本曲线由 MC 给出,Y 的市场需求曲线由 DD 表示,Y 的社会边际成本曲线由 MC' 表示。MC' 不同于 MC,前者包括在经济生活中由于 Y 的生产给他人所带来的额外成本。从社会的角度看,Y 的最佳产出就是 Y_2。在这一产出水平上,Y 产出的边际收益(这也是人们愿意为这种商品所付的费用)恰好等于社会的边际成本。然而,由于在 Y_1 水平上,市场价格会与厂商的个别边际成本相等,所以,市场将会引导出 Y_1 这一产出水平。结果,正如先前所预见的那样,Y 被过

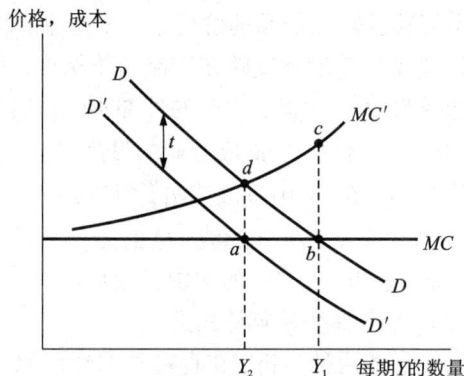

图11-6 外部性成本的图式说明

① 外部性导致市场失灵现象日益向全球经济漫延。为节省篇幅,本处不展开讨论。

量地生产出来。而对每一单位征税 t，将会把 Y 的有效需求曲线移到 D'。伴随这条新的需求曲线，个别的利润最大化产出将达到 Y_2，这事实上就是社会最佳的产出水平。在 Y_2 这一点上，由于生产 Y 而导致的边际外部损害由线段 ad 表示，这就是由 Y 的消费者以税收形式所付的数量 (t)。通过对 Y 征税，对于产出的有效需求得到抑制；使用商品 Y 的人们现在需要为生产这种商品所造成的损害付费。这减少了需求，并会引导 Y 的生产使之有所收缩。用于生产 Y 的资源被转移到其他用途上，有效配置得以建立。

（2）制定与实施相关的行政法规。比如说，颁布排污标准并严格实施，就是解决某些负外部性现象的一种比较有效的办法。这种方法与前一种方法原理上类似，只是操作实施方式有些区别。从理论上讲，污染程度为零是最优。但是在现阶段技术水平下，某些产业只要进行生产，就不可避免地造成污染，要想彻底消除污染，除非该产业全部停产。因此，最优的污染程度只能是较轻的污染程度。在此，可把污染也看成一种产品（有害产品），其产出的最优条件也是边际社会成本等于

边际社会收益。如图 11 - 7 所示，横轴 W 表示某企业生产中排放的污染量，纵轴 MC、MR 表示污染造成的边际成本或者降低污染所花费的成本以及降低污染可以带来的社会收益。MSC_E 曲线表示污染造成的边际社会成本，它向右上方倾斜，表示污染程度越严重，社会所遭受的边际损失越大。MSR_E 曲线表示污染给社会带来的边际收益曲线。它向右下方倾斜，说明污染程度越高，每一单位污染所给社会带来的收益增量越少，

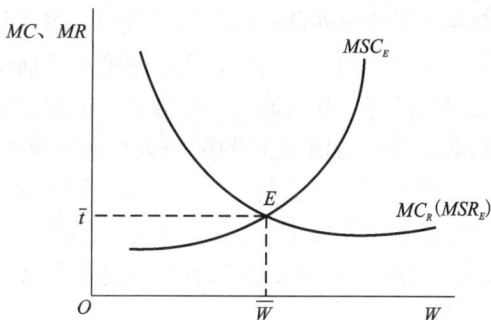

图 11 - 7　外部性的纠正：最优污染程度

因为降低污染的工作要花费成本，可以由企业做，也可以由政府做，所以 MSR_E 也可以解释为 MC_R，即降低污染所花费的边际成本。所以在图 11 - 7 中直接表示为 MC_R。

显然，在污染所造成的边际社会成本与污染所产生的边际社会利益相等时，即图 11 - 7 中 MSC_E 曲线与 $MC_R(MSC_E)$ 曲线的交点 E 点，决定最优污染程度 $\overline{W}$。确定最优污染程度后，政府以此作为政策法规制定的依据。如果企业的污染超出这一标准，政府将予以重罚。这将迫使企业安装降低污染的设备，使其污染符合社会最优标准。

（3）厂商合并。这种办法既可能是产生于外部性制造者与受外部性影响者之间的自愿交易，也可能是产生于政府的干预。例如，一个厂商的生产影响到另外一个厂商，如果影响是正的外部经济，则第一个厂商的生产就会低于社会最优水平；如果影响是负的外部经济，则第一个厂商的生产就会超过社会最优水平。但是如果这两个厂商合并，此时的外部

影响就被"内部化"了。合并后的单个厂商为了自己的利益将使自己的生产确定在其边际成本等于边际收益的最优水平上。而由于此时整体将不再存在外部性,合并厂商的边际私人成本就等于边际社会的成本。在市场机制的作用下,资源配置自行达到帕累托最优状态。

(二)使用规定财产权的办法

使用规定财产权的办法来解决外部性问题即所谓第二类方案。在许多情况下,外部影响之所以导致资源配置失当,是由于财产权不明确。如果财产权是完全确定的并得到充分保障,则问题双方就可以自己就外部性水平协商达成最优协议。例如,某条河流的上游污染者使下游用水者受到损害。如果给予下游用水者以使用一定质量水源的财产权,则上游的污染者将因把下游水质降到特定质量之下而受罚。在这种情况下,上游污染者便会同下游用水者协商,将这种权利从他们那里买过来,然后再让河流受到一定程度的污染。同时,遭到损害的下游用水者也会使用他出售污染权而得到的收入来治理河水。总之,由于污染者为其不好的外部影响支付了代价,故其私人成本与社会成本之间不存在差别。

从上述问题的讨论出发,已故的美国芝加哥大学教授罗纳德·科斯对外部性与产权界定关系问题进行了深入研究,做出了开创性贡献,他的中心思想被后人概括为科斯定理。

科斯认为:"如果定价制度的运行毫无成本,最终的结果(指产值最大化)是不受法律状况的影响的。"其含义是:如果产权得到明确界定,外部性可交易,协商或谈判等活动发生的交易成本为零或很小,那么在有外部性的市场上,无论所涉及资源的产权属于哪一方,信息充分时,交易双方总能够通过协商谈判达到资源配置的有效率状态。这又称为科斯第一定理。

科斯定理的前提是经济制度的运行不存在交易成本。① 在现实社会中,制度运行当然有成本。如谈判花费时间;谈判涉及的损失和补偿在测定上存在的大量信息不确定性成本;确保实施协议需要耗费人力物力等等,运用科斯定理解决外部影响问题,在实际中并不一定真的有效。另外,还可能碰到下述难题:一是资源的财产权是否总是能够明确地加以规定,因为对环境与生态资源等属于共有财产的资源,不可能做到明确产权;二是已经明确的财产权是否总是能够转让,这涉及信息充不充分,交易成本高低等问题;三是财产权的转让是否能够实现资源的最优配置。

因此,科斯定理的引申意义更为重要。首先,当谈判协调等活动发生的交易成本太大时,通常需要某种非当事方的力量从外部对产权加以界定。于是他认为:"一旦考虑市场交易的成本,合法权利的初始界定会对经济制度运行的效率产生影响。"通俗地说,如果人们之间的沟通有成本,人们就会演绎出成本最小的组织方式进行沟通。例如贸易活动,个

---

① 更深入的研究还可能发现,还要求不存在"收入效应"的影响。

体户进行交易成本太大时，人们就会组织起来进行对外交易，于是商业公司就会取代个体商户，于是工厂就会取代作坊。这就是科斯第二定理的主要内容。其次，产权界定和实施方式会对经济效率发生关键影响。如果存在交易成本，但没有产权的界定和保护等规则，即没有产权制度，则产权的交易与经济效率的改进就难以展开。这就是人们所说的科斯第三定理。① 从效率的角度出发，产权界定的原则应是以最小社会成本解决外部性矛盾。

科斯定理突破了新古典经济学关于市场运行没有交易费用的假设，将交易费用纳入了经济学分析之中，扩大了"看不见的手"的作用。按照科斯定理，只要假设条件成立，则外部性影响就不可能导致资源配置不当。或者说，在给定的条件下，市场力量足够强大，总能使外部性以最经济的办法来解决，从而仍可以实现资源配置的帕累托最优。

第三节　公共物品与市场失灵

一、公共物品的基本认识

（一）私人物品的特点：排他性与竞争性

到目前为止，我们研究的对象主要是所谓的私人物品，例如食品、服装以及火车上的旅客座位等有形物品与无形服务。私人物品具有两个鲜明的特点：第一是受益的排他性，即只有对商品支付价格的人才能够使用该物品。对于私人物品来说，一个人能否使用这种物品，取决于他是否支付了价格。如果他支付了这种物品的价格，他就可以使用这种物品，并且排除了别人购买和使用这种物品的可能性。第二是消费的竞争性，即如果某人已经使用了某个物品，则其他人不能再同时使用该物品。对于私人物品来说，要增加供给量，就要付出额外的成本，即边际成本为正数。因此，某人得到了某私人物品，另一个人就不能再得到它。实际上，市场机制只有在同时具备上述两个特点的私人物品场合才能自动起到有效配置资源的作用。

（二）公共物品的特点：非排他性与非竞争性

公共物品是指消费者可以共同使用或消费的物品或服务，例如国防服务、传染病的防疫、公海渔业资源等人们合意的消费品，也可能是一些公共坏东西（如污浊的空气）等。讨论中通常取人们合意的消费品为例子。严格意义上的公共物品是指具有消费的非排他性和受益的非竞争性特点的物品或服务。所谓消费的非排他性，是指它们对所有的人都有利；一旦被生产出来，就很难禁止任何一人消费这一物品（不论他们是否付费）；一个人消费量的增加不意味着另一个人消费量的下降，或者排除的成本很高。所谓受益的非竞争性，是

---

① 对于科斯定理的详细讨论，将在新制度经济学的课程学习中进行。

指某人对公共物品的消费并不会影响别人同时消费该产品及其从中获得的效用，即在给定的生产水平下，为另一个消费者提供这一物品的边际社会成本为零。例如，国家安全就是一种公共物品，不管人们是否为此缴纳了赋税，他们都可以受到保护。又如，控制疾病也是一种公共物品，不论人们是否为此而支付了费用，他们都可以从中得到好处，因为为任何一人提供该物品的边际社会成本的增加值等于零。这就是说，尽管更多的人得到了公共物品的服务，但社会并没有因此而付出额外的成本。

（三）公共物品的分类

消费非排它性与受益非竞争性两个概念是以某种方式相关的。具备消费非排它性的许多商品也是受益非竞争性的。但现实中同时具有或同时不具有上述两个特性的物品不多，大量的物品却是只具有其中一种特性却不具有另一种特性。据此，可以将公共物品分为纯公共物品与准公共物品。纯公共物品是同时具备消费非排它性与受益非竞争性的产品。由于把它提供给新增加一个消费者的边际社会成本严格为零，"免费搭车"现象不可避免，人们都希望别人购买而自己从中得益，这种刺激的普遍存在必将导致在这种物品上的资源配置过少。因此只能由政府采取强制性税收方式来组织提供此类公共物品，并且实行免费消费。免费消费既是排除市场机制对此类产品配置或调节作用的结果，也是确保该类产品消费的公益性质和公平性的前提。

准公共物品是不同时或者不完全具备消费非排他性和受益非竞争性的物品。它处于私人物品和纯公共物品的中间区域，兼有私人物品和公共物品的特性。较之纯公共物品，消费者具有一定的自主选择权，因而不能排除市场机制对准公共物品具有的资源配置作用。较之私人物品，准公共物品的消费目标属于或接近于公益目标，其消费在受市场调节的同时，需要社会的伦理准则予以衡量以及社会或政府的介入和校正。准公共物品又可以细分为以下几类：①消费非排他性，但受益具有全部或部分竞争性的物品——又称公共资源。如公共牧场、河流、地下水、江河湖海等。公共资源的竞争性意味着"谁占用就谁拥有"，当不能有效地阻止消费时，就会导致资源的枯竭和对公共资源的破坏，发生"公地悲剧"。②消费有排他性但受益非竞争性的产品——又称自然垄断产品或公用事业。比如有线电视，这种产品的受益没有竞争性，但是消费却可以实现收费排他，并且，每个消费者承担的成本随着消费者人数的增加是下降的。③消费有排他性，受益有部分竞争性——只有越过"拥挤点"才具有竞争性的准公共产品。有些公共产品只符合消费排他性的条件，但不符合受益竞争性的条件，因为它达到一定的使用水平后才会有竞争性，它所达到的那一点的使用水平称为"拥挤点"。在到达"拥挤点"前，每增加一个消费者边际成本为零，而在拥挤点之后，每增加一个消费者的边际成本将大于零，当达到容量的最大限制时，增加额外消费者的边际成本趋于无穷大。可大致归纳如下（表11-1）：

表 11-1 公共物品的分类

公共物品		具体名称	特点	代表类型
纯公共物品		纯公共物品	消费非竞争性、非排他性；不具有经营性	国防与安全、基础教育等
准公共物品	不可收费产品	公共资源	消费竞争、非排他	公共牧场、河流、地下石油、矿藏
	可收费产品（排他性产品）	自然垄断产品	排他，非竞争；可收费，具有经营性	公用事业，如自来水，电力配送，通信网络
		俱乐部产品	可排他，无竞争性，但是越过拥挤点具有竞争性；可收费，具有经营性	收费公路、公共俱乐部、医疗保健、高等教育等

二、公共物品与市场失灵

为简化分析，本节关于公共物品最优数量级决定的讨论以纯公共物品为例，讨论结果不难推广到准公共物品中去。由于公共物品是任何人都可以自由得到的资源，具有很强的正外部性。公共物品消费的非排他性与非竞争性无法避免消费者"搭便车"的情况发生。因为这种排他与竞争，要么就是在技术上做不到，要么就是技术上能做到，但排他成本高于排他收益。于是，公共物品提供者的提供行为不会通过市场交易传达出来并影响到他人利益的变化，公共产品的提供者要独自承担提供该物品的全部成本。这刺激了微观主体的自利本性：既然有他人生产了这么一种物品，甲可"搭便车"共同消费，那么甲就可能不再去生产这种物品，只待他人提供后进行顺便享用。于是，公共物品的私人供给会产生一种特殊的外部性：如果某一个人提供一单位的公共物品，将使所有人受益。结果，市场价格不可能准确引导公共物品的资源配置，私人供给公共物品为典型的帕累托无效，这使得私人厂商不愿意从事公共物品的生产。可借助图 11-8 进行进一步说明。

先回顾一下完全竞争市场下私人物品最优数量的决定。假定社会上有 A 和 B 两个消费者，他们对某商品的需求曲线分别由 D_A 和 D_B 表示，商品的市场供给曲线为 S，如图 11-8(a)所示。因为就私人物品而言，消费者只是价格的接受者与消费数量的调节者。个人的需求曲线表示按各种可能价格的个人需求量，他们的需求量之和就是按各种可能价格的市场需求量，故某市场的需求曲线是消费者 A 和 B 的需求曲线 D_A 和 D_B 在水平方向上的相加：$D = D_A + D_B$。市场需求曲线 D 与市场供给曲线 S 的交点 H 决定了该私人物品的均衡数量

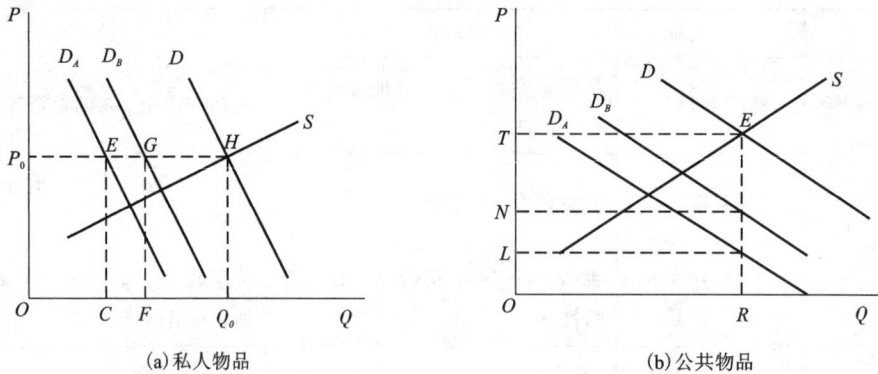

(a) 私人物品   (b) 公共物品

图 11 - 8   私人物品与公共物品的最优数量决定

Q_0 和均衡价格 P_0。效用原理表明,消费者均衡条件为 $P = MU/\lambda$,边际效用曲线上的每一点对应的经济含义都决定了消费者在每一数量水平时所愿意而且能够支付的最高价格水平,由此,由边际效用曲线可以推导出消费者的需求曲线,尤其当 $\lambda = 1$ 时,边际效用曲线与消费者的需求曲线 D 重合。成本原理也表明,厂商均衡条件为 $P = MR = SMC(Q)$,根据这一条件可以由边际成本曲线推导出厂商的供给曲线,并且推导出来的供给曲线 S 与边际成本曲线重合。因此,在均衡点 H 上,有每个消费者得到的边际私人利益(边际效用)=边际私人成本,均衡产量 Q_0 是最优产量。当供给量为 Q_0 时,边际私人成本为 Q_0H,在价格为 P_0 时,消费者 A 和 B 的需求量分别为 OC 和 OF,相应的边际私人利益为 CE 和 FG,市场需求量是私人需求量的加总,有 $OQ_0 = OC + OF$;$CE = FG = Q_0H = OP_0$,即每个消费者的边际私人利益等于边际私人成本。

再来看看完全竞争市场下公共物品最优数量的决定,如图 11 - 8(b)所示。与私人物品的讨论一样,仍然假定每个消费者对某公共物品的需求曲线是已知的,为 D_A 和 D_B,该公共物品的市场供给曲线为 S,如何从个人的需求曲线形成市场的需求曲线呢?因为就公共物品而言,消费者却是数量的接受者与价格的调节者。因此,公共物品的市场需求曲线不是个人需求曲线的水平相加,而是它们的垂直相加。之所以如此,原因在于公共物品具有消费非排它性和受益非竞争性的特点。每个消费者消费的都是同一个商品总量,因而每一消费者的消费量都与总消费量相等;另一方面,对这个总消费量所支付的全部价格,却是所有消费者支付的价格的总和。在图 11 - 8(b)中,把消费者 A 的需求曲线 D_A 和消费者 B 的需求曲线 D_B 在垂直方向上相加,得到某公共物品市场的需求曲线 D,而公共物品的供给曲线来源于所有厂商的边际成本曲线的横向加总。需求曲线 D 与供给曲线 S 的交点 E 决定了其均衡的产量 OR 和均衡价格 OT。这里的均衡产量 OR 也是最优产量。在这个产量水平上，边际社会利益(消费者 A 和 B 的边际私人利益之和)等于边际社会成本。显然，公共物品的提供数量与单个消费者的具体选择无关，不管单个消费者愿意接受的数量为多少，公共物品的数量是固定的。

完全竞争条件下，由于生产行为不一定会通过市场交易价格信号传达出来，市场机制只对能够通过市场价格信号传达出来的、具有竞争性和排他性的私人物品起到调节作用。但对于公共物品则会出现失灵：一是公共物品消费的非排他性导致市场出现"免费乘车者"，这种不用付费也可以消费的行为使得消费者的真实意思被隐藏，直接导致公共产品虚假的个人需求曲线与虚假的市场需求曲线，从而无法确定公共产品的有效供给量；二是公共物品受益的非竞争性引发尽可能多的人消费物品，因为增加消费几乎不会导致边际成本的增加，公共产品提供者几乎无法获得成本补偿，公共产品无法有效提供。因此，如果由私人来供给公共物品，如果单纯依靠市场机制来调节该类产品的生产，资源因此而不能得到有效配置，帕累托最优状态也就无法实现。

以公共牧场为例进行说明。一个牧场，最优放养的牲畜数量是多少？显然取决于边际社会收益与边际社会成本的比较，服从于"边际社会收益＝边际社会成本"原则。在政府严格管理的条件下，在公地私有化的条件下，最优放养量所要求的"边际社会收益＝边际社会成本"原则能够实现。如果无人管理，可能放养的数量是多少？我们很容易地想到，这将是一个无序竞争的场景：每一个私人放养量都只算计自己的边际私人收益与边际私人成本而不考虑社会边际收益与社会边际成本，都只服从于"边际私人收益＝边际私人成本"原则。由于在公地上放养的边际私人成本很低，于是每一人都会扩大放养规模，引发产量增加，边际私人收益与边际社会收益都下降，并且边际社会收益下降的幅度大于边际私人收益的下降幅度，这又更加诱发他只算计私人的损益而不算计社会的损益；而土地的承载力有限，于是私人增加的放养量越多，社会代价就越大，于是就会出现恶性循环的悲剧性结局。我国西北一些牧区的畜牧业过度发展引发的生态环境恶化就是有力的证明。

三、消除公共物品市场失灵的对策

如上分析，在其他条件不变时，公共产品只能由政府来组织提供，以实现帕累托改进。但是，由政府组织提供不等于由政府生产所有的公共物品，更不等于政府完全取代公共物品的市场，可以有多种提供方式。①通过直接生产公共物品来实现。具体可包括三种情形：一是中央政府直接经营。在西方国家，航空运输、铁路行业、造币厂和中央银行是由中央直接经营的。二是地方政府直接经营。在欧洲大多数国家，地方政府直接经营一些保健事业、医院、自然资源保护、实践法律条款的司法工作、街道、住宅、警察、防火、供水、下水道、煤气、博物馆等等。三是地方公共团体经营。一些发达国家设有地方公共团体，比如日本，自来水、工业水、铁路、汽车运输、地方铁路、电气、煤气等公共产品都是由他们来经营的。②通过政府购买私人厂商产品的间接生产方式来实现。③通过政府补贴或税收减免进行资助、私人厂商生产的方式提供。比如廉住房的生产。④命令私人部门采取行动。比如政府用行政命令强迫私人厂商向其雇员提供相关保险。⑤混合选择。政府授予私人厂商垄断经营权或政府参股等形式，引导私人经济主体按政府的要求对于公共物品生产的投资。⑥允许私人和各种社会团体自愿提供服务。⑦采用 BOT（build-operate-transfer）方式提供公共产品。即建设—经营—转让，是指政府通过契约授予国内或国外厂商以一定期限的特许专营权，许可其融资建设和经营特定的公用基础设施，并准许其通过向用户收取费用或出售产品以清偿贷款，回收投资并赚取利润；特许权期限届满时，该基础设施无偿移交给政府。只要这些私人经济主体能在合理的定价中获得与其他行业相当的利润率，就可以在一定程度上避免市场失灵导致的公共物品生产的被动局面。

四、公共物品供给量的公共选择

既然在大多数情况下公共物品只能由政府组织提供，那么，政府如何确定预算约束下公共物品的供给量呢？在西方各国，公共物品的供给量被认为是通过投票方式来确定的。就像在市场上人们通过支付价格来表示自己对某种私人物品的偏好一样，在公共物品的场合，人们通过选票来表示自己的偏好，这种根据人们的投票结果来作出决策的行为，称之为公共选择。在现代西方经济学中，公共选择理论已成为经济理论的一个重要分支，其内容延伸到非经济的政治和社会领域。在此我们只简单地讨论有关公共物品的公共选择这一狭窄的主题。

选民投票对某一公共物品进行选择时，首先要确立投票的规则，现代公共选择理论提出了许多可供选择的投票规则。下面择其要点作一些简介：

（1）一致同意规则。这是指候选人或方案要经过全体投票人赞成才能当选的规则。在这一规则下，每一参与者都对集体行动方案具有否决权。从收益的角度看，这个规则无疑是最优的。按这一规则通过的方案不会使任何一个人的福利受损失，也就不会使社会福利受到损失，能满足全体投票人的偏好。但是，这一规则具有两项缺点：一是决策成本过高，方案要一致同意，必然要耗费大量时间和人力、物力；二是为使方案一致通过，一些投票人会招致威胁恫吓，被迫投赞成票，不能真实表达偏好与愿望。因此，一致同意规则不具有现实的应用性。

（2）多数规则。这是指候选人或方案只须经过半数以上投票人赞成就能当选或通过的规则。多数规则分为简单多数规则和比例多数规则。简单多数规则规定，赞成票过半数，方案就算通过。如美国国会、州和地方的立法经常采用这种办法。比例多数规则要求赞成票占应投票的一个相当大的比例。例如，必须占 2/3 才算有效。美国弹劾和罢免总统、修改宪法等一般采用这种规则。西方经济学家认为，多数规则能增加多数人的福利，但却使少数人福利受损失。在一定的限制条件下，例如在受益者能够补偿受损者的条件下，多数规则可以满足多数人的偏好，但不一定满足全体成员的偏好，存在某些人把偏好强加给另一些人的情况。多数规则下作出的决策是投赞成票的多数给投反对票的少数加上的一种负担。即使所有投票人都能从一项方案的实施中获得利益，并为方案的实施付出代价，即纳税，但是，赞成者获得的利益超过付出的代价，净福利增加，反对者获得的利益小于付出的代价，净福利减少。

（3）加权规则。一个集体行动方案对不同的参加者会有不同的重要性。于是，可以按照重要性的不同，给参加者的意愿"加权"，即分配选举的票数。相对重要的，拥有的票数就越多，否则就越少。所谓加权规则，就是按照实际得到的赞成票数（而非人数）的多少来决定集体行动方案。

（4）否决规则。这一规则的具体做法如下：首先让每个参加对集体行动方案投票的成员提出自己认可的行动方案，汇总之后，再让每个成员总中否决掉自己所反对的那些方案。这样一来，最后剩下的没有被否决掉的方案就是所有成员都可以接受的集体选择结果了。如果有不止一个方案留了下来，就再借助于其他投票规则（如一致同意规则或多数规则等等）来进行选择。当然，如果否决后没有留下任何方案，则再从头开始实施新一轮的否决规则即可。否决规则的优点是显而易见的，因为经过这一规则的筛选之后留下来的集体行动方案都将是帕累托最优的。

第四节　不完全、不对称信息与市场失灵

一、不完全、不对称信息的含义

信息是反映人类经济、社会与文化活动实况和特征的各种消息、情报、资料、指令等的统称。在微观主体最优行为选择的经济活动中，存在着大量经济信息，人们通过对其接收、传递和处理，反映和沟通各方面经济情况的变化，借以调控和管理自身的经济行为选择，实现微观主体之间的联系。信息有着纯公共产品的特征。因为人们可以以零交易费用来使用信息，所以信息的消费是非排它性的；也没有谁能够阻止其他人使用信息，所以信息的使用也是非竞争性的；价格是衡量资源稀缺程度的一种非常重要的信息。

如本章开篇所述，完全竞争市场是以供求双方都具有完全的信息为假设条件的；信息是具有时效性的。而且，消费者也知道他们的偏好，比如消费者 A 更喜欢苹果，消费者 B 更喜欢菠萝。基于完全竞争市场的一般均衡理论的分析也是以完全信息作为分析的出发点。事实上，市场参与者对商品信息的拥有通常具有不完全性或不对称性。不对称性是指不同的市场行为参与者拥有对称的信息。比如厂商在招聘员工时，对应聘人员内在能力的

了解就不如应聘人员自己。信息不完全既包括绝对意义上的不完全，也包括相对意义上的不完全。前者是指由于受认识能力的局限使人们无法获得完全的信息，人们不可能知道在任何时候、任何地方已经发生或将要发生的任何情况，也无法对信息的数量与质量进行统一界定；后者则是指市场本身不能够生产出足够的信息并有效地配置它们。例如价格，只能在传递资源稀缺性方面起到好的作用，并不能传递供求双方所有的信息。另外，消费者在不深入了解之前，也不可能知道自己的偏好。比如说，不进行职业实践，怎么会知道自己更喜欢医生职业？英国学者迈克尔·帕金将不完全信息称为私人信息，是指某个人可以得到，但其他任何人无论花多大成本都无法得到的信息：如自己的健康状况、驾驶技术、工作的努力程度、旧车质量等等。信息不对称可以发生在事前，也可以发生在事后。

二、不完全、不对称信息导致市场失灵的表现

根据信息本身的性质与现实情况分析，无论是哪一种信息，在经济活动中不完全、不对称，都会对经济活动产生交易成本，其获得完全信息的边际搜寻成本远远大于边际搜寻收益，影响信息市场建立均衡价格的能力，市场均衡常常无法达到帕累托最优，并对市场机制配置信息资源的有效性产生负面影响：使得逆向选择和道德风险问题普遍存在，并加剧了资源配置无效率倾向。

（一）逆向选择

逆向选择是指买卖双方信息不对称情况下，信息的优势一方隐瞒关于所交易商品的真实信息，导致高质量商品被低质量商品逐出市场，进而出现市场交易产品平均质量下降的现象。与货币流通中的"劣币驱逐良币"现象类似，也称"柠檬"现象。就正常品而言，降低商品的价格，该商品的需求量就会增加；提高商品的价格，该商品的供给量就会增加。但是，由于信息的不完全性和机会主义行为，有时候，降低商品的价格消费者也不会做出增加购买的选择，而提高价格厂商也不会增加供给。所以，叫"逆向选择"。在现实的经济生活中，逆向选择是无处不在的。

在产品市场上，特别是在旧货市场上，商品质量高低是一种私人信息，一般只有卖主知道，买主无从了解。由于卖方比买方拥有更多的关于商品质量的信息，买方由于无法识别商品质量的优劣，只愿根据商品的平均质量付价，这就使优质品价格被低估而退出市场交易，而劣质品以高价成交，从而显著地影响市场均衡，使得市场机制失灵。假定在没有担保的二手车市场上，若卖者有 100 辆质量不同的车供出售，同时买者对二手车的需求量也正好是 100 辆。100 辆车中，50 辆是高质量车，简称好车，卖者愿意接受的最低价格为 8 万元，买者愿意支付的最高价格为 10 万元；另外 50 辆是低质量车，简称差车，卖者愿意接受的最低价格为 4 万元，买者愿意支付的最高价格为 5 万元。若买卖双方拥有完全对称的信息，二手车市场应该可以实现供求均衡，最终实现市场出清。然而买者只知道 100 辆二

手车中，能买到好车的概率是 0.5，于是每一位买者对要购买的二手车所愿意支付的最高价格为$(10 \times 0.5 + 5 \times 0.5) = 7.5$ 万元。在这种需求价格下，好车难以销售出去，而差车可以获得比预想中的更高回报，最终好车必然因无法交易成功而退出市场。同时最终交易的数量低于双方想要进行交易的数量，市场并不均衡，即存在市场失灵。二手车市场之所以存在逆向选择，是因为买卖双方的信息不对称，卖者在追求利益最大化的前提下，存在将低质量二手车宣称为高质量二手车的激励。

保险市场也存在逆向选择问题。假设在医疗保险市场上存在健康的与疾病缠身的两类人，前者每年的医疗费用为 200 元，后者每年的医疗费用为 800 元。投保人知道自己的身体健康状况，而保险公司不知道。于是保险公司确定一种平均的医疗保险费为 500 元。面对如此昂贵的保费，那些健康的人就选择不投保。由于保险市场上只剩下疾病缠身的人来投保，这样，保险市场上患病风险高的客户将患病风险低的客户逐出了市场。保险市场上的实际交易量因此少于帕累托最优条件下的均衡数量，存在市场失灵。

（二）道德风险

与逆向选择不同，道德风险是事后的隐蔽行为，是指从事经济活动的人签约以后，由于一方的行为不能被另一方准确、及时地观察，签约一方在最大限度地增进自身效用的同时做出不利于另一方的行动。或者说是：当签约一方不完全承担风险后果时所采取的自身效用最大化的自私行为。它一般存在于下列情况：由于不确定性和不完全的或者限制的合同使负有责任的经济行为者不能承担全部损失（或利益），因而他们不承受他们的行动的全部后果，同样地也不享有行动的所有好处。道德风险具有风险的潜在性、长期性、破坏性以及控制的艰巨性等特点。

产生道德风险的原因源自于微观组织中普遍存在的契约的不完备性和信息的非对称性。首先是契约的不完备性。就一个企业的员工层面看，根据科斯的"契约理论"，企业是一个在其框架中由相互合作的大量生产要素所有者达成的书面或非书面的契约组织。企业的委托代理理论实际上是对企业的契约组织理论的具体化。契约的一方当事人为资产的所有者，即委托人；契约的另一方为资产的使用者，即代理人。假定契约是完备的，个人的行为及目标选择都置于组织的监控之下，那么个人只有通过完成组织目标并在组织目标的约束下才能实现个人目标。但是，企业契约并不能明确规定未来所有各种可能出现的状态及各方的责权利关系，经理并不能完全观测到员工的工作方式和努力程度，那么，对于一个理性的员工来说，他就有动机利用契约的"漏洞"和行为的不可观测性为谋求自身效用最大化而背离经理所希望的目标。工人可以采用偷懒或"磨洋工"的方式，甚至利用组织资源（如偷窃、泄露企业技术秘密等）为个人谋取福利。这样，个人目标偏离组织目标，人力资源道德风险也由此而生。其次是信息的非对称性。对称信息是指每一个参与人对其他所有参与人的特征、战略空间及支付函数有准确的知识。各方所拥有的个人信息都成为所有参与人的"共同知识"。就企业的法人治理结构层来看,由于所有权和经营权分开,代理人以企业法定代表人的身份独立自主地对企业资产进行经营活动,代理人成为了企业的"内部人";而股东则"已没有任何权利与那些已成公司资产的东西发生实际联系",成为了"外部人"。委托人和代理人之间因而不可避免地存在着信息不对称的情况。这种不对称既有时间上的,也有内容上的。而股东要获得经理在工作中的知识、技能、努力程度完全信息,其收集和使用信息的代价是高昂的,控制经理行为的手段是有限的、不完善的;就企业内部管理组织结构来看,对称信息要求经理明确知道每个员工在工作中的知识、技能、努力程度、努力所花费的成本、从事其他工作的机会成本。但与上述道理一样,经理对每个员工在其所从事的业务范围内所拥有的知识和信息并不能清楚地知道;经理要获得每个员工在工作中的知识、技能、努力程度的完全信息,其收集和使用信息的代价是高昂的,其获得完全信息的边际搜寻成本远远大于边际搜寻收益。工人的工作方式和努力程度也是很难被观察到的,即使能被观察到,也往往因搜集信息所需成本太高而不可行。

道德风险是指契约之后市场的一方不能察知另一方的行动这样一种情形。因此,它有时被称作隐藏行动问题。逆向选择是指契约之前市场的一方不能察知另一方的商品"类型"或质量这样一种情形。因此,它有时被称为隐藏信息问题。

三、消除不完全、不对称信息导致市场失灵的对策

解决信息不完全、不对称性的政策目标应当是保证微观经济主体各方获得充分而准确的信息,为此就要采取通过政府解决的或不通过政府解决的多种处理方式。

（一）政府干预

在某些领域,厂商因为拥有更多的信息而占据强势地位,同时需求者完全依赖于供给者,因此政府必须干预,要求生产者提供完整信息披露。比如在医疗市场或者维修市场等专业化程度比较高的市场,消费者不可能完全学习与了解与厂商或者供给方同样多的信息,所以需要政府或者相应的专业协会介入,通过市场干预甚至担保而实现帕累托改进。比如说加强法规建设,立法颁布《消费者保护法》,要求厂商尤其是上市公司及时、准确公布相关信息,制订并实施打击虚假信息的措施,推进连锁经营、品牌经营而形成担保机制;加强诚信建设,培育公开竞争机制,让有不同偏好和价值取向的人们能够既各取所需又和平相处等,从而减少不必要的交易成本,约束机会主义,提高交易数量和质量。

（二）设计有效的激励机制

根据委托代理理论或者激励理论,道德风险是在契约签订之后出现的。为了减少道德风险对委托人可能造成的损失,契约中就要包括一些鼓励或者激励代理人的条款和内容,或者说契约就应该是一种鼓励或者激励代理人的规则和制度。尽管激励制度的形式是多种多样的,比如承包制、租赁制、股份制、固定工资、奖金以及期权都是不同的激励制度,但

是有效的激励机制设计的基本思路，就是既要使代理人的效用最大化，同时代理人为自己效用最大化的努力水平又恰好使委托人的利益达到最大。简言之，机制设计的基本思想就是使代理人的最大利益与委托人的最大利益协调统一起来，使代理人主观为自己的选择，客观也为了委托人。这种机制设计思想实际上就是亚当·斯密的"看不见的手"的原理，也就是市场机制的原理。

（三）将隐性信息明示化

对于逆向选择与道德风险所产生的低效率，可以采取做市场记号等方法来避免。例如在二手车市场上做记号的方法，具体有三种：一是高质量车的卖主或第三者向买主担保一定时期内，所购车辆免费修理。显然，消费者会相信，有这种担保的车一定是好车，否则就是质量不好的车。这是因为做这种虚假的记号的代价是高昂的，不仅会导致昂贵的维修费用，而且自己的信誉也会受损害。事实上，这也是一种博弈行为，借助一些外部条件来看透隐含信息，减少信息的不对称性。学历与文凭在某种程度上也是雇工向雇主做的记号或发送的信息。二是高质量车的卖主向买主索取较高的价格。从市场信号来看，"便宜无好货，好货不便宜"，商品和要素高价格折射出商品和要素的高质量，而低价格则反映了商品和要素的低质量，市场价格信号有助于克服商品和要素市场上隐藏信息所导致的逆向选择；文凭作为一种教育信号，既是一种人力资本质量与工作能力的综合反映，也是一种容易操作的市场筛选手段，因此文凭常常被雇主作为招雇人员的一个基本条件，有的雇主甚至还附加一些诸如第一学历的偏好，以帮助雇主大幅度降低雇用成本。三是高质量车的卖主向买主提供好的信誉和信用记录。这也被认为是克服不对称信息的有效信号。另外，还可以通过培育市场中介机构来避免。从市场组织来看，大量的社会化、市场化的中介组织也是克服不对称信息的有效机构，这些中间组织除了通常意义上的中介机构，还包括商业银行、保险公司、证券机构，甚至还包括一般意义上的厂商。这些机构为许多人进行相同的信息搜寻工作，致力于消除"信息不对称"，实现了专业化和规模经济，使搜寻私人信息的成本下降。竞争的压力也迫使市场中介机构必须向外提供真实、准确、完整的信息。因为他们要在市场上生存下去，并从这种工作中获得利润，必须取信于信息的消费者，提供真实有效的信息。依靠市场分工和市场信用，不对称信息市场上的交易行为就可以正常进行了。

最后要特别说明是，解决市场失灵需要政府通过各种政策手段对经济进行干预调节，以提高资源配置效率，增进社会公平，促进经济稳定与可持续增长。但是，政府对经济的干预只是推进市场达到应有的均衡水平，而并不能改变市场均衡。政府也存在失灵。因为私人部门面对的许多问题如不完全信息问题，同样也困扰着政府部门。此外还有以下几种情况存在：一是政府干预是需要成本的，预算是有约束的。如果达到干预目标的边际干预成本大大高于边际期望收益，政策出台也就没有经济学意义了。二是政府干预具有时滞性。被干预方常常会利用时滞差出应招,这样,政府干预的精准度及效果大大降低。三是政府工作人员对政府作为公共组织的职能认识并不完全一致,工作能力并不完全一样,公共职业道德并不能达到期望值,这样政府组织提供公共产品的能力与绩效也大大降低,甚至,有可能会导致设租与寻租行为的出现,有可能导致社会福利更大损失的出现,政府的干预调节也会出现失灵。因此,必须寻找市场机制与政府调控二者之间的平衡点。在其他条件不变时,而经济社会核心价值判断的统一是推进帕累托最优、解决市场失灵的基础。

【本章小结】

1. 由于边际私人成本与边际社会成本不同,边际私人收益与边际社会收益也不同,完全竞争的市场机制对资源的有效配置在非完全竞争、外部性、公共产品和信息的不完全性四种情况下在某些领域的作用会受到限制,存在帕累托改进又无法自动实现改进,会出现市场机制失灵。它是一种市场中私人理性无法导致社会理性的情形,需要政府等进行外部干预来解决。

2. 垄断造成市场的低效率主要在于垄断的高价格导致了社会资源浪费和社会福利的损失,帕累托改进又无法自动实现,需要政府进行管制或出台反垄断法加以规范,避免寻租行为的发生。

3. 外部性指由于经济活动主体自身的市场活动而给未参与市场交易的第三方当事人造成的成本或带来的收益影响,而第三方当事人并没有因此得到补偿或进行支付的情况。可分为生产的外部经济与外部不经济;消费的外部经济与外部不经济。外部性的出现也导致帕累托改进又无法自动实现,需要政府干预或依据科斯定理完善市场机制来寻求解决。

4. 纯公共物品与私人物品相比,具有非排他性和非竞争性两个特点。这两个特点导致公共物品的市场需求具有虚假性,难以避免"免费乘车"现象,帕累托改进又无法自动实现,所以需要政府采用多种方式引导生产,组织供给,并依据一定规则对公共物品进行公共选择。最优标准则是所有消费者的边际利益之和等于边际成本。

5. 现实生活中难以实现完全信息的基本假设,不完全、不对称信息更为常见。因事前或事后的不完全信息所引起的逆向选择与道德风险等问题存在帕累托改进,也需要通过非市场的手段才能得到解决。具体可以采取政府干预,设计有效地激励机制和将隐性信息明示化等做法。

6. 政府的干预调节有时也会失灵。经济社会核心价值观的构建与判断的统一是推进资源配置的帕累托最优、解决市场失灵的基础。

习　题

一、名词解释

信息不对称　递向选择　外部性　外部经济　外部不经济　公共物品　私人物品　市场失灵　科斯定理

二、选择题

1. 按照传统经济学的观点，哪项不是导致市场失灵的因素(　　)。

A. 垄断　　　　　B. 外部性　　　　　C. 公共物品　　　　　D. 政府干预

2. 不完全竞争市场中出现低效率的资源配置是因为(　　)。

A. 产品价格大于边际成本

B. 产品价格小于边际成本

C. 产品价格大于边际收益

D. 产品价格小于边际收益

3. 下列哪项不是纠正外部性而导致市场失灵? (　　)

A. 使用税收和津贴　　　　　　　B. 规定财产权

C. 企业合并　　　　　　　　　　D. 制定反托拉斯法

4. 当某厂商的经济活动存在外部不经济时(　　)。

A. 厂商产量大于帕累托最优产量　　B. 厂商产量小于帕累托最优产量

C. 厂商产量等于帕累托最优产量　　D. 以上三种情况都有可能

5. 如果某一经济活动存在外部经济，则该活动的(　　)。

A. 私人成本小于社会成本　　　　　B. 私人利益大于社会利益

C. 私人利益等于社会利益　　　　　D. 私人成本等于社会成本

6. 某人的吸烟行为会造成(　　)。

A. 生产的外部经济　　　　　　　　B. 消费的外部经济

C. 生产的外部不经济　　　　　　　D. 消费的外部不经济

7. 当一个消费者的行动对他人产生了有利的影响，而自己却不能从中得到补偿，便产生了(　　)。

A. 消费的外部经济　　　　　　　　B. 消费的外部不经济

C. 生产的外部经济　　　　　　　　D. 生产的外部不经济

8. 科斯定理假设交易成本为(　　)。

A. 0　　　　　　　　　　　　　　B. 1

C. 大于1　　　　　　　　　　　　D. 介于0和1之间。

9.如果上游工厂污染了下游居民的饮水,按照科斯定理,下列说法中哪个正确?(   )

A.不管产权是否明确,只要交易成本为零,问题都可妥善解决

B.只要产权明确,且交易成本为零,问题都可妥善解决

C.只要产权明确,不管交易成本有多大,问题都可妥善解决

D.不论产权是否明确,交易成本是否为零,问题都可妥善解决

10.根据科斯定理,当市场不能有效地配置资源时,问题的最终来源通常是(   )。

A.价格没有高到使人们不过度消费   B.价格没有低到使企业不过度生产

C.没有很好地界定产权   D.政府没有出面加以管制

11.在消费或使用上,纯公共物品的特点是(   )。

A.竞争性和排他性   B.竞争性和非排他性

C.非竞争性和排他性   D.非竞争性和非排他性

12.市场不能提供纯粹的公共物品,是因为(   )。

A.公共物品不具有排他性   B.公共物品不具有竞争性

C.消费者都想"免费搭便车"   D.以上三种情况都是

13.造成交易双方信息不对称的原因有(   )。

A.卖方故意隐瞒信息   B.买方认识能力有限

C.完全掌握信息的成本太高   D.以上三种情况都有可能

三、判断题

1.垄断造成的资源配置的低效率通常只能由政府进行管制。

2.由政府提供的产品都是公共物品。

3.在其他条件不变时,私人厂商生产的物品与服务如果有正外部性,必有边际社会收益大于边际私人收益;如果生产的物品与服务有负外部性,必有边际社会成本大于边际私人成本。

4.根据科斯定理,外部性总是要求政府为了使外部性内部化而进行干预。

5.如果交易成本大于受影响各方对外部性达成协议的潜在利益,就没有解决外部性的私人办法。

6.公共资源被过度使用是因为公共资源对消费者是免费的。

7.私人市场难以提供公共物品是由于无法避免搭便车的问题。

8.一条拥挤的收费道路仍然是一种公共资源。

9.家庭的无节制生育会导致外部的不经济。

10.品牌能成为提供有用的质量信号。

四、计算题

1. 某一产品的市场需求函数为 $Q=1000-10P$, 成本函数为 $C=40Q$, 求:

(1)若该产品为一垄断厂商生产, 利润最大化时的产量、价格和利润为多少?

(2)要达到帕累托最优, 产量和价格为多少?

(3)社会纯福利在垄断性生产时损失了多少?

2 假定有一企业, 从私人角度看每多生产1单位产品可多得12元, 从社会角度看每多生产1单位产品还可再多得4元, 产品成本函数为 $C=Q^2-40Q$。试问: 为达到帕累托最优, 若用政府补贴办法, 可使产量增加多少?

3. 设一个公共牧场的成本是 $C=5X^2+2\,000$, X 是牧场上养牛的头数。每头牛的价格 $P=800$ 元。

(1)求牧场净收益最大时养牛数。

(2)若该牧场有5户牧民, 牧场成本由他们平均分摊, 这时牧场上将会有多少养牛数? 从中会引起什么问题?

五、简答题

1. 什么叫市场失灵? 哪些情况会导致市场失灵?

2. 垄断为什么不能实现帕累托最优?

3. 外部性如何干扰市场对资源的配置?

4. 公共物品与私人物品相比有什么特点? 这种特点怎样说明在公共物品生产上市场是失灵的?

5. 什么是科斯定理? 一些西方经济学家为什么会认为规定产权办法可解决外部影响问题?

参考文献

[1] 罗伯特·S·平狄克, 丹尼尔·L·鲁宾费尔德. 微观经济学(第8版). 中国人民大学出版社, 2013

[2] 沃尔特·尼科尔森. 微观经济理论基本原理与扩展(第9版). 北京大学出版社, 2008

[3] 哈尔·R·范里安. 微观经济学: 现代观点(第8版). 格致出版社, 2011

[4] 约瑟夫·E·斯蒂格利茨, 卡尔·E·沃尔什. 经济学(第4版)上册. 中国人民大学出版社, 2010

[5] 保罗·A·萨缪尔森, 威廉·D·诺德豪斯. 经济学(第19版). 人民邮电出版社, 2012

[6] 罗宾·巴德, 迈克尔·帕金.《微观经济学原理》(第5版). 中国人民大学出版社, 2013

[7] 约翰·B·泰勒. 微观经济学原理(第6版). 清华大学出版社, 2010

[8] 迈克尔·L·卡茨, 哈维·S·罗森. 微观经济学(第3版). 机械工业出版社, 2010

[9] 罗伯特·弗兰克. 微观经济学原理(第4版). 清华大学出版社, 2010

[10] 安德鲁·斯科特. 中级微观经济学: 现代观点. 机械工业出版社, 2009

[11] 马斯·科莱尔等. 微观经济理论. 上海财经大学出版社, 2005

[12] 高鸿业. 西方经济学(第6版). 中国人民大学出版社, 2014

[13] 张元鹏. 微观经济学(中级教程). 北京大学出版社, 2007

[14] 金浩等. 微观经济学(第3版). 南开大学出版社, 2004

后　记

　　本教材是集体劳动的结果。刘天祥教授、博士担任主编，负责本书稿的提纲制定、修改统稿和编写的组织工作，汤腊梅教授担任副主编，协助主编统稿与编写修改。李娜讲师、博士协助主编对各章习题进行统稿并担任书稿的文字校正工作。各章的编写者为：第一章，刘天祥教授、博士；第二章，何文举副教授、博士；第三章，汤腊梅教授；第四章，王文涛副教授、博士；第五章，刘天祥教授、博士，李娜讲师、博士；第六章，金赛美教授、博士；第七章，邓柏盛讲师、博士；第八章，李娜讲师、博士；第九章，尹碧波副教授、博士；第十章，罗丽英副教授、博士研究生；第十一章，陶开宇副教授、博士研究生。

　　相关教学参考资料见湖南商学院精品课程网：http：//jpkc. hnuc. edu. cn/xfjjx/index. asp

第四版后记

1. 本版次对《西方经济学》(微观部分)作了下列变动：针对国内大多数高校考研知识点及检测难度的要求变化，针对当代西方经济学的新发展，参阅国内外优秀教材的最新研究成果，对不确定条件下的消费者行为等若干知识点的分析作了扩充，对完全竞争市场的均衡与价格决定等进行了改写，并对文字进行了一些再润色，以体现微观经济学的新观点、新思想、新数据，使语言更为严谨、更为流畅；增加了习题的覆盖面，适当增加了部分考研真题，以更好满足有志于考研同学的一些学习要求，也方便任课教师根据不同的教学计划有选择地组织教学。由于所调整的部分比较零星，这里就不对它们一一加以说明。

2. 第四版微观部分的修订是在《西方经济学》教材编写组骨干教师与部分任课教师集体讨论基础上，由主编刘天祥负责文字部分修订，林媚负责习题部分的调整，易媛媛、刘玉、李文洁、盛素芬、伍香洲负责文字校对与课程网站的管理，刘天祥负总责并对全书修纂定稿。

教材编写只是把人类社会长期探索中积累的成熟稳定的、被证明为相对真理的知识按一定的理念、用严谨而又通俗的文笔编撰成书，用以满足目标读者的学习要求。高校的每一个专业教师每学年都面临繁重的教学、科研、管理服务等量化考核的刚性任务，故在完成刚性任务之外编撰一本坚持以马克思主义为指导、符合财经高校办学定位的具有鲜明特色的高质量的本科教材本是一件无甚名利、极其艰辛的工作，但是是一项责任重大、十分光荣的职责，更是一项教学相长、净化心灵的追求。本书编写组得到了先后使用过该教材的一些同行及优秀学生对本书提出的一些很好的修改建议，编辑陈雪萍的指导与帮助贯穿在本书编写与修订的全程之中。对此深表感谢，并衷心希望读者与教学人员继续共同呵护，多提出改善本书稿的意见；主编也愿秉承使命，用投入化成质量，尽心组织改进并做成精品。

2014 年 2 月于长沙